马克思主义理论研究
和建设工程重点教材

劳动与社会保障法学

（第二版）

《劳动与社会保障法学》编写组

主　编　刘　俊

副主编　叶静漪　林　嘉

主要成员

（以姓氏笔画为序）

王全兴　孙　洁　李坤刚

张荣芳　张新民　郑尚元

徐志强　郭　捷　熊　晖

黎建飞

高等教育出版社·北京

二维码资源访问

使用微信扫描本书内的二维码，输入封底防伪二维码下的20位数字，进行微信绑定，即可免费访问相关资源。注意：微信绑定只可操作一次，为避免不必要的损失，请您刮开防伪码后立即进行绑定操作！

教学课件下载

本书有配套教学课件，供教师免费下载使用，请访问 xuanshu.hep.com.cn，经注册认证后，搜索书名进入具体图书页面，即可下载。

图书在版编目（CIP）数据

劳动与社会保障法学 /《劳动与社会保障法学》编写组编. --2版. -- 北京：高等教育出版社，2018.8（2020.3重印）
马克思主义理论研究和建设工程重点教材
ISBN 978-7-04-050099-8

Ⅰ.①劳… Ⅱ.①劳… Ⅲ.①劳动法-法的理论-中国-高等学校-教材②社会保障法-法的理论-中国-高等学校-教材 Ⅳ.①D922.501

中国版本图书馆 CIP 数据核字（2018）第157064号

责任编辑 程传省　　封面设计 王 鹏　　版式设计 于 婕
责任校对 王 雨　　责任印制 韩 刚

出版发行	高等教育出版社	网　址	http://www.hep.edu.cn
社　址	北京市西城区德外大街4号		http://www.hep.com.cn
邮政编码	100120	网上订购	http://www.hepmall.com.cn
印　刷	北京汇林印务有限公司		http://www.hepmall.com
开　本	787mm×1092mm 1/16		http://www.hepmall.cn
印　张	20.5	版　次	2017年3月第1版
字　数	380千字		2018年8月第2版
购书热线	010-58581118	印　次	2020年3月第8次印刷
咨询电话	400-810-0598	定　价	44.00元

本书如有缺页、倒页、脱页等质量问题，请到所购图书销售部门联系调换

物 料 号 50099-00

目　录

绪　论

劳动与社会保障法学是以劳动法和社会保障法为研究对象的一门学科。它以人权为基础，以维护社会利益为基本目标，从劳动关系和社会保障关系固有的人身性出发，在人权思想、实质正义和社会本位等方面形成了共同的价值理念。马克思主义原理是中国特色劳动与社会保障法律制度的理论基础。坚持马克思主义与中国国情相结合，坚持马克思主义的立场、观点和方法，坚持理论联系实际的作风，是我们探索和认识劳动与社会保障法律制度产生、发展及其演变规律的有效路径。

一、劳动与社会保障法学的研究对象

劳动与社会保障法学，是以劳动法和社会保障法作为研究对象的一门学科。为了充分发挥劳动法和社会保障法的制度功能和作用，实现法律对社会关系的有效调整，劳动法和社会保障法学者通过对劳动与社会保障法律规范进行系统分析研究、理论抽象和逻辑归纳，形成了一整套关于劳动法和社会保障法的基本术语、核心理念、基本原则、基本理论和基本内容。这些术语、理念、原则、理论和内容所构成的具有严密逻辑关系的有机统一体，就是劳动与社会保障法学。

劳动与社会保障法学的基本任务主要包括：(1) 对劳动与社会保障法的产生、发展演变进行系统性研究，探索劳动与社会保障法律制度产生和发展演变的规律性，把握其未来发展的趋势；(2) 对劳动与社会保障法基本理论进行研究，构建以基本理念、基本概念、基本原则和基本规则等为核心内容的劳动与社会保障法理论体系；(3) 对劳动与社会保障法律规范进行立法研究，从立法体制、立法技术、立法规范等方面保障法律规范的科学性，构建科学、合理的劳动社会保障法律体系；(4) 对劳动与社会保障法律规范解释与适用进行研究，通过法律释义学基本原理，建立对法律规范解释的原则、规则和程序等技术规范，促进劳动与社会保障法的准确运用；(5) 对劳动与社会保障法律的实施及其效果进行评价性研究，推动其法律制度的不断完善。

劳动法与社会保障法，属于社会法的核心组成部分，二者既相互联系，又相互区别。劳动法和社会保障法，均以维护社会利益为目标，以人权为基础，具有共同的制度理念和制度目标。促进社会发展与进步，保障每一个社会成员有尊严地劳动和生活，是劳动法和社会保障法的共同任务。

作为两个不同的部门法，劳动法和社会保障法在实现我国社会法体系赋予的共同制度理念和价值目标时，也有各不相同的作用范围、路径和方式。（1）在作用范围方面，劳动法主要调整劳动关系，并以维护劳动者合法权益为主要任务；社会保障法主要调整社会保障关系，并以维护包括劳动者在内的一般社会成员的合法权益为基本任务。（2）在保障基本人权方面，劳动法奉行“给一片面包不如给一份工作”的价值理念，推行积极的就业政策，通过促进就业，使更多的劳动者能通过劳动获得报酬，实现社会主要群体——劳动者的生存保障目标；社会保障法主要通过“需要即权利”的制度理念，对需要帮助的社会成员提供生活保障。（3）在实现路径方面，劳动法虽然也实行倾斜保护、体面劳动的人权理念，但主要还是通过按劳分配、同工同酬等市场原则实现其立法目的；社会保障法，虽然个别项目也强调个人缴费与社会保障待遇挂钩，如养老、医疗保险，但主要还是强调国家责任和社会责任，并通过社会统筹机制实现其立法目的。（4）在调整手段方面，由于劳动合同法具有一定的私法性质，即使从民法中分离出来，也仍然主要运用私法的手段调整；社会保障法从来就不属于私法的范畴，也基本上不用私法手段调整。（5）在作用方式方面，劳动法对社会成员生存权的保障发挥着主导作用，社会保障法则对社会成员生存权的保障发挥补救性作用；劳动法对社会成员的生存保障是一种积极性保障，社会保障法对社会成员的保障带有被动性保障的性质。

二、劳动与社会保障法的基本理念

法的理念，是法的灵魂和指导思想，也是对法的价值追求的表达。依据特定法的理念，能够形成与其相适应的概念体系、原则体系和制度规范体系。劳动法与社会保障法虽然在制度功能和基本内容方面有着实质性的差别，但二者作为社会法的核心组成部分，具有社会法层面的共同理念。

（一）人权思想

人权，是作为人依其本质所应当享有的权利。人权既是一种道德权利，也是一种法律权利，更是一种实在权利。人权思想的产生并被广泛传播，是人类文明与进步的重要标志。人权的主要内容包括人的生存权、发展权、财产权、平等权、自由权以及与这些权利相关联的人的尊严、人的价值等。人权具有时代性和社会性，不同时代的不同社会制度，有不同的人权标准和内容。马克思通过引用黑格尔的话指出：无论在历史上，还是在现实中，都不存在超历史的抽象的人权；人权不是天赋的，而是历史地产生的，① 它决不能超出社会的经济结构以及由经济结

---

① 《马克思恩格斯文集》第1卷，人民出版社2009年版，第313页。

构制约的社会的文化发展。[①]

人权思想作为劳动与社会保障法基本理念，其正当性基础源于人类社会对人的重视。欧洲文艺复兴及其人本主义思想的产生，推动了人权理论的发展。人权理论的研究，促使人类通过制度建设来重视和保障人的基本权利。第二次世界大战之后，《联合国宪章》关于基本人权、人类个体尊严和价值、男女平权、促进并鼓励尊重人权、帮助实现人权和基本自由等信念，事实上已经成为绝大多数国家制定法律时的重要参照。我国历史上的“民本思想”，虽然与现代社会人权思想有着本质的差别，但它却表明了人权思想在我国悠久的文化渊源，我国当今“以人为本”思想，与这种深厚文化渊源有一定的内在联系。

生存权是最基本的人权。生存权得不到有效保障，人的其他权利都将失去意义。习近平总书记在中国共产党第十九次全国代表大会（简称“党的十九大”）上作的题为《决胜全面建成小康社会　夺取新时代中国特色社会主义伟大胜利》的报告（简称“党的十九大报告”），更是将增进民生福祉作为我国社会发展的根本目的，并明确提出要“不断促进人的全面发展、全体人民共同富裕。”劳动与社会保障法，调整与基本人权具有密切关联的社会关系，将人权思想作为劳动与社会保障法的基本理念，既是我国劳动与社会保障法律制度的价值追求，也是劳动与社会保障法基本原则产生的基础。

人权思想在劳动与社会保障法中主要体现为：(1) 劳动是人们赖以生存的基础，劳动法通过就业促进和劳动权特殊保护，对人的生存权给予法律保障；社会保障法以人的基本生存需要为基础，通过国家责任和社会化原则，保障不能劳动的人的生存需要。(2) 劳动法以劳动权及其保护为制度基石，以劳动过程中人的自由、尊严、安全与健康为关注重点，构建起了具有内在逻辑联系的劳动法制度体系；社会保障法以人的基本生存需要为基础，建立起了覆盖全体社会成员基本生存需要的物质帮助体系。(3) 劳动法以人权思想为指导，创设了具有特殊性的劳动者权益保障原则；社会保障法以人权思想为指导，创设了国家责任原则。(4) 依据人权思想，劳动法和社会保障法建立了一系列与此相适应的基本概念和基本规则，譬如：国家责任、社会责任、就业促进、劳动权、劳动报酬权、休息权、物质帮助权、救助权、安全健康权等概念体系，以及倾斜保护、生存权优先、无过错责任、劳动基准、最低工资保障、社会保险、社会救助、社会优抚、社会福利等规则与制度体系。

（二）实质正义

实质正义是与形式正义相对应的一个概念。形式正义崇尚市场主体平等、所

---

① 《马克思恩格斯文集》第3卷，人民出版社2009年版，第435页。

有权绝对、契约自由、过错责任等近乎完美的逻辑规则，强调机会平等、规则平等、程序正义，它不考虑因出生等偶然因素形成的个人社会地位或客观天赋差距。实质正义，则既要求“社会职位向所有人公平地开放”[①]，以实现形式正义价值目标，同时也要求用差别原则防止基于机会平等、规则平等给社会弱势群体造成的损害；既遵从市场主体之间平等原则，也关注主体之间社会地位与个人禀赋差别。因此，实质正义在传统的主体平等、私权自治、契约自由、过错责任的基础上，衍生出了差别待遇、所有权社会责任、契约自由限制、无过错责任等原则。总之，“从谋求最大多数人的最大利益到关爱社会境况最差者，这是正义立场的重大转变，是正义日益合乎自身的规定性”。[②]

党的十九大向世界宣告我国已经进入中国特色社会主义新时代。我国社会主要矛盾已经转化为人民日益增长的美好生活需要和不平衡不充分的发展之间的矛盾。共享发展是习近平总书记提出的核心理念，“消除贫困、改善民生、实现共同富裕，是社会主义的本质要求”。[③] 要破解不平衡不充分发展的社会主要矛盾，就必须找准矛盾形成的真正原因。社会需要推动理论与社会制度发展。当社会生产与社会经济以一种简单形式存在的时候，推崇形式正义，并不在实质意义上影响法律对社会公平正义目标的实现，因偶然形成的个人社会地位或天赋差距，还不足以对正常的社会秩序构成危害。当人类进入现代社会，特别是在21世纪，生产方式和经济模式已经发生了巨大变化：社会财富在虚拟经济下被急剧放大，社会经济总量迅速增加，劳动报酬作为财富分配与积累手段被弱化，财产价值计量越来越远离有形财产，等等。在这种变革面前，因出身或者个人天赋等偶然因素形成的社会地位和能力差别，必然会演化为收入差距扩大、贫富悬殊、社会利益失衡等社会问题；看似主体之间平等，却会因为主体的组织与个体、强势与弱势、财富的多与少、靠资产获得收益与靠劳动获得收益等方面的差别，形成事实上的不平等；所有权绝对，也会因它的“富人俱乐部”属性而对穷人失去意义。当我们将形式正义及其法律规则导入当今现实经济生活中时，当我们真正触摸到规则的本质时，我们会发现那些看似平等规则的背后，还隐藏着非正义的结果。

实质正义理念在劳动与社会保障法中的体现主要包括：（1）旗帜鲜明地承认市场主体地位与社会成员个人自然禀赋的差别。为此，劳动法对劳动者采用倾斜保护政策，实行差别待遇，要求用人单位对劳动者承担更多的社会责任。譬如：

---

① ［美］约翰·罗尔斯：《作为公平的正义——正义新论》，姚大志译，上海三联书店2002年版，第76页。

② 邱本：《自由竞争与秩序调控——经济法的基础建构与原理阐析》，中国政法大学出版社2001年版，第158页。

③ 《习近平谈治国理政》，外文出版社2014年版，第189页。

按照《中华人民共和国劳动合同法》（以下简称《劳动合同法》）规定，用人单位解除劳动合同，必须经双方协商一致或者具备法定解除事由，劳动者解除合同，则仅需提前30日通知用人单位，无须征得用人单位同意等。社会保障法确立了对社会弱势群体“需要即权利”的特殊理念，为社会成员构建了基本生存保障“安全网”。（2）运用独特的规范形式——劳动基准。劳动法以全面而系统的劳动条件和劳动待遇标准，保证劳动者不因社会地位、自然禀赋方面的差别而跌破现代社会劳动者基本生存条件的生理底线和心理底线。而社会保障法，其本身就是一种底线性权利保障法。（3）对契约自由原则实施严格限制。譬如：在遵循劳动合同订立自愿原则的同时禁止就业歧视，劳动合同自由约定不得低于劳动基准设定的最低标准，社会保险实行强制性原则，都充分体现了对形式正义的矫正。

（三）社会本位

社会本位是人类社会发展过程中产生的一个具有法律制度体系基石性质的概念，它与个人本位、国家本位一同形成了人类法律制度体系的观念基础。个人本位，延伸出个人利益和私法体系；国家本位，延伸出国家利益和公法体系；社会本位，延伸出社会利益和社会法体系。社会本位超越了个人本位的“个人中心”和国家本位的“国家中心”主义，它以“社会中心”为价值取向，强调社会发展的均衡，促进社会整体效率提升，追求社会整体利益最大化。对此，党的十九大报告旗帜鲜明地提出了“以人民为中心”的发展思想，“把人民对美好生活的向往作为奋斗目标”，“必须多谋民生之利、多解民生之忧，在发展中补齐民生短板、促进社会公平正义，在幼有所育、学有所教、劳有所得、病有所医、老有所养、住有所居、弱有所扶上不断取得新进展，深入开展脱贫攻坚，保证全体人民在共建共享发展中有更多获得感，不断促进人的全面发展、全体人民共同富裕。”因此，个人本位、国家本位和社会本位三者之间既独立又统一，共同描绘出现代人类社会法学理论与制度的全景式图谱。

社会本位在社会互动的历史过程中产生，并以社会合作为基础。社会合作必然形成社会利益。社会利益是从社会生活出发，为维护社会秩序和正常社会生活，促进社会和谐与进步而形成的社会整体利益，是个人利益与国家利益无法涵摄的。现代社会信息、技术和生活方式，已经完全将劳动者与社会连接成一个整体。不仅社会存在与发展需要依赖这个整体，而且任何个人的能力展示、理想与成功，最终都离不开这个整体。任何一个富商的成功，除了他的投资与奋斗之外，同时也利用和消耗了与其成功相适应的社会资源；任何一个普通人，在他过着俭朴生活的同时，也以少消耗社会资源的方式为社会乃至为富商的成功提供了隐形的社会资源要素。在以合作为基础的社会形态中，保持社会利益平衡是不同社会主体利益最大化的前提。因此，作为强势的社会组织对于个人，受惠最多的人对于受惠最少的人，富人对于穷人，均应当承担补偿性的法律义务。

在科学技术以超越常人想象力的速度发展、新材料不断被发现和利用、生产经营方式以前所未有的速度不断翻新的时代，在我们享受现代化带来的高效与便捷的同时，贫富差距、失业、贫困和老龄化对社会和谐稳定带来的挑战，环境污染引发的人类生存危机，产品质量、食品安全、公共卫生等对人类健康形成的威胁，不仅与社会利益息息相关，也充分证明社会利益已经成为不同于个人利益和国家利益的独立利益类型。

劳动与社会保障法充分体现了社会本位理念。劳动法虽然以市场机制为基础，但其立法目的却旗帜鲜明地反映了社会利益优先的思想，并坚持用“劳动者权益保障”和“劳动协调”原则，对市场机制可能导致的社会利益损害进行预防和补救。譬如：劳动就业政策，各国都将其作为一项社会公共政策，既赋予用人单位用工自主权，又要求用人单位遵循公开招收、择优录用的原则，以保障劳动者平等就业权的实现；劳动权也一直被作为一项具有生存权性质的基本人权给予特别法律保护；集体劳动关系的协调与法律调整、女职工与未成年劳动者特殊法律保护、劳动基准法律制度，都以维护社会利益作为其立法的出发点和归宿。社会保障法，更是直接以社会利益的维护作为其制度价值目标，以“需要即权利”为基本理念，通过立法设置一张社会“安全网”，保障每一个社会成员能够有尊严地生活。

三、马克思主义原理和劳动与社会保障法

马克思主义产生于资本主义生产方式占统治地位的时代，许多重大理论就是对资本主义劳动生产过程、生产力与生产关系分析的结果；马克思主义也是科学的世界观、认识论和方法论，辩证唯物主义和历史唯物主义本身就代表着科学的研究方法。因此，马克思主义原理对于以专门调整劳动与社会保障关系的劳动与社会保障法而言，具有特别的指导意义。

（一）马克思主义原理对劳动与社会保障法的指导

马克思主义的立场观点以及对劳动力本质的揭示，为劳动法律制度的价值功能和性质定位奠定了理论基础。为无产阶级和人类解放服务，既是马克思主义哲学的主题，也是它的显著特点。马克思对工人阶级拥有的特殊情感，是他能够揭示出劳动力本质和劳资关系本质特征的重要原因之一。在雇佣劳动关系中，劳动者出卖自己的劳动力，从形式上看具有自由和平等的性质，但在马克思看来，只要一离开劳动力流通领域而进入生产过程，一幕人压迫人、人剥削人的画面就呈现在我们面前：“原来的货币占有者作为资本家，昂首前行；劳动力占有者作为他的工人，尾随于后。一个笑容满面，雄心勃勃；一个战战兢兢，畏缩不前，像在

市场上出卖了自己的皮一样，只有一个前途——让人家来鞣。”① 我国现行劳动法律制度虽然建立在改革开放前的生产资料公有制基础之上，并与资本主义生产关系有着本质上的区别，但劳动生产过程、劳动关系和用工市场化模式的共性，使保护劳动者合法权益的任务仍然显得十分艰巨和复杂。因此，坚持马克思主义的立场、观点和方法，既要将保护劳动者合法权益确立为《中华人民共和国劳动法》（以下简称《劳动法》）和《劳动合同法》的立法目的与宗旨，也要将劳动过程作为对劳动者合法权益保护的重点。

生产力决定生产关系，经济基础决定上层建筑，生产关系一定要适应生产力发展的需要，这是马克思揭示的人类社会经济发展的普遍规律。作为上层建筑的劳动与社会保障法，其产生、发展与演变，不仅受这一普遍规律的制约，而且它的产生、发展、演变的历史轨迹，反过来又验证了马克思对人类社会经济发展规律揭示的科学性。技术的进步、劳动与生产方式的变革以及劳动生产率的不断提高，推动了法定劳动时间的逐渐缩短；工业化规模的扩大、新材料的利用，劳动者职业安全风险增大，不仅使工伤损害赔偿从传统的民事损害赔偿中分离出来实行无过错责任原则，而且还推动了工伤赔偿向工伤社会保险法律制度的转变。“矛盾是普遍存在的，是事物联系的实质内容和事物发展的根本动力。”② 可以说，劳动与社会保障法的制度变迁，是马克思所揭示的生产力与生产关系、经济基础与上层建筑之间矛盾运动的结果。

马克思关于劳动力成为商品的条件、劳动力商品的价值和使用价值、必要劳动时间和剩余劳动时间的论述，不仅深刻揭示了劳动者与资本家之间的关系，而且分析了劳动力存在的特殊形式和价值构成。马克思指出：“我们把劳动力或劳动能力，理解为一个人的身体即活的人体中存在的、每当他生产某种使用价值时就运用的体力和智力的总和。”③ 在此基础上，马克思对劳动力价值构成作了深刻分析，指出劳动力价值由维持劳动者本人生存所必需的生活资料的价值、为维持劳动者家属的生存所必需的生活资料的价值和劳动者接受教育与训练所支出的费用三部分组成。马克思劳动力价值理论，不仅揭示了劳动力价值构成本身，而且还揭示出劳动力价值中的历史和道德的因素。马克思劳动力价值学说，为不同国家或者同一国家不同时期的劳动力价值提供了一个最低限度标准，是劳动法最低工资标准的立法基础。

---

① 《马克思恩格斯文集》第5卷，人民出版社2009年版，第205页。

② 中共中央宣传部：《习近平总书记系列重要讲话读本（2016年版）》，学习出版社、人民出版社2016年版，第280页。

③ 《马克思恩格斯文集》第5卷，人民出版社2009年版，第195页。

（二）马克思主义理论与中国特色劳动与社会保障法

中国特色的社会主义，是马克思主义中国化的产物。我国以马克思主义为指导，形成了中国特色的社会主义法律制度体系。中国劳动与社会保障法，为中国特色社会主义法律制度体系提供了部门法的支撑。

与其他国家相比，我国的劳动与社会保障法有其自身特殊的产生和发展路径。大多数国家的劳动法都经历了由民法中逐渐分离出来的漫长过程。即便是现在，也有一些国家的劳动法仍然属于民法范畴，并运用私法理念与方法进行调整。譬如德国、奥地利、瑞士等国家，尽管其立法有很多特别规定，但劳动合同法仍然属于民法内容的一部分。我国劳动法律制度的建设，一开始就是按照独立于民法的指导思想进行制度设计的①，没有经历其他国家那样从民法中逐渐分离出来的漫长过程。20世纪50年代末，我国进行了大规模的社会主义改造，建立了以公有制经济为基础的计划经济体制模式。与公有制为主体的计划经济体制相适应，我国劳动法采用了"终身制""铁饭碗"的计划用工模式②，劳动者报酬、休息与休假、劳动条件与劳动保护、社会保险与职工福利等，都以行政方式决定，以公共政策为基本依据，向劳动者提供。因此，我国真正意义上的劳动与社会保障法制建设，是由改革开放以来的市场经济体制和劳动用工制度市场化改革推动的。③ 尽管我国现行劳动与社会保障立法已基本完成了由计划经济模式向市场经济模式的转型，劳动用工已经建立了人力资源的市场配置机制，但它与从民法中分离而独立的劳动法发展路径相比，公法化色彩较为浓重。

不同的产生发展路径，形成不同的调整结果。从民法中分离而来的劳动法，基于路径依赖的原因，私法传统根深蒂固，对社会法理念与方法的运用并不充分，在劳动者基本人权特殊保护方面，也相应受到一些限制或者说具有一定的被动性。从我国劳动行政政策体系走出来的劳动法，能够充分运用劳动法特有的理念、原则和方法，以劳动法价值目标为指导，主动适应劳动用工制度市场化改革需要，有效地实现了对劳动者合法权益的保障。譬如：我国劳动法在就业促进方面，既

---

① 1986年4月12日公布的《中华人民共和国民法通则》和1999年3月15日公布的《中华人民共和国合同法》，都未将劳动法（包括劳动合同）纳入民法体系。

② 在生产资料属于全民所有的计划用工模式下，企业用工实行计划指标控制。与用工指标联结在一起的劳动者与企业之间形成的是从招收到退休的长期劳动关系，俗称"终身制"。也因为计划用工制度，决定了企业不能解雇劳动者，除非劳动者严重违纪被依法开除，因而俗称"铁饭碗"。

③ 1986年7月12日，国务院同时公布了《国营企业实行劳动合同制暂行规定》《国营企业招用工人暂行规定》《国营企业辞退违纪职工暂行规定》《国营企业职工待业保险暂行规定》。随后，以适应市场经济改革需要为目的的《劳动法》《劳动合同法》《社会保险法》等法律也相继公布。

保护用人单位用工自主权，又对面向社会、招工程序、择优录取标准、信息公开等进行强力干预，充分体现了就业保障的制度优势。

我国的政治体制优势铸就了劳动与社会保障法律制度特色。我国是工人阶级领导的、以工农联盟为基础的人民民主专政的社会主义国家。全国人民代表大会集中了全国各族人民的利益和意志，在劳动与社会保障立法过程中，减弱了利益集团之间的博弈。这不仅有利于节省立法成本，而且能够合理平衡劳动与社会保障关系各方利益，充分发挥其制度价值功能。譬如，社会保险法律制度的核心功能，就是通过社会统筹，分散个人生活困难和无力承受的风险。社会统筹范围越大，抵御风险的能力就越强，社会保险法律制度功能作用的发挥也就越充分。然而，这一制度功能的充分发挥以及交易成本的有效降低，需要高度集中的制度体系和政治体制做保障，西方国家制度体系是很难实现的。我国利用自己的体制优势，在《中华人民共和国社会保险法》（以下简称《社会保险法》）中明确规定"基本养老保险基金逐步实行全国统筹，其他社会保险基金逐步实行省级统筹"，对此，党的十九大报告明确要求："完善城镇职工基本养老保险和城乡居民基本养老保险制度，尽快实现基本养老保险全国统筹。"这样就激活了社会保险法律制度最大限度分散风险的功能，大大提高了抵御风险的能力，有效发挥了统筹和协调的作用，充分反映了我国社会保险法律制度特色。

（三）构建和谐劳动关系是马克思主义原理中国化的重大成果

社会和谐稳定是中国特色社会主义的本质属性。重视人的主体地位和价值，是马克思主义哲学的基本观点，即：社会发展的实质是人的发展。马克思、恩格斯所描述的理想社会，是一个没有民族对立、阶级对立和人剥削人的社会，"在那里，每个人的自由发展是一切人的自由发展的条件"①。一百多年的实践证明，这一判断背后反映出的理念不仅符合人类历史发展规律，也是社会文明与进步的客观需要。在经济迅速增长、科技高度发达的当今社会，我们既要看到经济竞争的激烈和各国对经济发展的高度关注，更要充分认识到人类社会对"和谐社会"发展目标的迫切需要，社会和谐度将成为未来社会判断国家综合实力的最重要因素。为此，党的十六大提出了建立和谐社会的目标，并围绕这一目标规划了一系列社会改革。党的十九大确立的习近平新时代中国特色社会主义思想，是坚持辩证唯物主义和历史唯物主义，将马克思主义基本原理同中国社会主义建设实践相结合的产物，它充分反映了对社会发展规律的深刻认识，揭示了我国社会主要矛盾，并在此基础上对"决胜全面小康，创造美好生活，实现全体人民共同富裕，建设富强民主文明和谐美丽的社会"作了全面部署。

---

① 《马克思恩格斯文集》第2卷，人民出版社2009年版，第53页。

劳动关系是最基本的社会关系，劳动关系和谐是社会和谐的基础。早在2011年8月召开的全国构建和谐劳动关系先进表彰暨经验交流会上，习近平同志就指出，构建和谐劳动关系，是建设社会主义和谐社会的重要基础，是增强党的执政基础、巩固党的执政地位的必然要求，是坚持中国特色社会主义道路、贯彻中国特色社会主义理论、完善中国特色社会主义制度的重要组成部分，其经济、政治和社会意义十分重大而深远。2015年3月21日，中共中央、国务院又正式通过并发布《关于构建和谐劳动关系的意见》（以下简称《意见》），对和谐劳动关系进行了系统性阐述。

《意见》坚持以人为本、依法构建、共建共享、改革创新的工作原则，明确了建立规范有序、公正合理、互利共赢、和谐稳定的劳动关系的目标任务，从依法保障职工基本权益、健全劳动关系协调机制、加强企业民主管理制度建设、健全劳动关系矛盾调处机制、营造构建和谐劳动关系良好环境、加强组织领导和统筹协调等方面，对具有中国特色的和谐劳动关系进行了全面而系统的设计。实现劳动关系和谐稳定，应善于运用法治、民主、协商的办法处理。劳动与社会保障法是以法治方式处理劳资纠纷的基本形式，是构建我国和谐劳动关系的重要载体，应当通过平衡劳动者与用人单位之间的利益关系，优化劳资双方权利义务配置，明晰劳资双方权利义务边界，构建科学有效的三方协商制度，完善具有中国特色的劳资争议处理机制，促进和谐劳动关系目标的最终实现。

四、本书的逻辑结构与学习研究方法

科学的理论均有其内在的逻辑结构以及由其内在逻辑结构决定的特殊学习方法。深入研究和了解本书的逻辑结构，对于从整体上准确认识劳动与社会保障法，科学地掌握有效的学习研究方法，具有十分重要的意义。

（一）劳动与社会保障法学的逻辑结构

劳动与社会保障法教材的逻辑结构，有别于法学其他教材。劳动法和社会保障法，本属于两个不同的法律部门，但在我国法学教育课程体系中，劳动与社会保障法是作为一门课程来开设的。为了既体现两个法律部门的相对独立性，又适应法学教育课程内容的统一性，本教材在结构上除绪论外，分为上下两编。上编为劳动法，下编为社会保障法。这种结构具有简单明了的特点，便于学习时整体把握。“绪论”主要涉及劳动与社会保障法的一些基本问题，在结构上，具有劳动与社会保障法总论的性质。这样安排是基于两个相对独立的部门法要纳入一本教材体系，因而需作出共同的、普适性的原理分析。上编劳动法，其首章（教材第一章）“劳动法基础理论”具有劳动法总论的性质；下编社会保障法，其首章（教材第七章）“社会保障法基础理论”具有社会保障法总论的性质。这样的结构安排，又体现出劳动法和社会保障法作为两个不同性质的法律制度，在基本理论和制度逻辑上的相对独立性。

（二）劳动与社会保障法学的学习研究方法

马克思的主要研究对象，是资本主义经济生产力基础上的生产组织或劳动方式以及与它相适应的生产关系和交换关系。在对这种特定对象的研究过程中，形成了马克思主义独特的研究方法。马克思主义研究领域与劳动社会保障法的密切联系，决定了其研究方法对学习研究劳动与社会保障法学的重要指导意义。

1. 唯物辩证法。辩证唯物主义和历史唯物主义是马克思主义创立的世界观和方法论。马克思研究《资本论》的方法“正是唯物辩证方法”①，即唯物辩证法。马克思主义唯物辩证法认为：世界是物质的，但物质的世界是运动发展的；物质世界具有普遍联系和永恒发展的特性，主体是有其能动性的，但能动的主体不能脱离客观的物质基础；生产力决定生产关系，但生产关系应当适应生产力发展需要；经济基础决定上层建筑，但上层建筑又必须符合经济基础的要求。生产力是推动社会发展的最活跃、最革命的因素，社会主义的根本任务是解放和发展生产力；人民群众是历史的创造者，要始终坚持从群众中来、到群众中去的群众路线。以现代社会生产力为基础的劳动关系，极其特殊和复杂，特别是人类进入互联网时代，劳动生产方式发生了根本性变化，用人单位对劳动过程的控制与传统模式完全不同，职业安全和职业危害已远远超出立法者的合理预见能力，劳动报酬分配形式越来越多样化，劳动关系的法律判断显得越来越困难，社会文明与进步不断将人的基本权利保障推向社会舆论的焦点。为此，我们必须坚定不移地贯彻习近平新时代中国特色社会主义思想，坚持辩证唯物主义和历史唯物主义，运用马克思主义思想、观点和方法，准确把握我国进入新时代历史方位，坚持时代性，立足中国问题，重视国情研究，使劳动与社会保障法律制度真正适应我国现实社会发展需要。

2. 科学抽象法。科学抽象法是马克思研究政治经济运用的重要方法，马克思在《资本论》中对抽象思维和理论研究的一般方法进行了专门论述，并揭示出科学抽象应包括两个相互联系的思维过程：从具体到抽象的研究过程和从抽象再回到具体的叙述过程。从具体到抽象就是透过现象揭示本质的过程，从抽象再回到具体就是用抽象出来的基本概念、范畴、原理去解释客观事实及其内在联系的过程。劳动法和社会保障法是内容广泛而复杂的制度体系，它不仅涉及多部制定法，而且这些制定法背后还存在着一个庞大的行政法规、地方性法规、政府规章乃至于数量众多的政策规范体系。因此，学习和研究劳动与社会保障法，应当坚持马

① 《资本论》第1卷，载《马克思恩格斯文集》第5卷，人民出版社2009年版，第21页。

克思主义的科学抽象法，对劳动与社会保障法调整的社会关系、劳动与社会保障法律规范、具体案例等，进行归纳、分析、抽象，形成科学系统的劳动与社会保障法学的基本术语、基本概念、基本范畴、基本理论体系，并再用建立起来的这个体系，去解释、叙述具体的法律规范、实际案例以及它所调整的社会关系。应用马克思主义科学抽象方法，不仅有助于准确理解具体的法律规范，而且能够发现法律规范在实际运用中可能存在的问题，从而推动劳动与社会保障法律制度的不断完善。

3. 理论联系实际。科学实践观是马克思主义哲学的核心观点，它既承认自然界物质的先在性，是实践活动和认识的基础，同时也揭示了人们通过实践活动改造自然的能动性。劳动与社会保障法学是实践性非常强的法学课程，是对劳动与社会保障法律规范进行研究形成的理论体系。因此，学习劳动与社会保障法学，要坚持马克思主义实践观，学会运用劳动与社会保障法学的基本知识和基本原理，去解释劳动与社会保障法律规范，再用这些法律规范去解释它所调整的劳动与社会保障社会关系，最终学会解决现实社会劳动与社会保障领域中的相关法律问题。判例是司法人员运用法律规范和法学原理解决具体法律争议的集中体现，特别是最高人民法院有关劳动与社会保障法的指导性案例，是法学专业学生理论联系实际的纽带和桥梁。通过研究具体判例及其法官对相关法律规范和法学原理的实际运用，有助于迅速提升法学专业学生的法律职业能力。

思考题：

1. 研读《劳动合同法》，并指出哪些条款体现了人权思想理念。
2. “给一片面包不如给一份工作。”请用这句话揭示出的哲理分析劳动法与社会保障法的关系。
3. 我国目前有哪些因素影响和谐劳动关系建立？如何消除这些因素？

上　编　劳动法

第一章　劳动法基础理论

劳动法基础理论是劳动法律制度的一般原理，它以劳动法律规范为研究对象，通过逻辑概括和抽象，合理地定位劳动法律制度的目标与任务，形成劳动法独特的法律理念、指导思想、基本原则和调整方法；科学地回答劳动法律制度产生的原因、性质、功能、作用等基本问题；重点研究劳动关系、劳动法主体、劳动法上的权利及其体系等一般问题。这些基本理论与内容，既是劳动法学科学术规范的结构要求，也是对本教材体系具体内容的理论指引。

第一节　劳动法概述

劳动法律制度有其自身的理论体系。它以劳动法基本术语为逻辑起点，通过对基本术语的演绎推理，揭示劳动法基本特点，确立劳动法基本原则，限定劳动法适用范围，并最终形成完整的劳动法制度体系。

一、劳动法的概念和特点

科学而准确的劳动法概念，不仅是劳动法内在本质属性的体现，而且也能反映出劳动法的特点并实现其与相关部门法的区分功能。

（一）劳动法的概念

劳动法的概念，不同的视角有不同的表述。就立法目的而言，劳动法是保护劳动者合法权益，促进劳动关系和谐稳定的法；就主要调整范围而言，劳动法是规范劳动关系的法；就基本内容而言，劳动法是主要包括就业促进、劳动合同、集体劳动关系、劳动基准、劳动监察、劳动争议处理等方面法律规范的法。作为一个合乎逻辑规范的法律概念，劳动法是调整劳动关系以及与劳动关系有密切联系的其他社会关系的法律规范的总称。

（二）劳动法的特点

劳动法的特点是能够揭示劳动法本质属性的核心要素。理论上研究和归纳劳动法的特点，意义在于方便人们对劳动法的认知，并使其区别于其他法律部门。

1. 私法与公法相兼容。法律制度变革及其理论创新，均基于社会客观需要。因此，社会客观需要既是劳动法产生的正当性基础，又能反映劳动法的特殊性。就法律历史演进过程而言，劳动法是从民法中分离出来的一个部门法，与民法有着天然联系。私法的调整方法和基本原理，对劳动法律制度的构建具有基础性地位和作用，譬如意思自治、平等协商、等价有偿、诚实信用等私法理念和原则，仍然是劳动合同法的制度基础。劳动法从民法中分离出来之后，突破了单一私法理念束缚，注入了一系列公法理念和调整方法，如制定劳动标准、禁止不当解雇、反对就业歧视、恶意欠薪入刑等，使劳动法成为一部公法与私法兼容的部门法。劳动法的公法、私法融合是实质性融合，表现为同一法律规范两种性质手段的综合运用。譬如：在招工方面，既尊重用人单位的用工自主权，又在程序上坚持面向社会、公开招收、择优录用原则；在劳动合同订立方面，既强调契约自由、自愿平等，又禁止任何形式的就业歧视，要求权利义务的约定不得违反劳动基准的最低标准；在劳动报酬方面，既奉行按劳取酬和同工同酬的私法理念，也实行最低工资保障原则；在劳动合同履行与解除方面，既遵循私法的诚实信用原则，监督双方当事人恪守合同约定，也赋予劳动者自由灵活的单方解除劳动合同的权利。

2. 自愿约定与强制标准相结合。一方面，劳动法律制度是以市场为基础构建起来的制度体系，调整商品交换关系的私法理念和基本规则仍然发挥着主导作用，合同法的基本原理仍然是劳动合同法律制度中的逻辑主线，劳动合同的订立必须遵从平等、自愿、协商一致原则。但另一方面，劳动合同的客体，恰恰是无法与劳动者人身相分离的劳动给付行为。因此，以劳动者基本人权保障为立法目的的劳动基准，构成了劳动法的显著特征，与劳动者基本人权相关的权利义务，也必然成为劳动基准的核心内容。在劳动法强制性标准面前，劳动者与用人单位关于劳动合同权利义务的约定受到限制。譬如：用人单位与未满 16 周岁未成年人签订劳动合同、订立具有歧视性劳动合同条款、通过合同约定排除用人单位职业安全与职业健康责任、双方约定的工资低于最低工资标准、订立强迫劳动者劳动的合同、合同约定内容损害劳动者人格尊严等，都将在劳动法强制性标准和规定面前，被认定为约定无效。

3. 实体法与程序法相统一。实体法与程序法是对法律属性的一种理论划分。通常而言，实体法是以规定和确认权利义务以及职权和责任为主要内容的法律。程序法是以规定保证权利和职权得以实现或行使、义务和责任得以履行的有关程序为主要内容的法律。实体法与程序法相互依存，一般情况下，实体法都有与之相配套的程序法，如民法与民事诉讼法、刑法与刑事诉讼法。劳动法是综合性的部门法，实体法与程序法在劳动法律规范体系中构成了一个统一的整体，许多实体性劳动法权利义务，必须依赖程序性规定才能将其界定清晰。譬如：以保障劳动者就业权利平等的“面向社会、公开招收、择优录用”的程序性规定；与集体协商权相关的集体协商程序；与劳动争议处理相关的具体程序等，都充分体现了实体法与程序法相统一的综合性特点。

二、劳动法的调整对象

法的作用边界，既是该法律制度的逻辑起点，也是确立该项法律制度内容体系的依据。劳动法的调整对象准确划定了劳动法律制度发生作用的边界。劳动法调整的对象包括两类社会关系，一是劳动关系，二是与劳动关系有密切联系的其他社会关系。

（一）劳动关系

任何部门法都有其调整的特定类型的社会关系。劳动法的调整对象主要是劳动关系。

1. 劳动关系的概念。劳动关系①是劳动者与用人单位之间在实现社会化劳动过程中产生的社会关系。劳动法调整劳动关系的具体范围，是根据劳动法律制度价值目标以及将某一类劳动者纳入劳动法特殊保护范围必要性程度决定的。劳动法通过对劳动者和用人单位主体资格认定标准的调整，使劳动关系的具体范围随着社会发展需要不断变化。就发展演变规律性而言，劳动法调整劳动关系的具体范围，呈逐渐扩大的趋势。

2. 劳动关系的特点。劳动法调整的劳动关系，具有以下特点：（1）主体资格法定。劳动法调整的劳动关系范围大小，是由劳动法确立的劳动关系主体资格决定的。劳动关系双方的主体资格，必须由劳动法确认。我国劳动法关于劳动者主体资格的年龄标准，除国家另有规定外，必须年满 16 周岁。我国劳动法对用人单位主体资格的认定标准，是有关机关的审批或登记，经批准或登记设立的法人、非法人组织、个体工商户等依法取得用人单位主体资格，享有用工权利。在我国现行劳动法中，还不认可家庭的用人单位主体资格。因此，家庭与聘请的帮工或家政服务人员所形成的社会关系，现在还不属于劳动法调整范围。劳动法对劳动关系主体资格认定标准和范围，并非一成不变，根据不同的社会发展阶段、劳动法的价值目标，需要适时调整。（2）产生于社会化生产过程中。劳动法调整的劳动关系，不仅具有劳动给付与劳动报酬对价的市场性质，而且还必须具备产业关系的社会化属性。劳动法的产生与独立，或者劳动法特殊的制度理念和调整方法，都与社会化大生产有着密切的关系。社会化大生产背景下的劳动关系，远远超出了民法上劳动力出卖与购买的纯商品属性。劳动环境与劳动条件的恶劣、劳动力生产与使用的可持续性威胁、职业伤害与职业风险的控制等社会问题，无不是社会化大生产的产物。因此，劳动关系的社会化，构成了劳动法调整的劳动关系的

① 在不同的国家和体制下，劳动关系在用语上存在不同的表述。其中，劳资关系一般指称私有制企业中的劳动关系，相较于劳动关系，在我国具有一定的意识形态倾向；雇佣关系，又称雇用关系，一般指以就业为中心的个别劳动关系，不包括集体劳动关系；员工关系，又称雇员关系，是从人力资源管理学的角度来理解劳动关系的，主要指雇主与雇员双方在企业内部形成的个体性的交流和管理关系；产业关系，又称工业关系，是在更广义上理解劳动关系的，主要指雇员、雇主和政府三方在劳动关系运行的所有层面，包括经济和社会环境中所形成的社会关系。参见常凯主编：《劳动法》，高等教育出版社 2011 年版，第 10—11 页。

基本特点。譬如，当家务劳动未走向社会的时候，劳动法不可能调整这类社会关系。一旦家务劳动逐渐趋向社会，成为社会劳动的一部分，具备了社会化劳动属性的时候，也就具备了劳动法调整的必要性。（3）具有财产与人身双重属性。劳动法所调整的劳动关系，首先是以其财产属性为基础的。用人单位要通过社会化劳动过程实现自身利益目标，就必须雇用大批劳动者；劳动者为了获得赖以生存的物质资料，只能通过劳动给付获得劳动报酬。这种以对价给付为主要内容的财产性社会关系，既是早期劳动关系纳入民法调整的原因，也是现代劳动关系的基础。劳动法所调整的劳动关系，也具有典型的人身属性。劳动者在给付劳动实现劳动过程时，其人身在客观上也受到一定程度的限制，使劳动关系具备了典型的人身性质。劳动关系的财产性与人身性又相互交织在一起。正是基于这种不能分割的社会关系，才导致了不能纯粹用私法或者公法理念调整的结果。基于劳动关系的财产属性，衍生出了劳动者的劳动义务和用人单位的报酬支付义务。基于劳动关系的人身属性，一方面产生了劳动者忠实地维护用人单位利益、不断提高劳动技能、服从用人单位劳动纪律的义务；另一方面产生了用人单位保护劳动者生命安全、身体健康和职业培训的义务。（4）平等性与从属性相互交织。劳动法调整的劳动关系，除具有一般合同法上的自愿平等特性之外，更重要的是这类关系中双方当事人的从属性。因此，从属性是劳动法调整的劳动关系的本质性特征。劳动关系的存在，以实现正常劳动过程和用人单位生产经营利益目的为前提。劳动关系的目的性和劳动过程实现的特殊性，产生了用人单位对劳动过程的控制权。一方面，用人单位以实现正常劳动秩序为目的，合理调配劳动者，组织、指挥和协调劳动过程，是劳动关系中用人单位的基本权利；另一方面，用人单位合理行使控制权，也是劳动者服从其组织、指挥和劳动调配，遵守劳动纪律义务产生的基础。

3. 劳动关系与劳务关系的区别与判定。劳动关系的特点，不仅揭示了劳动关系本质属性，而且是区别劳动关系和劳务关系的基本判断标准。由于劳动关系和劳务关系都以劳动者向他人提供劳动给付为前提，因此，二者经常容易被混淆。在借助劳动关系特点区分劳动关系与劳务关系时，应当注意：（1）劳动关系的用工主体，必须是符合劳动法规定的用人单位主体资格，并依法拥有招收、使用劳动者的法律权利。（2）应用辩证发展的观点把握劳动关系的从属性。在传统的生产经营方式下，判断是否具有从属性，主要通过劳动者与用人单位的依附程度、劳动者遵从用人单位劳动纪律、上下班时间、劳动者与用人单位工资关系等进行识别。但在现代生产经营方式特别是网络时代中，单靠传统识别要素并不能准确判定是否属于劳动关系。当越来越多的工作岗位并不需要在办公室或者特定时间完成、劳动报酬可以通过劳动数量进行核算的时候，传统的纪律从属和工资关系从属标准，便会失去应有的价值。现代社会劳动关系从属性，主要表现为用人单位对劳动过程、劳动力资源配置、劳动模式选择等方面的控制。只要劳动者从事了与用人单位性质和职能范围相符合的生产经营等活动，只要劳动方式与模式由用人单位选择与控制，就应当认定为劳动关系。（3）防止用人单位滥用劳务关系、规避依法应当承担的生产经营职业风险责任。从某种意义上讲，劳动法从民法中分离出来的重要原因，就是基于民法理念不能恰当地解决劳动者在职业过程中形成的职业风险。因此，只要用人单位以营利为目的，有偿使用劳动力从事市场生产经营活动，劳动者在劳动过程中的职业风险就必须由生产经营活动的受益人承担。

（二）与劳动关系密切联系的其他社会关系

劳动法不仅调整劳动关系，而且调整与劳动关系密切相连的其他社会关系。与劳动关系密切相连的社会关系，有三种情形：第一，这种社会关系是劳动关系产生的前提，如就业培训、职业介绍等形成的社会关系。第二，这种社会关系是劳动关系产生的必然结果，如失业、养老保险等所形成的社会关系。第三，这种社会关系与劳动关系的产生、变更、消灭有一定的牵连，如集体协商、职业介绍、劳动监察、劳动争议处理等过程中产生的社会关系。无论哪一种情形，都与劳动关系具有紧密的联系，离开这种社会关系，劳动法就无法对劳动关系实行最有效的法律调整。因此，与劳动关系的密切关联性，就是劳动法调整的这类其他社会关系的本质特征。

三、劳动法的适用范围

劳动法的适用范围，通常指劳动法发生作用的范围。我国《劳动法》第2条规定：“在中华人民共和国境内的企业、个体经济组织（以下统称用人单位）和与之形成劳动关系的劳动者，适用本法。国家机关、事业组织、社会团体和与之建立劳动合同关系的劳动者，依照本法执行。”因此，我国《劳动法》的适用范围包括两个方面。

拓展阅读

杨××诉重庆市××建设有限公司确认劳动关系纠纷案

（一）主体上的适用范围

我国《劳动法》的适用范围以法定用工主体为标准确定，具体适用范围主要有六类：（1）企业。指经依法核准登记设立的各种不同类型的法人和非法人企业。其中，非法人企业如《中华人民共和国民法总则》（以下简称《民法总则》）第四章规定的个人独资企业、合伙企业等。企业因用工形成的劳动关系，由劳动法调整。（2）个体经济组织。《民法总则》第54条规定：“自然人从事工商业经营，经依法登记，为个体工商户……”依据《劳动法》第2条规定，个体工商户作为个体经济组织的重要形式，因招用劳动者形成的劳动关系，由劳动法调整。（3）民办非企业单位。随着我国市场经济体制与机制的不断完善，我国《劳动合同法》将民办非企业单位产生的劳动关系纳入劳动法专门适用范围。根据《民办非企业单位登记管理暂行条例》的规定，民办非企业单位主要有各种民办的学校、医院、科研院所、文艺团体等组织。（4）事业单位。我国事业单位在实行聘用制用工制度改革之后，聘用制工作人员与事业单位产生的聘用劳动关系，依据《劳动合同法》第96条规定，属于劳动法的适用范围。（5）国家机关和社会团体。国家机关和社会团体在《中华人民共和国公务员法》（以下简称《公务员法》）适用范围之外采取劳动合同制方式招聘工勤人员或非公务员岗位劳动者所建立的劳动关系，属于劳动法适用范围。（6）会计师事务所等合伙组织和基金会。根据《中华人民共和国劳动合同法实施条例》（以下简称《劳动合同法实施条例》）第3条的规定，依法成立的会计师事务所、律师事务所等合伙组织和基金会，属于劳动合同法规定的用人单位。

（二）地域上的适用范围

凡是在中华人民共和国境内①与《劳动法》确认的用工主体之间产生的劳动关系，均适用我国《劳动法》，包括外国企业在中国境内设立的外商投资企业和中国企业派往外国的劳动者。

四、劳动法的基本原则

劳动法的基本原则，是体现劳动法本质与精神，并在劳动立法、法律规范实施过程中发挥指导作用的基本准则。劳动法的基本原则，能够反映劳动法的基本理念和立法精神，揭示劳动法本质特征，具有高度的抽象性、权威性和稳定性，对劳动立法和劳动法律规范实施具有普遍指导意义。

（一）确立劳动法基本原则的标准

由于我国劳动法发展起步较晚，理论研究相对薄弱，不仅《劳动法》中没有基本原则的立法确认，而且理论研究和劳动法教材也是各不相同，至今未能形成被多数人认同的原则体系。依据劳动法基本原则在劳动法“理念—原则—规则”规范逻辑体系中的地位和作用，确立劳动法基本原则，可以从三个视角进行分析。

1. 劳动法价值目标视角。劳动法基本原则，由其制度价值目标、基本理念、基本思想等具有内在逻辑联系的本质属性演化而来，是劳动法律制度价值追求与基本理念的具体化及其延伸。反过来，劳动法基本原则也应当能蕴含劳动法的价值追求和基本理念。

① 我国香港、澳门、台湾地区除外（以下同）。

2. 劳动法特点视角。由劳动法价值目标和基本理念衍生的劳动法基本原则，必然能够揭示劳动法本质特征，生成劳动法特殊的调整手段与调整方法。因此，从劳动法的特点、劳动法与相关法律之间的关系、劳动法特殊的调整手段与方法，既可以验证我们提炼出来的劳动法基本原则，又是判断劳动法基本原则是否具有科学性的核心标准。

3. 基本原则功能作用视角。任何一个部门法的基本原则，都必然有其作为基本原则的功能、作用和法律意义。当我们难以判断一项法律原则能否具备科学品性时，从该法律原则的功能、法律意义视角考察，就具有十分重要的方法论意义。总之，如果我们总结、抽象出来的劳动法基本原则，不能支撑劳动法价值目标，没有蕴含劳动法基本理念和特殊的调整方法，无法在劳动法实施过程中发挥一般准则作用，不能解决具体规范缺失或模糊时的法律适用，那么归纳的原则也就缺乏科学性。

（二）劳动法基本原则内容

根据基本原则的本质属性和确立标准，我国劳动法的基本原则可以归纳为劳动自由、劳动者权益保障和劳动协调三项。三项原则具有内在的逻辑联系，共同构成了劳动法的原则体系。

1. 劳动自由原则。劳动自由原则是指劳动者按照自己意愿决定是否参加社会劳动以及根据社会需要和自己特长、兴趣爱好自由选择职业的权利。禁止任何形式的强迫或强制劳动，保障劳动者不违背自己意愿并屈从于被迫的社会分工或职业，是国际劳工组织分别在1930年第29号《强迫劳动公约》和1957年第105号《废除强迫劳动公约》确立的原则，也是马克思揭示的社会化劳动产生的基本条件。

劳动自由作为劳动法的基本原则，其理论依据在于：（1）它是劳动法诞生的基础。劳动力成为商品既是货币转化为资本的前提，也是资本主义生产方式的特征。劳动法作为资本主义社会化生产方式的产物，自然与劳动力成为商品产生了内在逻辑联系。劳动者只有获得人身自由，才能在市场上与货币占有者“彼此作为身份平等的商品占有者发生关系，所不同的只是一个是买者，一个是卖者，因此双方是在法律上平等的人”①。劳动法以劳动自由为其制度基石，劳动自由的前提是劳动者的人身自由。（2）它是劳动法律制度体系的逻辑起点。劳动者将自己的劳动力作为商品出卖，仅仅是对一定时间的劳动力使用权的暂时让渡，并非把劳动力一下全部卖完，否则就是出卖自己的人身，劳动者也就成了奴隶。劳动自由原则不仅要求劳动就业过程中的自愿、平等和协商一致，而且整个劳动法律规

① 《马克思恩格斯文集》第5卷，人民出版社2009年版，第195页。

范体系，都是以劳动者的劳动自由为前提设计的。只有坚持劳动自由原则，以劳动力市场为基础设计的劳动保护法律规范体系才具备了发挥作用的前提条件；只有坚持劳动自由原则，劳动法作为劳动者权益保护法的价值目标才会有坚实的基础。如果没有劳动自由原则，劳动法作为劳动者权益保护法的性质和地位就是一句空话；如果没有劳动自由原则，劳动法律制度体系和规范体系就会失去其存在的支点。（3）它是由劳动关系人身性质决定的。劳动关系是劳动过程中形成的社会关系，它以劳动力使用权的有条件让渡为核心。劳动力依附活的人的个体而存在，并通过人的活动才能使用。在人类法律拟制的全部权利中，人权是一项被优先保护的权利，而自由又是人权的基石。（4）它是人自身发展的需要。人的自由全面发展是社会发展与进步的基本标志，也是马克思主义对理想社会的追求。社会发展的实质是人的发展。人的发展只能建立在劳动实践活动的基础之上，而能够促进人的发展的劳动，又只能是人的自由劳动。因此，劳动自由是人的自由发展的基础，只有赋予劳动者的劳动自由权，才能实现劳动者所从事的劳动与其特长、兴趣、爱好很好地结合，才能激发劳动者的劳动热情、激情和创造力，营造活力竞相迸发的劳动环境，才能步入使劳动成为一种快乐生活的精神境界。

劳动自由原则，在劳动法律规范内容体系中主要体现在三个方面：（1）劳动法律制度设计以劳动者的劳动意愿为前提。无论是劳动法关于“就业”的法律定义还是劳动关系中“劳动者”的法律定义，都将“具有劳动意愿”作为其核心构成要素。对此，《劳动法》《劳动合同法》《中华人民共和国就业促进法》（以下简称《就业促进法》）都在第3条赋予了劳动者“选择职业”“平等自愿”和“自主择业”的法律权利。（2）劳动合同法直接以劳动自由作为其制度基础，并坚持“平等自愿、协商一致”的劳动合同订立原则。（3）劳动自由原则贯穿于整个劳动法律规范内容体系。除劳动就业和劳动合同法律制度直接以劳动自由原则为基础建立之外，劳动自由原则还体现在加班等延长劳动时间必须以劳动者的同意为前提；劳动者单方解除劳动合同只需提前30日告知且无须征得用人单位同意；用人单位以暴力、威胁或者非法限制人身自由的手段强迫劳动者劳动，或者用人单位违章指挥、强令冒险作业危及劳动者人身安全，劳动者可以立即解除合同；享受失业保险待遇以是否具有劳动的意愿为标准等具体的法律制度规范之中。

2. 劳动者权益保障原则。劳动者权益保障原则是指对劳动者合法权益的特别保护或者倾斜性保护。保护劳动者合法权益是劳动法的基本目标，也是我国劳动立法的宗旨。《劳动法》第1条和《劳动合同法》第1条均开宗明义地指出，为了“保护劳动者的合法权益”制定本法，这是我国劳动法立场观点的集中体现。劳动者权益保障原则充分体现了劳动法的基本理念和价值追求；一方面，要求国家在劳动立法中对劳动者权利实行倾斜配置，以实现劳动权利实质平等的价值目标；

另一方面，要求在劳动法实施过程中对劳动者合法权益给予特别性保护，即当运用具体法律规范难以作出维护劳动者或用人单位利益判断时，应当倾向于重点保护劳动者权益。

将劳动者权益保障作为劳动法的基本原则，其基本依据在于：(1) 它是劳动法的本质要求。依据马克思分析劳资关系的立场观点，劳动法在本质上就是劳动者权利保护法。保护劳动者合法权益，是现代劳动法的价值目标和基本任务。(2) 劳动关系从属性。劳动关系是一种非常特殊的社会关系，劳资双方地位不平等几乎贯穿于劳动关系的全过程，即使在适用民法“自愿、平等原则”的劳动力市场就业环节，也因为劳动作为人们谋生手段的社会生存法则和劳动力长期过剩，形成事实上的“强资本弱劳工”态势。而劳资双方在劳动过程中的从属性，更是劳动关系的典型特征。因此，对劳动者实行特殊保护，矫正劳资双方实质上的不平等，符合劳动立法的指导思想和基本精神。(3) 劳动者权利的人权性质。人权，是作为人依其本质所应当享有的权利，劳动关系以劳动力为基础。劳动力的生产、维持与使用，都与人的基本权利具有直接关系。人的生存、尊严和自由，属于基本人权的核心和基础。劳动关系的成立，虽然要求劳动者应当根据劳动合同约定将劳动力的使用在一定期限和条件下让渡给用人单位，但劳动力的使用是与人身无法分割的。在劳动者将劳动力的使用权交给用人单位的同时，也就让渡了自己部分的人身控制权。这是一个极易使劳动者的人身权利受到侵害的合约履行过程。因此，通过劳动立法设立一项对劳动者人身权利优先保护的适用规则，是人权的特殊性质决定的。

劳动者权益保障原则是贯穿于劳动立法和执法过程的基本准则。它主要体现在：(1) 构建了保护劳动者的权利体系。我国《劳动法》第 3 条不仅明确了劳动者从就业到劳动争议处理等劳动关系全过程享有的 7 项基本权利，还通过劳动法律规范，对劳动者的各种基本权利和其他劳动权利进行了更加具体、系统的规定，形成了对劳动者合法权益有效保护的完整体系。这个权利体系，就是保障劳动者合法权益的基础。(2) 形成了劳动者权利特殊保护规范体系。依据权益保障原则，劳动法在两个方面建立了对劳动者权利的特殊保护规范体系：一方面是以劳动关系从属性为基础的倾斜保护规范，如限制对普通劳动者约定违约金，劳动者解除合同无须征得用人单位的同意，用人单位单方解除劳动合同受到法律限制与惩罚，职业损害实行无过错归责原则等；另一方面是以人权为基础的“底线”保护规范，即劳动基准规范，如最低工资标准、最长劳动时间、最低工作环境与劳动保护条件、恶意欠薪入刑等。这类特殊保护规范，最充分地体现了劳动法的劳动者权益保障原则。(3) 特殊的劳动者权益保障程序规范体系。劳动者特殊的法律权利，需要特殊的法律程序给予保障。依据劳动者权益保障原则，劳动法以切实保障劳动者合法权益实现为目的，围绕劳动者各种具体权利，在程序上建立了一整套程序性法律规范体系。如就业环节坚持“面向社会、公开招收、择优录用、就业平等、禁止歧视”原则，企业内部规章制度制定的民主参与和强制公示，劳动报酬诉讼请求的先行支付令，诉讼中举证责任倒置等。

3. 劳动协调原则。劳动协调原则是劳动法调整劳动关系的基本准则。协调，既是一种状态，也是一种调整方法。作为状态，表现为劳资双方良好的合作与配合，表现为劳动关系稳定与和谐；作为方法，是指劳资双方特有的沟通、协商、谈判的自治机制，是指国家或政府对劳动关系和劳资利益失衡的适度干预。

劳动协调作为劳动法基本原则的客观基础，源于劳动关系的特殊性。劳动关系是劳资双方利益相互依存的社会关系。信赖是劳动关系存续的基础，合作是劳动关系存在的基本形式。马克思对资本主义生产方式的分析，不仅以协作劳动形式为基础，而且揭示了协作劳动在创造生产力、提高个人工作效率等方面的特殊作用。① 劳资双方协调与配合程度，客观上决定了双方利益可能实现的程度。劳动关系，也是劳资双方利益相冲突的社会关系。用人单位获取超过合理限度的利益，必然以劳动者合理利益的减损为条件。资本的逐利性和劳动关系的从属性，使劳动者合法权益常常处于易受侵害的境况之中。因此，劳资冲突与依存同时存在是劳动关系的基本特征。当我们处于社会主义新时代的历史方位时，要实现党的十九大确立的“把我国建设成为富强民主文明和谐美丽的社会主义现代化强国”目标，就必然需要将“协调”作为调整劳动关系的基本方式。通过劳资双方沟通、协商、谈判等自治性协调机制，增进劳资双方合作与信赖，促进和谐劳动关系社会目标的实现；通过建立劳资政三方协调机制，实现劳动关系在不同主体之间的利益平衡。

作为劳动法的基本准则，劳动协调贯穿于劳动法立法、执法及劳动争议处理全过程，主要包括：(1) 职工民主管理法律规范。民主管理是现代劳动法的重要标志，也是劳资自治的重要形式。劳动者通过职工大会、职工代表大会，或者依法参加董事会、监事会等法律形式，参与企业决策，与用人单位平等协商制定企业内部规章制度和涉及劳动者重大利益的其他事项。对此，我国《劳动法》、《中华人民共和国工会法》（以下简称《工会法》）、《中华人民共和国公司法》（以下简称《公司法》）等都作了明确规定。(2) 集体协商法律规范。集体协商是劳动法调整劳动关系的重要组成部分，我国《劳动法》《工会法》《劳动合同法》不仅对此进行了系统的立法规定，而且原劳动和社会保障部还颁布了《集体合同规定》《工资集体协商试行办法》等专门规章。(3) 三方协商法律规范。建立政府、用人

① 《马克思恩格斯文集》第5卷，人民出版社2009年版，第378—379页。

单位和劳动者三方协商机制，是劳动法调整劳动关系的有效措施之一。三方协商机制，不仅可以充分发挥政府在协调劳资双方利益冲突时的地位优势，而且可以在劳动法或劳动标准制定过程中发挥独特作用，实现从法律规范源头促进劳资双方以及社会利益关系的平衡。为此，我国在1990年批准了国际劳工组织《三方协商促进实施国际劳工标准公约》（第144号），并于2001年制定了国家协调劳动关系三方会议制度，建立起国家、产业、地方、企业四级纵向协商机制，形成了专门的三方协调规范体系。（4）劳动争议处理调处法律规范。劳动关系的合作形式和信赖基础，使协调方法在劳动争议处理中具有特别重要的法律意义。为此，我国制定了《中华人民共和国劳动争议调解仲裁法》（以下简称《劳动争议调解仲裁法》），建立了专门的劳动争议调解仲裁机构，制定了系统的劳动争议处理程序和具体规则。

劳动自由、劳动者权益保障、劳动协调三项基本原则，有其内在的逻辑联系。劳动自由原则是劳动法律制度的基础，它不仅直接支撑了劳动合同法律制度，而且也是其他劳动法律规范的基础；劳动保护原则是劳动法的实质和核心，它充分反映了劳动关系特殊的人身属性和劳资双方的地位差别，体现了劳动法对劳动者权益保护的制度目标；劳动协调原则是劳动法调整劳动关系的基本方法，它既是以合作、信赖为基础的劳动过程的本质要求，也是构建稳定、和谐劳动关系的有效路径。三项原则作为一个整体，共同服务于劳动法律制度目标和任务。

五、劳动法的体系

按照不同的逻辑标准，劳动法律体系可以分为渊源体系和内容体系。这种分类的意义，在于方便对劳动法制度内容体系的整体认知与把握。

（一）劳动法渊源体系

劳动法渊源体系，也称劳动法形式体系，即以劳动法律效力为标准构成的法律规范形式体系。我国劳动法渊源体系，由以下不同层次劳动法律规范构成。

1. 宪法。宪法是国家的根本大法，也是任何一项具体法律制度的基本渊源。我国宪法确立了劳动法的基本目标、任务和原则，是我国劳动法的立法依据和基础。譬如我国《宪法》在第42—45条分别确立了劳动者的劳动权、休息权、社会保障权、物质帮助权等项基本权利。这些规定是我国劳动立法的基本依据。

2. 法律。法律是指由全国人民代表大会及其常务委员会通过的基本法或者专门法，其效力仅次于宪法。我国全国人民代表大会及其常务委员会制定的劳动法律包括《劳动法》、《劳动合同法》、《社会保险法》、《就业促进法》、《劳动争议调解仲裁法》、《中华人民共和国职业病防治法》（以下简称《职业病防治法》）、《中华人民共和国安全生产法》（以下简称《安全生产法》）、《中华人民共和国矿山安全法》（以下简称《矿山安全法》）、《工会法》等。在这些法律中，《劳动法》属于基本法，其他法律属于专门法。劳动基本法是对我国劳动关系法律调整的基本的制度设计，既有其内在的制度逻辑体系，也具有其内容的全面性和劳动法律规范的综合性。劳动专门法（单行法）是针对劳动法特定问题所做的专门的制度设计，具有专门制度的内容体系和逻辑结构体系。

3. 行政法规。行政法规是指由国务院依据宪法和法律制定的法律规范。国务院制定的劳动法律规范数量较多，如《劳动合同法实施条例》《女职工劳动保护特别规定》《工伤保险条例》《对外劳务合作管理条例》《军人抚恤优待条例》《自然灾害救助条例》等。劳动行政法规，通常是为更好地实施劳动法律而制定的配套性细则，或者是在劳动法律立法条件尚未成熟时，由国务院制定的试行或者暂行性质的法律规范，如《社会救助暂行办法》。劳动行政法规应当依据宪法和法律制定，其内容不得与宪法和法律规定相冲突。

4. 地方性法规。劳动法领域的地方性法规，是指省级地方人民代表大会及其常务委员会或者《中华人民共和国立法法》（以下简称《立法法》）规定的市级地方人民代表大会及其常务委员会制定的劳动法领域的法律规范。地方性劳动法规，依据相关法律和行政法规制定，并不得与法律和行政法规相冲突。地方性劳动法规通常是为了法律和行政法规实施而制定的配套性、具体化的劳动法律规范，比如《江苏省劳动合同条例》《山东省劳动合同条例》等。

5. 规章。劳动法领域的规章包括部门规章和地方性规章。劳动法部门规章，是指由国务院有关部委（主要是人力资源和社会保障部）制定的劳动法律规范，如《就业服务与就业管理规定》《工伤职工劳动能力鉴定管理办法》《劳务派遣暂行规定》等。劳动法地方性规章，是指省级人民政府或者《立法法》规定的市级人民政府制定的劳动法方面的规范。《立法法》第91条规定："部门规章之间、部门规章与地方政府规章之间具有同等效力，在各自的权限范围内施行。"劳动法地方性规章的内容，一般仅限于上位法没有规定的临时的和具体的劳动关系事项，是政府在劳动管理职能方面依法行政的重要方式。

需要特别指出的是，与上述劳动法律渊源体系不同但也具有法律渊源性质的法律规范形式，还包括我国已经批准加入的国际劳工公约和法律解释。经我国政府批准和参加的国际劳工公约①，通常不能在我国国内直接引用和产生法律效力，但在国内进行相关劳动立法时应当将其作为依据，将内容转化为国内立法后产生相应的法律效力。法律解释又分为立法解释和司法解释。立法解释是指劳动法律、行政法规制定机关，针对立法中特定规定所作的进一步阐释；司法解释是

---

① 截至2018年6月，我国已经批准的国际劳工公约有26个。

指最高人民法院和最高人民检察院在司法过程中，依据立法目的和立法精神对特定法律条款含义的进一步阐释，以便于司法实践中对法律条文的准确运用[①]。因此，无论是国际公约或者法律解释，都不能独立成为劳动法律渊源体系的组成部分。

（二）劳动法内容体系

劳动法内容体系，是指按照劳动法律规范内容构成的具有内在逻辑联系的内容结构。劳动法内容体系由就业促进法律制度、个别劳动关系法律制度、集体劳动关系法律制度、劳动基准法律制度、劳动行政监察法律制度和劳动争议处理法律制度构成。

第二节 劳动法律关系

一、劳动法律关系概述

（一）劳动法律关系的概念

任何法律关系都是法律对特定社会关系的调整而产生的结果。劳动法律关系是劳动法主体之间以劳动为纽带产生的社会关系经由劳动法调整后形成的权利义务关系。劳动法调整的社会关系有两类：一类是劳动关系，即劳动者与用人单位之间形成的社会关系，又称个别劳动关系；另一类是与劳动关系密切相连的社会关系，包括集体劳动关系、劳动服务关系和劳动行政关系。劳动法通过对前述两类社会关系的调整，分别形成个别劳动法律关系、集体劳动法律关系、劳动服务法律关系和劳动行政法律关系。其中，个别劳动法律关系，即劳动者与用人单位之间的法律关系，是最重要的劳动法律关系，劳动法的基本理念、特点、原则和内容等，主要以这类劳动法律关系为研究对象凝练而成。因此，下述关于劳动法律关系的相关分析，除特别明示之外，仅指劳动者与用人单位之间的劳动法律关系。

劳动法律关系是劳动法律规范对劳动关系调整的结果，二者既有联系，又有区别。劳动关系是劳动法律关系产生的基础，只有劳动法律规范对特定劳动关系进行法律调整，才能形成劳动法律关系。因此，劳动法律关系是劳动关系的法律表现形式。劳动法律关系与劳动关系的区别也是显而易见的：（1）性质不同。劳

---

① 从2001年到2013年，《最高人民法院关于审理劳动争议案件适用法律若干问题的解释》已经由（一）发布到（四）。2013年1月14日通过《关于审理拒不支付劳动报酬刑事案件适用法律若干问题的解释》。2014年4月21日通过《关于审理工伤保险行政案件若干问题的规定》。

动关系是特定的社会关系，属于经济基础范畴；劳动法律关系，是国家意志的体现，属于上层建筑范畴。（2）范围不同。劳动关系是一类广泛的社会关系，劳动法并不全部调整，譬如家政服务过程中形成的劳动关系，我国现行劳动法就没有将其纳入调整范围。劳动法将哪些具体的劳动关系纳入其调整范围，是由劳动法的价值目标、劳动关系特点、不同历史发展时期社会需要等因素综合考虑决定的。（3）效果不同。劳动关系体现的是劳动过程中参与主体相互联系的社会关系；劳动法律关系是被赋予了法律拘束力的权利义务关系。

（二）劳动法律关系的特点

劳动法律关系与其他相关法律关系相比，有其突出的特点：（1）主体之间的从属性。在劳动者与用人单位之间的劳动法律关系中，虽然双方当事人法律地位平等，但劳动法律关系一旦成立，劳动者便成为用人单位的一员，即职工或雇员。为实现劳动合同订立目的，保证劳动过程正常实现，法律也同时赋予用人单位对劳动力调配、组织、指挥、劳动规范制订、劳动过程管理等方面的特殊权利。与用人单位行使这类权利相对应，劳动者负有服从的义务。这些特殊的权利义务，突出地反映了劳动法律关系从属性的法律特征。（2）权利义务的强制性。以双方意思自治程度最高的劳动合同法律关系为例，虽然其权利义务由双方当事人在平等、自愿的基础上通过协商约定，但许多内容在约定时会受到劳动基准法律规范的严格限制。譬如劳动时间和休息时间、最低工资保障、劳动安全卫生条件、社会保险待遇等，都不得违反劳动基准而随意约定，否则会导致约定无效的法律后果。劳动法律关系这一特征，源于这类权利义务与劳动者的基本人权直接关联。基本人权受法律特别保护。（3）客体的相对单一性。劳动法律关系的客体具有相对单一性，即劳动者向用人单位提供劳动的行为。虽然也有观点认为劳动条件、劳动保护用品等也是劳动法律关系的客体，但这类带有物的性质的客体，实际上都是由行为派生的。

（三）劳动法律关系的种类

依据不同角度和不同标准，可以对劳动法律关系进行科学分类。不同类型的劳动法律关系具有不同的法律意义。

依据用人单位所有制性质，劳动法律关系可分为全民所有制企业劳动法律关系、集体所有制企业劳动法律关系、外商投资企业劳动法律关系、私营企业劳动法律关系等；依据劳动者一方是个人或者劳动者团体，可分为个别劳动法律关系和集体劳动法律关系；依据用工方式是否全日制、严密组织化，可分为标准劳动法律关系和非标准劳动法律关系；依据当事人是否具有涉外因素，可分为涉外劳动法律关系和非涉外劳动法律关系。

劳动法理论中关于劳动法律关系双方当事人的权利义务，基本上是以一个标准的劳动法律关系作为参照，经过理论抽象凝练而成的。但现实社会中的劳动法律关系，除了标准劳动法律关系，还有一些非标准的劳动法律关系。深入研究这类非标准劳动法律关系，对劳动权利义务的准确适用有着特别重要的意义。非标准劳动法律关系主要有五种。

1. 双重劳动法律关系。双重劳动法律关系是指劳动者同时与两个或两个以上用人单位形成的劳动法律关系。由于劳动法律关系具有突出的人身属性，劳动义务原则上只能由劳动者亲自履行，因而在理论上长期不承认双重劳动法律关系。然而，在法定劳动时间逐渐被缩短，互联网技术改变劳动生产方式的现代社会，无厂房企业、随时随地完成本职工作，已属平常现象，现代社会客观上需要越来越灵活的劳动法律关系。承认双重劳动法律关系的合法性，既符合马克思主义“生产力决定生产关系，经济基础决定上层建筑”基本原理，也符合我国《劳动合同法》的立法规定①。对于双重劳动关系的法律调整，应当建立与之相适应的法律规则，包括：劳动权利义务的特殊法律适用、工作时间规章制度的弹性约束、劳动标准的特殊适用、社会保险缴费义务合理分担等。

2. 试用劳动法律关系。试用劳动法律关系是劳动者与用人单位初次订立劳动合同时，依法约定在特定期限内双方权利义务受到一定限制的劳动法律关系。由于劳动关系的人身性，无论是劳动者一方或者是用人单位一方，客观上都需要有一个了解对方的过程，试用法律关系正是基于这一客观需要而进行的制度设计。试用劳动法律关系，以用工事实的存在为前提，除用人单位的单方解除权、劳动者的劳动报酬权受到限制性适用外，其余与用工事实相关联的劳动权利义务全部适用。

3. 劳务派遣法律关系。劳务派遣法律关系是指劳务派遣单位为满足其他用人单位劳动力需要而与劳动者建立的劳动法律关系。劳务派遣法律关系涉及三方主体，包括劳动者、劳务派遣单位、劳务派遣用工单位。根据《劳动合同法》第五章第二节规定，在三方主体之间，劳务派遣单位与劳动者形成劳动关系，双方依法享有并承担劳动法律关系的权利义务，特别是劳务派遣单位应当履行用人单位

---

① 我国《劳动合同法》认可双重劳动关系合法性。该法第 69 条第 2 款明确规定：“从事非全日制用工的劳动者可以与一个或者一个以上用人单位订立劳动合同；但是，后订立的劳动合同不得影响先订立的劳动合同的履行。”根据该法第 39 条第 4 项规定，劳动者同时与其他用人单位建立劳动关系，对完成本单位的工作任务造成严重影响，或者经用人单位提出，拒不改正的，用人单位可以解除劳动合同。第 91 条规定：“用人单位招用与其他用人单位尚未解除或者终止劳动合同的劳动者，给其他用人单位造成损失的，应当承担连带赔偿责任。”《劳动和社会保障部关于实施〈工伤保险条例〉若干问题的意见》（劳社部函〔2004〕256 号）第 1 条规定：“职工在两个或两个以上用人单位同时就业的，各用人单位应当分别为职工缴纳工伤保险费。职工发生工伤，由职工受到伤害时其工作的单位依法承担工伤保险责任。”

对劳动者的义务；劳务派遣单位与劳务派遣用工单位形成劳务派遣与使用关系，双方当事人之间的权利义务以及由劳务派遣用工单位对劳动者履行的劳动法上的特定义务，通过劳务派遣协议具体约定；劳务派遣用工单位与劳动者形成劳动力使用和被使用关系，双方享有并承担与保障劳动秩序正常化相关联的权利义务，特别是劳务派遣用工单位应当履行只能由实际用工单位才能保障劳动者权利实现的那些法律义务，如对劳动者职业安全卫生保护义务等。

4. 借用劳动法律关系。借用劳动法律关系是用人单位将已经与自己形成劳动关系的劳动者在一定时期内借用给另一用人单位而形成的法律关系。借用劳动法律关系的成立，虽然主要是用人单位与借用单位之间形成的合意，但应以被借用劳动者同意为前提。借用劳动法律关系存续期间，劳动者与原用人单位之间的劳动关系不变，劳动者应向借用单位提供劳动，并接受借用单位劳动调配，受借用单位劳动规章制度约束；借用单位应当保障劳动者与用工事实相关联的劳动权利充分实现，如劳动报酬、劳动保护等。

5. 非全日制劳动法律关系。非全日制劳动法律关系是指不以标准劳动时间为基础建立的劳动法律关系。非全日制劳动法律关系符合现代社会劳动关系多样性和灵活性的客观需求，但同时也需要通过立法明确和完善非全日制劳动法律关系权利义务的合理配置、劳动标准适用的范围等。

（四）劳动法律关系的构成要素

任何法律关系都由主体、内容、客体三要素构成。劳动法律关系的主体，是指劳动法调整的社会关系的各方当事人；劳动法律关系的内容，是指劳动法律关系当事人之间的权利与义务；劳动法律关系的客体，是指劳动法律关系权利义务共同指向的对象。由于劳动法律关系的主体和内容属于劳动法的核心内容，因此，后文将分别作为一个单独问题予以讨论，这里不再涉及。

劳动法律关系的客体是指劳动权利和劳动义务共同指向的对象。虽然有学者认为劳动法律关系的客体具有复合性，除了劳动行为，还有物，包括作为劳动报酬的法定货币、劳动工具、劳动保护用品、劳动安全与卫生条件等①，但归根结底，这些物都是由劳动行为派生出来的。我们认为，劳动法律关系的客体是劳动行为。在劳动法律关系中，只要有劳动行为客体，就必然有作为劳动报酬的法定货币、劳动工具与劳动条件等。因此，不应当将这类已经由劳动行为所涵盖的物作为劳动法律关系独立客体看待。

二、劳动法律关系的主体

劳动法律关系的主体是指劳动法调整的社会关系的各方当事人。劳动法调整

---

① 郭捷主编：《劳动法与社会保障法》，法律出版社2008年版，第91页。

劳动关系和与劳动关系密切相连的其他社会关系，依据这两类社会关系，不仅能准确界定劳动法上的主体范围，而且，通过劳动法的主体范围，还可以全面、准确地把握劳动法律关系及其权利义务。

（一）劳动者

劳动者是指达到法定就业年龄，具有一定劳动能力，依法具有订立劳动合同的主体资格，并在具体的劳动法律关系中享受权利和承担义务的自然人。劳动者的内涵，通常在两个层面上使用：一是作为主体资格的劳动者，二是作为劳动合同法律关系中的劳动者。这两个层面的内涵和法律意义不完全相同。

1. 作为主体资格的劳动者。作为主体资格的劳动者，是形成劳动法律关系，享有具体权利、履行具体义务的前提，但具备劳动者主体资格，并不必然产生具体的劳动权利义务关系。作为主体资格的劳动者，主要解决的是一个自然人在法律上能否参与具体劳动法律关系的问题，其法律意义在于保护少年儿童不因过早参加劳动而损害身体健康，对处于法定劳动年龄并具有劳动能力的公民赋予以政府为主要义务主体的就业权等，如促进就业，是一项国家责任，但享有就业促进权利的范围仅限于处于法定劳动年龄阶段的劳动者。这一层面的劳动者所享有的劳动权利具有平等的性质，主要体现在其平等就业权利的实现上，该项权利实现的主要依据是宪法和就业促进法。是否赋予外国公民劳动者主体资格，是一个国家的主权事务，由各国劳动法根据需要和国际惯例确定。

作为主体资格的劳动者，必须具备一定的劳动权利能力与劳动行为能力。劳动者的劳动权利能力是指依法能够享有劳动权利和承担劳动义务的资格，也就是能够作为劳动合同的劳动者主体资格。这种主体资格是公民依法参与劳动法律关系的前提条件。劳动者的劳动行为能力是指公民能够以自己的行为实际地行使劳动权利和承担劳动义务的能力。劳动权利能力和劳动行为能力是统一的、不可分割的，不能由他人代理行使，必须由劳动者亲自实施。一般而言，劳动者的劳动权利能力和劳动行为能力主要通过以下两个要素来衡量：（1）就业年龄。我国《劳动法》规定，公民的最低就业年龄是16周岁，除某些特殊职业（如体育、艺术等）需招用未满16周岁未成年人须经过劳动行政部门批准外，禁止用人单位招用未满16周岁的公民就业。对有可能危害未成年人健康、安全的职业或工作，比如从事过重、有毒、有害的劳动或者危险作业的，劳动法规定不应低于18周岁。（2）劳动能力。由于劳动力与劳动者在人格上的不可分性，劳动者进行劳动给付只能由其亲自履行，因此要求劳动者必须具有劳动能力。劳动能力一般包括完全劳动能力、部分劳动能力和无劳动能力三种情形。公民只有达到法定的劳动年龄且具有完全或部分劳动能力，才可能成为劳动法上的主体。劳动能力的评价除了年龄条件外，还取决于公民的身体健康程度、文化知识水平、劳动自由以及就业愿望等因素。对于一些特定的行业，劳动者的劳动能力还必须满足该行业的特殊要求，如患有传染病的人不能从事餐饮行业。在更广泛的意义上，劳动者的劳动能力还应当包括劳动者必须具备的行为自由，因为有劳动能力的公民，还需要具有行为自由，才能以自己的行为去参加劳动。所以，被依法剥夺人身自由的公民，如被判处有期徒刑且收监执行的人，不能与用人单位建立劳动关系。

2. 作为劳动合同法律关系中的劳动者。劳动合同法律关系中的劳动者是劳动关系成立后，在具体的劳动合同中享受劳动权利和承担劳动义务、具有从属性质的主体，又称职工、雇员。该种劳动关系下的劳动，具有从属性、职业性、契约性和有偿性特征。这一层面的劳动者所享有的劳动者权利，往往体现了从属性关系下劳动法的具体的价值目标。如果一个主体具有了第一个层面的主体资格，并不意味着该主体就是严格意义上的职工或雇员，只有通过签订劳动合同，并与用人单位建立具体劳动权利义务关系，才由一般意义的劳动者转变为具有从属性质的职工或雇员。反过来，如果一个主体在具体的劳动法律关系中依法享受权利和承担义务，他也一定具备缔结劳动合同的主体资格和相应的平等就业权利，包括具备相应的劳动权利能力和劳动行为能力。

劳动合同关系中的劳动者，就其法律意义而言，还需要做进一步分类，如企业高管与一般劳动者，特别是厂长、经理这类具有劳动力市场竞争优势的人。在主体资格层面，他们属于劳动者，但在劳动合同法律关系中，他们不一定是劳动法倾斜保护的对象。因为从劳动法的基本价值目标看，尽管他们与资本所有者存在一定的从属关系，但这种从属性所形成的法律后果，并不契合劳动法寻求实质正义的价值取向。

（二）用人单位

用人单位，是指能够依法以自己的名义签订劳动合同，并在劳动合同法律关系中享受用工权利并承担用工义务的主体。用人单位是相对于劳动者而存在的主体，应当说明的是，用人单位这一称谓是我国劳动法上的特有用语。在国外劳动法上，劳动力使用一方一般被称为用工方、企业主、资方、雇主、雇佣人等。目前，我国法律只承认“组织”用工，不承认“个人”用工，与国外相比较，用工主体的范畴较窄。

拓展阅读

郭懿诉江苏益丰大药房连锁有限公司劳动争议案

用人单位要具备劳动法上的用工主体资格，也需要具备相应的劳动权利能力和劳动行为能力。用人单位的劳动权利能力，是指能够依法参与劳动法律关系并享受用工权利和承担用工义务的资格。用人单位的劳动行为能力是指用人单位能够以自己的行为实际地行使用工权利和承担用工义务的能力。在用人单位的劳动权利能力的衡量上，一般会受到职工录用的法定条件、工资总额和最低工资标准要求、法定工作时间和劳动安全卫生标准、社会保险义务、企业社会责任义务等因素的制约。而衡量用人单位是否具备劳动行为能力，一般从是否具有固定的组织机构和场所、是否具有一定的能够独立支配的财产、是否具有一定的促进劳动力与生产资料相结合以及实现劳动标准技术条件等方面加以评判。

我国的用人单位主要包括在中国境内的以下几类主体：(1) 依法设立的企业。包括各种所有制形式和各种法律形态的企业，如公司、个人独资企业、合伙企业等。(2) 个体经济组织。即依法取得营业执照的个体工商户。(3) 事业单位。包括文化、教育、卫生、科研等单位，如学校、医院等。(4) 民办非企业单位。我国《劳动合同法》把企事业单位、社会团体和其他社会力量以及公民个人利用非国有资产举办的、从事非营利性社会服务活动的社会组织的用工关系也纳入调整范畴，比如民办学校、民办医院等组织形成的劳动关系。(5) 国家机关和社会团体。国家机关和社会团体在《公务员法》适用范围之外采取劳动合同制方式招聘工勤人员或非公务员岗位的劳动者时，属于劳动法上的用人单位。(6) 会计师事务所等合伙组织和基金会。按照《劳动合同法实施条例》第 3 条的规定，依法成立的会计师事务所、律师事务所等合伙组织和基金会，也属于劳动法律关系上的用人单位。

在不同国家的立法中，"雇主"内涵的界定本身存在较大的争议，对于董事、监事以及高级管理人员等主体的性质、自然人用工的雇主资格确定等，在理论上还存在不同的理解。

(三) 其他主体

劳动法上的其他主体，是指劳动法调整的与劳动关系密切相连的其他社会关系的主体，主要包括劳动组织、政府和劳动服务主体。

1. 劳动组织。劳动组织包括工会和雇主组织两类，分别代表劳方和资方的利益，是劳资双方实现各自权益的组织形式。在劳动法上，一般由工会代表劳方、雇主组织代表资方，与政府就劳动条件和劳动关系进行协商，形成三方利益制衡机制。劳动组织主要行使团结权、交涉权和争议权，其中交涉权是核心。交涉权又称集体交涉权、集体协商权、集体谈判权，按照不同的交涉层次，劳资双方会形成企业、产业、行业、地域以及全国层面的组织形式，并分别代表不同层次的主体利益。在我国，劳动者的代表组织是隶属于中华全国总工会的各类各级工会，包括企业工会、产业工会、行业工会、地方工会等。资方的代表组织目前主要体现为全国性的中国企业联合会或者中国企业家协会、中华全国工商业联合会和不同区域、行业的商会、协会等。

相对于劳方的组织代表——工会，我国的雇主组织建设还很不充分：全国性的中国企业联合会、中华全国工商业联合会还无法真正代表资方在顶端与中华全国总工会进行劳资协商或谈判；实践中基层的雇主组织类型多样，但缺乏利益的整合性和代表性，雇主的协商代表主体很不明确，也很不统一。

2. 政府。劳动法律关系是一种强制与自治相结合的关系，既有当事人之间的意思自治，也需要政府对劳动力市场和劳动关系进行调整和干预。在我国，这里的“政府”具体是指劳动行政部门和其他与劳动关系运行相关的政府部门，后者诸如就工资分配进行宏观管理的发展与改革管理部门、就职业安全卫生进行监管的安全生产监督部门和卫生部门等。

在劳动关系调整中，政府的角色或者政府在劳动关系调整中进行干预的程度，是与政府的职能转变、劳动力市场的成熟度、集体劳动关系法律的完备程度、职业训练体系和社会保障事业的完备程度等因素紧密关联的。在市场经济条件下，只有有限政府才可能实现有效政府，劳资双方作为劳动权实现的当事人，在劳资力量大体均衡的情况下进行平等自治，最能掌控和实现自己的需求，这些因素使政府的干预一般只限于宏观调控和底线治理的范畴。按照部分学者的理解，成熟的市场化的劳动关系调整，政府一般限于扮演五种角色，即：劳工基本权利的保护者，主要体现在制定劳动基准法和劳动政策，并通过劳动监察加以监督实施；集体谈判与劳动参与的促进者，主要体现在通过保障劳动基本权来促进集体谈判的实现；劳动争议的调停者，即作为第三方来调解和仲裁劳资争议；就业保障和人力资源的规划者，主要在于保障社会就业安全和人力资源的开发；作为公共部门的雇佣者。①

3. 劳动服务主体。劳动服务主体是指为劳动者与用人单位就实现劳动力与生产资料相结合以及其他合法权益提供服务的主体。在我国，劳动服务主体一般包括：（1）劳动就业服务机构，包括就业登记机构、职业介绍机构、劳动就业服务企业；（2）职业培训服务机构，比如就业训练中心、技校、职业学校、职工学校等；（3）劳动保护服务机构，比如劳动保护检测检验机构、劳动保护教育机构、劳动保护用品经营机构、劳动保护工程施工机构、劳动保护技术设计机构、职业病防治机构、劳动保护研究机构等；（4）社会保险服务机构，比如社会保险经办机构、劳动鉴定机构、履行社会保险义务的医疗机构等；（5）其他劳动服务机构，比如为提供工资支付保障的银行、提供劳动福利服务的公共福利机构等。

三、劳动者与用人单位的权利

劳动法律关系的内容是指劳动法律关系当事人的权利和义务，其中核心内容

---

① 程延园主编：《劳动关系》，中国人民大学出版社2002年版，第175页。

是劳动者与用人单位的权利和义务。

（一）劳动者权利

劳动者在劳动法上的权利，可根据不同的标准进行分类：（1）按照劳动者权利具体实现的逻辑顺序不同，可区分为劳动关系建立之前的劳动者权利与劳动关系建立之后的劳动者权利。前者是保障劳动者就业权的实现而形成的各项具体权利。这类权利是劳动者在劳动力市场中具备法律上订立劳动合同的主体资格并围绕着保障其就业权的实现而展开的。譬如就业促进权、平等就业权、自由择业权、职业保障权等。这类权利具有宪法上基本权利的性质，其权利依据来源于法律的直接规定，义务主体是政府和用人单位，比如创造公平就业的市场环境、扩大就业渠道、禁止就业歧视等。后者是在具体的劳动法律关系中依照法律的强制性规定和劳动合同的约定而享有的权利，其权利主要围绕着劳动者人身权利和经济权利而展开，如劳动安全卫生权、职业培训权、劳动报酬权、休息权、社会保险和福利权、集体劳动权和法律救济权等。这些权利的义务主体主要是用人单位，权利的依据既有法律的直接规定，如劳动基准，也有劳动合同双方当事人的具体约定，如对劳动报酬等劳动条件进行协商的权利。（2）按照权利是由单个人还是多个人组成的集体享有和行使，可以区分为劳动者的个别劳动权和劳动者的集体劳动权。前者主要包括就业权、休息休假权、劳动安全卫生权、职业培训权、劳动报酬权等。后者是劳动者集体享有并通过劳动者组织行使的权利，主要包括团结权、交涉权和争议权。个别劳动权和集体劳动权二者属于“目的性权利—工具性权利、第一性权利—第二性权利、原权利—救济性权利”① 的关系。

1. 个别劳动权。我国《劳动法》第 3 条第 1 款规定：“劳动者享有平等就业和选择职业的权利、取得劳动报酬的权利、休息休假的权利、获得劳动安全卫生保护的权利、接受职业技能培训的权利、享受社会保险和福利的权利、提请劳动争议处理的权利以及法律规定的其他劳动权利。”个别劳动权主要包括以下内容：

（1）就业权。就业权亦称工作权，是指劳动者能够获得从事有报酬的职业性劳动机会的权利。就业权包括择业自由、平等就业、就业促进和职业保障四项权利内容。

择业自由是指劳动者有权按照自己的意愿选择职业，包括是否从事职业劳动，从事何种职业劳动，何时从事职业劳动，在哪一类或者哪一个用人单位从事职业劳动等。劳动者的自由择业权否定了就业上的行政安置和强迫劳动。任何出于政治目的或者经济目的的强制劳动都是与劳动者的自由择业权背道而驰的。我国《劳动法》第 3 条规定，劳动者享有平等就业和选择职业的权利。

---

① 陈步雷：《劳权与发展：权利论与功能论的多维度分析》，法律出版社 2009 年版，第 352 页。

平等就业是指劳动者平等地获得就业机会，反对任何形式的歧视。劳动者不分性别、年龄、民族、宗教信仰等，在就业机会面前一律平等，除能力、技术等限制外，不得设置其他限制条件，对具有相同条件的劳动者，不能给予不同的待遇，比如不能提高女性劳动者的录用标准。平等就业要求不能歧视和排斥求职者，比如不能不招聘女性求职者。我国《劳动法》第 12 条规定，劳动者就业，不因民族、种族、性别、宗教信仰不同而受歧视。《就业促进法》第 3 条规定，劳动者就业，不因民族、种族、性别、宗教信仰等不同而受歧视，第三章"公平就业"规定了禁止招工和职业中介中的就业歧视，禁止性别和民族歧视，禁止歧视残疾人、传染病病原携带者、农村进城劳动者。

就业促进是指国家应当通过实施各种积极的就业政策为劳动者提供就业机会，以及应当为劳动者提供职业训练的条件、健全职业训练的体系。我国《就业促进法》第 2 条规定，国家把扩大就业放在经济社会发展的突出位置，实施积极的就业政策，坚持劳动者自主择业、市场调节就业、政府促进就业的方针，多渠道扩大就业。第 4 条规定，县级以上人民政府把扩大就业作为经济和社会发展的重要目标，纳入国民经济和社会发展规划，并制定促进就业的中长期规划和年度工作计划。第 5 条规定，县级以上人民政府通过发展经济和调整产业结构、规范人力资源市场、完善就业服务、加强职业教育和培训、提供就业援助等措施，创造就业条件，扩大就业。

职业保障是指劳动者在失业时有权要求国家提供失业救济，免于因失业而丧失生存保障，国家既应当通过失业保险制度向失业者提供失业保险金，也应当积极地对失业人员的再就业加以扶持。我国《就业促进法》第 16 条规定，国家建立健全失业保险制度，依法确保失业人员的基本生活，并促进其实现就业；第 17 条规定，国家鼓励企业增加就业岗位，扶持失业人员和残疾人就业。

（2）劳动报酬权。劳动报酬权是劳动者通过劳动义务的履行，从用人单位处获得相对公平合理的物质报酬的权利。劳动报酬是劳动者生存和发展的物质基础，劳动报酬权是劳动者生存权的基本内容之一。因此，劳动报酬权在个别劳动权中处于核心地位。劳动报酬权的核心内容是在劳动者建立劳动关系后，请求用人单位按时、足额支付劳动报酬。这里把劳动报酬权的前提放上"建立劳动关系后"，而不强调"劳动者付出劳动后"，除了考虑到劳动报酬先予支付外，更重要的是需要明确劳动报酬支付并不是以实际劳动完成为必要条件，如节假日工资的支付，违法解除劳动合同致使劳动者不能劳动情形下的工资支付等。劳动报酬权常被归属于债权，但它与一般的债权有所区别。这种区别来源于"工资优先原则"。尤其是在用人单位歇业、清算或者宣告破产时，劳动者的劳动报酬权得到法律的优先保护。如根据《中华人民共和国企业破产法》（以下简称《企业破产法》）第 113

条的规定，破产财产清偿的第一顺位便是破产企业职工的工资和社会保险费用。

我国对于劳动者劳动报酬权的法律保障，主要体现在四个方面：第一，依据按劳分配的原则，取得应有劳动报酬的权利。劳动报酬权不仅要求用人单位必须依法支付劳动者的劳动报酬，而且在劳动报酬数额的确定和支付中坚持平等原则，严格执行同工同酬的规定。按劳分配是我国社会主义初级阶段的主要分配形式，劳动者只要付出了劳动，就有权取得报酬，并按照自己提供的社会劳动数量和质量获取劳动报酬。同样的劳动应有同样的报酬，不应因劳动者的年龄、性别、种族等不同而有所区别。第二，劳动者通过劳动，取得不低于国家规定的最低工资的权利。这项权利的实现，要求用人单位无论是否盈利，都必须依据《劳动法》的规定，支付给劳动者劳动报酬，且不得低于国家规定的最低工资水平。第三，劳动者以货币的形式取得劳动报酬的权利。这项权利决定了用人单位不得以任何理由将劳动者的工资以商品或其他物资折抵。第四，劳动者在法律规定的时间内领取劳动报酬的权利。这一权利要求用人单位不得以任何理由拖欠劳动者工资，严禁非法扣除和延期支付劳动者的工资。

（3）休息权。休息权是指劳动者在劳动中消耗一定的体力和脑力之后，依法享有的恢复体力、脑力以及用于娱乐和自己支配的必要时间的权利。劳动者享有休息权，是为保证劳动者缓解身体和精神上的疲劳，恢复体力和精力，从而更加充沛地投入劳动。在这个意义上，休息是提高工作质量和效率的保证。同时，劳动者享有休息权也是为了在业余时间能够参加学习、文体娱乐和各种社会活动，不断提高自身素质，有利于身心健康，实现个人全面发展。休息使人享受闲暇，是人的自由的一种体现，也为人的自由发展提供了条件。劳动者享有休息权也能保证劳动者有一定的时间料理家务和个人事务，丰富家庭和业余生活。人除了劳动外，还有家庭生活、文化生活等，都需要在工作以外的自由时间里进行。合理的休息时间是确保劳动的人道性和伦理性所必需的。

国家应采取有效措施保障劳动者休息权的实现。《世界人权宣言》确立劳动者享有休息的权利、享有闲暇的权利、享有工作时间有合理限制的权利、享有定期给薪休假的权利。各国纷纷通过立法规定休息休假制度，实现休息权制度化。现代劳动立法以限制延长工作时间为己任，缩短工作时间、延长休息时间是世界各国发展趋势。我国《宪法》第 43 条规定，劳动者有休息的权利。国家发展劳动者休息和休养的设施，规定职工的工作时间和休假制度。我国《劳动法》第 3 条不仅将休息权作为劳动者的一项具体权利加以确认，而且通过第四章的专门规定，建立了保证这项权利实现的具体法律制度。

（4）劳动安全卫生权。劳动安全卫生权是指劳动者享有的在劳动过程中保护其生命安全和身体健康的权利。劳动安全卫生权的出现，既是为维护劳动者生存权和健康权，同时也是促进生产发展，提高劳动生产率的重要手段。我国的劳动安全卫生立法主要体现在《劳动法》《安全生产法》《矿山安全法》《职业病防治法》以及其他法律规范中。

劳动安全卫生权主要包括以下内容：第一，安全卫生环境条件获得权，即劳动者有权在安全和卫生的生产环境中从事劳动的权利。依据这项权利，用人单位必须建立健全安全卫生制度，严格执行国家安全卫生标准，安装安全卫生设施，使劳动工具、劳动场所和劳动环境保持安全和卫生的状态。第二，知情权，即劳动者有知晓面临的任何潜在危险的权利，并有权接受必要的职业培训，以具备工作环境、生产过程以及危险物质等方面的安全卫生知识。第三，取得劳动保护用品的权利。对特定场合、岗位、职业的劳动者，用人单位应当提供必要的劳动保护用品。第四，定期健康检查权。为了切实保护劳动者的身体健康，《劳动法》第54条规定，对从事有职业性危害作业的劳动者，用人单位应当定期为劳动者提供健康检查。第五，拒绝危险工作的权利。劳动者在确认自己或者其他人的安全健康受到威胁的情况下，有权拒绝劳动。《劳动法》第56条规定，劳动者对用人单位管理人员违章指挥、强令冒险作业，有权拒绝执行。

（5）职业培训权。职业培训权是指劳动者依照法律规定和劳动合同的约定，有权要求用人单位在劳动用工过程中根据工作需要提供职业培训，以提升工作效率。我国《劳动法》第68条规定，用人单位应当建立职业培训制度，按照国家规定提取和使用职业培训经费，根据本单位实际，有计划地对劳动者进行职业培训。《就业促进法》第46条也要求用人单位依法开展就业前培训和在职培训。

职业培训权的内容主要包括：第一，获得参加各种职业培训资格的权利。劳动者依法要求参加规定的各种技能职业培训，用人单位不得拒绝。第二，在职业培训中，有权获得规定的学习时间的权利。对于按规定必须安排一定工作时间从事学习的，用人单位应当积极安排。第三，在职业培训中，按规定由用人单位负担的费用，用人单位应当支付。第四，进行特殊培训的权利。对从事技术工种的劳动者，用人单位必须对其进行岗前培训。

（6）社会保险和福利权。社会保险权是指劳动者因暂时或永久丧失劳动能力以及失业时，依法享有的向社会保险经办机构主张并获得保险给付以补偿他们因社会风险而造成的经济不安全，进而维持有尊严的基本生活水平的权利。社会福利权，是指劳动者依据国家制定的社会福利制度所享有的权利。社会福利是国家为提高劳动者物质文化生活水平、促进社会进步而设立的一项物质帮助的制度。

劳动者的社会保险和福利权从性质上讲，是劳动者劳动价值的另一种体现。劳动者的劳动一部分以劳动报酬的形式及时支付给了劳动者，另一部分则以社会保险和福利的形式补充支付给劳动者。正是在这个意义上，社会保险和福利被称为劳动者的“社会工资”。马克思在《哥达纲领批判》中指出，在社会主义条件下，“劳动所得就是社会总产品，现在从它里面应该扣除：第一，用来补偿消费掉的生产资料的部分。第二，用来扩大生产的追加部分。第三，用来应付不幸事故、自然灾害等的后备基金或保险基金。”马克思还进一步指出，剩余总产品中的其他部分是用来作为消费资料的，在把这部分进行个人分配之前，还得从里面扣除：第一，和生产没有关系的一般管理费用；第二，用来满足共同需要的部分，如学校、保健设施等；第三，为丧失劳动能力的人等设立的基金，即现在属于官办济贫福利事业的部分。① 马克思的分析表明，社会总产品的扣除中已经为劳动者的未来生活作了准备，即由社会来承担和满足劳动者在不能劳动时的帮助需求。同样，由于劳动力的价值在主体从事劳动时已经预先作了扣除，劳动者已经预先履行了自己的义务，所以，当他们处于需要社会提供帮助时获得的物质帮助就是其应当享受的正当权利。

社会保险和福利权主要包括以下内容：第一，平等享受保险福利权。劳动者在享受和领取各项保险福利待遇时，必须坚持人人平等的原则，严格禁止有任何超越法律规定之外的特权存在。第二，社会保险和福利费用或其他待遇给付方面的权利。主要包括退休费用及其待遇、患病或负伤费用及其待遇、因工负伤或职业病费用及其待遇、失业费用及其待遇、生育费用及其待遇等。第三，请求兴建公共福利设施，提供休息、休养和疗养条件的权利。

（7）提请劳动争议处理权。提请劳动争议处理权，是指劳动者因劳动权益与用人单位发生争议时享有的请求有关部门对争议进行处理的权利。劳动争议直接关系着劳动者的工作和生活，关系着劳动者的切身利益。因此，法律赋予劳动者提请劳动争议处理的权利，实质就是劳动者享有的请求保护的权利，劳动争议的尽快解决，有利于保护劳动者的合法权益，也有利于培养和提高劳动者的法律意识。

提请劳动争议处理权具体包括以下内容：第一，争议处理方式选择权。即劳动者在行使提请劳动争议处理权时，依法享有对争议处理途径和方式选择的权利。我国《劳动法》第 77 条第 1 款规定：“用人单位与劳动者发生劳动争议，当事人可以依法申请调解、仲裁、提起诉讼，也可以协商解决。”因此，劳动者在行使该项权利时，有权根据法律的规定和自己的意愿选择劳动争议处理方式或处理途径。第二，请求劳动争议处理机构依法受理争议的权利。要求劳动争议处理机构受理争议，是劳动者该项权利的实质和核心，立法赋予劳动者这一权利的目的就在于杜绝对劳动争议不予受理的现象，以切实保障其权利的实现。因此，当争议处理

---

① 《马克思恩格斯选集》第 3 卷，人民出版社 1995 年版，第 302—303 页。

机构不予受理时，劳动者有权要求受理机构说明不予受理的理由，受理机构必须作出答复。第三，控告权。当劳动者的合法权益受到侵害时，劳动者有权向劳动行政部门在内的相关行政主体提出检举和控告的诉求。《劳动法》第 88 条第 2 款规定："任何组织和个人对于违反劳动法律、法规的行为有权检举和控告。"

2. 集体劳动权。集体劳动权包括参加或组织工会的权利（或称团结权）、与资方进行集体协商以改善劳动条件的权利（或称集体谈判权、团体交涉权）以及为实现正当的集体协商或其他权利而从事罢工等行为的权利（或称集体争议权、团体行动权）。在权利构成上，一般以团结权为基础或前提，以集体谈判权为核心，以集体争议权为保障，由此形成有机的权利统一体。学界一般将这三个权利称为"劳动三权"。在传统的"劳动三权"之外，第二次世界大战之后，在民主主义思潮的影响下，民主参与权成为集体劳动权的重要内容。①

（1）团结权。团结权是劳动者为维持和改善劳动条件而参加和组织工会的权利。团结权属于特定的结社自由权，其不但具有自由权的性质，而且具有生存权的性质。团结权是集体劳动权利实施的前提和基础。国际劳工组织 1948 年通过的《结社自由和组织权利保护公约》（第 87 号）和 1949 年通过的《组织权利和集体谈判权利公约》（第 98 号），规定劳资双方均享有结社自由和组织权。我国劳动者享有参加和组织工会的权利。《工会法》第 3 条规定："在中国境内的企业、事业单位、机关中以工资收入为主要生活来源的体力劳动者和脑力劳动者，不分民族、种族、性别、职业、宗教信仰、教育程度，都有依法参加和组织工会的权利。任何组织和个人不得阻挠和限制。"

（2）集体谈判权。集体谈判权是劳动者集体通过工会或其代表与用人单位就劳动就业条件进行集体协商谈判并签订集体合同的权利。集体谈判与集体合同密切相关，集体谈判是以签订集体合同为直接目的的。集体谈判权是一项国际公认的劳动权。《组织权利和集体谈判权利公约》（第 98 号）第 4 条规定："对雇主或雇主组织同工人组织之间进行自愿谈判的机制，政府应当采取适合本国国情的措施激励，并促进其充分地发展和运用，以使双方通过签订集体协议来规定个人的就业条件。"1981 年的《集体谈判公约》（第 154 号）第 8 条规定："为促进集体谈判而采取的措施的制定或适用不应妨碍享有集体谈判的自由。"我国的劳动立法使用"集体协商"，而不用"集体谈判"的提法。《劳动法》第 33 条规定，企业职工一方与企业可以签订集体合同。《劳动合同法》第 51 条规定，企业职工一方与用人单位通过平等协商，订立集体合同。原劳动和社会保障部颁布的《集体合

① 参见常凯：《劳权论——当代中国劳动关系的法律调整研究》，中国劳动社会保障出版社 2004 年版，第 10 页。

同规定》规范了集体协商内容、集体协商代表、集体协商程序、集体合同以及集体协商争议的协调处理等内容。

（3）集体争议权。集体争议权又称集体行动权或者产业行动权，是指劳动者为在劳动关系中实现自己的主张和要求，依法采取罢工等手段进行集体对抗的权利。劳动者集体行动最基本的手段是罢工。我国现行法律对罢工权没有明确规定，但对如何规范和处理罢工事件有相关规定。《工会法》第27条规定："企业、事业单位发生停工、怠工事件，工会应当代表职工同企业、事业单位或者有关方面协商，反映职工的意见和要求并提出解决意见。对于职工的合理要求，企业、事业单位应当予以解决。工会协助企业、事业单位做好工作，尽快恢复生产、工作秩序。"现行法律对于集体争议权的行使和保护规定得不够明确，未来立法应进一步完善集体争议权的规定。

（4）民主参与权。民主参与权是指劳动者通过其组织和代表依法参与用人单位的管理和利益分配的权利。民主参与权是劳动者对用人单位管理权的分享。相对于传统劳动三权注重的是劳资双方的利益差别和劳资矛盾，民主参与权更加注重劳资双方的共同利益和劳资合作。① 民主参与源于产业民主理论，分享经营管理权、分享利润、尊重人格是产业民主的三大原则。分享经营管理权，主要表现在雇员对企业经营方针和管理制度的参与；分享利润主要表现为雇员参与企业分配方案的制定和实施，并分享工资以外的生产成果即劳动分红；尊重人格是指劳动过程的管理要以人性化为目标、体现人本主义管理原则。② 民主参与权的实现内容一般包括管理参与和利益分配的参与两大类。

民主参与在我国现行法律规范中称为民主管理。我国《劳动法》第8条规定了劳动者有权通过职工大会、职工代表大会或者其他形式，参与民主管理或者就保护劳动者合法权益与用人单位进行平等协商。《劳动合同法》第4条规定劳动者有权参与用人单位直接涉及其切身利益的规章制度或者重大事项的制定、修改或者决定。此外，《公司法》《中华人民共和国全民所有制工业企业法》（以下简称《全民所有制工业企业法》）等法律还规定了劳动者参与企业的民主管理。我国现行法律规范规定的民主参与权的主要实现形式是职工代表大会，同时包括职工董事和监事制度、职工持股制度、厂务公开制度等。随着市场经济的不断发展和完善，劳动者民主参与权的内容和行使方式也在不断充实和完善。

---

① 参见常凯：《劳权论——当代中国劳动关系的法律调整研究》，中国劳动社会保障出版社2004年版，第307页。

② 参见常凯主编：《劳动关系·劳动者·劳权——当代中国的劳动问题》，中国劳动出版社1997年版，第551页。

（二）用人单位的权利

劳动关系是以劳资双方的共同利益为纽带的。劳动创造价值，是马克思劳动价值学说的核心观点，用人单位只有通过使用劳动者，将劳动力与其生产资料相结合，才能创造价值，实现资本的盈利目的。作为劳动者，只要人类社会还处于以劳动获取赖以生存的物质资料的社会阶段，劳动者就只能通过就业来维持生存。因此，立法在保障劳动者充分享有劳动法权利的同时，也必须同时保障用人单位的合法权利。用人单位的用工权利从根本上看是其财产权利的当然引申和必然要求。用人单位要实现其财产权利，必须具有对该财产权利在产、供、销、人、财、物等各个具体环节的经营管理权，由此，用人单位的权利就成为用人单位经营权的重要内容。与劳动者在劳动法上的权利相对应，用人单位在劳动法上主要有以下权利：

1. 用工自主权。用人单位通过劳动力市场，以支付劳动报酬为前提招用劳动者，其目的在于通过劳动过程实现正常的生产经营目的。这种生产经营目的，既是用人单位购买劳动力的基础，也是劳动者能够拥有就业机会的前提条件。需要多少劳动力，需要什么样的劳动者才能满足生产经营需要，如何组织和使用劳动者才能保障正常的生产经营秩序等，只有用人单位才清楚。因此，法律必须赋予用人单位用工自主权。

用人单位的用工自主权，具体包括以下内容：（1）面向社会自主招收劳动者的决定权。是否需要招收劳动者，招收多少劳动者，在什么区域招收劳动者等，都由用人单位自主决定。（2）招工条件、招工标准的制定权。招收什么样的劳动者，设定哪些招工标准和条件，都由用人单位自主决定。（3）用工选录权。依据设定的招录标准和招工程序，择优录取劳动者。

用工自主权涉及劳动者具有基本人权性质的就业权，因此，用人单位在行使该项权利的时候，必须做到公开招聘、公平考核、择优录取，不得违反法律规定而对劳动者从事各种就业歧视行为。

2. 组织管理权。任何生产经营活动都是基于用人单位的需求而发起，用人单位对其生产经营秩序的正常化负有当然的职责。因此，建立生产经营的组织体系、运行模式及方式，合理配置人、财、物等资源，制定科学合理的操作规程和劳动纪律，既是用人单位保障生产经营目标实现的基本条件，也是劳动关系具有组织从属性的客观基础。

用人单位组织管理权，主要内容包括：（1）组织指挥权。有权根据生产经营活动的需要，在劳动过程中对劳动者进行指挥管理。（2）人力资源调配权。有权基于用工主体的生产经营发展需要，对劳动力在企业内部进行人力资源的优化配置，以及依照法律规定和劳动合同的约定，对劳动者进行正常的岗位调整。

(3) 劳动生产经营秩序的控制权。有权通过日常的劳动管理，制定劳动规程、劳动纪律等内部规章制度，保障和维护正常的生产经营秩序。

用人单位行使组织管理权也有一定的限度，包括不得以劳动调配权代替法律有关劳动合同变更的规定，不得利用组织指挥强令违章操作、冒险作业，不得违反法律和集体合同等。

3. 奖惩权。劳动关系以劳资双方共同利益的存在为基础，劳动关系的和谐不仅能够为劳动者营造良好的劳动环境，而且也是用人单位实现生产经营目标最大化的关键要素。通过合理的奖惩机制，可促使劳动过程顺利实现、达成生产的目标，维护和谐稳定的生产秩序。用人单位有权依照法律、劳动合同以及制定的规章制度，对劳动者遵守法律、劳动合同和企业规章制度的行为进行奖励，对于违反者则进行惩处，对严重违反者予以辞退。同时，用人单位行使惩戒权①，也必须符合法律规定和劳动合同的约定，不得滥用该项权利。

第三节　劳动法的产生和发展

一、外国劳动法的产生和发展

奴隶社会，作为主要劳动群体的奴隶只是“会说话的工具”，人被物化为法律关系的客体；封建社会，作为主要劳动群体的农民（农奴）须依赖土地为生，而土地为地主（封建主）所有，他们之间人身依附关系根深蒂固。所以，奴隶社会和封建社会的立法即使涉及劳动问题，也不可能具有任何保护劳动者的效果，以倾斜保护弱势劳动者为己任的劳动法在当时根本无从产生。

（一）外国劳动法的产生

18 世纪后期到 19 世纪前期，蓬勃发展的工业革命带来庞大的产业工人队伍，人类历史上首次大规模出现了劳动关系，成为资本主义生产方式的基础，但劳动法并未随之产生。这一时期，资产阶级逐渐挣脱封建社会神权和王权的主宰和束缚，资产阶级革命将自由奉为圭臬，将国家角色定位为“守夜人”，与自由放任思想相匹配的契约自由充斥着立法，要求雇佣劳动也须自由交换，劳动关系被视为两个平等人格者之间纯粹的债权关系。契约自由为雇主获取更高利润提供了正当性，雇主极力压低工资、延长工时、无视安全卫生，这些都被视为契约自由下自主选择的结果。任何与契约自由相悖的行为均被视为非法，例如劳动者的联合和团结就被视为扭曲劳动力市场供需、影响交易秩序，甚至被认为构成刑事上的共

① 黄越钦：《劳动法新论》，中国政法大学出版社 2003 年版，第 182 页。

谋犯罪，更严禁组织工会。英国 1799 年的《结社法》为其典型。

但是，劳动者无以复加的悲惨境况一再表明，契约自由仅仅在形式上存在，仅仅是雇主专横和恣意的另一种表达方式，其理念逐渐丧失伦理性与社会妥当性。在劳动者不懈斗争之下，法律亦有了新的变化。1802 年英国颁布的《学徒健康与道德法》规定：纺织厂不能使用 9 岁以下的学徒，童工的工作时间每日不得超过 12 小时，且禁止从事夜工。这一法规有了质的改变，它为保护劳动者利益而制定，从此揭开了立法史上新的一页。因此，学界公认英国的《学徒健康与道德法》为劳动法产生的标志。

（二）外国劳动法的发展

自由资本主义时期，劳动法发展缓慢。① 以《学徒健康与道德法》对工时限制为开端，英国于 1819 年和 1833 年又对其进行了修订，1847 年还颁布了《十小时法》，规定 13—18 岁的未成年工及女工的劳动时间每日不得超过 10 小时，以后又规定每周内星期天的劳动时间应为 5 小时。与之同时，德国、法国、瑞士等纷纷立法以限制工作时间。工时立法的适用范围也从纺织行业渐次向整个工业行业扩展。法国、英国、沙俄等还颁布了改善劳动条件的规定，英国、法国等逐渐解除了工会禁令，工会合法地位得到法律的承认。总体而言，劳动法发展缓慢，虽对契约自由的限制开始增多，但契约自由的地位未动摇，立法不均衡、不全面。

垄断资本主义时期，劳动法逐步完善。19 世纪 70 年代后，资本主义开始走向垄断资本主义时期。1917 年十月革命胜利，世界上第一个社会主义国家——俄罗斯苏维埃联邦社会主义共和国建立，颁布了 8 小时工作日的法令，这是第一部社会主义劳动法令，其后于 1918 年制定了第一部社会主义劳动法典——《苏俄劳动法典》。资本主义经济危机屡次爆发，特别是 1929—1933 年间发生的资本主义发展史上波及范围最广、打击最为沉重的世界经济危机，劳资矛盾日益尖锐，劳动者的斗争从自发向自为发展，再加之深受社会主义革命和思想的影响，国家干预主义在资本主义社会得以兴盛，契约自由受到很多限制，资产阶级在国家统治措施上开始有了重大调整。劳动问题不再被视为个人问题，而是关系一群人的社会问题，国家的角色被定位为社会国家或福利国家，要求国家以积极作为促进劳动者权利的实现。虽然几经反复，但劳动法的相对独立和不断丰富已为大势所趋。不仅制定劳动法的国家越来越多，劳动权被普遍写入宪法，劳动法自身的体系也趋于完整，内容上愈加充实和完善，劳动法普遍适用于工业和服务业，劳动者地位有所

① 与大多数劳动法教材相比，我们对外国劳动法发展阶段的归纳有所不同，主要源自以下两方面的考虑：一是对自由资本主义和垄断资本主义的形成时间应遵循我国其他学科的通说；二是相较于传统民法，我们认为劳动法主要体现了对契约自由的种种限制，于是这种限制及其程度就成为我们划分发展阶段的一个重要考虑因素。

提升，劳动条件和劳动标准得以改善，劳资矛盾得到缓和。这一时期，德国、法国、英国等相继颁布了劳动争议处理的专门立法，德国、英国、美国等纷纷建立社会保险制度，法国、德国、瑞士等在工时和休息休假方面的立法渐趋完善，新西兰、澳大利亚、英国等建立了最低工资保障制度，英国、美国、德国等在集体劳动法的规定上更为普遍。

20 世纪 70 年代后，伴随经济全球化和信息技术的突飞猛进，劳动关系出现诸多新的变化：用工形式更为灵活多变，非典型（或非标准）劳动关系大量出现，工会参与率和组建率降低，资本主义经济滞胀局面催生了新自由主义的复兴，放松管制的浪潮也深刻影响着劳动法。各国劳动法的进一步发展，都涉及如何处理劳动关系的稳定性和灵活性以及如何面对劳动法的放松管制和再管制的问题。

二、我国劳动法的产生和发展

我国劳动法制的产生和发展，历经了早期中国工人阶级的劳动立法运动、北洋政府时期的劳动立法、国民政府时期的劳动立法和革命根据地时期的劳动立法几个大的阶段，为新中国成立之后劳动法制的发展打下了坚实的基础。新中国成立之后我国劳动法制的发展主要经历了四个阶段。

（一）新中国成立至 20 世纪 60 年代的劳动立法

新中国成立以后，由于私营企业的存在，我国的劳动关系既存在着国营企业社会主义劳动关系，同时也存在着私营企业劳资关系。在经济恢复时期，我国劳动法律的特点主要表现为：（1）废除一切不合理的压迫工人的制度，建立新的民主管理制度和吸收职工参加企业管理，以实现管理民主化；（2）从法律上保障职工的政治权利和经济权利；（3）在发展生产的基础上逐步改善职工的物质文化生活水平，提高工资标准和改进劳动条件以及对职工在年老疾病或丧失劳动能力的情况下给予物质帮助；（4）采取措施避免失业现象的扩大和逐步解决失业问题；（5）制定处理劳动关系的某些办法，调整劳资关系，以此达到对私营企业利用、限制和改造的目的。①

新中国成立之初制定的、具有临时宪法作用的《中国人民政治协商会议共同纲领》，对劳动关系的调整作了原则规定，包括劳动者的结社权、企业民主管理、工作时间、最低工资、劳动保险、工矿检查制度等方面。1950 年政务院曾颁布《关于救济失业工人的指示》，原劳动部颁布了《救济失业工人暂行办法》，这些法令对于解决当时失业工人的困难、积极安排失业人员就业都起到了很好的作用。1950 年 4 月，原劳动部还公布了《关于在私营企业中设立劳资协商会议的指示》，

① 关怀主编：《劳动法与社会保障法》，当代世界出版社 2003 年版，第 22 页。

对贯彻私人资本家的利用、限制和改造政策发挥了积极作用。

1954年宪法则更规范化地明确并保证公民所享有的劳动权、休息权、物质帮助权和受教育权等，这些条文构成了我国劳动立法的基本原则。1954年7月，政务院公布了《国营企业内部劳动规则纲要》，1957年国务院公布了《关于各单位从农村中招用临时工的暂行规定》。这些法律和行政法规的颁布，极大地鼓舞了职工建设社会主义的热情，有力地保证了国家生产计划的完成和超额完成。《工会法》、《中华人民共和国劳动保险条例》（以下简称《劳动保险条例》）、《劳动部关于劳动争议解决程序的规定》等法律规范也相继颁布。在劳动安全与卫生方面，1956年国务院同时发布了“三大规程”和“一个决定”，即《工厂安全卫生规程》《建筑安装工程安全技术规程》《工人职员伤亡事故报告规程》和《关于防止厂、矿企业中矽尘危害的决定》，并开始建立安全卫生监察制度。在劳动保险方面，1957年国务院颁布了《关于工人职员退职处理的暂行规定》等文件。在职业培训方面，初步规定了学徒培训制度和技工学校制度。

1956年在党的第八次全国代表大会第一次会议上，董必武同志强调要制定劳动法。1957年，劳动部邀请中华全国总工会及有关院校的同志组成了劳动法起草小组，开始准备《劳动法》的起草工作。但是随着极“左”错误思潮的干扰，劳动立法受到严重影响。有的法规被错误地停止执行，如有关劳动争议处理的规定、有关计件工资和奖励制度的规定等，有的立法工作刚开始就夭折，如《劳动法》《女工保护条例》等。

（二）20世纪60年代后期至改革开放前的劳动立法

在十年“文化大革命”期间，法律虚无主义盛行，社会主义民主和法制建设遭到践踏，劳动立法不但没有进展，许多行之有效的规定反而被废弃，如计件工资和奖励制度再度被否定，停止执行企业职工劳动保险费用统筹制度等；同时，由于有关管理机构或组织停止活动，相应的法律法规实际上得不到执行。

“文化大革命”结束以后，劳动立法开始逐步走上正轨。1978年宪法恢复了有关劳动权利的规定，有关劳动法规和规章得到恢复和改进。党的十一届三中全会以后，劳动立法得到党和国家的重视，开始走上全面发展的道路。

（三）党的十一届三中全会后至20世纪90年代的劳动立法

1982年宪法就劳动者享有的劳动权、休息权、获得物质帮助权、受教育权等作了全面规定。随着改革开放的推进，依据宪法的规定，我国制定了大量的具体的劳动法规和规章，在内容上涵盖了劳动法律体系的各个方面：

1. 劳动就业。1981年中共中央、国务院颁布的《关于广开门路，搞活经济，解决城镇就业问题的若干决定》，确定了“三结合”的就业方针，随后劳动部颁布有关规章，初步建立了劳动服务公司管理制度和待业登记制度。1990年1月，原劳动部颁布《关于职业介绍暂行规定》，规定在各地就业服务部门设置职业介绍所，进行职业介绍。此外，劳动人事部、公安部于 1987 年颁布的《关于未取得居留证件的外国人和来中国留学的外国人在中国就业的若干规定》，初步规定了有关审批制度、就业许可证及其签发条件、聘雇合同等内容。在招工制度方面，国务院或有关部门先后颁布《国营企业招用工人暂行规定》《关于招工考核择优录用的暂行规定》等文件，规定企业招用工人，贯彻先培训后就业的原则，面向社会、公开招收、全面考核、择优录用；企业不得以任何形式进行内部招工，废除退休工人"子女顶替"的办法；企业招用工人，凡适合妇女从事劳动的工作，应当招收女工；企业招用的工人应符合年满 16 周岁等基本条件；各用人单位向农村招收工人时，在同等条件下应当优先录用退伍义务兵。

2. 劳动合同。1986 年 7 月国务院颁布的《国营企业实行劳动合同制暂行规定》是我国当时劳动合同制度方面的主要法规。其中规定，企业在国家劳动工资计划指标内招用常年工作岗位上的工人，除国家另有特别规定者外，统一实行劳动合同制；企业招用一年以内的临时工、季节工，也应当签订劳动合同；签订劳动合同，应坚持平等自愿、协商一致的原则；劳动合同一经签订，就受到法律保护，双方必须严格执行。此外，在有关中外合资经营企业、私营企业方面的法规中，也规定了劳动合同的相关问题。

3. 职业培训。1982 年宪法明确规定"国家对就业前的公民进行必要的劳动就业训练"。为此，有关部门相继修改或制定了一些规章，如《技工学校工作条例》《关于加强和改进学徒培训工作的规定》《关于就业训练若干问题的暂行办法》等。与此同时，为了加强在职培训，颁布了《关于加强职工教育工作的决定》《关于举办职工中等专业学校的试行办法》。1990 年 7 月，经国务院批准，劳动部发布《工人考核条例》，规定实行工人考核制度，考核与使用相结合，并按照国家有关规定确定其工资待遇，规定了考核种类、内容、方法、组织管理等内容。

4. 工作时间与休息时间。1982 年宪法明确规定"劳动者有休息的权利"，国家"规定职工的工作时间和休假制度"。但当时除在节假日、加班加点方面有规定外，尚无其他有关工时与休息休假的法律规定。

5. 工资。围绕工资制度改革，国务院发布了《关于国营企业工资改革问题的规定》及试行办法、《关于机关和事业单位工作人员工资制度改革问题的通知》及改革方案等政策性规定。此外，有关法规还就奖金与津贴制度、工资基金管理、限制工资扣除等问题作了规定。

6. 劳动安全与卫生。1982 年 2 月，国务院颁布《锅炉压力容器安全监察暂行条例》《矿山安全条例》《矿山安全监察条例》，劳动安全监察工作得到很大加强，并逐步形成了国家监察、行业管理和群众监督相结合的体制。1984 年 7 月，国务院颁布《关于加强防尘防毒工作的决定》，提出各地区、各部门基本建设项目和全厂性的技术改造，其尘毒治理和安全设施必须与主体工程同时设计、审批，同时施工，同时验收、投产使用。1987 年 12 月，国务院颁布《中华人民共和国尘肺病防治条例》（以下简称《尘肺病防治条例》），规定“作业场所的粉尘浓度超过国家卫生标准，又未积极治理，严重影响职工安全健康时，职工有权拒绝操作”。同年 1 月，有关部门颁布规章，扩大了职业病范围，规定了职业病患者处理办法。此外，1989 年 3 月，国务院颁布《特别重大事故调查程序暂行规定》，专门规定了对特别重大事故的调查办法。1992 年，全国人大常委会通过了《矿山安全法》，这是新中国成立后第一部专项劳动法律。

7. 女职工劳动保护。1988 年 7 月国务院颁布的《女职工劳动保护规定》，是我国首次系统规定女职工劳动保护法律制度的专门法规，它就女职工的招收、禁忌从事的劳动、产假及其待遇、有关保护设施等作了全面规定。

8. 未成年工劳动保护。这一时期尚未制定专门法规，某些保护规定分散在有关法规中，如《尘肺病防治条例》第 12 条第 3 款规定：“不满十八周岁的未成年人，禁止从事粉尘作业。”

9. 企业职工奖惩。1982 年 4 月国务院发布的《企业职工奖惩条例》，明确规定了企业职工奖惩应遵循的基本原则，以及奖惩种类、适用条件、申诉程序等内容。1986 年 7 月，国务院又颁布了《国营企业辞退违纪职工暂行规定》，作为前项法规的一种补充，规定凡是违反劳动纪律或犯有某种严重错误，不够开除或除名条件，符合所规定的适用条件即可予以辞退。

10. 社会保险。经全国人大常委会批准，国务院于 1978 年 6 月颁布了《关于安置老弱病残干部的暂行办法》《关于工人退休、退职的暂行办法》。1986 年国务院颁布了《国营企业实行劳动合同制暂行规定》，1993 年又颁布了《国有企业职工待业保险规定》，初步建立了劳动合同制工人的养老保险制度，以及国有企业职工待业保险制度。

11. 工会和企业民主管理。1992 年 4 月 3 日，第七届全国人民代表大会第五次会议审议通过了新的《工会法》，自公布之日起施行，1950 年《工会法》同时废止。1988 年 4 月全国人民代表大会通过的《全民所有制工业企业法》规定：“企业工会代表和维护职工利益，依法独立自主地开展工作。企业工会组织职工参加民主管理和民主监督。”“职工代表大会是企业实行民主管理的基本形式。”还就职工代表大会所享有的职权作了具体规定。

12. 劳动争议处理。主要法规为 1987 年 7 月国务院颁布的《国营企业劳动争议处理暂行规定》，几经修改，于 1993 年颁布《中华人民共和国企业劳动争议处理条例》（以下简称《企业劳动争议处理条例》），系统规定了劳动争议处理的机构和程序。该规定适用于企业与职工之间因履行劳动合同发生的争议，以及因开除、除名、辞退违纪职工发生的争议。处理程序为调解、仲裁和法院审判，其中，调解程序可由当事人自由选择决定，仲裁为起诉前的必经程序，法院审判为最终程序。

（四）《劳动法》的颁布和实施以来的劳动法制

1978 年 12 月，邓小平同志在中央工作会议上关于《解放思想，实事求是，团结一致向前看》的讲话中指出，应尽快制定“工厂法、人民公社法、森林法、草原法、环境保护法、劳动法、外国人投资法”等。原国家劳动总局传达了党的十一届三中全会文件后，决定组织力量起草《劳动法》。1979 年 1 月和 1989 年 2 月，我国先后两次成立了起草小组，形成了《劳动法（草案）》，经过 27 稿的反复修改，于 1994 年 1 月 7 日在国务院第十四次常务会议上审议通过。1994 年 7 月 5 日，第八届全国人民代表大会常务委员会第八次会议审议通过了《劳动法》，自 1995 年 1 月 1 日起施行。《劳动法》共有 13 章 107 条，是新中国成立后第一部综合性调整劳动关系的法律。

《劳动法》自 1995 年实施以来，我国劳动法制伴随着市场经济的深入发展，取得了长足的进步，主要体现在以下几个方面：

1. 完善劳动合同制度。原劳动部在 1994 年先后颁布了《违反和解除劳动合同的经济补偿办法》①《企业经济性裁减人员规定》两个规章。1995 年颁布了《违反〈劳动法〉有关劳动合同规定的赔偿办法》。1996 年颁布了《劳动部关于订立劳动合同有关问题的通知》和《劳动部关于实行劳动合同制度若干问题的通知》。2007 年 6 月 29 日第十届全国人大常委会第二十八次会议通过了《劳动合同法》，自 2008 年 1 月 1 日起施行。2008 年国务院又制定颁布了《劳动合同法实施条例》。2012 年 12 月 28 日，第十一届全国人大常委会第三十次会议通过了对《劳动合同法》的修改决定，修改后的《劳动合同法》自 2013 年 7 月 1 日起施行。

2. 进一步推动集体劳动关系立法。为规范集体协商和签订集体合同行为，原劳动部于 1994 年 12 月 5 日颁布了《集体合同规定》。2000 年 10 月 10 日原劳动和社会保障部颁布了《工资集体协商试行办法》，专门对工资集体协商和签订工资集体协议的行为进行规范。2001 年 10 月 27 日全国人大常委会审议通过并颁布了新修订的《工会法》，进一步强化了对工会和会员权益的保障。2004 年 1 月 20 日原劳动和社会保障部颁布了新修订的《集体合同规定》，自 2004 年 5 月 1 日起施行。

3. 强化劳动基准立法。原劳动部 1994 年发布了《关于实施最低工资保障制度的通知》《工资支付暂行规定》。国务院 1994 年发布了《关于职工工作时间的规

① 《违反和解除劳动合同的经济补偿办法》已由国务院人力资源和社会保障部于 2017 年 11 月 24 日废止。

定》。2001年10月27日，第九届全国人民代表大会常务委员会第二十四次会议通过《职业病防治法》；2011年12月31日，第十一届全国人民代表大会常务委员会第二十四次会议通过修正的《职业病防治法》；后又分别于2016年、2017年对该法进行了两次修正。2002年6月29日，第九届全国人民代表大会常务委员会第二十八次会议通过《安全生产法》；2009年8月27日，第十一届全国人民代表大会常务委员会第十次会议通过第一次修正的《安全生产法》；2014年8月31日，第十二届全国人民代表大会常务委员会第十次会议通过第二次修正的《安全生产法》。2002年，国务院颁布了新的《禁止使用童工规定》，废止了1991年《禁止使用童工规定》。2004年，原劳动部颁布了《最低工资规定》。

4. 完善劳动力市场管理和就业促进制度。2007年8月30日，第十届全国人民代表大会常务委员会第二十九次会议通过《就业促进法》，自2008年1月1日起施行，该法于2015年4月24日被修正。2007年11月5日，原劳动保障部公布《就业服务与就业管理规定》；2014年12月23日，人力资源和社会保障部公布修订后的《就业服务与就业管理规定》，并于2015年4月30日进行了第二次修订。

5. 完善劳动争议处理程序。1995年，中华全国总工会发布了《工会参与劳动争议处理试行办法》。2007年12月29日，第十届全国人民代表大会常务委员会第三十一次会议通过《劳动争议调解仲裁法》，自2008年5月1日起施行。

6. 完善社会保险制度。1994年，原劳动部发布了《企业职工生育保险试行办法》。1997年，国务院发布了《关于建立统一的企业职工基本养老保险制度的决定》，1998年发布了《关于建立城镇职工基本医疗保险制度的决定》，1999年又颁布了《失业保险条例》和《社会保险费征缴暂行条例》。2003年，国务院发布了《工伤保险条例》，原劳动和社会保障部发布了《工伤认定办法》。2010年，国务院颁布了新修订的《工伤保险条例》，人力资源和社会保障部颁布了修订后的《工伤认定办法》。2010年10月28日，第十一届全国人民代表大会常务委员会第十七次会议通过《社会保险法》，自2011年7月1日起施行。2016年3月，国务院颁布了《全国社会保障基金条例》，自2016年5月1日起施行。

7. 司法机关出台一系列司法解释。为解决司法机关裁判案件中具体涉及的法律适用问题，2001年最高人民法院公布《关于审理劳动争议案件适用法律若干问题的解释》，2006年公布《关于审理劳动争议案件适用法律若干问题的解释（二）》，2010年公布《关于审理劳动争议案件适用法律若干问题的解释（三）》，2013年公布《关于审理劳动争议案件适用法律若干问题的解释（四）》。

三、国际劳动立法

（一）国际劳动立法的概念与产生

国际劳动立法，又称国际劳动标准或者国际劳工标准，一般是指国际劳工组织制定的与劳动者权益有关的最低标准。国际劳工标准主要有两种表现形式：一是国际劳工公约，这类公约一经成员国批准，就有遵守该公约的义务；二是国际劳工建议书，建议书不需要成员国批准，仅供成员国在制定国内劳动立法时予以参考和借鉴。

随着1802年英国政府颁布《学徒健康与道德法》而开启劳动立法，国际劳动立法思潮也开始产生。一些社会活动家和社会改良主义者，例如英国空想社会主义者罗伯特·欧文、法国自由派经济学家杰罗姆·布兰奎和路易斯·沃勒沃斯基以及法国社会活动家丹尼尔·莱兰德等，提出加强世界各国在劳动问题上的统一行动，强化对于保护劳动者利益的国际约束。这些思想逐步得到劳工组织、社会团体和部分国家政府的支持。1900年，15个国家在德国柏林召开了国际劳工会议，第一次在政府间就劳动问题进行磋商。同年在巴黎，一些社会活动家和工人领袖等发起成立了国际劳动法协会，在该组织的推动下，1906年，15个国家参会并讨论通过了国际劳动法学会提交的《关于禁止工厂女工夜间工作公约》和《关于禁止火柴制造中使用白磷公约》，这两个公约是最早的国际劳动立法，并经缔约国批准发生效力。1913年，该协会还起草了《关于禁止未成年人上夜班的公约》和《关于女工和未成年工每日最多工作时间公约》，后由于第一次世界大战爆发，会议未能举行，协会解体。

第一次世界大战结束以后，按照美、英、法、意、比等国的要求，参战国于1919年年初在巴黎召开的和平会议上成立了由15个国家组成的劳工立法委员会（国际劳工组织的前身）。劳工立法委员会拟定了《国际劳工组织章程草案》和宣言，于1919年4月提交讨论通过，作为《巴黎和约》的第13部分，亦称《国际劳工宪章》，国际劳工组织也据此于1919年6月成立。1944年5月10日，国际劳工组织在美国费城召开的第26届国际劳工大会上通过了《关于国际劳工组织的目标和宗旨的宣言》，即《费城宣言》，该宣言认为，持久和平只能建立在社会正义的基础上，为此确立了国际劳工组织的4项基本原则。一直以来，国际劳工组织致力于制定劳动立法的国际标准，并以此推动世界各国的劳动立法。

（二）国际劳工组织

1. 国际劳工组织的机构。国际劳工组织在1919—1939年期间是作为国际联盟的附属机构而存在的。1940—1945年期间，由于国际联盟解体，国际劳工组织变为一个独立的组织而存在。第二次世界大战之后，国际劳工组织变成联合国的一个专门负责劳工事务的机构，是联合国历史最悠久的机构，也是联合国唯一具有三方代表结构的组织。国际劳工组织的机构主要由三部分构成：（1）国际劳工大会。国际劳工大会是国际劳动组织的最高权力机构，每年召开一次会议；闭会期间理事会指导该组织工作，国际劳工局是其常设秘书处。主要活动有从事国际劳工立法，制定公约和建议书以及技术援助和技术合作。（2）理事会。理事会是国际劳工组织的执行委员会，每三年经大会选举产生，在大会休会期间指导该组织工作，每年3月、6月和11月各召开一次会议。（3）国际劳工局。国际劳工局是国际劳工组织的常设秘书处，设在瑞士日内瓦国际劳工局总部。国际劳工组织是以国家为单位参加的国际组织，但在组织结构上实行独特的“三方”原则，即参加各种会议和活动的成员国代表团由政府、雇主组织和工人组织的代表组成，三方代表有平等独立的发言和表决权。

2. 国际劳工组织的宗旨、目标、基本原则和职责。分述如下：（1）根据《费城宣言》的规定，该组织的宗旨是在社会正义的基础上实现持久和平，从而使全人类不分种族、信仰和性别，都有权在自由、尊严、经济保障和机会均等的条件下谋求物质福利和精神发展。（2）根据《费城宣言》，国际劳工组织的目标包括：充分就业和提高生活标准；使工人受雇于他们得以充分发挥技能与成就并为共同福利作出最大贡献的职业；作为达到上述目的手段，一切有关者应充分保证，提供训练和包括易地就业和易地居住在内的迁移和调动劳动力的方便；关于工资、收入、工时和其他工作条件的政策拟订，应能保证将进步的成果公平地分配给一切人，将维持最低生活的工资给予一切就业的并需要此种保护的人；切实承认集体谈判的权利，在不断提高生产率的情况下劳资双方的合作，以及工人和雇主在制定与实施社会经济措施方面的合作；扩大社会保障措施，以便使所有需要此种保护的人得到基本收入，并提供完备的医疗；充分地保护工人的生命和健康；提供儿童福利和生育保护；提供充分的营养、住宅和文化娱乐设施；保证教育和职业机会均等。（3）国际劳工组织的基本原则主要包括：劳动者不是商品；言论自由和结社自由是不断进步的必要条件；任何地方的贫困对一切地方的繁荣构成威胁；反对贫困的斗争需要各国在国内以坚持不懈的精力进行，还需要国际社会做出持续一致的努力。（4）国际劳工组织的职责是通过制定国际劳动公约及其建议书提供给成员国批准实施，从而推动对劳工的保护。国际劳动公约和国际劳动建议书统称为国际劳工标准，是国际劳动立法最基本的形式。

3. 国际劳工组织与中国。中国是国际劳工组织的创始成员国，也是该组织的常任理事国。1971年，中国恢复了在该组织的合法席位。1983年6月，我国派出由劳动人事部部长率领的代表团出席了第69届国际劳工大会，正式恢复了在国际劳工组织的活动。自1983年至今，中国每年均派代表团出席各种会议，并积极参与该组织在国际劳工立法和技术合作方面的活动。此后中国与国际劳工组织的关系日益密切，开展了包括人员互访、考察、劳工组织派专家来华举办研讨会和讲习班、制订实施技术合作计划以及援助我国建立职业技术培训中心等各类活动。

中国批准的国际劳工公约涉及最低就业年龄、最低工资、工时与休息时间、海员劳动条件、男女同工同酬和残疾人就业等内容。截至2018年6月，中国共批准了26项国际劳工公约。1985年1月，国际劳工组织在中国设立派出机构——国际劳工组织北京局，负责与我国有关政府机关、工会组织、企业团体、学术单位等的联系以及执行对我国的技术援助和合作项目。

（三）国际劳工公约的类型

国际劳工公约主要有三种类型：

1. 核心公约或基本劳工公约，是指被国际劳工组织确认的，不论成员国社会经济发展水平如何都必须遵守的基本准则。主要涵盖自由结社和集体谈判、废除强迫劳动、平等就业、禁止使用童工四个方面的内容，且包括在以下八大公约中：（1）1930年《强迫劳动公约》（第29号），该公约要求禁止所有形式的强迫或强制劳动。但允许某些例外，如服兵役、受到适当监督的服刑人员的劳动和紧急情况下的劳动，如战争、火灾、地震。（2）1948年《结社自由和组织权利保护公约》（第87号），该公约强调应当赋予所有工人和雇主无须经事先批准，建立和参加其自己选择的组织的权利，并制定了一系列规定，确保这些组织在不受公共当局干涉的情况下自由行使其职能。（3）1949年《组织权利和集体谈判权利公约》（第98号），该公约为防止发生排斥工会的歧视以及防止工人组织和雇主组织之间相互干涉提供保护，并对促进集体谈判作出规定。（4）1951年《男女同工同酬公约》（第100号），该公约规定对男女工人同等价值的工作给予同等报酬和同等津贴。（5）1957年《废除强迫劳动公约》（第105号），该公约禁止使用任何形式的强迫或强制劳动作为一种政治强制或政治教育手段，作为对发表政治或意识形态观点的惩罚，作为动员劳动力的手段，作为一种劳动纪律措施，作为参与罢工的惩罚或歧视的手段。（6）1958年《消除就业和职业歧视公约》（第111号），该公约呼吁制定一项国家政策，消除在获得就业机会、培训和工作条件方面，任何基于种族、肤色、性别、宗教、政治见解、民族血统或社会出身等原因的歧视，促进机会和待遇平等。（7）1973年《准予就业最低年龄公约》（第138号），该公约旨在消除童工劳动，规定准予就业的最低年龄不得低于完成义务教育的年龄。（8）1999年《禁止和立即行动消除最恶劣形式的童工劳动公约》（第182号），该公约呼吁立即采取有效措施确保禁止和消除最恶劣形式的童工劳动。它包括奴役制和类似的做法，强迫征募儿童参与武装冲突，使用儿童卖淫和从事色情服务、任何非法活动，以及可能危害儿童健康、安全和道德的工作。

2. 优先公约，是指这些公约的内容对于各国劳动制度和政策的形成具有重要的影响，成员国对其应当加以特别注意的公约，在地位上仅次于核心公约。主要包括以下公约：1947年《（工商业）劳动监察公约》（第81号）；1964年《就业政策公约》（第122号）；1969年《（农业）劳动监察公约》（第129号）；1976年

《三方协商促进实施国际劳工标准公约》(第144号)。

3. 一般公约，是指核心公约和优先公约之外的公约。其与核心公约和优先公约的区别主要体现在批准后的报告制度上。成员国批准一般公约的，应当每5年向国际劳工局报告一次，可以提交简要的报告。而对于批准的核心公约和优先公约，成员国需要每两年报告一次，且必须提交详细报告。

（四）国际劳工公约的基本内容

国际劳工公约主要涉及以下几个方面的内容：

1. 基本权利。主要包括结社自由、禁止强迫劳动、就业公平与反歧视等方面。

2. 就业政策。国际劳工组织主要从实现充分性的、生产性的和自由选择的就业政策，建立免费的职业介绍机构和加强职业介绍收费管理、组织职业指导和职业培训、完善就业服务体系四个方面订立国际劳工标准。

3. 普遍性的就业条件。比如强调不得无正当理由解雇雇员、规定最低工资标准、保障工人足额得到劳动报酬、规定基本工作时间、逐步缩短工作时间、保障休息休假权利等。

4. 职业安全和卫生。比如制定和实施国家关于保证职工职业安全卫生的政策、加强对于职业安全卫生的预防、防止职业安全卫生事故发生、制定职业安全卫生的专业标准等。

5. 社会保障。比如包括疾病补助、伤残补助、养老补助、工伤补助、生育补助、失业补助等。

6. 对于易受伤害群体的特殊保护。比如规定童工和青少年的最低就业年龄、有关女工生理的特殊保护、男女就业机会均等和同工同酬、有关残疾工人的康复和就业等。

7. 劳资关系。比如规定保障劳资集体谈判并签订集体合同的权利、劳动争议的处置、劳资之间的民主管理、协商合作机制、劳动问题的三方协商机制的建立等。

（五）我国批准的国际劳工公约

截至2018年6月，我国批准的国际劳工公约有26个，其中，1984年我国承认的旧中国政府所批准的国际劳工公约有14个，即：第7号《确定准许儿童在海上工作的最低年龄公约》(1936年批准)、第11号《农业工人的集会结社权公约》(1934年批准)、第14号《工业企业中实行每周休息公约》(1934年批准)、第15号《确定准许使用未成年人为扒炭工或司炉工的最低年龄公约》(1936年批准)、第16号《在海上工作的儿童及未成年人的强制体格检查公约》(1936年批准)、第19号《本国工人与外国工人关于事故赔偿的同等待遇公约》(1934年批准)、第22号《海员协议条款公约》(1936年批准)、第23号《海员遣返公约》(1936

年批准）、第 26 号《制订最低工资确定办法公约》（1930 年批准）、第 27 号《航运的重大包裹标明重量公约》（1931 年批准）、第 32 号《船舶装卸工人伤害防护公约》（1935 年批准）、第 45 号《各种矿场井下劳动使用妇女公约》（1936 年批准）、第 59 号《确定准许使用儿童于工业工作的最低年龄公约》（1940 年批准）、第 80 号《最后条款修正公约》（1947 年批准）。

此后，我国政府还陆续批准了 12 个国际劳工公约，包括第 159 号《残疾人职业康复和就业公约》（1988 年批准）、第 100 号《男女同工同酬公约》（1990 年批准）、第 144 号《三方协商促进实施国际劳工标准公约》（1990 年批准）、第 170 号《作业场所安全使用化学品公约》（1995 年批准）、第 122 号《就业政策公约》（1997 年批准）、第 138 号《准予就业最低年龄公约》（1999 年批准）、第 150 号《劳动行政管理公约》（2002 年批准）、第 167 号《建筑业安全和卫生公约》（2002 年批准）、第 182 号《禁止和立即行动消除最恶劣形式的童工劳动公约》（2002 年批准）、第 111 号《消除就业和职业歧视公约》（2006 年批准）、第 155 号《职业安全和卫生及工作环境公约》（2007 年批准）、《海事劳工公约》（2015 年批准）。应注意的是，我国在批准第 138 号公约后，第 7、15、59 号公约对我国自然失效，因此，目前在我国生效的国际劳工公约有 23 个。

思考题：

1. 劳动法的基本原则有哪些？这些原则如何体现于劳动法律制度中？
2. 试述劳动法各个基本原则之间的关系。
3. 劳动法上劳动者应如何界定？
4. 阅读最近的劳动争议案例，分析哪些劳动权受到侵犯。
5. 试述网络社会对劳动关系的影响以及劳动法如何应对。

▶ 自测习题及参考答案

第二章　就业促进法律制度

就业是民生之本，财富之基，只有实现了就业，公民的劳动权才能够实现，国家经济社会的可持续发展才能获得匹配的人力资源支撑。因此，从世界范围来看，促进就业无一例外地成为各国政府的重要任务。在我国进入新时代，社会主要矛盾表现为人民日益增长的美好生活需要和不平衡不充分的发展之间的矛盾的情况下，国家应如何根据就业市场需求，调动政府与市场两种力量，培育就业市场服务主体和良好的就业市场服务环境，依法构建适合我国国情的就业促进机制，促进平等就业，反对就业歧视，实现更高质量和更充分就业的目标，都是就业促进法律制度迫切需要解决的问题。

第一节　就业促进概述

我国既是世界第一人口大国，又是世界第一就业大国。就业不仅是维持劳动力再生产、保障民生的基本途径，而且对于经济发展和社会稳定具有重要意义。我国实施就业优先战略和更加积极的就业政策，实行劳动者自主择业、市场调节就业、政府促进就业和鼓励创业的就业方针，建立健全促进就业的配套政策。《就业促进法》对政府在就业促进工作中的各项职能作出了全方位规定，是我国就业促进工作的重要法律。

一、劳动就业的概念和形式

劳动就业，可以从社会学、经济学等不同学科的角度给予定义。法学视角的劳动就业，以劳动权或就业权为核心，与其权利相对应的是政府所承担的就业促进责任。

（一）劳动就业的概念

劳动就业，是指具有劳动能力的公民在法定劳动年龄内自愿从事有一定劳动报酬或经营收入的社会劳动。劳动就业具有以下特征：

1. 劳动就业的主体具有特定性。劳动就业的主体必须是法定劳动年龄范围内具有劳动能力的公民。各国劳动法律都对劳动者就业最低年龄作了严格规定，只有在劳动年龄范围内，劳动者才具备劳动就业的资格。根据我国《劳动法》第 15 条规定，除国家另有规定外，年满 16 周岁的公民才具有劳动就业的资格。

2. 劳动就业必须是出自公民的自愿。劳动就业是公民的一种权利，行使或放弃这种权利，完全取决于公民自己的意愿。因此，公民劳动就业权利的实现必然要求其主观上有求职和就业的愿望。

3. 劳动就业必须是一种能够为社会创造财富或有益于社会的劳动。劳动就业要求劳动者必须从事法律允许的有益于社会的社会劳动，这是劳动者的劳动能否得到社会承认和法律保护的前提。

4. 劳动就业必须使劳动者能够获得一定的劳动报酬或经营收入。首先，劳动就业的目的是通过劳动获得一定的物质利益；其次，劳动能够获得一定的劳动报酬或经营收入，是劳动者实现劳动力再生产的物质保障。

（二）劳动就业的形式

劳动就业的形式是灵活多样的，常见分类有：正规部门就业与非正规部门就业、标准就业与灵活就业，这两种分类存在着一定的交叉。国际劳工组织认为，在发展中国家城市地区那些低收入、无组织、无结构、生产规模小的生产和服务单位就业就是非正规部门就业。与正规部门就业的主要区别是，非正规部门就业的劳动者往往游离于法律保障的范围之外且工作极不稳定。

相对于传统劳动法规制的标准就业而言，灵活就业中劳动关系的从属性弱化，工作时间、工作地点、工作方式等方面呈现多样化特色。在现代劳动力市场中，灵活就业日益兴起，在时间、收入、工作场地、劳动关系等方面所受法律规制较少，更能满足用人单位和劳动者的多样化需求，有助于缓解就业压力、增加用人弹性。我国常见的灵活就业形式有：

1. 非全日制就业。《劳动合同法》设专节规定了非全日制用工制度。非全日制用工，是指以小时计酬为主，劳动者在同一用人单位一般平均每日工作时间不超过 4 小时，每周工作时间累计不超过 24 小时的用工形式。

2. 季节性就业。某些行业的生产经营受季节影响较大，例如伐木业、渔业、旅游业、冷饮业等。这些行业的用人需求呈周期性变化，适合采取季节性而非全年制就业。季节性就业的劳动强度往往高于全年制就业，劳动报酬相应较高。

3. 自营就业。劳动者按照法律规定，自主经营、独立核算、自负盈亏，就是自营就业。法定的自营就业形式既包括个体工商户，也包括一人公司。

劳动就业是一个动态而复杂的概念，其内涵和外延随着经济发展、文化观念变革等不断发生变化。除上文列举的灵活就业形式外，有的国家还存在待命就业、远程就业等就业类型。值得一提的是，由于法律通常针对正规就业制定，灵活就业经常处于法律规范的弱点或盲区。如何在就业的灵活性与安定性之间实现平衡，是各国劳动法的重要课题。比如，面对不断发展的灵活就业，立法应当处理好劳动法扩面保护与兼顾效率的关系，关键之一是在依法确认灵活就业劳动关系的基础上灵活配置权利义务，实现既规范又促进的双重目标。

二、就业政策与目标

就业政策属于国家的社会公共政策，是建立和完善就业促进法律制度的指导方针。由于不同发展时期经济环境与就业目标的差别，就业政策也呈现出一定的阶段性特征。

（一）就业政策

我国就业政策已经走过六十多个春秋。新中国成立初期，为了尽快走出战争废墟，稳定全国局势，尽快恢复经济和生产，政务院提出实行“政府介绍就业和群众自行就业相结合”的“两扇门”就业方针，并通过一系列立法，开始有计划、有组织地统一安排就业工作。我国在完成社会主义改造后，实行高度集中的计划经济体制，表现在就业政策上即为统包统配制度和固定工制度，同时实行城乡隔绝的劳动就业制度，农村劳动力几乎不能自由流动。其间为解决冗员过多和劳动生产率下降问题也实行过临时工和固定工制度并用制度，但未普遍推开，且在“文化大革命”中遭批判并终止，继续实施和加强统包统配、固定工制度。

“文化大革命”结束后，由于长期存在着认识上的偏差和工作上的错误，就业问题一度成为我国极为突出和严峻的社会问题。为此，中央在1980年召开了全国就业工作会议，并发布了《进一步做好城镇劳动就业工作》的文件，提出了“三结合”就业方针，即在国家统筹规划和指导下，实行劳动部门介绍就业、自愿组织起来就业和自谋职业相结合的方针。1995年1月开始施行的《劳动法》专章规定了“促进就业”，国务院、原劳动部也陆续出台了一系列劳动就业的法规、规章以适应社会经济发展的需要，改革用工制度，实行多种用工形式并存的劳动合同制。20世纪90年代中后期，国企改革造成大量职工下岗，1998年，中央提出对国有企业下岗人员实施再就业工程，建立国有企业下岗职工基本生活保障制度、失业保险制度、城市最低生活保障制度三条保障线。2002年，中共中央、国务院发布《关于进一步做好下岗失业人员再就业工作的通知》以及相关配套文件，标志着我国开始实施积极的就业政策，全面落实“在国家政策指导下，劳动者自主择业、市场调节就业和政府促进就业相结合”的就业方针。2007年，我国出台了《就业促进法》，将上述行之有效的就业方针政策上升为法律。

通过实施积极的就业政策，实现新增就业的不断扩大，基本解决下岗失业人员的再就业问题，为促进经济持续较快增长和社会和谐稳定发挥了重要作用。通过实施“三结合”的就业方针，充分调动劳动者就业的主动性和能动性，发挥人力资源市场在促进就业中的决定作用，履行政府在促进就业中的重要职责。通过建立促进就业的政策支持体系，统筹与就业相关的各项工作。这些政策包括：有利于促进就业的产业政策，有利于促进就业的税收政策，有利于促进就业的金融政策，有利于城乡统筹、区域统筹、群体统筹的就业政策，有利于灵活就业的劳动和社会保险政策、就业援助制度以及失业保险促进就业政策，等等。

党的十九大报告强调："要坚持就业优先战略和积极就业政策，实现更高质量和更充分就业。"当前，应当围绕解决目前较为突出的结构性就业矛盾，提高就业质量，进一步完善我国积极就业政策的各项内容，形成促进更高质量和更充分就业的政策体系。

（二）就业目标

根据国际劳工组织通过的《就业政策公约》（第 122 号）及《促进就业和失业保护公约》（第 168 号）的基本精神，各会员国应实行一项旨在促进充分的、生产性的和自由选择的积极的就业政策。我国就业目标究竟应如何定位，既要回应国际劳工组织的相关要求，又要立足于我国当前及今后一个时期面临的就业形势与就业促进任务。

从国际来看，金融危机冲击和深层次影响在相当长时期依然存在，世界经济在深度调整中曲折复苏、增长乏力，我国发展的外部环境不稳定、不确定因素明显增多；从国内看，我国社会发展不平衡、不充分问题突出，面临稳增长、调结构、防风险、惠民生等多重挑战；从就业发展自身看，也还面临许多深层次矛盾和突出问题，主要表现在：就业总量压力和结构性矛盾并存，高校毕业生等重点群体就业问题依然十分突出；人才队伍建设与创新驱动发展战略、人才优先发展战略的要求还有一定差距；人力资源和社会保障公共服务水平仍需提高。[①] 同时，尽管《就业促进法》专门规定了公平就业，但各种不平等就业与就业歧视问题依然突出，严重阻碍了更高质量和更充分就业目标的实现。

基于上述原因，我国就业促进的目标应定位于促进充分就业与保障公平就业两个层面。"充分就业"是英国经济学家 J. M. 凯恩斯在《就业、利息和货币通论》一书中提出的概念，其基本含义是指在某一工资水平之下，所有愿意接受工作的人都获得了就业机会。充分就业并不等于全部就业或者完全就业，而是仍然存在一定的失业，通常把失业率等于自然失业率时的就业水平称为充分就业。"公平就业"是《就业促进法》规定的一项就业目标，其第 3 条规定："劳动者依法享有平等就业和自主择业的权利。劳动者就业，不因民族、种族、性别、宗教信仰等不同而受歧视。"促进充分就业与保障公平就业，就是要把保障就业数量与质量作为促进就业的两个不可偏废的发展目标。当前，在国家提出要实现更高质量和

---

① 参见《国民经济和社会发展第十三个五年规划纲要》《人力资源和社会保障事业发展"十三五"规划纲要》。

更充分就业的背景下，依法保障劳动者享有充分的就业机会、公平的就业环境、良好的就业能力，注重解决结构性就业矛盾，具有现实而长远的积极意义。

三、促进就业的国家职责

促进就业作为国家职责，主要包括扩大就业、发展职业教育和培训、完善就业援助制度、保障平等就业权和提供就业服务等。《宪法》第42条规定：“……国家通过各种途径，创造劳动就业条件，……国家对就业前的公民进行必要的劳动就业训练。”《劳动法》第5条规定：“国家采取各种措施，促进劳动就业……”2007年，我国出台了就业专项立法——《就业促进法》，并于2015年进行了修正。该法对国家促进就业的职责作出了系统的规定。从各国实践来看，就业促进立法有的采取综合模式，在综合性劳动立法中纳入就业促进条款；有的采取分散模式，将就业促进的有关内容分拆立法，各法相互呼应和配套；有的则采取专项立法的模式。我国就业立法以专项立法为主，兼有一系列配套法律、法规，同时具备了分散模式和专项模式的优点。

（一）扩大就业职责

国家通过促进经济社会的发展，创造就业条件，扩大就业机会。根据《就业促进法》的规定，一方面，各级政府要把扩大就业作为经济和社会发展的重要目标，纳入国民经济和社会发展规划，制定促进就业的中长期规划和年度工作计划，通过发展经济和调整产业结构、规范人力资源市场、完善就业服务、加强职业教育和培训、提供就业援助等措施，创造就业条件，扩大就业；另一方面，国家倡导劳动者树立正确的择业观念，提高就业能力和创业能力，通过积极的财政政策、税收政策和金融政策等为劳动者自主创业、自谋职业提供便利。

（二）发展职业教育和职业培训职责

职业教育，是指根据现代社会职业需求以及劳动者的从业意愿和条件，旨在培养和提高在职劳动者专业技术知识和职业技能的教育和训练活动。我国《宪法》第19条明确规定了国家举办技术教育、职业教育的职责。《劳动法》第八章规定了国家发展职业培训事业，以及用人单位开展职业培训的义务，同时规定了从事技术工种的劳动者上岗前须经过培训的法定义务。《中华人民共和国职业教育法》（以下简称《职业教育法》）对我国职业教育体系、职业教育的实施、职业教育的保障条件等作了系统规定。2016年修订的《中华人民共和国民办教育促进法》（以下简称《民办教育促进法》）对民办学校的设立、学校的组织与活动、教师与受教育者、学校资产与财务管理、管理和监督、扶持与奖励、变更与终止、法律责任等作出了规定。《就业促进法》的第五章专门对职业教育和培训作了详细规定。

根据我国《职业教育法》第12条的规定，职业教育由职业学校教育和职业培训两部分组成。

职业学校教育分为初等、中等和高等职业学校教育。初等职业学校教育由初级职业中学具体实施，招生对象为小学毕业生，学制3—4年，进行以文化课为重点，辅以1年左右的职业教育和技能训练。中等职业学校教育是我国职业教育的主体部分，主要由职业高中、普通中等专业学校、技工学校和成人中等专业学校组织实施，招生对象为初中毕业生，学制多为3年，目标在于培养中级技术人员、一般管理人员和技术工人。高等职业学校教育是较为晚近发展起来的，主要实施主体包括高等专科学校、职业大学、职业技术学院以及新近出现的技师学院等，其招生对象为高中毕业生和中等职业技术学校毕业生，学制为2—3年，目标是培养应用型高级技术人员和管理人员。

职业培训是以就业、转业、创业或提高职业技能水平为目的的培训。根据《职业教育法》的规定，职业培训可分为从业前培训、转业培训、学徒培训、在岗培训、转岗培训以及其他职业培训。从培训层次上看，又可分为初级、中级、高级职业培训和其他适应性培训。

近年来，党和国家高度重视职业教育和培训工作，颁布了一系列重要规定，如《国家中长期教育改革和发展规划纲要（2010—2020年）》《国务院关于加快发展现代职业教育的决定》《现代职业教育体系建设规划（2014—2020年）》等，对加快构建现代职业教育体系、激发职业教育办学活力、提升发展保障水平等作出了重要规定。

进入社会主义新时代，我国的职业教育和职业培训要以提高就业质量为指引，全面植入更高质量和更充分就业的各项要求，更加注重通过强化职业教育和职业培训，全方位提升我国人力资本质量和劳动者就业创业能力，促进我国劳动力市场资源配置的充分性与合理性，进而缓解目前突出存在的结构性就业矛盾。应当加强我国职业教育和职业培训的顶层设计，建立健全相关政策与法律支持体系。

（三）完善就业援助制度职责

就业援助制度是指由政府建立的，以就业困难人员为主要对象，制定各类特殊扶持政策，多渠道开发公益性就业岗位，有针对性地提供援助措施，帮扶就业困难人员尽快就业再就业的一项制度。①

根据《就业促进法》和2015年《国务院关于进一步做好新形势下就业创业工作的意见》等规定，就业援助的主要对象是指有劳动能力和就业愿望的就业困难人员，包括因身体状况、技能水平、家庭因素、失去土地等难以实现就业，以及

① 参见郜风涛、张小建主编：《中国就业制度》，中国法制出版社2009年版，第324页。

连续失业一定时间仍未能实现就业的人员。具体包括：女性年满 40 周岁、男性年满 50 周岁的“4050 人员”，患有疾病和身体残疾的劳动者，文化素质较低缺乏职业技能的劳动者，零就业家庭，失地农民和长期失业者等。

根据相关法律和政策规定，国家实施就业援助主要可以分为间接的政策激励和直接的岗位开发等就业援助服务。

1. 政策激励。该政策旨在鼓励就业困难人员自谋职业、自主创业以及鼓励企业吸纳就业困难人员，主要表现在税收、信贷、社保补贴等方面的优惠政策。(1) 税费减免政策：就业困难人员从事个体经营，以及符合条件的企业新招录符合条件的劳动者，并订立 1 年以上期限劳动合同并交纳社会保险费用的，将按规定享受限额内依次减免营业税、城市维护建设税、教育费附加和个人所得税的权利。(2) 信贷优惠政策：就业困难人员自谋职业、自主创业或组织起来就业的，自筹资金不足部分，由政府建立担保基金，提供贷款担保，银行发放小额担保贷款，政府提供一定程度的贷款贴息；符合贷款条件的劳动密集型小企业，其新增加岗位中新招录的就业困难劳动者的比例达到现有职工总数一定比例之上，并与其签订一年以上的劳动合同的，可依法获得不超过人民币 100 万元的贷款。(3) 社保补贴政策：国家对通过灵活就业等方式实现就业的就业困难人员给予一定比例的社会保险补贴；各类企业招用就业困难人员并签订劳动合同，交纳社会保险费的，国家在相应期限内给予基本养老保险、基本医疗保险和失业保险补贴。

2. 开发公益性岗位。由政府作为出资主体或通过社会筹集资金开发的，主要用于安置就业困难人员，符合社会公共利益需要的服务岗位和协助管理岗位。政府所开发的公益性岗位对就业困难人员实行优先录用和安排，并实行社会保险补贴和岗位补贴。

3. 积极提供其他就业援助服务。该就业援助服务主要包括为就业困难人员提供求职登记和职业指导，职业技能培训和跟踪服务等，从而不断提高就业困难人员在就业市场上的竞争力。

值得一提的是，就业是一个受经济、社会、文化乃至制度等诸多因素影响的复杂问题，就业权的实现不仅要有法律支撑，还要有相应的经济社会环境支撑。因此，我们既要健全国家促进就业的责任制度，同时也不能忽视公民的自身责任，通过强化公民的责任意识、主动意识等多种形式实现促进就业的目标。在我国全面深化改革背景下，国家促进就业职责的深化，首先实现了在理念上的根本转型，即从传统的以解决失业问题为导向的被动促进就业理念，向通过促进更高质量和更充分就业，实现我国从人口大国到人力资源大国转型的主动促进就业理念的根本转型，在建立经济发展和扩大就业的联动机制、健全促进就业公平的体制机制、大力发展职业培训并提升劳动者的职业素养与就业能力、引导人们树立新的就业观念并创新扶持创业的体制机制等方面实现了新的突破。

第二节 反就业歧视

就业是民生之本，就业歧视直接侵害了劳动者的就业权，为公平就业设置了障碍，因而成为法律规制的重要对象。1958 年国际劳工大会通过的《消除就业和职业歧视公约》（第 111 号）及其《建议书》专门针对就业歧视的认定以及各会员国实现该公约的措施和原则作了详细规定。2005 年 8 月 28 日，我国正式批准了《消除就业和职业歧视公约》，并在《就业促进法》中设立“公平就业”专章，集中对就业歧视问题进行规制，有力推动了我国反就业歧视的法治化进程。

一、就业歧视的认定

根据《消除就业和职业歧视公约》第 1 条第 1 款之规定，就业歧视主要是指基于种族、肤色、性别、宗教、政治见解、民族血统或社会出身的任何区别、排斥或特惠，其效果为取消或损害就业或职业方面的机会平等或待遇平等。根据这一定义，就业歧视的认定需同时具备六大要素：（1）歧视原因，包括种族、肤色、性别、宗教、政治观点、民族血统或社会出身等；（2）歧视行为，包括任何区别、排斥、限制或优惠；（3）歧视类型，包括故意歧视和事实上导致歧视的行为，即直接歧视和间接歧视；（4）歧视领域，包括获得职业的权利、获得报酬的权利、休息休假的权利、获得劳动安全卫生保护的权利、接受职业培训的权利、享受社会保险和福利的权利，以及组织和参与工会等方面的权利等；（5）造成歧视后果，即剥夺、取消或损害在就业和职业上的机会和待遇上的平等；（6）歧视例外，即就业歧视的本质特征是没有正当理由的差别对待，在有正当理由的情况下，某些区别、限制或优惠不构成就业歧视。

然而，尽管理论界定相对明确，但就业歧视的隐蔽性决定了确定歧视标准的困难，特别是何为“正当理由”，尚需明确。美国以“差别性影响标准”为基本原则，即：在某项法律政策或决定不具有压倒性利益的前提下，如果其对弱势阶层产生了较为严重的差别性负面影响，就应当宣布无效。德国 2006 年颁布的《一般平等待遇法》则对此问题采用了原则性立法和重要例外情况立法相结合的方法，对于直接歧视和间接歧视，雇主的抗辩事由在原则上要符合“重要的、有决定性的职业前提条件”，并在审查方法上体现比例原则，在例外情况下，根据欧盟平等就业权保障的指令，对宗教和教会机构的抗辩事由、年龄歧视和残疾歧视的抗辩事由进行了特别规定，其经验可供我国参考借鉴。

二、就业歧视的类型

就业歧视的类型，依据不同的分类标准可有不同的划分。根据歧视的原因，我国《劳动法》规定了民族歧视、种族歧视、性别歧视、宗教信仰歧视四种类型；《就业促进法》则在以上四种就业歧视类型的基础上，增加了健康歧视和户籍歧视两类；《中华人民共和国残疾人保障法》（以下简称《残疾人保障法》）规定了残疾歧视。从现实来看，我国的就业歧视主要表现为以下几种：

1. 性别歧视，指用人单位在招聘、任用、晋升和待遇上对女性实施不合理的差别对待。主要表现在制度上的歧视，尤其是女性在就业总量、结构和质量上都差于男性劳动者。近年来，以性别歧视为基础而发展起来的性骚扰问题也开始受到关注。

2. 户籍与地域歧视，指用人单位在招聘、任用、晋升和待遇上对特定户籍或地域的劳动者实施不合理的差别对待。如限制外地户籍劳动者就业，克扣、拖欠外地户籍劳动者的工资报酬，对外地户籍劳动者实行较差的福利待遇，要求外来劳动者缴纳更多的管理费用等。

3. 年龄歧视，指用人单位在招聘、任用、晋升和待遇上对特定年龄的劳动者实施不合理的差别对待。表现在以一定的年龄作为招收、录用、晋升、培训以及解雇、裁员或退休的决定性依据。如在招录广告上明确表明只招收35周岁以下的劳动者。

4. 健康歧视，指用人单位针对一些足以胜任工作条件、不会危害公共卫生安全的劳动者，在聘用和待遇上实行差别对待。这些劳动者主要包括病毒性肝炎、艾滋病等传染病群体，糖尿病、高血压等非传染病群体，精神疾病群体等。

5. 残疾歧视，指用人单位直接拒绝录用残疾人，或通过建立一定的体检标准来排斥那些实际上完全具备工作岗位胜任能力的残疾人。

6. 身体歧视，指用人单位设定一些与工作岗位所需能力无关的身高、相貌上的规定，对求职者进行歧视，如常见的“男某高度以上，女某高度以上”的歧视。

除此之外，我国就业领域中还存在着包括婚育状况歧视、基因歧视等其他歧视现象。

> 拓展阅读
>
> 浙江新东方烹饪学校侵犯女性平等就业权案

在国外，根据歧视的主观意愿是否为故意，就业歧视可以分为直接歧视和间接歧视。直接歧视是指在相同条件下，故意根据人的某种特征，比如种族、肤色、性别、宗教、信仰、年龄等，给予一个人或一个群体的机会和待遇明显低于另一个人或一个群体的机会和待遇。间接歧视是指表面上看似中立的规定标准或做法，实际上却对具有某种特征的人或群体在机会和待遇方面造成不利影响。

三、就业歧视的法律治理

就业歧视对劳动权构成直接的威胁，但由于它的隐蔽性和弹性的判断标准，使反就业歧视成为法律治理的难点。因此，必须从立法和司法两方面协同着力。

（一）就业歧视的立法保护

我国十分重视立法保护劳动者的公平就业权利，通过系统立法确立劳动者的公平就业权，减少和消除就业歧视。

1.《宪法》中有关劳动平等权的规定。我国宪法从法律基本原则和公民基本权利的角度，对劳动者的劳动平等权进行了规定。其中第33条第2款规定："中华人民共和国公民在法律面前一律平等。"第36条第2款规定："任何国家机关、社会团体和个人不得强制公民信仰宗教或者不信仰宗教……"第48条规定："中华人民共和国妇女在政治的、经济的、文化的、社会的和家庭的生活等各方面享有同男子平等的权利。……实行男女同工同酬……"

2. 法律中有关就业公平和反就业歧视的规定。（1）《劳动法》第3条规定，劳动者享有平等就业和选择职业的权利；第12条规定，劳动者就业，不因民族、种族、性别、宗教信仰不同而受歧视；第13条规定，妇女享有与男子平等的就业权利；第46条规定，工资分配应当遵循按劳分配原则，实行同工同酬。（2）《就业促进法》中专门设置"公平就业"一章，除进一步强调上述《劳动法》中的相关规定外，还在第26条中明确了禁止就业歧视，用人单位招用人员、职业中介机构从事职业中介活动，应当向劳动者提供平等的就业机会和公平的就业条件，不得实施就业歧视。同时在第28—31条中分别明确了各民族公平就业、残疾人公平就业、传染病病原携带者公平就业和农村劳动者公平就业的规定。（3）《残疾人保障法》第3条第1款规定："残疾人在政治、经济、文化、社会和家庭生活等方面享有同其他公民平等的权利。"第38条第2款规定："在职工的招用、转正、晋级、职称评定、劳动报酬、生活福利、休息休假、社会保险等方面，不得歧视残疾人。"该法还规定了政府采取积极措施，保障残疾人平等就业的职责。（4）2005年修订的《中华人民共和国妇女权益保障法》（以下简称《妇女权益保障法》）第22条规定："国家保障妇女享有与男子平等的劳动权利和社会保障权利。"第23条第1款规定："各单位在录用职工时，除不适合妇女的工种或者岗位外，不得以性别为由拒绝录用妇女或者提高对妇女的录用标准。"第24条规定："实行男女同工同酬。妇女在享受福利待遇方面享有与男子平等的权利。"第25条规定："在晋职、晋级、评定专业技术职务等方面，应当坚持男女平等的原则，不得歧视妇女。”第 27 条第 2 款规定：“各单位在执行国家退休制度时，不得以性别为由歧视妇女。”

3. 行政法规、部门规章和地方性法规与规章中的实施性规定。为落实上述法律的规定，国务院、各相关部委和地方政府制定了一系列实施条例和管理办法等。如 2007 年颁布并经 2014 年、2015 年两次修订的《就业服务与就业管理规定》中进一步明确了各级政府在促进就业、保障公平就业中的职责，以及用人单位和职业中介机构不得歧视劳动者的义务及违反该义务的法律责任和罚则；2012 年《女职工劳动保护特别规定》对如何具体保障妇女的公平就业作了详细的规定；1994 年颁布并于 2011 年、2017 年两次修订的《残疾人教育条例》和 2007 年的《残疾人就业条例》对促进残疾人就业、保障残疾人公平就业权利进行了详细的制度设计；2005 年颁布并于 2010 年、2016 年两次修订的《公务员录用体检通用标准（试行）》中取消了对乙肝、艾滋病携带者在就业上不合理的限制。同时，各地还根据自身的实际情况制定了相关实施办法，如《北京市按比例安排残疾人就业办法》《广东省分散按比例安排残疾人就业办法》等。

（二）就业歧视的司法救济

我国《就业促进法》第 62 条规定了劳动者受到就业歧视的司法救济：“违反本法规定，实施就业歧视的，劳动者可以向人民法院提起诉讼。”然而，本条款规定过于原则，无论劳动者提起诉讼还是法官审理和裁判就业歧视案件，都需要更具可操作性的具体规定。

在国外，司法是救济就业歧视的主要途径，各国在实践中形成了一系列值得参考的经验。一是建立公益诉讼制度，完善法律援助机制。受到歧视的劳动者往往缺乏经济实力来承担昂贵的诉讼成本，美国等国家为此建立了专门机构，可以为劳动者提供周全的法律援助。一些社会组织，特别是弱势群体保护组织往往代劳动者出庭，甚至组织劳动者发起集团诉讼。二是合理分配举证责任。举证责任的合理分配是平衡和协调劳动者平等就业权和用人单位用人自主权相冲突的重要手段。美国相关法律规定，只要原告能够提供表面的证据证明歧视的存在，被告就要承担反驳的举证责任。关于被告的抗辩，为了免除歧视的责任，在直接歧视案件中，被告必须证明其歧视行为是一项真实职业资格；在间接歧视案件中，被告必须证明其做法是实现正当目的的适当且必需的行为。三是强化就业歧视的法律责任。对于确定受到歧视侵害的劳动者，一些国家不仅规定了经济赔偿，而且规定了精神损害赔偿；不仅规定了补偿性损害赔偿金，而且规定了惩罚性损害赔偿金；不仅设置了民事责任，而且设定了刑事责任。我国今后完善反就业歧视法律制度，可以借鉴和吸收这些经验。

需要指出的是，反就业歧视既是一项法律治理工程，也是一场观念改造工程。

因此，反就业歧视除了需要建立健全相关法制体系并实施法律治理外，还应开展平等就业与反就业歧视的观念教育及传播活动，使法律治理与观念再造实现有机互动，进而全面、深入推进我国平等就业与反就业歧视的发展。

第三节　就业服务和管理

就业服务，是指由特定的机构提供一系列的服务措施，以满足劳动者求职就业或用人单位招用人员需求的行为。从提供服务的主体上看，可分为由公共就业服务机构提供的公共就业服务和由职业中介机构提供的经营性就业服务。目前公共服务就业机构是各项就业服务的主要提供者，从内容上看，主要包括职业指导、职业介绍、就业训练、人事和劳动保障事务代理等服务。

一、公共就业服务

公共就业服务，是指由政府出资，免费向劳动者提供的公益性就业服务。《就业促进法》第35条规定，县级以上人民政府建立健全公共就业服务体系，设立公共就业服务机构，为劳动者免费提供的公共就业服务。

承担政府公共就业服务的机构即为公共就业服务机构，在我国，这类机构主要包括公共就业服务管理机构、公共就业服务工作机构和基层公共就业服务机构三类。① 其中，各级公共就业服务工作机构是提供公共就业服务的主体。

根据《就业促进法》的规定，公共就业服务机构的业务范围包括：(1) 就业政策法规咨询；(2) 职业供求信息、市场工资指导价位信息和职业培训信息发布；(3) 职业指导和职业介绍；(4) 对就业困难人员实施就业援助；(5) 办理就业登记、失业登记等事务；(6) 其他公共就业服务。《就业服务与就业管理规定》第26条明确公共就业服务机构可根据用人单位需求，拓展如下业务范围：(1) 招聘用人指导服务；(2) 代理招聘服务；(3) 跨地区人员招聘服务；(4) 企业人力资源管理咨询等专业性服务；(5) 劳动保障事务代理服务；(6) 为满足用人单位需求开发的其他就业服务项目。公共就业服务机构从事劳动保障事务代理业务，须经县级以上劳动保障行政部门批准。

同时，公共就业服务要以实现更高质量和更充分就业为导向。公共就业服务机构应当不断提高服务的质量和效率，不得从事经营性活动。公共就业服务经费纳入同级财政预算。除政府提供的免费公共服务外，国家还对职业中介机构提供

---

① 参见郜风涛、张小建主编：《中国就业制度》，中国法制出版社2009年版，第368页。

公共就业服务给予补贴，鼓励社会各界为公共就业服务提供捐赠和资助。

二、经营性就业服务

除政府提供的公共就业服务外，企事业单位、社会团体和其他社会力量以营利为目的提供就业服务，其主要服务形式是职业介绍。

职业介绍，是指有关部门或机构依法为用人单位招用人员和劳动者求职与就业所提供的就业中介服务。职业介绍是促进劳动力市场供求双方实现双向选择和劳动力资源合理配置的重要环节，除政府提供的免费职业介绍公共服务外，职业介绍在很大程度上由职业中介机构来实施。

职业中介机构，是指由法人、其他组织和公民个人举办，为用人单位招用人员和劳动者求职提供中介服务以及其他相关服务的经营性组织。职业中介机构分为非营利性职业介绍机构和营利性职业介绍机构，本部分仅讨论后者。

《劳动法》第 11 条规定："地方各级人民政府应当采取措施，发展多种类型的职业介绍机构，提供就业服务。"《劳动力市场管理规定》和《人才市场管理规定》分别对职业中介机构的设立、运营和管理办法作出了规定。《就业促进法》对职业中介机构的设立条件、业务范围及运营管理等作出了规定。《就业服务与就业管理规定》取代了《劳动力市场管理规定》，《人才市场管理规定》也分别于 2005 年、2015 年被两次修订，对职业中介机构及其提供服务进行了更为详细的规范。

1. 职业中介机构设立的条件。包括：（1）有明确的机构章程和管理制度；（2）有开展业务必备的固定场所、办公设施和一定数额的开办资金；（3）有一定数量、具备相应职业资格的专职工作人员；（4）法律、法规规定的其他条件。

2. 职业中介机构的审批和登记。我国对设立职业中介机构实行行政许可证制度。设立职业中介机构或其他机构开展职业中介活动，须经劳动保障行政部门批准，并获得职业中介许可证。开办职业中介机构或其他机构开展职业介绍活动须向劳动保障行政部门提交相关申请材料。劳动保障行政部门接到开办职业介绍机构或其他机构开展职业介绍活动的申请后，应当自接到申请之日起 30 日内审理完毕，对符合条件的应予以批准；不予批准的，应当说明理由。开办职业中介机构，须持劳动保障行政部门的批准文件，根据国家有关规定到相应的登记管理机关进行登记。未经依法许可和登记的机构，不得从事职业中介活动。职业中介机构变更名称、住所、法定代表人等或者终止的，应当按照设立许可程序办理变更或者注销登记手续。设立外商投资职业中介机构以及职业中介机构从事境外就业中介服务的，应当按照有关规定办理手续。

3. 职业中介机构可以从事的业务范围。包括：（1）为劳动者介绍用人单位；（2）为用人单位和居民家庭推荐劳动者；（3）开展职业指导、人力资源管理咨询服务；（4）收集和发布职业供求信息；（5）根据国家有关规定从事互联网职业信息服务；（6）组织职业招聘洽谈会；（7）经劳动保障行政部门核准的其他服务项目。

4. 职业中介机构的禁止行为。包括：（1）提供虚假就业信息；（2）发布的就业信息中包含歧视性内容；（3）伪造、涂改、转让职业中介许可证；（4）为无合法证照的用人单位提供职业中介服务；（5）介绍未满16周岁的未成年人就业；（6）为无合法身份证件的劳动者提供职业中介服务；（7）介绍劳动者从事法律、法规禁止从事的职业；（8）扣押劳动者的居民身份证和其他证件，或者向劳动者收取押金；（9）以暴力、胁迫、欺诈等方式进行职业中介活动；（10）超出核准的业务范围经营；（11）其他违反法律、法规规定的行为。

5. 职业中介机构的监管。政府部门不得举办或者与他人联合举办经营性的职业中介机构。劳动保障行政部门对经批准设立的职业中介机构实行年度审验。县级以上劳动保障行政部门应当依法对经审批设立的职业中介机构开展职业中介活动进行监督指导、业务评估、组织培训和表彰鼓励等。职业中介机构需在服务场所明示营业执照、职业中介许可证、服务项目、收费标准、监督机关名称和监督电话等，并接受劳动保障行政部门及其他有关部门的监督检查；需建立服务台账，记录服务对象、服务过程、服务结果和收费情况等，并接受劳动保障行政部门的监督检查。

6. 境外就业中介管理。境外就业中介，是指为中国公民境外就业或者为境外雇主在中国境内招聘中国公民到境外就业提供相关服务的活动。根据2002年5月14日原劳动和社会保障部、公安部和国家工商行政管理总局联合发布的《境外就业中介管理规定》，劳动保障部门负责境外就业活动的管理和监督检查，公安机关负责境外就业中介活动出入境秩序的管理，工商行政管理部门负责境外就业中介机构登记注册和境外就业中介活动市场经济秩序的监督管理。

我国的境外就业管理制度主要包括四个方面：（1）对境外就业中介实行行政许可制度，未经批准及登记注册，任何单位和个人不得从事境外就业中介活动。境外机构、个人及外国驻华机构不得在中国境内从事境外就业中介活动。从事境外就业中介活动应当具备以下条件：符合企业法人设立的条件；具有法律、外语、财会专业资格的专职工作人员，有健全的工作制度和工作人员守则；备用金不低于50万元；法律、行政法规规定的其他条件。（2）对境外就业中介实施备用金制度。备用金用于因境外就业中介机构责任造成其服务对象合法权益受到损害时的赔偿及支付罚款、罚金。境外就业中介机构按照规定将备用金存入省级劳动保障行政部门指定的国有商业银行中该境外就业中介机构的专门账户，实行专款专用。备用金及其利息由境外就业中介机构所在地省级劳动保障行政部门实行监管。备用金的数额不得低于50万元，未经监管部门许可，任何单位和个人不得擅自动用备用金，备用金及其利息归境外就业中介机构所有。（3）从事境外就业中介应在法定业务范围内进行，并履行相应义务。依法设立的境外就业中介机构可以依法从事以下业务：为中国公民提供境外就业信息、咨询；接受境外雇主的委托，为其推荐所需招聘人员；为境外就业人员进行出境前培训，并协助其办理有关职业资格证书公证等手续；协助境外就业人员办理出境所需要护照、签证、公证材料、体检、防疫注射等手续和证件；为境外就业人员代办社会保险；协助境外就业人员通过调解、仲裁、诉讼等程序维护其合法权益。境外就业中介机构的主要义务包括：核查境外雇主的合法开业证明、资信证明、境外雇主所在国家或者地区移民部门或者其他有关政府主管部门批准的招聘外籍人员许可证明等有关资料；协助、指导境外就业人员同境外雇主签订劳动合同，并对劳动合同的内容进行确认；境外就业中介机构应当依法与境外就业人员签订境外就业中介服务协议书等。（4）申请从事境外就业中介活动的机构，应当向其所在地的省级劳动保障行政部门提出申请，经初审同意并征得同级公安机关同意后，报人力资源和社会保障部审批。人力资源和社会保障部自收到申请之日起60日内作出答复。新设境外就业中介机构报人力资源和社会保障部审批前，应当到工商行政管理机关办理名称预先核准登记。人力资源和社会保障部审查批准并抄送公安部后，向该机构颁发境外就业中介许可证。许可证自颁发之日起有效期为3年。申请机构应当自领取许可证之日起30日内，到工商行政管理机关申请企业法人设立登记或者变更登记，并应当于设立登记或者变更登记核准之日起10日内，到所在地的省级劳动保障行政部门和公安机关备案。

三、就业管理

就业管理主要是指人力资源市场管理。《就业促进法》在第四章规定了“就业服务和管理”，《就业服务与就业管理规定》进一步作出了详细规定。就业管理的主要内容有：培育和完善人力资源市场，依法保障平等就业权并反就业歧视，规范执业中介机构的行为，开展劳动力调查统计工作，建立就业登记制度与失业预警机制，建立全国人力资源市场信息网络等。

思考题：

1. 根据《就业促进法》，评析劳动者平等就业和自主择业的权利与用人单位的用人自主权之间的关系。
2. 简述政府促进就业的职责，并思考用人单位是否有促进就业的义务。

3. 近年来实践中存在哪些就业歧视的类型？其与《就业促进法》列举的类型相比较，有何差异？
4. 某应届高校毕业生未找到理想工作，请结合本章内容，向其提几条建议。

▶ 自测习题及参考答案

第三章 劳动合同法律制度

劳动合同法在劳动法体系中属于个别劳动法。它作为劳动力资源市场配置和劳动关系协调的法律手段，以劳动合同的订立、履行、变更、解除和终止为法律调整的主要着力点，以稳定劳动关系为基本功能，是集体劳动法和劳动条件基准法调整劳动关系的基础。基于现代市场经济条件下正规用工与灵活用工并存的格局，劳动合同法由一般劳动合同制度和劳务派遣、非全日制用工等特殊制度构成。

第一节 劳动合同概述

一、劳动合同的概念

（一）概念辨析

劳动合同，亦称劳动契约或劳动协议，此概念既可以在法律行为（法律事实）意义上使用，即指劳动合同的运行；也可以在法律关系（社会关系）意义上使用，即指劳动合同关系。劳动合同有书面、口头、推定形式，故劳动合同概念，既可以指书面劳动合同，也可以指口头、推定劳动合同，而《劳动合同法》中的劳动合同概念，多指书面劳动合同。

强调劳动合同是合同行为，其法律意义主要在于，将劳动合同作为一种法律事实而予以规范，以劳动合同运行过程中的行为，即订立、履行、中止、变更、解除和终止等作为法律调整的主要着力点。劳动合同立法例中，多侧重从劳动合同行为的角度表述其法律规范和法律条文。

强调劳动合同是合同关系，其法律意义主要在于：（1）劳动合同关系和非合同劳动关系的划分在我国还不乏法律意义。这两类劳动关系在公共部门至今仍然并存，且在运行规则上还有一定差异。《劳动法》中的“劳动关系”，包括劳动合同关系和非劳动合同关系；而《劳动合同法》中的“劳动关系”，仅指劳动合同关系。[①]（2）劳动合同关系具有区别于劳动合同行为的法律意义。劳动合同行为属于法律事实，劳动合同关系的运行状态，如发生、变更、消灭等，则是与

---

① 在《劳动法》实施的初期，国有企业职工和国家机关、社会团体、事业单位工勤人员中，还有部分未订立劳动合同者；并且，促进就业、工资、工时、劳动安全卫生等规定，一直都适用于劳动合同关系和非合同劳动关系。而《劳动合同法》只适用于劳动合同关系。

法律事实相对应的法律后果。在有些场合，虽然有劳动合同行为，但没有劳动合同关系。例如，订立书面劳动合同但未开始用工的，劳动关系未建立。在另一些场合，劳动合同仅指劳动合同关系，例如，对于尚未订立书面劳动合同的劳动关系而言，其所谓“劳动合同解除或终止”实际上是指劳动合同关系解除或终止。

强调劳动合同既可以指书面劳动合同，也可以指口头或推定劳动合同，其法律意义主要在于：《劳动合同法》虽然要求劳动合同应当以书面形式订立，但仍然确认口头或推定劳动合同的效力；虽然法律条文中的“劳动合同”一般指书面劳动合同，但在有的法律条文中，也可指口头或推定劳动合同。例如，关于劳动合同解除和终止的规定，对于未订立书面劳动合同的劳动关系而言，则是指口头或推定劳动合同。

上述辨析表明，对于劳动合同概念，应当置于其所在法律条文中作具体理解，不同法律条文中的劳动合同概念，其含义不尽相同。

（二）劳动合同的定义

关于劳动合同的定义，既有不作规定的立法例，也有作出规定的立法例。我国民国时期的立法分别对雇佣契约、劳动契约的定义作出了规定。《中华民国民法典》（1929 年）第 482 条将雇佣契约定义为“当事人约定，一方于一定或不定之期限内为他方服劳务他方给付报酬之契约”；《劳动契约法》第 1 条将劳动契约定义为“当事人之一方，对于他方在从属关系提供其职业上之劳动力，而他方给付报酬之契约”。在我国现行立法中，《劳动法》第 16 条将劳动合同定义为“劳动者与用人单位确立劳动关系、明确双方权利和义务的协议”。

比较上述定义可发现，《劳动法》的劳动合同定义有下述要点值得重视：(1) 劳动关系中雇主的义务不只限于给付报酬，故将劳动合同内容表述为“明确权利义务”，比仅表述为“给付报酬”显得全面。(2) 在劳动合同定义中仅强调其确立劳动关系的功能，未凸显劳动关系的特殊性，在对劳动关系无法律定义的条件下，不利于对劳动合同与其他合同进行界定。而民国时期《劳动契约法》（1936 年）第 1 条有关劳动契约定义中，明确了劳动者“在从属关系提供其职业上之劳动力”，对于界定劳动合同与其他合同具有重要意义。

基于上述考量，可将劳动合同定义为劳动者与用人单位确立从属劳动关系、明确双方权利和义务的协议。

二、劳动合同的特点

劳动合同具有一般合同的属性，在一般合同的分类中，劳动合同是诺成合同①、双务合同和有偿合同。基于劳动关系的特殊性和劳动法的社会法属性，劳动合同有别于一般民事合同，具有下述特点：

（一）从属性合同

劳动关系是一种从属性关系，当事人双方在劳动合同订立前后都不具有民事合同意义上的平等主体地位。劳动者虽然有选择雇主和缔约与否的自由，但劳动合同的内容和履行必然体现劳动者在人格上、组织上或经济上相对于雇主的从属性地位。

（二）继续性合同

相对于一次性或一时性合同，劳动合同是典型的继续性合同，即劳动合同所约定的权利和义务在劳动关系存续期间持续性存在，合同目的不能通过当事人之间的一次性履行来实现，而必须随着时间的推移，通过双方当事人特别是劳动者持续不断，即日复一日、周复一周、月复一月地提供劳动才能达到。并且，在劳动合同运行的全过程中，劳动者提供劳动力和用人单位提供劳动力再生产条件的义务，相互交织地持续履行，一般不可能有时段上的分开。也正因为是继续性合同，劳动合同已经履行的部分，例如劳动者已经付出的劳动等，不具有可返还性，无法恢复原状。因此在处理劳动合同因无效、解除等引起的溯及力和责任承担问题时，不能对劳动者已经付出的劳动适用返还财产的处理方式，而只能采用赔偿损失等其他的处理方式。

（三）不完全合同

合同内容能否完全，取决于缔约时当事人双方对合同未来运行期间可能发生的与合同运行有关的各种情况能否完全预期。不完全合同可分为两类：一类是有可能完全预期但内容约定不完全的合同。其内容约定不完全主要有三个原因：（1）当事人的疏忽；（2）当事人认为订立完全合同的成本太高；（3）双方当事人信息不对称，占有信息优势的一方，通常也是合同的起草者，为获得合同利益而故意保留某些信息，使合同内容不完备。这三种原因在劳动合同订立中都存在。②

---

① 《劳动法》第17条第2款规定，劳动合同依法订立即具有法律约束力，当事人必须履行劳动合同规定的义务；《劳动合同法》第16条第1款规定，劳动合同由用人单位与劳动者协商一致，并经用人单位与劳动者在劳动合同文本上签字或者盖章生效。这表明，劳动合同是只需双方当事人意思表示一致即可成立的诺成合同。根据《劳动合同法》第10条的规定，劳动合同订立在先、开始用工在后的，劳动关系自开始用工之日建立。在这里，劳动合同在建立劳动关系之前就已成立生效，即在双方当事人之间已就劳动关系的建立产生权利义务，亦即对劳动关系的建立形成有约束力的预设，这也是劳动合同生效的一种法律后果，故不能认为劳动合同是实践性合同。

② Ian Ayres，Robert Gertner，Filling Gaps in Incomplete Contracts：An Economic Theory of Default Rules，99 *Yale Law Journal* 87-130（1989）.

另一类是不可能完全预期而使内容约定不完全的合同。由于合同所涉及的未来状态的复杂性和合同履行过程中主客观条件的多变性，在缔约时当事人根本不可能完全预见到未来所有可能的状态，使得合同无法完全约定当事人各方所应实施的行为和应承担的责任。劳动合同作为继续性合同，特别是期限较长的继续性合同，属于不完全合同。

（四）关系性合同

在劳动合同的两个层次的功能中，确立劳动关系的功能比明确双方权利义务的功能，处于优先地位。这是因为作为继续性合同，劳动合同运行是一个动态的过程，合同内容相对于未来合同运行全过程的劳动关系内容而言不可能具有完全性，故当事人双方在缔约时合意的重点，一般放在是否与对方建立劳动关系、确定劳动关系的期限和形式等劳动关系运行规则上，而不会放在劳动关系具体内容上。并且，劳动关系内容的确定，有多层次依据，如劳动基准、集体合同、劳动规章制度等，这也给劳动合同把合意的重点放在劳动关系的确立上提供了可能。正因为劳动合同是关系性合同，国外某些立法例中，一般只要求确立临时性劳动关系的合同采用书面形式，而对确立非临时性劳动关系的合同允许采用口头形式。我国劳动法虽然要求建立劳动关系应当订立书面劳动合同，但也确认口头（推定）劳动合同对建立劳动关系的效力。

（五）附合合同

劳动合同就其合意形式和过程而言，属于附合合同。其附合性通常表现为：一是缔约附合性，即劳动者对用人单位提出的劳动合同条款多只可表示接受或不接受；二是劳动条件附合性，即劳动者在缔约时多只能接受用人单位现有的劳动条件，几乎没有讨价还价的机会；三是劳动规章制度附合性，即对于用人单位已制定的劳动规章制度，在劳动合同订立后就当然成为劳动合同的附件，劳动者在缔约时无权提出修改。劳动合同之所以有很强的附合性，既是基于劳动者的弱势地位，也是基于用人单位节约缔约成本的需要。尽管劳动合同的附合性限制了劳动者的选择自由，但只要用人单位提出的合同条款不违法，这种附合性合意行为就为法律所允许。由于劳动者是被动接受合同条款的附合方，在双方当事人就附合条款的解释有分歧时，应当采用有利于劳动者的解释。

三、基于期限对劳动合同的分类

劳动合同虽然可以依不同标准分别作出不同分类，但只有以合同期限形式为标准的劳动合同分类，即固定期限劳动合同、无固定期限劳动合同和以完成一定工作任务为期限的劳动合同，为各国劳动立法所规定，我国亦如此。这是因为，劳动合同期限在劳动法中具有特别重要的地位，它既是劳动合同的时间效力范围，也是显示用人机制灵活度、劳动关系稳定度和劳动者流动程度的重要标志，还是劳动合同订立和解除制度设计的重要制约因素。

（一）固定期限劳动合同、无固定期限劳动合同和以完成一定工作任务为期限劳动合同的界定

固定期限劳动合同，是指用人单位与劳动者明确约定合同终止时间的劳动合同，与境外所称的定期劳动合同近似。境外定期劳动合同立法一般限于临时或短期合同，立法对其最长期限和续订有限制性规定。在我国，除特别情形①外，对固定期限劳动合同无最长期限限定，且可依法延续和续订。

无固定期限劳动合同，又称不定期劳动合同，是指用人单位与劳动者约定无确定终止时间，或者没有明确约定终止时间的劳动合同。除非劳动合同被依法解除，劳动关系可以持续到劳动者依法退休或用人单位不复存在。

以完成一定工作任务为期限劳动合同，是指用人单位与劳动者约定以某项工作的完成为合同期限的劳动合同，即一定工作任务的完成被约定为劳动合同终止的条件和时间。在此类合同中，只约定据以确定合同终止时间的标志，而未约定确定的合同终止时间；由于合同终止的标志具有动态性，因而不存在合同延期的问题。所以，这种劳动合同也可以说是定期劳动合同的一种特殊形式。

（二）固定期限劳动合同与无固定期限劳动合同的组合结构

比较而言，无固定期限劳动合同的优势在于其就业保障和稳定劳动关系的功能强于固定期限劳动合同，尤其是可防止用人单位在使用完劳动者“黄金年龄段”后抛弃劳动者的现象；固定期限劳动合同的优势在于其灵活性，尤其是满足用人单位灵活用工的需要。为发挥各自优势，实践中形成一定的组合结构。

在境外，不定期劳动合同为常态，而定期劳动合同因被限定为临时或短期劳动合同，故被作为法定例外，且一般不适用解雇保护制度。在我国，固定期限劳动合同既有短期（临时）劳动合同，也有中期、长期劳动合同，故被作为常态，法律不限定其适用范围；而无固定期限劳动合同则为例外。因而，固定期限劳动合同和无固定期限劳动合同都适用解雇保护制度。

（三）固定期限劳动合同、无固定期限劳动合同和以完成一定工作任务为期限劳动合同的选择

劳动合同期限作为劳动合同的必备条款，由当事人双方约定。究竟选择何种形式的期限，主要取决于用人单位与劳动者的合意。根据《劳动合同法》第 13 条、第 14 条、第 15 条第 2 款的规定，无论哪种期限形式的劳动合同，只要双方当

① 特别情形如《外国人在中国就业管理规定》第 17 条规定，外国人在我国境内就业的劳动合同，其期限最长不得超过 5 年。

事人协商一致，

基于就业保……宗旨，我国立法还对无固定期限劳动合同作出法定选择的规……法定选择方式有两种：一是规定在一定条件下，如定期劳……续履行合同，定期劳动合同自动……。二是规定在一定条件下应当订……例如，德国规定，定期劳动合同如……立不定期劳动合同。我国《劳动……方式有两种：一是在一定条件下……者的要求而订立无固定期限劳动……第 2 款）；二是在特定的情形下视为已订立无固定期限劳动……）。

拓展阅读

司法考试题（2009 年卷一 71）

四、……

（一）……

1. 劳……劳动规章制度，又称用人单位内部劳动规则，有的国家和地……规则或从业规则等，是指用人单位依法制定并在本单位实……劳动管理的规则。理解此概念，需明确下述要点：（1）它……度。劳动规章制度以用人单位为制定主体，以公开和正式的……形式，只在本单位范围内适用，既不同于法规和政策，也不……）它是职工和用人单位在劳动过程中的行为规则。劳动规……中用人单位与职工之间以及职工相互间的关系，它所规范的行……组成部分的劳动行为和用人行为。因而，它在本单位范围内……束用人单位的各个组成部分。（3）它是用工自主权和职工……。制定和实施劳动规章制度，是用人单位应在其自主权限内……法对劳动过程进行组织和管理的行为。简言之，它是行使用……段。职工作为劳动过程的要素和主体，既有权参与劳动规章……人单位遵守劳动规章制度实行监督，这是职工民主管理权的……章制度具有协调劳动关系的功能。

……劳动合同、集体合同的区别。劳动规章制度和劳动合同、……关系当事人双方权利和义务的重要依据，都是协调劳动关……主要表现在：（1）劳动规章制度的制定是用人单位的单方……虽然有职工参与的环节，但由用人单位最后决定和公布，职工并非制定主体；而劳动合同和集体合同的订立，都是劳动关系当事人或其团体的双方法律行为。（2）劳动规章制度所规定的是全体或部分职工的共同权利和义务；而劳动合同所规定的只是单个职工的权利和义务。(3) 劳动规章制度与集体合同在内容上虽然有交叉，但各有侧重。前者侧重于规定在劳动过程的组织和管理中职工和用人单位双方的职责，也即劳动行为规则和用工行为规则；后者则侧重于规定本单位范围内的最低劳动标准。

劳动规章制度是企业规章制度的重要组成部分，由于其受到劳动法的专门规制，因而有必要区分企业规章制度中的劳动规章制度和其他规章制度。《劳动合同法》第4条第1款规定，劳动规章制度即“保障劳动者享有劳动权利、履行劳动义务”的规章制度，这是从功能和任务的角度作出界定；第2款规定，劳动规章制度即“有关劳动报酬、工作时间、休息休假、劳动安全卫生、保险福利、职工培训、劳动纪律以及劳动定额管理等直接涉及劳动者切身利益的规章制度”，这是从内容的角度作出界定。这表明，“保障劳动者享有劳动权利、履行劳动义务”的规章制度，亦即“‘直接涉及劳动者切身利益’的规章制度”，两种表述的内涵和外延都具有一致性。因而，不应当以所谓的“直接涉及劳动者切身利益”与“不直接涉及劳动者切身利益”或“直接涉及劳动者非切身利益”对劳动规章制度进行区分。

（二）制定劳动规章制度的法定义务

劳动规章制度的制定，不仅是用人单位的权利，而且是用人单位的义务。境外许多立法例规定，雇工达到一定人数的雇主应当制定劳动规章制度。我国《劳动法》第4条和《劳动合同法》第4条都规定，用人单位应当依法建立和完善规章制度，保障劳动者享有劳动权利和履行劳动义务；但未把用工人数规定为承担此项义务的条件，也未列举规定应当制定规章制度的事项。这表明，各种用人单位都有义务制定劳动规章制度；并且，凡是保障劳动者享有劳动权利和履行劳动义务所必要的事项，都应当制定相应的劳动规章制度。立法之所以把制定劳动规章制度规定为用人单位的义务，是因为劳动者在劳动过程中处于从属地位，其权利和义务的实现受用人单位支配，制定劳动规章制度既可以使劳动者的权利和义务明确、具体，又可以使用人单位的劳动管理行为规范化，从而排除用人单位对劳动者实现其权利和义务的任意支配，尤其是防止用人单位滥施纪律惩戒权。

依据《劳动合同法》的规定，用人单位的此项义务包括两个层次：一是应当“建立和完善”劳动规章制度的义务。用人单位不履行此义务的法律后果是不能以劳动者严重违反用人单位的规章制度为由即时辞退劳动者。二是应当“依法”建立和完善劳动规章制度的义务，即制定劳动规章制度应当合法的义务。用人单位不履行此义务的，劳动者可以“用人单位的规章制度违反法律、法规的规定，损害劳动者权益”为由即时辞职；并且由劳动行政部门责令改正，给予警告，给劳动者造成损害的应当承担赔偿责任。

（三）制定劳动规章制度的法定环节

劳动规章制度的制定程序中，既有非法定环节，即用人单位自行规定的环节或者有关国家机关指定必备的环节，也有法定环节。法定环节一般有下述几种：

1. 职工参与。劳动规章制度虽然是用人单位制定的，但只有在吸收和体现了职工方意志，或者得到职工方认同的情况下，才能确保其实施。于是，立法中要求劳动规章制度制定程序中应当有职工参与（又称职工民主参与）的环节。根据我国《劳动合同法》第 4 条第 2、3 款的规定，制定、修改劳动规章制度或作出重大事项决定时，职工参与程序包括两个环节：（1）由职工代表大会或者全体职工对制定、修改劳动规章制度或作出重大事项决定的建议展开讨论，提出方案和意见；但在劳动规章制度和重大事项决定实施过程中，工会或者职工认为不适当而向用人单位提出修改方案和意见的，无须职工代表大会或者全体职工讨论。（2）就上述方案和意见，用人单位与工会或者职工代表平等协商确定。值得注意的是，这里的平等协商不同于集体合同订立程序中的平等协商，而是一种职工参与形式，是指职工方与企业方平等地交涉、对话和商讨，以实现相互理解和合作，并在可能的条件下达成一定协议，若经协商未达成一致，则由用人单位在部分吸收工会或职工代表意见的基础上确定劳动规章制度。

2. 公示或告知劳动者。劳动规章制度既然以全体职工和用人单位各个组成部分为约束对象，就应当为全体职工和用人单位各个组成部分所了解。所以，立法中要求以合法有效的方式公布。根据《劳动合同法》第 4 条第 4 款的规定，用人单位应当将劳动规章制度公示，或者告知劳动者。公示方式的选择，关键在于公示效果，应当使劳动者能够并且方便知悉其内容。一般而言，公示应当采用正规的、公开的、可以永久或较长时间持续的方式。

关于劳动规章制度的审查或备案，各国立法态度不一。有的未作要求，如美国；有的则要求审查或备案，如日本。日本《劳动基准法》第 89 条要求，雇主必须将制定和变更的劳动规章制度向劳动基准监督署长申报。对未申报的，多数学说和判例均认为雇主仅负行政责任，不影响劳动规章制度的效力。目前，我国立法对劳动规章制度的审查或备案未作要求。

（四）劳动规章制度的效力

劳动规章制度的效力仅来自法律的赋予。在我国，宪法规定，遵守劳动纪律是公民的一项基本义务；《劳动法》和《劳动合同法》规定，用人单位应当依法建立和完善规章制度，劳动者应当遵守劳动纪律。法律之所以赋予劳动规章制度以效力，是因为：（1）劳动规章制度是法律规范的延伸和具体化。在此意义上，劳动规章制度是实施劳动法律规范的必要手段，法律应当赋予其效力。（2）劳动规章制度是劳动合同的附件。在劳动合同订立过程中，劳动规章制度是劳动者有权了解、用人单位有义务告知的必要信息。双方订立劳动合同，就表明劳动者承认劳动规章制度并愿意受其约束，劳动规章制度实际上成为劳动合同的附件。(3) 劳动规章制度是实现劳动过程的自治规范。一方面，用人单位制定劳动规章制度，是行使其用人自主权的法律行为；另一方面，职工也参与劳动规章制度的制定，其内容经双方协商确定。这表明，劳动规章制度是用人单位和职工依法自律的手段，反映了用人单位和全体职工的共同意志，法律理应认可其效力。

劳动规章制度发生效力，必须完全具备法定有效要件。其中包括：(1) 制定主体必须合法。有权代表用人单位制定劳动规章制度的，应当是用人单位组织系统中处于最高层次、对于用人单位的各个组成部分和全体职工有权实行全面和统一管理的机构。这样，才能保证所制定的劳动规章制度在本单位范围内具有统一性和权威性。在我国现行立法对劳动规章制度的制定主体要件尚未作明确规定的情况下，应当依据经工商行政管理部门核准登记的企业章程来确定什么机构有资格制定劳动规章制度。在母、子公司之间，各具有法人资格，故各自独立制定劳动规章制度。在法人与其非法人分支机构之间，非法人分支机构经法人总机构授权，才可制定劳动规章制度。(2) 内容必须合法。劳动规章制度的内容，不仅不得违反法律、法规和政策的规定，而且不得违反集体合同的规定，即其规定的劳动者利益不得低于法律、法规、政策和集体合同规定的标准。(3) 制定程序必须合法。在制定劳动规章制度的过程中，凡属于法定必要程序，都必须严格履行；集体合同和既存有效劳动规章制度对此程序若有规定，也应当遵循。

劳动规章制度的效力主要表现在：(1) 劳动规章制度必须在本单位范围内全面实施，劳动过程中的各种劳动行为和用工行为都必须受劳动规章制度约束，全体职工和用人单位的权利和义务都应当以劳动规章制度为依据。(2) 遵守劳动规章制度是全体职工和用人单位的法定义务和约定义务，对模范遵守劳动纪律的职工应当给予奖励，对违反劳动纪律的职工应当给予惩处，对违反劳动规章制度的用人单位应当追究法律责任。(3) 职工与用人单位因执行劳动规章制度发生争议，应当依法定的劳动争议处理程序予以处理。(4) 在劳动争议处理中，劳动规章制度是仲裁和审理劳动争议的依据。

劳动规章制度与劳动合同在效力上的关系，表现在三个方面：(1) 劳动规章制度作为劳动合同的附件，具有补充劳动合同内容的效力。(2) 劳动合同所规定的劳动条件和劳动待遇不得低于劳动规章制度所规定的标准，否则，以劳动规章制度所规定的标准代替。(3) 劳动合同中可以特别约定其当事人不受劳动规章制度中特定条款的约束，但这种约定应当以对劳动者更有利为前提。这是因为，劳动合同作为主件，对作为其附件的劳动规章制度的效力，可以在合法的范围内予以一定制约。

第二节 劳动合同的订立

一、劳动合同订立的程序

劳动合同的订立，是指劳动者和用人单位经过相互选择和平等协商，就劳动合同条款达成协议，从而确立劳动关系和明确相互权利义务的法律行为。在理论上，包括订立书面劳动合同和订立口头劳动合同；而在我国立法中，“订立劳动合同”一般指订立书面劳动合同。

（一）招聘阶段①

在此阶段，由用人单位与劳动者通过一定方式相互选择，为签订劳动合同做准备。它一般由用人单位的招聘行为和劳动者的应聘行为相结合而构成。根据实践中的通常做法，此阶段的程序包括下述主要环节：（1）公布招聘简章。用人单位招聘应当以法定方式或有关国家机关指定方式，向不特定劳动者公布招聘简章。（2）自愿报名。劳动者按照招聘简章的要求，自愿进行应聘报名，并提交表明本人身份、职业技术、非在职等基本情况的证明文件。（3）全面考核。用人单位或其代理人依法对应聘人员的德智体状况进行考核，并公布考核结果。（4）择优录用。用人单位对于经考核合格的应聘者，择优确定被录用人员，并向其本人发出书面签约通知；为便于监督，还应公布被录用者名单。

在此阶段，用人单位与劳动者的相互选择，对劳动合同双方当事人具有一定的法律约束力。即在招聘简章和录用通知书所规定的期限内，劳动者有义务按期向用人单位报到，不按期报到就丧失要求与用人单位签订劳动合同的权利；用人单位对按期报到的劳动者，则负有依法签订劳动合同的义务。

在此阶段还有一种适用于大学毕业生初次就业的特殊制度，即就业协议制度，境外实践中类似的有雇佣内定（又称采用内定）制度。就业协议，即《全国普通高等学校毕业生就业协议书》的简称，是指毕业生、用人单位和学校经供需见面和双向选择后签订的预约用人单位接受毕业生就业的书面协议，既是学校上报就业计划和办理毕业生派遣手续、公共部门用人单位申报进人指标、毕业生办理落户手续的依据，也是订立劳动合同的依据，在毕业生到单位报到、用人单位正式接收后自行终止。就业协议是预约合同，劳动合同是本约合同，就业协议成立时劳动合同尚未订立，毕业生和用人单位因就业协议的成立只负有将来订立劳动合

① 为行文简洁，本处的招聘包括通常所称的招工和招聘。

同的义务。

（二）订立劳动合同阶段

在此阶段，用人单位与劳动者就劳动合同的具体内容，通过平等协商，实现意思表示一致，以确立劳动关系和明确相互权利义务。其程序一般包括下述主要环节：（1）提出劳动合同草案。用人单位向劳动者提出拟订的劳动合同草案，并说明各条款的具体内容和依据。（2）介绍劳动规章制度。在提出合同草案的同时，用人单位还必须向劳动者详细介绍本单位劳动规章制度。（3）商定劳动合同内容。用人单位与劳动者在劳动合同草案和劳动规章制度的基础上，对合同条款协商一致后以书面形式确定其具体内容。对劳动合同草案，劳动者可提出修改和补充意见，并就此与用人单位协商确定。对劳动规章制度，劳动者一般只需表示接受与否即可，而不能与用人单位协商修改或补充其内容；不过，双方可以在劳动合同中作出不同于劳动规章制度某项内容或者指明不受劳动规章制度某项内容约束而对劳动者更有利的约定。（4）签名盖章。劳动者和用人单位应当在经协商一致所形成的劳动合同文本中签名盖章，以此标志双方意思表示一致的完成和劳动合同的生效。劳动合同文本由用人单位和劳动者各执一份。

此外，根据《劳动合同法》第7条的规定，用人单位还有义务建立员工名册。在劳动监察和劳动关系认定中，用人单位有义务提供员工名册备查或履行举证责任。

（三）缔约告知义务

缔约告知义务，是指劳动合同订立过程中，尤其是招聘阶段，用人单位和劳动者依法承担的相互如实告知必要信息以满足对方信息需求的义务。这属于劳动合同的先合同义务，是因用人单位与劳动者为订立劳动合同而相互接触、磋商所产生的义务。

告知义务与知情权的设计是为了保证缔约时双方的信息条件对称。为弥补用人单位与劳动者在缔约时的信息不对称，立法对告知义务与知情权的分配应当在保障双方当事人知情权的基础上适当向劳动者倾斜，即对劳动者应当赋予更多的知情权，并且在课以其告知义务的同时注重其个人隐私权的保护。故《劳动合同法》第8条对缔约双方各自告知义务内容的规定有较大差异。

《劳动合同法》第8条规定，用人单位告知义务的内容分为两部分：一是主动告知义务的内容，即用人单位无须劳动者要求而应当主动让劳动者知悉的内容，包括工作内容、工作条件、工作地点、职业危害、安全生产状况、劳动报酬，有的地方立法还包括“直接涉及劳动者切身利益的其他事项”① 的规定；二是被动告

① 如《山东省劳动合同条例》（2013年）第8条。

知义务的内容，即用人单位应劳动者要求了解而应当告知的内容。

《劳动合同法》关于劳动者告知义务的规定有下述特点：（1）劳动者只负有被动告知义务，而无主动告知义务。只有在用人单位向劳动者了解有关情况时，劳动者才应当如实说明。（2）用人单位有权了解、劳动者有义务告知的信息只限于“与劳动合同直接相关的基本情况”，否则劳动者可以拒绝告知。其实质界限是该信息为劳动者履行劳动义务所必要。

与劳动者告知义务对应的用人单位知情权，应当受到限制：（1）只能以合法手段而不得以非法手段了解劳动者信息。（2）只能了解法律允许了解的信息。用人单位了解信息的范围，只限于“与劳动合同直接相关的基本情况”，不得包括可能导致劳动歧视等违法后果的内容，例如，健康检查不得包括艾滋病项目，女性劳动者对可预期未来是否结婚问题的询问可拒绝作答。（3）对获取的劳动者信息只能用于订立劳动合同时参考，而不得用于订立劳动合同之外的目的，对其中的个人隐私更要负保密义务。（4）对劳动者提交的记载个人信息的书面材料应当谨慎处理，个人身份证件应当及时返还给劳动者而不得扣押和超期留置。

如果用人单位或劳动者应当告知而不告知，或者告知信息不真实，就违反了告知义务，可能构成欺诈。用人单位或劳动者以欺诈的手段使对方在违背真实意思的情况下订立或者变更劳动合同的，劳动合同可被确认为无效，给对方当事人造成损害的，还要承担赔偿责任。

（四）劳动合同的续订

劳动合同续订，是指合同当事人双方以原劳动合同为基础再次订立劳动合同，自原劳动合同期满时起延续劳动关系。续订的劳动合同虽然以原劳动合同为基础，但由于是再次合意，其内容可以与原劳动合同有差异。

劳动合同是否续订，一般取决于当事人双方的合意，无需其他条件。在立法中，也有规定续订条件的特殊情形。例如，已满5年的外国人劳动合同，未经审批不得续订；劳动合同期满后，基于用人单位的原因未办理终止或续订手续，劳动者仍然提供劳动的，视为双方同意续订劳动合同，用人单位应及时办理续订手续；劳动者患职业病或者因工负伤并被确认达到规定的伤残等级，要求续订劳动合同的，用人单位应当续订；具备法定应当订立无固定期限劳动合同之条件的，用人单位应当续订。

二、劳动合同订立的形式

（一）劳动合同订立形式的法律选择

劳动合同订立一般有书面形式与口头形式之分。在境外立法例中，一般允许当事人选择，只有特定劳动合同才要求采用书面形式。在我国，根据《劳动法》

的规定，所有劳动合同都应当采用书面形式①；而根据《劳动合同法》的规定，劳动合同一般应当采用书面形式，但非全日制用工可以采用口头形式。

我国立法一直要求劳动合同应当采用书面形式，这是由我国现阶段的国情所决定的。主要表现在：（1）市场信用度低，即使是书面合同，其履行率也不高，那么口头劳动合同就更难保障其履行。（2）劳动条件基准不完备，集体合同和劳动规章制度都不普遍且其内容多不完整和具体，劳动权利义务的大部分内容需要由劳动合同约定，不采用书面形式，就不足以明确其内容。

（二）劳动合同书面形式的法律意义

在法理上，若法律把某种形式（如书面形式）明定为合同法定的必备形式，则可赋予其四种效力：（1）证据效力，即法定形式仅作为合同关系存在的证据。（2）成立效力，即只有采用法定形式才能使合同成立。（3）生效效力，即欲使合同生效，必须采用法定形式。（4）对抗第三人效力，即只有采用法定形式才能对抗第三人对合同提出的请求或主张。

在我国，立法尽管一直要求劳动合同应当采用书面形式，但对于书面形式是否作为劳动合同的有效要件，立法先后作出不同的选择。《劳动法》及其配套法规将书面形式作为劳动合同的有效要件，把没有书面劳动合同作依据的劳动关系规定为事实劳动关系，并对未与劳动者订立书面劳动合同的用人单位规定责令改正、赔偿损失、罚款等制裁手段②，但这在实践中未能扭转书面劳动合同签订率低的局面，认定口头劳动合同无效和用人单位因未签订书面劳动合同而受处罚的实例并不多见。于是，《劳动合同法》没有赋予书面劳动合同以建立劳动关系的效力，即劳动合同的书面形式不作为建立劳动关系的要件。之所以如此，是因为：（1）劳动关系具有持续性和变动性，而劳动合同即使采用书面形式也是一种不完全契约，即作为建立劳动关系的最初合意，不可能包含未来劳动关系全程的全部内容，劳动关系的完整合意需要由多元的合意形式来完成。（2）在劳动合同书面形式不作为建立劳动关系的有效要件的情况下，通过给不与劳动者订立书面劳动合同的用人单位附加相应的义务和不利后果，也可以促使用人单位与劳动者订立书面劳动合同，而不必将没有书面形式作为劳动合同无效的事由。

未将订立书面劳动合同而是将开始用工作为建立劳动关系的标志，还表明劳

① 《劳动法》第19条要求“劳动合同应当以书面形式订立”，而无允许采用口头形式的例外规定。

② 关于责令改正、赔偿损失的规定见《劳动法》第98条、《关于贯彻执行〈中华人民共和国劳动法〉若干问题的意见》（劳部发〔1995〕309号）第17条、《违反〈劳动法〉有关劳动合同规定的赔偿办法》（劳部发〔1995〕223号）第2条和第3条；关于罚款的规定见《广西壮族自治区劳动行政处罚规定》（1997年）第10条、《上海市劳动合同条例》（2001年）第56条等。

动合同的口头、推定形式具有建立劳动关系的合法性。因为，用工是劳动者与用人单位的双方行为，隐含有口头或推定的劳动合同，且意味着口头或推定的劳动合同已开始履行。

（三）用人单位订立书面劳动合同的义务

尽管以书面形式订立劳动合同应当是当事人双方的义务，但鉴于实践中书面劳动合同签订率低的主要原因在用人单位，而书面劳动合同较之口头劳动合同对劳动者权益保护更为有利，故立法将订立书面劳动合同之义务的约束力主要指向用人单位。

根据《劳动合同法》第 7 条、第 10 条第 2 款、第 82 条和《劳动合同法实施条例》第 5—7 条的规定，用人单位订立书面劳动合同的义务以及不履行此义务的法律后果，可作表 3-1 所示分解。

表 3-1 用人单位未订立书面劳动合同的法律后果

<table>
<tr><th>义务起点</th><th>第一阶段：自用工之日起一个月内</th><th>第二阶段：自用工之日起超过一个月不满一年</th><th>第三阶段：自用工之日起满一年后</th></tr>
<tr><td rowspan="3">用人单位自用工之日起即与劳动者建立劳动关系</td><td colspan="3">用人单位未与劳动者订立书面劳动合同</td></tr>
<tr><td colspan="2">用人单位诚信协商的义务</td><td>用人单位诚信成立合同的义务</td></tr>
<tr><td>▲用人单位应书面通知劳动者订立书面劳动合同
▲劳动者不与用人单位订立书面劳动合同的，用人单位应书面通知劳动者终止劳动关系，无须支付经济补偿
▲用人单位应依法向劳动者支付劳动报酬</td><td>▲用人单位应与劳动者补订书面劳动合同
▲劳动者不与用人单位订立书面劳动合同的，用人单位应书面通知劳动者终止劳动关系，并依法支付经济补偿
▲用人单位未履行此义务应依照《劳动合同法》第 82 条第 1 款的规定向劳动者每月支付 2 倍的工资</td><td>▲视为已与劳动者订立无固定期限劳动合同
▲用人单位应立即与劳动者补订书面无固定期限劳动合同</td></tr>
</table>

1. 义务开始的两种起点。“用人单位自用工之日起即与劳动者建立劳动关系”的规定表明，用人单位因未与劳动者订立书面劳动合同，而负有补订书面劳动合同的义务。作为起点的“用工之日”，不仅包括首次开始用工即建立劳动关系的情形，还包括前一个劳动合同期满后未续订书面劳动合同而劳动者仍向用人单位提供劳动的情形。

2. 义务存续的三个阶段。用人单位所承担的订立书面劳动合同的义务，自开始用工之日起到订立书面劳动合同之日的前一日止，一直存续而不中断。其中可能包括三个阶段，即开始用工之日起一个月内；开始用工之日起满一个月的次日至开始用工之日起满一年的前一日；开始用工之日起满一年的当日至订立书面劳动合同的前一日。在这三个阶段，除订立书面劳动合同的义务一直存续外，附加的义务和责任递进加重。

3. 义务内容的递进加重。由于订立书面劳动合同是双方行为，书面劳动合同的成立需要双方当事人协商一致，故对作为用人单位义务的书面劳动合同订立行为，可以有两种理解：一是诚信协商的义务，即用人单位有义务诚信地就订立书面劳动合同作出与劳动者协商的意思表示，并在未能成立书面劳动合同这一事实上并不存在过错；二是诚信成立合同的义务，即用人单位不仅有义务诚信地就订立书面劳动合同作出与劳动者协商的意思表示，而且有义务诚信地使书面劳动合同成立。在前述三个阶段中，第一阶段和第二阶段的义务为诚信协商的义务，第三阶段的义务为诚信地成立书面劳动合同的义务。

4. 责任内容的递进加重。第一阶段为义务履行的宽限阶段，对该义务未设置责任。第二阶段，未订立书面劳动合同的，应当依法支付经济补偿，并依照《劳动合同法》第 82 条第 1 款的规定向劳动者每月支付 2 倍的工资。第三阶段，用人单位应承担与劳动者补订书面无固定期限劳动合同的义务，未履行此义务的，是否应当依据《劳动合同法》第 82 条第 2 款的规定支付 2 倍工资，尚存在争论。①

三、劳动合同的主要条款

劳动合同条款作为劳动者与用人单位合意的结果，将劳动关系、当事人双方的权利和义务固定并具体化。因而，完备、明确和合法，是法律对劳动合同条款的基本要求。

（一）劳动合同条款的结构

劳动合同条款由法定必备条款和约定必备条款构成。前者即依据法律规定劳动合同必须具备的条款，又可分为一般法定必备条款和特殊必备条款；后者即依据当事人一方或双方的要求而必须具备的条款。我国立法提供了一个较完备的劳动合同条款结构。

1. 法定必备条款。根据《劳动合同法》第 17 条第 1 款规定，一般必备条款包括：（1）用人单位的名称、住所和法定代表人或者主要负责人；（2）劳动者的姓

① 《劳动合同法》第 82 条第 2 款规定，用人单位违反本法规定不与劳动者订立无固定期限劳动合同的，自应当订立无固定期限劳动合同之日起向劳动者每月支付 2 倍的工资。

名、住址和居民身份证号码或者其他有效身份证件号码；（3）劳动合同期限；（4）工作内容和工作地点；（5）工作时间和休息休假；（6）劳动报酬；（7）社会保险；（8）劳动保护、劳动条件和职业危害防护；（9）法律、法规规定应当纳入劳动合同的其他事项。

与《劳动法》第19条第1款规定的一般必备条款相比，“劳动纪律”“劳动合同终止的条件”和“违反劳动合同的责任”未被列为法定必备条款。由于《劳动合同法》第17条第1款是对《劳动法》第19条第1款的替代，故《劳动合同法》第17条第1款中“法律、法规规定应当纳入劳动合同的其他事项”，不应当包括《劳动法》第19条第1款所规定的上述事项。

特殊法定必备条款，是法律要求某种或某几种劳动合同必须具备的条款。有的劳动合同由于自身的特殊性，立法特别要求其除一般法定必备条款外，还必须规定一定的特有条款。例如，《劳动合同法》对劳务派遣的劳动合同条款规定了特别要求。

2. 约定必备条款。约定必备条款是在法定必备条款以外应当事人双方或一方的要求所必备的，往往是劳动合同个性的体现，并非所有劳动合同都具有。至于哪些内容可以成为约定必备条款，法律不作限制。它是法定必备条款的必要补充，对劳动合同依法成立，在一定程度上有决定意义。按照作出约定的主体不同，可分为集体合同约定必备条款和劳动合同当事人约定必备条款。前者即集体合同要求在劳动合同中必须载明的条款，既包括集体合同已规定标准而应由劳动合同将其具体化的条款，也包括集体合同仅列出项目而应由劳动合同明确其内容的条款。有的国家（如日本等）对劳动合同必备条款，法规中少作或不作规定，而主要由集体合同约定。后者即签订劳动合同时当事人一方或双方特别约定劳动合同中必须有的条款。

在约定必备条款中，有的属于法定可备条款，即法律规定劳动合同可以具备的条款。劳动合同的某些内容由于非常重要而不应被忽视，但又不宜作为法定必备条款，于是，在立法中予以特别提示，指明在劳动合同中可以作出专项约定。例如，《劳动合同法》第17条第2款规定：“劳动合同除前款规定的必备条款外，用人单位与劳动者可以约定试用期、培训、保守秘密、补充保险和福利待遇等其他事项。”这种规定具有示范性或提示性。

（二）劳动合同法定必备条款欠缺的法律后果

1. 法定必备条款欠缺对劳动合同成立的影响。欠缺法定必备条款，其后果不是劳动合同无效或部分无效，而是劳动合同部分内容或部分条款未形成合意。其理由在于：（1）劳动合同成立是仅就劳动合同的主要内容达成合意，只涉及劳动合同成立与否的问题，而未涉及劳动合同的效力评价问题。（2）根据《劳动合同法》第81条的规定，欠缺法定必备条款的劳动合同属于应当改正的劳动合同，欠缺法定必备条款并非劳动合同无效的事由。

2. 法定必备条款欠缺的赔偿责任。劳动合同欠缺法定必备条款将导致劳动合同难以履行，给劳动者造成损害的，用人单位应当承担赔偿责任。这属于缔约过失责任。

（三）劳动合同约定劳动标准不明确的处理

明确当事人双方的权利义务，是劳动合同的法定功能。然而，劳动合同作为“不完全契约”，其条款难免具有弹性和不确定性。基于劳动合同的这种局限性，依据合同以意思自治为原则的原理和劳动条件基准、集体合同、劳动合同之间效力关系的原理，对在劳动合同约定劳动报酬和劳动条件等标准不明确而引发争议的情况下，如何明确当事人双方的权利义务以保障劳动合同的完备性与合法性的问题，《劳动合同法》第18条规定了若干处理措施并作如下排序：（1）双方可以就不明确的条款重新协商；（2）协商不成，若集体合同有相应规定的，适用集体合同的规定；（3）没有集体合同或者集体合同未规定劳动报酬的，实行同工同酬；（4）没有集体合同或者集体合同未规定劳动条件等标准的，适用国家有关规定，即劳动条件基准。

（四）劳动合同若干条款的基准规则

基于当事人双方在缔约时的强弱地位差异和某些合同条款所涉事项的复杂性，为确保双方尤其是劳动者在就特定事项商定合同条款过程中的意思自治，并确保合同条款能公平分配权利义务，除运用劳动条件基准外，还需要立法对某些特定事项分别规定相应的基准规则。无论是法定必备条款还是约定必备条款，若立法就其事项已规定基准规则，当事人对该合同条款的商定就应当遵循这种基准规则。《劳动合同法》就以下条款规定了基准规则：

1. 试用期。试用期是指当事人双方约定的，包括在劳动合同期限内而劳动关系还处于非正式状态，用人单位考核劳动者是否合格，劳动者了解用人单位是否适合自己要求，以便确定劳动关系是否进入正式状态的短暂性、实验性期限。尽管试用期对当事人双方都有利，但对用人单位更为有利，因为试用的主要目的是便于用人单位判断劳动者的适格性和能力。所以，应当基于实现试用期的目的和防范试用期被滥用的需要，对试用期进行规制。其要点包括：（1）试用期须与劳动合同期限同时开始，且短于劳动合同期限；（2）试用期未超出法定的适用范围且未超过法定的最长期限；（3）试用期的工资待遇不得低于法定的特殊基准；（4）违法约定的试用期无效，且用人单位应当改正并承担赔偿责任。①

① 参见《劳动合同法》第19—21条、第83条；《劳动合同法实施条例》第15条。

2. 出资培训服务期。出资培训服务期，又称出资培训最低服务年限，是指当事人双方约定的，对劳动者有特殊约束力的，劳动者因获得用人单位出资培训而应当与用人单位持续劳动关系的期限。其主旨是保护用人单位因人力资本投资而获得的人力资源使用权。对其规制的要点包括：（1）用人单位提供专项培训费用，对劳动者进行专业技术培训，有权约定服务期；（2）服务期的长度应当与用人单位提供的培训费用相对称，且不得影响劳动者依正常工资调整机制提高劳动报酬；（3）劳动者违反服务期约定的，应当按照约定向用人单位支付违约金，但支付的违约金不得超过用人单位提供的培训费用，且不得超过服务期尚未履行部分所应分摊的培训费用。①

3. 保密义务。约定劳动者承担保密义务，既基于劳动关系中劳动者的忠实义务，也基于对商业秘密和知识产权的保护，还基于对公平竞争秩序的维护。为防范用人单位滥用保密权，对其规制的要点包括：（1）承担保密义务的主体，只限于基于职务或工作原因而可能知悉用人单位商业秘密和与知识产权相关的保密事项的劳动者，用人单位只可要求涉密岗位的劳动者与其约定保密条款或订立保密协议；（2）保密条款或协议中应当明确约定保密的内容、范围和期限；（3）没有法律明确规定，不能通过保密措施限制劳动权利；（4）劳动者违反约定保密义务，给用人单位造成损失的，应当承担赔偿责任。②

4. 竞业限制。竞业限制，又称竞业禁止，一般是指依据法律规定或合同约定，与特定营业主体有特定法律关系的主体，在一定的时空范围内不得在与该特定营业主体有竞争关系的用人单位就业，也不得从事与该特定营业主体有竞争关系的业务活动。就其所属法律部门而言，可分为民商法上竞业限制③和劳动法上竞业限制。劳动法上竞业限制的主要特点在于：（1）竞业限制仅以劳动关系为前提，而不以委任、代理等民事关系为前提；（2）竞业限制旨在保护雇主的秘密信息，其义务人仅限于对雇主负有保密义务的人员；（3）竞业限制以劳动合同或专项协议为依据，虽然立法对竞业限制规定了强制性规则，但竞业限制只能因当事人双方的书面约定而启动，故属于约定竞业限制，而不是法定竞业限制。

劳动法上竞业限制，可分为在职竞业限制和离职竞业限制。前者即约定劳动者在劳动关系存续期间承担竞业限制义务；后者即约定劳动者在劳动合同解除或

---

① 参见《劳动合同法》第22条、第90条；《劳动合同法实施条例》第16条。

② 参见《劳动合同法》第23条、第25条、第90条。

③ 例如，根据我国《公司法》第148条、《中华人民共和国合伙企业法》（以下简称《合伙企业法》）第32条、《中华人民共和国个人独资企业法》（以下简称《个人独资企业法》）第20条、《专利代理条例》第20条的规定，公司董事、高级管理人员，合伙企业合伙人和个人独资企业受投资人委托或者聘用的管理人，专利代理人，都负有竞业限制义务。

终止后一定期限内承担竞业限制义务。就对劳动者就业权的消极作用而言，离职竞业限制甚于在职竞业限制。故劳动立法着重于规制离职竞业限制。因此，《劳动合同法》虽然允许约定在职竞业限制或离职竞业限制，但只对离职竞业限制规定强行性规则且要求约定经济补偿。

《劳动合同法》和有关司法解释规定的离职竞业限制规则①，有下述要点：（1）从严限定竞业限制义务人的范围。只有“高级管理人员、高级技术人员和其他负有保密义务的人员”才可成为竞业限制义务人。值得注意的是，已承担离职前脱密期义务的劳动者在离职后不应当再承担保密义务，故不得成为竞业限制义务人。（2）作为竞业限制之对象的“竞业”，应当是与用人单位营业范围相同且有竞争关系的营业。劳动者在解除或者终止劳动合同后受雇就业和自营就业不得与原用人单位有同业竞争关系。对于产品、业务是否同类和是否有竞争关系的界定，需要以竞争法等其他相关立法为依据，并且还应当考虑到劳动法中竞业限制的特殊性。（3）约定的竞业限制期限不得超过法定最长期限。鉴于我国严峻的就业形势，基于保障劳动者就业的考虑，竞业限制最长期限被法定为2年。（4）竞业限制经济补偿作为与劳动者竞业限制义务相对应的用人单位义务，应当为竞业限制条款或协议所约定，并且，其标准和支付方式应当符合法定要求。约定竞业限制但未约定竞业限制经济补偿的，劳动者履行了竞业限制义务后，用人单位应当按照劳动者在劳动合同解除或者终止前12个月平均工资的30%且不低于劳动合同履行地最低工资标准的标准按月支付经济补偿。（5）竞业限制条款或协议作为一种延迟生效条款或协议，在订立后直到一定条件成就，即劳动合同解除或终止时才生效。当事人解除劳动合同时，除另有约定外，用人单位有权要求劳动者履行竞业限制义务，劳动者履行了竞业限制义务后，有权要求用人单位支付经济补偿。（6）劳动合同解除或终止后，基于用人单位的原因导致3个月未支付经济补偿的，劳动者有权请求解除竞业限制约定；在竞业限制期限内，用人单位请求解除竞业限制协议的，应当额外支付劳动者3个月的竞业限制经济补偿。（7）劳动者违反竞业限制约定的，应当按照约定向用人单位支付违约金；给用人单位造成损失的，应当承担赔偿责任。劳动者承担违约责任后，用人单位可以要求劳动者按照约定继续履行竞业限制义务。

> **拓展阅读**
>
> 王贤崔与无锡海德堡钢材加工有限公司竞业限制纠纷案

5. 劳动合同不得约定的条款。为避免劳动者陷于不利状况，立法特别禁止劳动合同约定不利劳动者的条款，例如，在劳动合同中既

---

① 《劳动合同法》第23条、第24条、第90条；《最高人民法院关于审理劳动争议案件适用法律若干问题的解释（四）》（法释〔2013〕4号）第6—10条。

不得约定劳动者交纳保证金和在服务期违约金、竞业限制违约金以外承担违约金的条款，也不得约定免除用人单位法定责任、排除劳动者权利的条款。

四、劳动合同的效力

（一）劳动合同成立与生效的关系

合同成立即双方当事人就合同内容协商一致，表明合同已开始存在。合同生效即合同发生当事人所预期的法律效果，表明合同对当事人具有约束力，双方当事人应当履行合同约定的义务。《劳动合同法》第16条第1款所规定的“劳动合同由用人单位与劳动者协商一致，并经用人单位与劳动者在劳动合同文本上签字或者盖章生效”，指劳动合同“成立即生效”。但在特殊情况下，双方当事人“在劳动合同文本上签字或者盖章”，只是书面劳动合同订立中双方当事人达成合意的法定标志，如果是附条件或附期限，或者须经审批的劳动合同，还不能随同“在劳动合同文本上签字或者盖章”而发生双方应当履行劳动合同约定义务的效力；如果劳动合同当事人主体不合格或者劳动合同被确认无效，也不能随同“在劳动合同文本上签字或者盖章”而生效。

（二）劳动合同生效与劳动关系建立的关系

1. 劳动关系建立的标志——用工。劳动关系就其实质内容而言，是劳动力使用关系，故《劳动合同法》第7条、第10条规定，用人单位自用工之日起即与劳动者建立劳动关系；用人单位与劳动者在用工前订立劳动合同的，劳动关系自用工之日起建立。可见，劳动关系的建立，不以订立书面劳动合同而以开始用工为标志。

用工是劳动者与用人单位的双方法律行为，其中已包含口头或推定形式的劳动合同，既意味着口头、推定劳动合同的订立，又是书面或口头、推定劳动合同履行的标志，故应当成为建立劳动关系的标志。

2. 劳动合同生效的两种形式及其后果。《劳动合同法》尽管要求建立劳动关系应当订立书面劳动合同，但同时确认，存在于开始用工中的口头或推定劳动合同所建立的劳动关系，即使未补订书面劳动合同，仍然是合法有效的劳动关系。于是，书面劳动合同生效与口头或推定劳动合同生效有可能并存。

根据《劳动合同法》的规定，除了书面劳动合同订立与开始用工同时的情形外，书面劳动合同生效后果与口头或推定劳动合同生效后果存在差异。存在于开始用工中的口头或推定劳动合同的生效，其法律后果是与生效同步建立劳动关系。而书面劳动合同生效的法律后果则不然，在先订立书面劳动合同后开始用工的情形下，书面劳动合同生效只是对劳动关系的建立形成有约束力的预设；在先开始用工后订立书面劳动合同的情形下，书面劳动合同生效则是对已建立的劳动关系的双方权利义务和存续期限（定期或不定期）确认。

（三）劳动合同的有效要件

劳动合同具有法律效力，必须以完全具备法定有效要件为前提。在各国立法中，劳动合同有效要件通常散见于具体的劳动合同法规范，而无集中规定。从理论上归纳，立法所表明的劳动合同有效要件，一般包括：

1. 合同主体适格。即双方当事人都必须具备法定的主体资格。劳动者资格和用人单位资格是民事主体资格基础上的以劳动法为依据的特殊资格，作为劳动合同当事人，还应当是在劳动合同法适用范围内的劳动者和用人单位。

2. 意思表示真实。指缔约人的表示行为应真实地反映其内在的真实意思：一是意思与外部表示一致；二是出于行为人的自愿。

3. 合同内容合法。一般指合同内容符合法律、行政法规强制性规定的要求，并且不违反社会公共利益、社会公德；就劳动合同而言，还应当强调其内容符合劳动条件基准、集体合同的规定。

4. 订立程序合法。基于劳动力资源由市场配置的需要，劳动法一般不把劳动合同订立程序规定为有效要件。而在需要加强监管的场合，劳动法则有特别规定，例如，为控制外国人就业，对其劳动合同的订立，则规定了审批程序。

（四）劳动合同无效的含义和事由

劳动合同无效，是指劳动合同由于缺少有效要件而全部或部分不具有法律效力。其中，全部无效，可导致劳动关系消灭；部分无效，是指部分合同条款无效，如果不影响其余部分的效力，其余部分仍然有效，劳动关系可依法存续。无效劳动合同不具有法律效力，是指不能发生当事人所预期的法律后果，或者说，无效劳动合同所引起的法律后果并不是当事人缔约时所预期的。合同无效一般有绝对无效（狭义无效）与相对无效（可撤销）之分，但《劳动法》未规定劳动合同相对无效的事项，《劳动合同法》则采用授予特殊情况下对劳动合同无效无过错者以解除权的方式来替代可撤销制度。①

《劳动合同法》第26条第1款规定，劳动合同无效的事由有：（1）以欺诈、胁迫的手段或者乘人之危使对方在违背真实意思的情况下订立或者变更劳动合同的；（2）用人单位免除自己法定责任、排除劳动者权利的；（3）违反法律、行政法规强制性规定的。

① 《劳动合同法》第38、39条关于可解除无效劳动合同的规定，与相对无效合同可撤销的制度设计有所不同，并且突破了有效合同才可解除，而无效合同不适用解除的原理。试图以因用人单位过错或者因劳动者欺诈、胁迫或乘人之危导致无效的劳动合同可即时解除的方式，替代相对无效合同可撤销制度。但这种制度设计与传统的合同解除原理相悖。

（五）劳动合同无效的确认及其后果

1. 劳动合同无效的确认。根据《劳动合同法》的规定，在当事人一方主张劳动合同无效而另一方有异议的情形下，则发生关于劳动合同无效的劳动争议，依照劳动争议处理程序由劳动争议仲裁机构或法院确认。

2. 劳动合同的全部或部分无效。劳动合同部分无效，是指在合同中部分内容具有相对独立性，且其内容不是当事人主要缔约目的或主要意思表示的条款无效，不影响其他部分效力的，其他部分仍然有效。

对劳动合同全部无效与部分无效的判断，应当有一定的政策考量。从保障劳动者就业考虑，对劳动合同全部无效应当从严把握和谨慎确认。① 部分无效劳动合同可以通过对无效条款的补正予以“救治”，而转化为完全有效的劳动合同，有利于保障劳动者就业。全部无效劳动合同应当是无法通过补正予以“救治”的合同。

3. 劳动合同被确认无效之前的法律后果。在劳动关系建立、劳动合同订立与劳动合同被确认无效之间的阶段，劳动者一般已给付劳动并取得劳动报酬。由于劳动力的支出具有不可回收性，故无效劳动合同已经履行的部分不能恢复原状。但是，劳动合同被确认无效后，就不能作为确定此阶段劳动权利义务的依据。于是，此阶段的劳动权利义务需要重新确定。

重新确定此阶段的劳动权利义务，应当遵循有利于劳动者的原则。一方面，法律应当确保劳动者不因劳动合同被确认无效而受到损害，尤其是确保劳动者因已付出劳动而应得到的利益；另一方面，不得让用人单位因劳动合同被确认无效而获得不当利益。《劳动合同法》第 28 条规定，劳动合同被确认无效，劳动者已付出劳动的，用人单位应当向劳动者支付劳动报酬。劳动报酬的数额，参照本单位相同或者相近岗位劳动者的劳动报酬确定。在理论上，有人主张限制劳动合同无效的溯及力，即一般民事合同的无效为自始无效，但劳动合同的无效则只在确认之后发生。

4. 劳动合同被确认无效之后的法律后果。劳动合同被确认无效的法律后果可从以下几方面进行分析：

（1）劳动合同的命运。劳动合同被确认无效后，原以无效劳动合同为依据的劳动关系则属于事实劳动关系，应当保障对劳动合同无效无过错的一方在双方当事人主体合格的条件下，对劳动合同是否存续享有选择权。故《劳动合同法》未采用《合同法》的可撤销合同制度，而是代之以允许无过错的劳动者或用人单位选择劳动合同解除或存续的制度，即：因用人单位过错导致劳动合同无效的，劳动者可以即时辞职，并获得经济补偿；因劳动者过错导致用人单位意思表示不真

① 王全兴：《劳动法》（第二版），法律出版社 2004 年版，第 136 页。

实而使劳动合同无效的，用人单位可即时辞退。劳动者不辞职或者用人单位不辞退的，事实劳动关系将可存续。

（2）有过错当事人的赔偿责任。《劳动合同法》第 86 条规定，劳动合同依法被确认无效，给对方造成损害的，有过错的一方应当承担赔偿责任。其中，赔偿责任的界定，应当以赔偿实际损害为原则。

（六）瑕疵劳动合同的效力问题

《劳动合同法》所规定的劳动合同无效事由小于有效要件的涵盖范围，于是，存在一种虽然缺少有效要件但不一定是无效劳动合同的特殊劳动合同形态，对此可称为瑕疵劳动合同。根据《劳动合同法》的规定，瑕疵劳动合同主要有下述几种：

1. 主体不合格劳动合同的效力。主体合格虽然是劳动合同的有效要件之一，但《劳动合同法》第 26 条第 1 款未将主体不合格明确列为劳动合同无效的事由，而对用人单位不合格的劳动合同的法律后果，在劳动合同无效后果之外作出了专门规定①，但对劳动者不合格的劳动合同的法律后果未作专门规定。这表明，在主体不合格的劳动合同是否为无效劳动合同的问题上，因主体不同而有差异。对此问题，需明确两个要点：（1）立法既然对用人单位不合格的劳动合同另行规定了其法律后果，且该法律后果较之劳动合同无效的法律后果更有利于保护劳动者权益，就不宜适用劳动合同无效制度。（2）劳动者不合格的劳动合同，由于立法未另行规定其法律后果，故可以将其作为无效合同处理，其劳动关系应当终止。

2. 形式瑕疵劳动合同的效力。《劳动合同法》未将形式瑕疵（即未订立书面劳动合同）列为劳动合同无效的事由，而只将形式瑕疵作为一种可以补正的合同瑕疵，赋予用人单位补订书面劳动合同的义务并规定不履行此义务的“二倍工资”责任。

3. 内容瑕疵劳动合同的效力。内容合法作为劳动合同的有效要件，包括：具备法定必备条款；权利义务明确；约定劳动条件不低于劳动基准和集体合同规定标准。然而，《劳动合同法》第 26 条仅将“用人单位免除自己的法定责任、排除劳动者权利”的情形明确列为劳动合同无效的事由。可见，除此种合同或条款为无效外，欠缺法定必备条款、劳动标准不明确属于意思表示不完全的情形，不宜导致劳动合同无效。故《劳动合同法》第 81 条对欠缺法定必备条款作出应当补正和赔偿劳动者损失的规定；《劳动合同法》第 18 条对约定劳动标准不明确的劳动合同，规定了若干补正措施，即“当事人双方就不明确的条款重新协商→适用集

① 《劳动合同法》第 93 条规定，对不具备合法经营资格的用人单位的违法犯罪行为，依法追究法律责任；劳动者已经付出劳动的，该单位或者其出资人应当依照本法有关规定向劳动者支付劳动报酬、经济补偿、赔偿金；给劳动者造成损害的，应当承担赔偿责任。

体合同的规定→实行同工同酬或适用国家有关规定”。

第三节　劳动合同的履行、中止、变更和承继

一、劳动合同的履行

（一）劳动合同履行的含义和意义

劳动合同履行，是指劳动合同双方当事人完成劳动合同所约定的义务，实现劳动过程和各自合法权益的行为。基于劳动合同内容的不完全性和劳动条件基准、集体合同和劳动规章制度对劳动合同内容的补充效力，履行劳动合同所约定的义务，包括履行作为劳动合同内容之补充的劳动条件基准、集体合同和劳动规章制度所规定的义务。

从合同效力的角度观察，合同履行是依法成立并生效的合同所必然发生的法律效果，并且构成合同效力的主要内容，故《劳动合同法》规定，依法订立的劳动合同具有约束力，用人单位与劳动者应当履行劳动合同约定的义务。从劳动合同目的之实现的角度，劳动合同履行是实现劳动合同目的的首选和常态方式，劳动合同的中止和承继是劳动合同履行的特殊形态，劳动合同变更和解除是劳动合同履行的例外和补充。

（二）劳动合同履行的原则

《劳动合同法》第 29 条规定：“用人单位与劳动者应当按照劳动合同的约定，全面履行各自的义务。”此即劳动合同的全面履行原则。劳动合同的内容是一个整体，合同条款之间的内在联系不能割裂。全面履行原则要求合同当事人必须适当地履行合同的全部条款和各自承担的全部义务，既要按照合同约定的标的及其种类、数量和质量履行，又要按照合同约定的时间、地点和方式履行，即履行无任何瑕疵。①

劳动合同的全面履行与实际履行既有区别又有联系。实际履行原则强调当事人按照劳动合同的约定（尤其是合同标的）履行各自义务，其真谛在于要求当事人应当实际地履行合同债务而不得任意地以赔偿损失来替代履行合同债务；② 并且还体现在当劳动合同约定的劳动条件与客观实际不一致时，用人单位应当按照实际状况来执行有利于劳动者的劳动条件，如在消费品价格上涨的情形下及时调整劳动报酬。③ 但是，实际履行原则对劳动合同履行是否适当、全面，则无力顾及。而全面履行原则既要求实际履行，也要求所为的履行行为完全符合法律和合同的

---

① 崔建远主编：《合同法》（第三版），法律出版社 2003 年版，第 90 页。

② 姜颖：《劳动合同法论》，法律出版社 2006 年版，第 195 页。

③ 喻术红：《劳动合同法专论》，武汉大学出版社 2009 年版，第 86 页。

规定。可见，全面履行必然是实际履行，而实际履行未必是适当、全面履行。

《劳动合同法》第29条规定的“全面履行原则”应当是一个广义概念，它涵盖了劳动合同法原理中的实际履行原则、亲自履行原则以及协作履行原则。实际履行原则是全面履行原则的应有之义，而亲自履行原则可视为全面（适当）履行原则在履行主体方面的体现，协作履行原则则反映了全面（适当）履行原则在合同履行方式上的要求。亲自履行原则要求当事人双方都必须以自己的行为履行各自依据劳动合同所承担的义务，而不得由他人代理。协作履行原则要求当事人双方在劳动合同履行过程中始终坚持互助合作，相互关心，为对方履行义务提供条件。

（三）劳动合同履行的特殊规则

1. 履行不明确条款的规则。对于劳动合同中内容不明确的条款，应当先依法确定其具体内容，然后予以履行。依据劳动条件基准、集体合同、劳动规章制度和劳动合同之关系的原理，当事人双方可以就内容不明确的条款重新协商；协商不成而劳动规章制度有明确规定的，按照该规定履行；劳动规章制度未作明确规定的，按照集体合同的规定履行；集体合同未作明确规定的，按照有关劳动法规和政策的规定履行。其中，劳动报酬按照同工同酬原则确定和支付；劳动法规和政策未作明确规定的，可考虑按照通行的习惯履行。《劳动合同法》第18条的规定①，在一定程度上体现了这一原理。

2. 地方劳动条件基准选择的规则。劳动合同履行地与用人单位注册地不一致，且两地关于劳动者的最低工资标准、劳动安全卫生、本地区上年度职工月平均工资标准等劳动条件事项的规定有差异的，根据《劳动合同法实施条例》第14条的规定，按照劳动合同履行地的有关规定执行；但用人单位注册地的有关标准高于劳动合同履行地的有关标准，且当事人双方约定按照用人单位注册地有关标准执行的，从其约定。

3. 向第三人履行的规则。劳动合同的任何一方当事人，一般都只向对方当事人履行义务，只有在法律允许的特殊情况下，劳动者或用人单位才应当向第三人履行义务。劳动者向第三人履行劳动给付义务，有狭义、广义之分。狭义指临时性向第三人履行，即在用人单位未发生更替的情形下，劳动者按照用人单位的指示向特定第三人给付劳动，以履行用人单位对该第三人所承担的劳动给付义务。广义还包括非临时性向特定第三人履行，即因用人单位发生更替，劳动者向更替后的新用人单位履行原劳动合同约定的劳动给付义务，此即劳动合同承继。故

① 《劳动合同法》第18条规定：劳动合同对劳动报酬和劳动条件等标准约定不明确，引发争议的，用人单位与劳动者可以重新协商；协商不成的，适用集体合同规定；没有集体合同或者集体合同未规定劳动报酬的，实行同工同酬；没有集体合同或者集体合同未规定劳动条件等标准的，适用国家有关规定。

“劳动者向第三人履行”应当取其狭义。劳动者向第三人给付劳动，应当以劳动合同的约定为依据；若用人单位即时指示劳动者向第三人给付劳动，除法律另有规定外，应当征得劳动者同意。劳动者因向第三人履行劳动给付义务而增加费用或其他成本的，用人单位应当增加相应的报酬或福利。

4. 履行约定之外劳动给付的规则。劳动者履行劳动给付义务原则上以劳动合同约定范围为限，在劳动合同未变更时，用人单位一般不得指示劳动者从事劳动合同约定之外的劳动。但法定例外是，遇有紧急情况时，为了避免发生危险事故或者进行事故后抢救和善后工作，用人单位可指示劳动者临时从事劳动合同约定之外的劳动，劳动者应当服从。

二、劳动合同的中止

（一）劳动合同中止的界定和立法

劳动合同中止，即劳动合同履行的暂停。它是指在劳动合同履行过程中，因出现法定或约定事由，暂停履行劳动合同约定的主要义务，待该事由消除后恢复履行的情形。其主要意义在于避免劳动合同因出现暂时不能履行的情形而被解除，以保障劳动关系的稳定。

劳动合同中止有狭义、广义之分。狭义指当事人双方的主要义务即劳动给付和劳动报酬都暂停履行；广义还包括仅暂停劳动给付义务履行的情形，如孕期、产期、哺乳期、探亲假、年休假、医疗期、工伤停工留薪期等。狭义中止期间不计入劳动合同期间；而仅暂停劳动给付义务履行期间，用人单位支付劳动报酬的义务并未暂停，在此意义上劳动合同仍在履行，故应计入劳动合同期间。

国外既有广义中止的立法例（如秘鲁《就业促进法》、比利时《雇佣合同法》），也有狭义中止的立法例（如《伊朗伊斯兰共和国劳工法》）。在我国，《劳动法》出台后的有关部门规章和许多地方劳动合同立法，已有关于狭义劳动合同中止的规定。①

（二）劳动合同中止的方式和事由

劳动合同中止的方式分为法定中止和协议中止。法定中止须具备劳动合同中止的法定事由，且为单方中止；协议中止则只需当事人双方就劳动合同中止协商一致即可，既可约定中止事由，也可像劳动合同协议解除一样无需既定事由。

---

① 我国官方最早关于劳动合同中止的成文规定，是原劳动部印发的《关于贯彻执行〈中华人民共和国劳动法〉若干问题的意见》（劳部发〔1995〕309号）第28条，即：劳动者涉嫌违法犯罪被有关机关收容审查、拘留或逮捕的，用人单位在劳动者被限制人身自由期间，可与其暂时停止劳动合同的履行。暂时停止履行劳动合同期间，用人单位不承担劳动合同规定的相应义务。劳动者经证明被错误限制人身自由的，暂时停止履行劳动合同期间劳动者的损失，可由其依据《国家赔偿法》要求有关部门赔偿。

基于劳动合同中止制度的目的，作为劳动合同中止的事由，尤其是法定事由，应当具有客观阻碍性、暂时性和正当性。客观阻碍性，即该事由是足以阻碍劳动合同履行的客观情形，亦即致使劳动者无法作出约定的劳动给付，或者致使用人单位无法提供约定的劳动条件，如劳动者应征入伍或企业停产。暂时性，即该客观情形的客观阻碍性只存在于较短期间，而不会长期或永久存在，如失踪但尚未被法院宣告失踪、宣告死亡，涉嫌违法犯罪而被限制人身自由等。正当性，即该客观情形作为劳动合同中止事由较之作为劳动合同解除事由，更有利于劳动关系稳定，更能为当事人双方和社会所认可。例如，劳动者暂时无法履行劳动合同作为中止事由的，应当限于劳动者对此无过错的情形。

在我国，有关部门规章和地方立法规定的劳动合同中止事由包括：(1）用人单位与劳动者以书面形式协商一致；(2）劳动者涉嫌违法犯罪被有关国家机关限制人身自由；(3）劳动者应征入伍或者履行国家规定的其他法定义务；(4）因不可抗力致使劳动合同暂时不能履行；(5）劳动者因客观原因暂时无法履行劳动合同的义务但仍有继续履行条件和可能；(6）法律、法规规定的其他中止情形。①

（三）劳动合同中止的法律后果

在劳动合同中止期间，尽管主要义务暂停，但劳动关系仍然保留。中止期间所保留的劳动关系不同于常态劳动关系，即仅保留劳动关系的外壳和被暂停义务以外的内容。例如，中止期间社会保险费是否缴纳和由谁负担、是否计入本单位工作年限的问题，可由当事人双方约定。对此，立法也可作出特别规定，例如，劳动者应征入伍的中止期间应当计入在用人单位工作年限。

劳动合同中止因引起中止的法定或约定事由消失而结束。中止事由的消失有两种表现：一种是对劳动合同履行的客观阻碍性消失，劳动合同履行的条件再次具备，就应当恢复履行。另一种是对劳动合同履行的客观阻碍已由可能性转化为确定性，或者说暂时阻碍已转化为长期或永久阻碍，如失踪者已被法院宣告失踪、宣告死亡，涉嫌违法犯罪者已被认定违法犯罪等情形，劳动合同已不能恢复履行，就应当依法解除或终止。

三、劳动合同的变更

（一）劳动合同变更的界定和分类

劳动合同变更，是指当事人双方或单方依法修改或补充劳动合同内容的法律

---

① 第（1）（2）（3）（4）（6）项见《江苏省劳动合同条例》（2013年）第30条、《山东省劳动合同条例》（2013年）第26条、《上海市劳动合同条例》（2001年）第26条等，其中第（2）项最早为原劳动部《关于贯彻执行〈劳动法〉若干问题的意见》（劳部发〔1995〕309号）第28条所规定；第（5）项见《上海市劳动合同条例》（2001年）第26条、《〈上海市劳动合同条例〉实施细则》（2002年）第13条。

行为。它发生于劳动合同生效或成立后尚未履行或尚未完全履行期间，效力及于劳动合同尚未履行的剩余期间，非临时性变更。

劳动合同变更的对象，只限于劳动合同中的部分条款。它应当符合下述要求：（1）是尚未履行或者尚未完全履行的条款。（2）是依法可以变更的条款。换言之，依法不应作为变更对象的条款，如合同当事人条款等，不适用劳动合同变更制度。（3）是引起合同变更的原因所指向的条款。凡是与合同变更的原因无关的条款，就不必予以变更。

劳动合同变更的一般类型，即有效劳动合同的协议变更。只要当事人双方协商一致，一般无需实体条件。但也有规定实体条件的特殊情形，例如《劳动合同法》第 40 条第 1 款第 3 项规定，劳动合同订立所依据的客观情况发生重大变化，致使劳动合同无法履行，经用人单位与劳动者协商，未能就变更劳动合同达成协议的才可预告辞退。

劳动合同变更的特殊类型，是指在一定条件下劳动合同的单方变更，或者无效劳动合同的变更。前者例如，劳动者患病或者非因工负伤，在规定的医疗期满后不能从事原工作，用人单位可另行安排工作。后者例如，对导致劳动合同无效无过错的一方当事人如果不行使解除权的，可变更劳动合同的内容。

劳动合同变更还可划分为对劳动者有利变更和对劳动者不利变更，甚至还有中性变更，既无有利也无不利。对有利变更和不利变更，可分别设计特别规则。例如，有的地方立法规定，变更劳动合同应当采用书面形式，注明变更日期，但提高劳动报酬等有利于劳动者的情形除外。①

（二）劳动合同变更的形式、程序和法律后果

由于劳动合同的订立应当采用书面形式，故劳动合同的变更也应当采用书面形式，但这一书面形式应当同订立劳动合同的书面形式一样，不作为变更后合同的有效要件。②

劳动合同协议变更的程序包括下述主要环节：（1）预告变更要求；（2）按期作出答复；（3）签订书面协议。

合同当事人双方的权利和义务，从变更合同的协议所约定之日起发生变更。

四、劳动合同的承继

劳动合同承继，是指因用人单位发生更替，劳动者与原用人单位的劳动合同由与

① 《江苏省劳动合同条例》（2013 年）第 29 条第 1 款。

② 《最高人民法院关于审理劳动争议案件适用法律若干问题的解释（四）》第 11 条规定，变更劳动合同未采用书面形式，但已经实际履行了口头变更的劳动合同超过一个月，且变更后的劳动合同内容不违反法律、行政法规、国家政策以及公序良俗，当事人以未采用书面形式为由主张劳动合同变更无效的，人民法院不予支持。

原用人单位有承继关系的新用人单位继续履行的情形。虽然劳动合同承继是由用人单位变动引起的一种法律后果，但并非所有的用人单位变动都可以引起劳动合同承继。

基于劳动关系是当事人双方劳动力与生产资料相结合之关系的原理，用人单位变动对劳动合同运行有无影响和有何影响，主要取决于用人单位变动中生产资料组合情况的变动及其对劳动力与生产资料相结合的影响。用人单位变动时劳动合同得以继续履行，关键在于，与劳动力相结合的生产资料在用人单位变动后还有其归属主体，亦即有承继原用人单位全部或部分生产资料的新用人单位，唯有这种新用人单位才可能具备继续履行原用人单位劳动合同的条件。基于这种考虑，可划分为不影响劳动合同履行的用人单位变动（非组织实体变动）和影响劳动合同履行的用人单位变动（组织实体变动）。这里的用人单位组织实体，即劳动者、生产资料和特定营业的结合体，劳动者与生产资料相结合以开展特定营业，生产资料与特定营业相结合构成劳动者的工作岗位。其中，营业随着生产资料的变动而变动，也带来工作岗位的变动。

用人单位组织实体变动可进一步划分为用人单位组织实体消灭和组织实体变更。前者是指原用人单位消灭而无新用人单位产生，如破产、解散、关闭、被撤销、拍卖等，劳动合同应当依法终止。后者是指原用人单位由变动后承继原用人单位生产资料及其所承载营业的新用人单位所代替，其中包括：原用人单位消灭而新用人单位产生，或者原用人单位存续且新用人单位产生，或者营业转让双方用人单位都存续。在用人单位组织实体变动后，存续或新设的用人单位由于承继原用人单位的生产资料和营业，所以才有可能继续履行原用人单位的劳动合同。

用人单位若只是非组织实体变动，如用人单位名称、法定代表人、主要负责人或者投资人、经营方式、法律形态因素发生变更，其组织实体仍然存续，与劳动者的劳动力相结合的生产资料仍然归属于原组织实体，故不影响劳动合同的履行。

第四节　劳动合同的解除和终止

一、劳动合同解除和终止的概念

劳动合同解除和终止，是劳动合同效力和劳动合同关系消灭的两种形式。劳动合同解除，是指劳动合同当事人提前消灭劳动合同关系，或者说阻却劳动合同存续的法律行为，其法律后果是使已生效或成立[①]的劳动合同在劳动合同期限届满

① 可解除的劳动合同，依传统法理只能是已生效的劳动合同；而《劳动合同法》第 38、39 条规定，无效劳动合同也可解除。故这里“已成立”的劳动合同仅指《劳动合同法》第 38、39 条规定的可解除的无效劳动合同。

之前或当事人丧失主体资格之前向后失去效力。劳动合同终止，是指劳动合同所确立的劳动关系因劳动合同解除以外的法律事实而消灭。二者的区别主要在于：（1）解除是劳动合同的提前消灭（或称提前终止）。终止则是劳动合同因期满、目的实现或当事人资格丧失而消灭。（2）解除须当事人依法作出提前消灭劳动合同关系的意思表示，即须经当事人双方协商一致或一方当事人依法行使解除权。即使具备劳动合同解除的条件而无合同当事人解除劳动合同的意思表示的，劳动合同仍未解除。终止则一般是在一定法律事实出现后无须当事人双方合意或任何一方专门作出终止劳动合同的意思表示，只需当事人在具备终止的法定事由时无延续劳动关系的意思表示即可。

二、劳动合同的解除

（一）劳动合同解除的方式和制度概要

按照合同解除的方式不同，可分为：（1）协议解除。劳动合同经当事人双方协商一致而解除。（2）单方解除。享有单方解除权的当事人以单方意思表示解除劳动合同，无须对方当事人同意。

单方解除按照行使单方解除权是否需要预告，可分为单方预告解除和单方即时解除，前者即经预先通知对方当事人后才可单方解除合同；后者又称无须预告解除，即在通知对方当事人的当时就可单方解除合同。按照行使单方解除权的主体不同，可分为劳动者单方解除（通常称辞职）和用人单位解除（通常称辞退或解雇）。对于不同形式的单方解除，法定要求有所不同。在辞职制度中，取向是保障辞职自由，一般只对即时辞职规定条件，而对预告辞职则不规定条件。在辞退制度中，取向是严格限制辞退以保障职业安定，即要求用人单位在符合法定条件的情况下方可辞退劳动者，这被称为“解雇保护”。

用人单位单方解除还可分为单个辞退（又称单个解雇）和裁员（又称集体辞退或集体解雇）。前者即用人单位单个地辞退某个劳动者，此为辞退的一般形式。后者即用人单位批次地辞退一定数量的劳动者。裁员因其对就业和社会稳定的负面影响大于单个辞退，故被称为经济性裁员，各国立法都将其事由限定于严重的经济原因，并规定更为严格的特别程序和条件。

根据《劳动合同法》的规定，劳动合同解除制度的主要内容，如图 3-1 所示：

（二）劳动合同的协议解除

对于协议解除的具体方式与程序，我国并无强制性规定，可以遵循劳动合同订立的程序。对于协议解除的动议，双方当事人皆可提出，只要与对方协商并形成解除合意即可解除劳动合同。而依《劳动合同法》第 46 条的规定，用人单位首先提出协议解除动议的，须支付经济补偿金；而劳动者首先提出协议解除动议的，

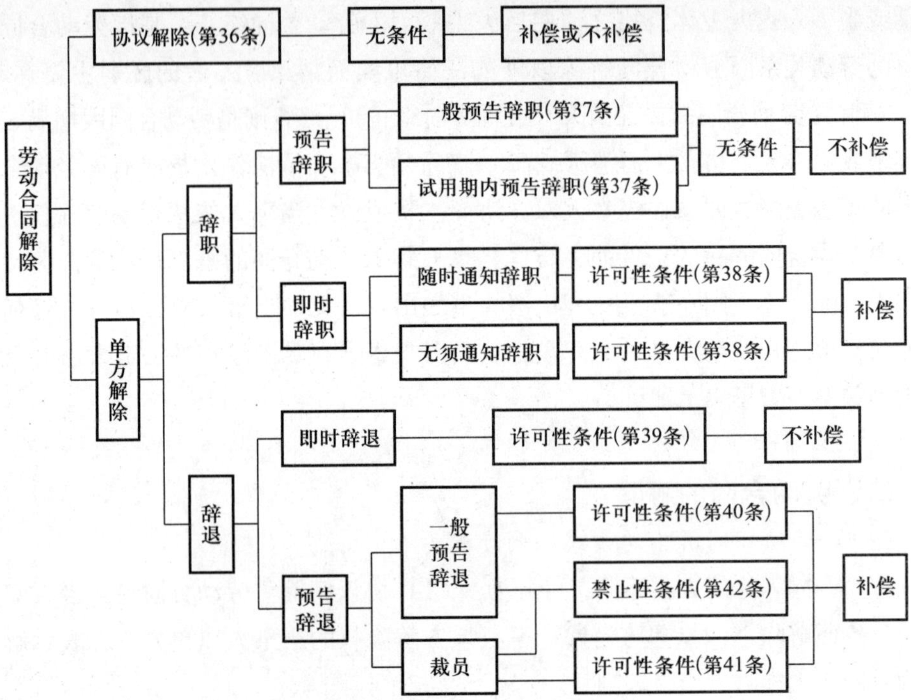

图 3-1　劳动合同解除制度

用人单位可以不支付经济补偿金。

（三）劳动者单方解除（辞职）

1. 预告辞职，以劳动者向用人单位预告为辞职的程序条件。其特点主要有：（1）它是劳动者享有的法定权利。（2）它是劳动者的单方意思表示。（3）它不受用人单位制约，无须征得用人单位的同意。（4）它除了以预告为程序条件外，不附加实体条件，故也可以认为预告辞职权是劳动者享有的无条件的单方解除权。这给予了劳动者辞职的极大自由。（5）用人单位可不支付经济补偿。

预告辞职可分为试用期外预告辞职和试用期内预告辞职。依《劳动合同法》第 37 条的规定，试用期外预告辞职的预告期为 30 日，且须书面预告；试用期内预告辞职的预告期为 3 日，口头预告即可。

2. 即时辞职（被迫辞职），是指劳动者无须向用人单位预告就可随时辞职。由于没有给用人单位安排其他劳动者来顶替辞职者的准备时间，可能对用人单位正常营业有不良影响，故即时辞职只限于用人单位有过错的情形。可见，这种辞职实质上是因用人单位过错而被迫辞职，对用人单位而言，劳动者的辞职已在预料之中，且在策略上是对解雇的一种替代，故称之为推定解雇。因此，这种辞职无须预告，且用人单位应当给予经济补偿。

根据是否通知用人单位，即时辞职可分为随时通知辞职与无须通知辞职。随时通知辞职表明，劳动者在辞职时需履行通知用人单位的义务，不得不辞而别。无须通知辞职则表明，劳动者在辞职的当时可以不通知用人单位，即可以不辞而别。作出这种区别的原因主要在于用人单位过错行为对劳动者人身自由或人身安全的危险程度。用人单位实施一般损害劳动者权益的过错行为，劳动者须在即时辞职时通知用人单位；而用人单位实施的过错行为严重损害劳动者权益或者危及劳动者人身自由或人身安全时，劳动者可以不辞而别，而这种不辞而别不属于违纪违章。因而，《劳动合同法》第 38 条对这两种即时辞职分别规定许可条件。

随时通知辞职的许可条件包括：（1）用人单位未按照劳动合同约定提供劳动保护或者劳动条件；（2）用人单位未及时足额支付劳动报酬；（3）用人单位未依法为劳动者缴纳社会保险费；（4）用人单位的规章制度违反法律、法规的规定，损害劳动者权益；（5）用人单位具有以欺诈、胁迫的手段或者乘人之危，使劳动者在违背真实意思的情况下订立或者变更劳动合同而致使劳动合同无效；（6）法律、行政法规规定劳动者可以解除劳动合同的其他情形。此项为概括式的兜底规定，也表明即时辞职的事由只能法定。

无须通知辞职的特点有：（1）不需通知而立即辞职。只要存在构成许可性条件的事实，劳动者不需事先告知用人单位就可立即辞职。（2）许可性条件只限于用人单位以暴力、威胁或者非法限制人身自由的手段强迫劳动者劳动，或者用人单位违章指挥、强令冒险作业危及劳动者人身安全两种情形。

> **拓展阅读**
>
> 如何认定“未依法为劳动者缴纳社会保险费”？

（四）用人单位单方解除（辞退）

用人单位的单方解除权，涉及劳动者的生存权和职业安定。因此，法律在依法赋予其单方解除权时进行了严格的法律规制。法律规制辞退，主要是从事由和程序等方面严格限制。在立法实践中，法律对辞退的规制，因引起辞退的事由不同而有差异。法定辞退事由中，有的来自劳动者，有的来自用人单位；来自劳动者的法定辞退事由中，又可分为可归责的过错性事由和不可归责的能力性（健康性）事由，且有的能力性事由还因是否在试用期内而有所不同。根据《劳动合同法》的规定，对劳动者过错性事由和试用期内能力性事由，实行即时辞退，其中，因劳动者过错性事由而辞退的为惩戒性辞退；对来自用人单位的事由和试用期外劳动者能力性事由，实行预告辞退，并具有更严格的限制。

1. 即时辞退，是指用人单位无须向劳动者预告或无须支付代预告金就可随时通知辞退。其特点有：（1）只要具备法定许可性条件，用人单位无须向劳动者预告就可随时通知辞退；（2）其法定许可性条件限于劳动者经试用不合格和劳动者有过错的情形；（3）用人单位可不支付经济补偿。根据《劳动合同法》第 39 条的规定，即时辞退可分为经试用不合格而即时辞退和惩戒性辞退（或称过错性辞退）。

作为即时辞退事由的经试用不合格，是指劳动者在试用期间被证明不符合录用条件，亦即在劳动合同约定的试用期内，用人单位有合法有效的证据证明劳动者完全或部分不符合招工时规定的录用条件。对此，依试用期的实验性，用人单位有权随时通知辞退。

惩戒性辞退的法定事由有：（1）严重违反用人单位的规章制度；（2）严重失职，营私舞弊，给用人单位的利益造成重大损害；（3）劳动者同时与其他用人单位建立劳动关系，对完成工作任务造成严重影响，或者经用人单位提出，拒不改正；（4）因劳动者欺诈、胁迫或者乘人之危而致使劳动合同无效；（5）被依法追究刑事责任。

2. 预告辞退，即用人单位经向劳动者预告或支付代预告金后辞退劳动者。其特点有：（1）预告是用人单位的程序义务，即用人单位应当提前 30 日以书面形式通知劳动者本人，或支付一个月工资代替预告。（2）预告辞退仅适用于劳动者没有过错的情形，即其许可性条件中不包括劳动者有过错的情形。（3）用人单位应当支付经济补偿。

法律设定辞退预告期的目的是基于劳动者生存权的考虑，给予被辞退的劳动者再求职的准备时间。因而，用人单位可以采用向劳动者预付预告期工资且免除其劳动给付义务的方式替代，即代预告金。代预告金较之预告期，对于防范用工风险具有一定的意义。故《劳动合同法》第 40 条允许用人单位对提前 30 日预告或额外支付劳动者 1 个月工资作出选择。

> 拓展阅读
>
> 最高人民法院指导案例 18 号：中兴通讯（杭州）有限责任公司诉王鹏劳动合同纠纷案

3. 一般预告辞退的许可条件。根据《劳动合同法》第 40 条的规定，一般预告辞退的许可条件包括：（1）劳动者患病或者非因工负伤，在规定的医疗期满后不能从事原工作，也不能从事由用人单位另行安排的工作；（2）劳动者不能胜任工作，经过培训或者调整工作岗位，仍不能胜任工作；（3）劳动合同订立时所依据的客观情况发生重大变化，致使劳动合同无法履行，经用人单位与劳动者协商，未能就变更劳动合同内容达成协议。

4. 裁员的许可性条件、程序和附加义务。裁员是指用人单位一次性预告辞退部分劳动者，以此作为改善企业生存和发展条件的一种手段。它是预告辞退和无过错辞退的一种特殊形式。其原因在于经济方面，故被称为经济性裁员。其表现形式具有批量性，故被称为集体辞退。当立法将裁员规制限于一定裁员规模时，又称之为规模裁员。

裁员属于预告辞退，《劳动合同法》第41条在一般预告辞退之外对裁员作出特别规定，给予更多的限制。其要点有：（1）裁员规模。即一次裁减20人以上或者裁减不足20人但占企业职工总数10%以上。（2）许可条件。即：依照《企业破产法》规定进行重整；生产经营发生严重困难；企业转产、重大技术革新或者经营方式调整，经变更劳动合同后，仍需裁减人员；其他因劳动合同订立时所依据的客观经济情况发生重大变化，致使劳动合同无法履行。（3）程序。用人单位提前30日向工会或者全体职工说明情况，听取工会或者职工的意见后，裁减人员方案经向劳动行政部门报告，可以裁减人员。（4）优先留用。即在选择裁员对象和安排裁员顺序时，基于一定的价值取向将特定类型的人员优先留用，亦即将其安排在裁员的较后顺序。例如，与本单位订立较长期限的固定期限劳动合同者；与本单位订立无固定期限劳动合同者；家庭无其他就业人员，有需要扶养的老人或者未成年人者。（5）裁员后优先录用。即用人单位在裁员后6个月内重新招用人员的，在同等条件下优先招用被裁减的人员。

5. 预告辞退（包括裁员）的禁止条件。预告辞退的禁止条件仅与预告辞退的许可条件相斥。即是说，若具备法定禁止条件，即使同时具备预告辞退的许可条件，也不得预告辞退；或者说，只有在被禁止辞退的情形消失后，用人单位以许可条件为依据的预告辞退权才可以恢复。但是，预告辞退的禁止条件与即时辞退的许可条件和协议解除并不相斥，也就是说，即使具备禁止辞退的情形，若同时具备即时辞退的许可条件也可即时辞退；除法律有特别规定外，当事人双方仍可协议解除劳动合同。

《劳动合同法》第42条规定的预告辞退和裁员的禁止条件包括：（1）从事接触职业病危害作业的劳动者未进行离岗前职业健康检查，或者疑似职业病病人在诊断或者医学观察期间；（2）在本单位患职业病或者因工负伤并被确认丧失或者部分丧失劳动能力；（3）患病或者非因工负伤并在规定的医疗期内；（4）女职工在孕期、产期、哺乳期内；（5）在本单位连续工作满15年且距法定退休年龄不足5年；（6）法律、行政法规规定的其他情形。

6. 工会对用人单位单方解除的干预。单个劳动者处于分散、孤立、弱小、无助的地位，无法与用人单位抗衡，特别是在用人单位对劳动者进行即时辞退、预告辞退或裁员时，劳动者更处于不利地位，其权益更容易受到侵犯，更需要工会的支持和维护。因此，立法将工会干预辞退规定为辞退的必要程序，赋予工会对辞退的参与和监督权。

《劳动合同法》第43条、《劳动法》第30条、《工会法》第21条的规定表明，工会对用人单位辞退劳动者的干预，有下述要点：（1）工会对辞退有知情权，即用人单位单方解除劳动合同，应当事先将理由通知工会。（2）工会对不当辞退有要求纠正权，即工会认为用人单位解除劳动合同不适当的，有权提出意见；如果用人单位违反法律、法规或者劳动合同，工会有权要求纠正；用人单位应当研究工会的意见，并将处理结果书面通知工会。（3）工会有义务支持和帮助劳动者提起仲裁和诉讼。劳动者认为企业侵犯其劳动权益而申请劳动争议仲裁或者向人民法院提起诉讼的，工会应当给予支持和帮助。

三、劳动合同的终止

（一）劳动合同终止制度的主要内容

根据《劳动合同法》和《劳动合同法实施条例》的规定，劳动合同终止制度的主要内容，可概括为如表 3–2 所示：

表 3–2 劳动合同终止及经济补偿

<table>
<tr><th>终止分类</th><th colspan="2">终止事由</th><th>是否补偿（《劳动合同法》第 46 条）</th></tr>
<tr><td rowspan="5">一般终止（《劳动合同法》第 44 条）</td><td colspan="2">劳动合同期满</td><td>一般补偿，法定例外不补偿</td></tr>
<tr><td colspan="2">劳动合同任务完成（以完成工作任务为期限）</td><td>补偿（《劳动合同法实施条例》第 22 条）</td></tr>
<tr><td rowspan="2">劳动者</td><td>开始依法享受基本养老保险待遇</td><td rowspan="2">不补偿</td></tr>
<tr><td>死亡，或者被宣告死亡或失踪</td></tr>
<tr><td>用人单位</td><td>被宣告破产；被吊销营业执照、责令关闭、撤销或者用人单位决定提前解散</td><td>补偿</td></tr>
<tr><td>特殊终止（《劳动合同法实施条例》第 5、6 条）</td><td colspan="2">自开始用工之日起不满 1 年，劳动者不订立书面劳动合同</td><td>自开始用工之日起，1 个月内的，不补偿；超过 1 个月不满 1 年的，补偿（《劳动合同法实施条例》第 5、6 条）</td></tr>
<tr><td>延期终止（《劳动合同法》第 45 条）</td><td colspan="2">具备《劳动合同法》第 42 条规定的禁止预告辞退的情形之一</td><td>不补偿，但因工伤丧失劳动能力者享受工伤保险待遇</td></tr>
</table>

（二）劳动合同终止的事由

关于劳动合同终止的事由，根据《劳动合同法》第 44 条和《劳动合同法实施条例》第 13 条的规定，只可法定，不得约定。

《劳动合同法》第 44 条规定的事由包括以下各项：（1）劳动合同期满；

（2）劳动者开始依法享受基本养老保险待遇；（3）劳动者死亡，或者被法院宣告死亡或者宣告失踪；（4）用人单位被依法宣告破产；（5）用人单位被吊销营业执照、责令关闭、撤销或者用人单位决定提前解散；（6）法律、行政法规规定的其他情形。

（三）劳动合同的延期终止

与劳动合同期满终止相对应，存在劳动合同延期终止的情形，即劳动合同期满时因存在法定特殊情形，劳动合同应当续延至相应的情形消失时终止。它作为劳动合同终止的一种特殊形式，是劳动合同期满终止的例外和补充。

延期终止的事由，即法定的阻却劳动合同期满终止的法律事实。存在该事由，劳动合同应当续延至该事由消失时终止。《劳动合同法》第 45 条将延期终止的事由限定为预告辞退的禁止性条件。

四、劳动合同解除和终止的经济补偿

劳动合同解除和终止的经济补偿（以下简称经济补偿或经济补偿金），即劳动合同解除或终止时，用人单位在法定条件下应当按照法定标准向劳动者一次性支付的货币补偿。狭义上，仅指《劳动法》第 28 条和《劳动合同法》第 46 条、第 47 条规定的经济补偿，在境外立法例中被称为遣散费或离职费。广义上，还包括医疗补助费、工伤医疗补助金和伤残就业补助金等。① 关于经济补偿的性质，从我国立法关于经济补偿的规定来看，应当定性为社会保障（生活帮助）为主、劳动贡献补偿为辅的经济补偿。

（一）经济补偿的事由

劳动合同解除的经济补偿事由，根据《劳动合同法》第 46 条的规定，包括：（1）用人单位有《劳动合同法》第 38 条规定的违反劳动合同和劳动与社会保障法律法规的情形，劳动者被迫辞职。（2）用人单位依照《劳动合同法》第 36 条规定向劳动者提出解除劳动合同并与劳动者协议解除劳动合同。（3）劳动者有《劳动合同法》第 40 条规定的基于健康、劳动能力的原因，或由于劳动合同订立时所依据的客观情况发生重大变化，不能履行劳动合同，用人单位经努力仍无效果而预告辞退。（4）用人单位由于《劳动合同法》第 41 条第 1 款规定的企业破产重整、生产经营发生严重困难等劳动合同订立时所依据的客观经济情况发生重大变化，致使劳动合同无法履行，而依法进行规模裁员。上述事由表明，在据以解除劳动合同的事由中劳动者本人没有过错的，应当给予经济补偿。

劳动合同终止的经济补偿事由，根据《劳动合同法》第 46 条和《劳动合同法

① 王全兴：《劳动法》，法律出版社 1997 年版，第 184 页。

实施条例》第22条的规定，包括：(1) 除用人单位维持或者提高劳动合同约定条件续订劳动合同，劳动者不同意续订的情形外，劳动合同期满终止。(2) 劳动合同因用人单位被依法宣告破产，被吊销营业执照、责令关闭或撤销，或者用人单位决定提前解散而终止。(3) 以完成一定工作任务为期限的劳动合同因任务完成而终止。(4) 法律、行政法规规定的其他经济补偿事由。

根据《劳动合同法实施条例》第6条的规定，劳动者自用工之日起超过1个月不满1年不与用人单位订立书面劳动合同的，用人单位有权书面通知劳动者终止劳动关系，但应当支付经济补偿。

(二) 经济补偿的标准

经济补偿有一般标准和特殊标准之分。根据《劳动合同法》第47条的规定，一般标准是按劳动者在本单位工作的年限，每满1年支付1个月的工资。6个月以上不满1年的，按1年计算；不满6个月的，支付半个月的工资。这里的“月工资”，是指劳动者在劳动合同解除或者终止前12个月（工作不满12个月的为实际工作月数）的平均工资。

经济补偿的特殊标准有两种：(1) 高薪劳动者的特别高限。依《劳动合同法》第47条第2款规定，劳动者月工资高于用人单位所在直辖市、设区的市级人民政府公布的本地区上年度职工月平均工资3倍的，向其支付经济补偿的标准按职工月平均工资3倍的数额支付，向其支付经济补偿的年限最高不超过12年。(2) 低薪劳动者的特别低限。依《劳动合同法实施条例》第27条的规定，劳动者月平均工资低于当地最低工资标准的，按照当地最低工资标准计算。

五、用人单位违法解除或终止劳动合同的后果

用人单位解除和终止劳动合同的行为，如果违反了法律法规关于劳动合同解除和终止的强制性规定，或者违反了集体合同和劳动合同依法约定的解除和终止劳动合同的规则，则属于用人单位违法解除或终止。这相当于境外立法例中的不正当解雇、不公平解雇或非法解雇的概念。依据《劳动合同法》第48条的规定，其后果包括：

1. 优先继续履行。劳动者要求继续履行劳动合同的，用人单位应当继续履行。其要件包括：(1) 用人单位已实施违法解除或终止劳动合同的行为；(2) 劳动者有继续履行劳动合同的要求；(3) 用人单位有继续履行劳动合同的条件。

2. 支付赔偿金。用人单位违法解除或终止劳动合同，劳动者不要求继续履行劳动合同或者劳动合同已经不能继续履行的，用人单位应当依照《劳动合同法》第87条规定支付赔偿金，即应当依照《劳动合同法》第47条规定的劳动合同解

除和终止经济补偿标准的2倍向劳动者支付赔偿金。

第五节　劳动合同特殊制度

一、劳务派遣

（一）劳务派遣的界定

劳务派遣，又称劳动派遣或劳动力派遣，是指派遣单位按照用工单位（又称要派单位）或劳动力市场的需要招收劳动者并与之订立劳动合同，按照其与用工单位订立的劳务派遣协议将劳动者派遣到用工单位劳动，劳动过程由用工单位管理，工资和社会保险费等项待遇由用工单位提供给派遣单位，再由派遣单位支付给劳动者并为劳动者办理社会保险登记和缴费等项事务；用工单位向派遣单位就提供的服务支付劳务费。它是一种特殊的用工形式、就业形式和就业服务形式。其中的被派遣劳动者通常称为派遣工。

劳务派遣与一般劳动关系的区别在于：一般劳动关系中，由用人单位直接招收和使用劳动者的，称为劳动合同用工；劳务派遣中，用工单位通过派遣单位招收劳动者，即招工与用工发生分离的，称为劳务派遣用工。

劳务派遣不同于外包用工。外包用工，是指发包人将其特定业务项目发包给承包人，由承包人招用劳动者来完成所承包的项目。在这里，发包人与承包人之间是劳务关系，承包人与劳动者是劳动关系，劳动者的劳动过程由承包人管理。在劳务派遣中，派遣单位与用工单位之间不存在业务项目承包关系，派遣单位为用工单位提供的劳务只限于部分人力资源管理服务，被派遣劳动者从事的劳动不由派遣单位承包和管理。

（二）劳务派遣的分类

1. 常雇型派遣和临时性派遣。其区别在于：（1）派遣前提不同。临时性派遣，又称登录型派遣，是指在派遣前派遣机构对劳动者只作登记，在受到用工单位委托后才与劳动者订立劳动合同并派遣其到用工单位劳动。常雇型派遣，是指在派遣前派遣单位根据市场需求招工并与劳动者订立劳动合同，受到用工单位委托后才派遣劳动者到用工单位劳动。（2）劳动关系存续状态不同。临时性派遣中，劳动者与派遣单位、用工单位的劳动关系都具有临时性，且同时发生和终止。常雇型派遣中，劳动者与用工单位的劳动关系具有临时性，而与派遣单位的劳动关系不具有临时性，即在劳动合同期限内，劳动者与用工单位的劳动关系终止或未被派遣，都不影响其与派遣单位劳动关系的存续。常雇型派遣较之临时性派遣，更有利于劳动关系的稳定，可促使派遣单位对被派遣劳动者的培训，便于保障被派遣劳动者在用工单位实现劳动平等。我国《劳动合同法》按照常雇型派遣的模式进行制度设计。

2. 系统内派遣与社会化派遣。系统内派遣，又称内部派遣，是指用人单位或者其所属单位出资或者合伙设立的劳务派遣单位，向本单位或者所属单位派遣劳动者。在我国，系统内派遣曾是为满足国有企业改革中减员的需要而出现的一种派遣形式。社会化派遣，即派遣单位面向全社会提供派遣服务，派遣单位独立于用工单位，其所服务的劳动者和用工单位都按劳动力市场需求选择而不受所有制、部门或行业系统限制。二者相比较，就满足劳动力资源市场配置和劳动者权益保护的需要而言，系统内派遣显然不及社会化派遣。故《劳动合同法》第 67 条禁止系统内派遣，只允许社会化派遣。

3. 初始派遣和再派遣。派遣单位向用工单位派遣劳动者，为初始派遣。用工单位将派遣工派遣到其他用人单位劳动，为再派遣。基于劳务派遣的性质和派遣单位资格规制的要求，用工单位只有用工权而无派遣权。若允许再派遣，不仅不利于派遣工的权益保护，而且会扰乱劳务派遣秩序。因此，《劳动合同法》第 62 条明确规定不得再派遣。

（三）劳务派遣的劳动关系结构

劳务派遣中的劳动关系呈现出一重劳动关系分两个层次运行的结构。其中有下述要点：（1）“一重”。劳动关系实质上是劳动力与生产资料相结合的社会关系。某个劳动者的劳动力如果只与一个主体的生产资料相结合，就只存在一重劳动关系；如果与两个主体的生产资料相结合，则存在双重劳动关系。在劳动派遣中，由于只出现劳动力与生产资料的一重结合，因而只有一重劳动关系。（2）“三角”。在劳务派遣中，存在三个主体，即派遣单位、用工单位和劳动者，三者形成三角关系。（3）“两方”。就利益结构而言，派遣单位具有从用工单位中分离出来的雇主身份和职能，其与用工单位的共同利益一般多于其与劳动者的共同利益。因而，派遣单位不是独立于用工单位与劳动者的第三方，而是与用工单位共同为雇主一方，构成劳动者的相对人。（4）“两层”。雇主和劳动关系都分为两个层次。派遣单位为名义雇主、招工雇主，用工单位为实际雇主、用工雇主。一个完整的劳动关系也相应分为两个不完整而又相互联系的层次，劳动者与派遣单位之间有劳动合同而无劳动，这是形式上的劳动关系，其内容中没有劳动力与生产资料的结合，为人力资源管理（非生产性）的劳动权利义务；劳动者与用工单位之间是无劳动合同而有劳动的关系，这是实质上的劳动关系，以劳动力与生产资料的结合亦即劳动过程管理（生产性）的劳动权利义务为内容。其中，有的权利义务在内部分为两个层次，如雇主对劳动者的工资和社会保险费义务，用工单位承担负担义务，派遣单位承担支付或缴纳义务。（5）“纽带”。在劳动关系的两个层次之间存在两根“纽带”：一是委托关系，即派遣单位受用工单位委托为其提供招工、派遣等服务，此与民商法中的隐名代理类似；二是默示担保关系，即派遣单位因招工和派遣而就用工单位履行劳动法义务的能力对劳动者有担保义务，用工单位因委托派遣单位招工派遣或接受派遣单位的派遣而就其履行劳动法义务的能力对派遣单位和劳动者有担保义务。这就是派遣单位与用工单位应当对劳动者负连带责任的法理依据。（6）“主次”。劳动关系两个层次的主次地位。在临时性派遣中，应当以劳动者与用工单位的劳动关系为主。在常雇型派遣中，应当以劳动者与派遣单位的劳动关系为主。

（四）劳务派遣的岗位范围和比例限制

限制劳务派遣的岗位范围，旨在控制劳务派遣主流化的现象，将劳务派遣限定为用工的补充形式。2007 年《劳动合同法》第 66 条关于劳务派遣岗位范围的规定，属于弹性限制，2012 年《劳动合同法》则修改为刚性规制，即规定“劳务派遣用工是补充形式，只能在临时性、辅助性或者替代性的工作岗位上实施”，并对“三性”岗位作出明确界定。临时性工作岗位作为与常年性岗位（或称常设性岗位）相区别的概念，被限定为存续时间不超过 6 个月的岗位；辅助性岗位作为常年性岗位中与主营业务岗位相区别的概念，被定义为为主营业务岗位提供服务的非主营业务岗位；替代性岗位则是指常年性、主业性岗位中，在劳动者基于脱产学习、休假等原因无法工作的一定期间内可以由其他劳动者替代工作的岗位。

鉴于辅助性岗位界定的难度，法律还规定实行比例限制，即要求用工单位应当严格控制劳务派遣用工数量，不得超过其用工总量的 10%。①

（五）派遣单位和用工单位的义务划分

在劳动关系和劳动法中，用人单位（雇主）是使用他人劳动力的主体，是劳动合同的缔约人和履约人。在劳务派遣中，派遣单位虽然不使用派遣工的劳动力，却是劳动合同的缔约人和履约人，即以用人单位名义与劳动者订立劳动合同并履行劳动合同约定的部分与劳动力使用相关的义务，故已具备法律意义上用人单位（雇主）内涵的部分必备内容。因此，《劳动合同法》第 58 条特别强调，派遣单位是《劳动合同法》所称的用人单位，应当履行用人单位对劳动者的义务。在此意义上，派遣单位作为用人单位（雇主）不具有完整性，只是名义用人单位（雇主）、缔约或招工用人单位（雇主）、非用工用人单位（雇主）。劳务派遣中的用工单位，须以具备用人单位资格为前提，虽然不是劳动合同的缔约人，却是劳动力的使用者和劳动合同的履约人。基于劳动关系的实质是劳动力使用关系，用工单位较之派遣单位，更有理由是用人单位（雇主）。因此，不应当以法律未特别强调

---

① 参见《劳务派遣暂行规定》第 4 条。《劳务派遣暂行规定》自 2014 年 3 月 1 日起施行，除劳务派遣用工比例外，还对辅助性岗位的确定程序、跨地区劳务派遣的社会保险、禁止“假外包真派遣”等重要内容作出了规定。

用工单位是用人单位（雇主）而否定其是用人单位（雇主）。当然，用工单位作为用人单位（雇主）也具有不完整性。

派遣单位和用工单位都作为不完整的用人单位（雇主），其义务划分，既由立法规定，也由劳务派遣协议和劳动合同约定。其中，法定优于约定，约定内容不得与法定内容相抵触。《劳动合同法》和《劳务派遣暂行规定》等立法对其义务划分的特别规定，有以下几个方面：

1. 缔约义务和告知义务。派遣单位作为招工雇主，应当与派遣工订立书面劳动合同，且应当订立2年以上的定期劳动合同。在常雇型派遣中，劳动者可能被先后派遣到不同用工单位，劳动合同订立可能先于或后于劳务派遣协议订立，故派遣单位告知义务的内容，除劳动合同订立和变更时的一般缔约告知义务外，还应当包括劳务派遣所特有的内容。对于常雇型派遣而言，由于劳动合同对其存续期间派遣工在不同用工单位的劳动权利义务都作出具体约定，故用工单位也负有告知义务，即应当告知派遣工的工作要求和劳动报酬。

2. 劳动基准义务。在劳务派遣中，劳动过程的管理者是用工单位而非派遣单位，故遵守劳动基准的义务一般只由用工单位承担。用工单位应当遵守国家劳动标准，提供相应的劳动条件和劳动保护。在异地派遣中，一般应当遵守用工单位所在地的劳动标准；若派遣单位注册地劳动标准高于用工单位所在地劳动标准，且派遣单位与派遣工约定按照派遣单位注册地劳动标准执行的，从其约定。

派遣单位虽然不管理劳动过程，但对用工单位遵守劳动基准有督促义务，即应当督促用工单位依法为派遣工提供劳动保护和劳动安全卫生条件；并且，对派遣工无工作期间支付的劳动报酬遵守当地最低工资标准。

3. 劳动报酬和福利义务。派遣单位由于不使用派遣工的劳动力，故其就劳动报酬和福利仅承担支付义务，即除法定由用工单位直接支付的项目外，应当按照国家规定和劳务派遣协议约定，依法支付派遣工的劳动报酬和相关待遇；在派遣工无工作期间，应当按照当地最低工资标准，向其按月支付劳动报酬。

用工单位作为劳动力的使用者，应当负担由派遣单位支付的劳动报酬和福利。此外，其主要义务还有同工同酬义务和工资调整义务，以及直接向派遣工支付加班费、绩效奖金和岗位福利待遇的义务。

4. 社会保险义务。派遣单位是劳动合同的签约人，故应当是派遣工社会保险的参保人和缴费人，即应当依法为派遣工办理社会保险和缴纳社会保险费，并按规定办理社会保险关系转移手续。异地派遣的，由于社会保险执行用工单位所在地的标准，故派遣单位应当由其在用工单位所在地设立分支机构，或者委托用工单位代理，在用工单位所在地为派遣工办理参保手续并缴费。

派遣工在用工单位发生工伤的，派遣单位应当依法申请工伤认定，用工单位应当协助工伤认定的调查核实工作；派遣单位还应当承担工伤保险责任，但可以与用工单位约定补偿办法。派遣工在申请进行职业病诊断、鉴定时，用工单位应当负责处理职业病诊断、鉴定事宜，并如实提供职业病诊断、鉴定所需要的资料，派遣单位应当提供派遣工职业病诊断、鉴定所需的其他材料。

5. 其他义务。派遣单位应当建立培训制度，对派遣工进行上岗知识、安全教育培训；用工单位应当对在岗派遣工进行工作岗位所必需的培训。

派遣单位应当依法出具解除或终止劳动合同证明，协调处理劳动者与用工单位的纠纷。用工单位不得将派遣工再派遣到其他用人单位；除法定可退回的情形外，不得将派遣期限未满的派遣工退回派遣单位。劳务派遣单位和用工单位都不得向派遣工收取费用。

（六）派遣工与正式工的同工同酬

《劳动合同法》第 63 条第 1 款规定："被派遣劳动者享有与用工单位的劳动者同工同酬的权利。用工单位应当按照同工同酬原则，对被派遣劳动者与本单位同类岗位的劳动者实行相同的劳动报酬分配办法。用工单位无同类岗位劳动者的，参照用工单位所在地相同或者相近岗位劳动者的劳动报酬确定。"由此可见，劳务派遣同工同酬的特点在于：（1）"同工"仅以岗位作为界定的标志，即派遣工与正式工在"本单位同类岗位"或"用工单位所在地相同或者相近岗位"。（2）"同酬"在空间范围和衡量标准上具有两个层次，即：用工单位同类岗位上部分使用派遣工的，"同酬"只在本单位同类岗位比较；用工单位同类岗位上全部使用派遣工的，"同酬"则超出本单位而在其所在地区作社会比较。

派遣工与正式工同工同酬中的"酬"，就其文义解释，是指劳动报酬，但有必要作适度的扩大解释，即除劳动报酬外，还应当包括部分劳动福利，但不宜包括基本社会保险待遇。理由在于：（1）现行立法对劳动报酬与劳动福利缺少明确界定，辅助工资形式与劳动福利项目易于混淆和串项，实践中多有劳动报酬支付与劳动福利支付错位的现象，且派遣工与正式工劳动福利不平等的问题非常突出。故应当将与劳动报酬难以界定且基于岗位特殊性的劳动福利项目纳入"同酬"的范围。（2）劳动报酬与社会保险是两种有明确法律界限的不同分配形式，正式工与派遣工社会保险的参保人不同，而且异地派遣中正式工与派遣工社会保险待遇不平等的问题，可通过统一在用工单位所在地参保和缴费得到解决，而不必将社会保险纳入"同酬"范围。

关于"同酬"的标准，实践中通常有三种理解，即：同工者劳动报酬数额相同；同工者劳动报酬水平相同；同工者劳动报酬分配规则相同。对其选择，应当依同工同酬的空间层次不同而有所不同。在本单位同类岗位派遣工与正式工"同酬"的比较中，只宜要求劳动报酬分配规则相同即可，此即立法所规定的"实行相同的劳动报酬分配办法"，劳动报酬分配办法的三项要素即劳动计量办法、劳动绩效考核办法和劳动报酬标准都应当相同。在用工单位所在地相同或者相近岗位派遣工与正式工"同酬"的社会比较中，对"同酬"只宜从劳动报酬水平相同的维度提出要求，即要求"参照用工单位所在地相同或者相近岗位劳动者的劳动报酬确定"派遣工的劳动报酬。

（七）派遣单位和用工单位的连带赔偿责任

2012 年《劳动合同法》与 2007 年《劳动合同法》相比，尽管承担连带赔偿责任的单位发生了根本变化，即将用工单位为派遣单位承担连带赔偿责任修改为派遣单位为用工单位承担连带赔偿责任，但都是单方位的连带赔偿责任，这有悖于以派遣单位和用工单位之间共同雇主关系和默示担保关系为基础的连带赔偿责任原理。尤其是在现实中，超出"三性"岗位或比例限制使用派遣工、同工不同酬、违法退回等违法行为的主要原因在于用工单位；用工单位从违法劳务派遣中所得利益，一般多于派遣单位；且用工单位承担赔偿责任的能力一般强于派遣单位，故在法律责任分配上偏重于用工单位，不仅更有效而且更可行。

值得注意的是，在劳务派遣中，根据法律规定和劳务派遣协议约定，用工单位对派遣工负有独立于派遣单位之外的义务，并且这些义务只应当由用工单位承担。故用工单位应当是独立的责任主体。设立连带赔偿责任，是为了给派遣工实现其赔偿请求权提供保障，并且以派遣单位与用工单位的雇主义务和赔偿责任的划分为前提，而不是对用工单位独立责任的否定。因而，履行连带赔偿责任后，可依据雇主义务和赔偿责任的划分行使追偿权。

二、非全日制用工

（一）非全日制用工的界定

非全日制用工，又称非全日制劳动或就业，是指以小时计酬为主，劳动者在同一用人单位一般只提供非全日工时劳动的用工形式。其与全日制用工的区别主要在于：（1）非全日制用工的工作时间少于全日制用工。（2）全日制用工为一般用工形式，非全日制用工为特殊用工形式。（3）非全日制用工的劳动关系一般具有临时性，全日制用工的劳动关系多具有稳定性。（4）全日制用工一般是一重劳动关系，非全日制可以存在双重或多重劳动关系。（5）对非全日制用工需要制定和适用特别法，如以小时计酬为主。

可见，区别全日制用工与非全日制用工的主要标志是正常工作时间的差异，即非全日制用工的正常工作时间少于全日制正常工作时数。目前，国际劳工组织和工业化国家对于非全日制劳动关系的界定有两类：一类是不规定非全日制用工的工时上限，仅以日或周平均工作时间少于标准工时来确定，例如国际劳工组织、欧盟和德国等；另一类是以周或日平均工时总数上限界定非全日制用工，例如法国、英国等。关于非全日制用工的正常工时界限的规定，又有时数界限和比例界限两种形式。时数界限如日本、美国、瑞典、澳大利亚等国规定周工时不满 35 小时；挪威规定周工时不满 37 小时；英国、芬兰、马来西亚规定周工时不满 30 小时。比例界限如法国规定至少少于法定周工时（39 小时）的 1/5；西班牙规定每日或每周工作的小时或天数之和少于正常工作时间的 2/3。我国对非全日制劳动关系界定为：以小时计酬为主，劳动者在同一用人单位一般平均每日工作时间不超过 4 小时，每周工作时间累计不超过 24 小时。

（二）非全日制用工的适用范围

劳动法以全日制用工为一般，以“一人一职”（即同一劳动者在同一时空只参与一个劳动关系）为原则，而以非全日制用工为特殊、以双重或多重劳动关系为例外。非全日制用工作为全日制用工的一种特殊和例外形式，可弥补全日制用工的不足，以满足社会和劳动力市场的灵活用工（就业）需求。

正因为非全日制用工是弥补全日制用工之不足的一种非主流用工形式，其适用范围应当限于：（1）工作量不能满足全日制用工需要的岗位；（2）工作量虽能满足全日制用工需要，但非全日制用工较之全日制用工可节约管理成本的岗位。超出此范围采用非全日制用工，既不利于保护劳动者权益，也不利于提高企业效率。

值得注意的是，非全日制用工虽然多具有临时性，但其适用范围不限于临时性岗位。《劳动合同法》将非全日制用工与劳务派遣并列为两种灵活用工形式，但并不表明二者在适用范围上应当完全隔离。由此引申的问题就是非全日制可否和如何适用于劳务派遣。在常雇型派遣中，派遣工与派遣单位的劳动关系不是临时性的，故不应当是非全日制劳动关系，即派遣单位不应当利用非全日制劳动合同来减轻其雇主责任；而派遣工与用工单位的劳动关系具有临时性，这与非全日制用工的临时性相吻合，应当允许用工单位对派遣工采用非全日制用工形式，即派遣单位可以将劳动者同时派遣到两个或两个以上用工单位从事非全日制劳动。

（三）非全日制劳动合同的特殊运行规则

1. 非全日制劳动合同订立的特殊规则。包括以下三个方面：（1）订立非全日制劳动合同可以采用口头形式。非全日制用工，具有短期性、灵活性、非正规性的特点，其劳动合同的订立需要快捷简便和尽可能低成本。口头协议可满足这一需要，以促进劳动者灵活就业。所以，非全日制劳动合同的订立，双方当事人既可以选择口头形式也可以选择书面形式。（2）劳动者可以与一个或一个以上用人单位订立非全日制劳动合同。全日制劳动者若建立兼职劳动关系，应当经本职劳动关系的用人单位同意。而非全日制劳动者无须用人单位同意就可以另外订立非全日制劳动合同。但是，后订立的非全日制劳动合同不得影响先订立的非全日制劳动合同的履行。因而，对劳动者的缔约告知义务应当有特殊的要求，即已有全日制劳动关系的劳动者经用人单位同意订立非全日制劳动合同的，应当向对方告知其已有全日制劳动关系的情况；已有非全日制劳动关系的劳动者另外再订立非全日制劳动合同的，不仅应当向后一个劳动合同的用人单位告知已有非全日制劳动合同的情况，还应当向前一个劳动合同的用人单位告知订立后一个劳动合同的情况。（3）非全日制劳动合同不得约定试用期。对非全日制劳动关系若实行试用期，与非全日制劳动关系的临时性、灵活性、非正规性的特点不符，也与试用期的功能相悖；并且，给用人单位压低非全日制劳动者的劳动报酬增加了条件，不利于非全日制劳动者的权益保护。

2. 非全日制劳动合同终止的特殊规则。基于非全日制劳动关系的短期性、灵活性、非正规性，依据《劳动合同法》的规定，非全日制劳动合同的终止，较之全日制劳动合同，有下述特点：（1）任何一方当事人都可以单方终止劳动合同，而无须对方同意。（2）任何一方当事人都可以随时通知对方终止劳动合同，而无须向对方预告。（3）任何一方当事人终止劳动合同，都不需要任何实体性条件。（4）终止非全日制劳动合同，用人单位不向劳动者支付经济补偿。

3. 非全日制劳动者参加社会保险的特殊规则。2003 年《劳动和社会保障部关于非全日制用工若干问题的意见》第 10—12 条规定，非全日制劳动者可以以个人身份参加基本养老保险和基本医疗保险，但用人单位应为其参加工伤保险缴纳工伤保险费。《社会保险法》第 10 条、第 23 条明确规定，未在用人单位参加基本养老保险、职工基本医疗保险的非全日制从业人员可参加基本养老保险和职工基本医疗保险，由个人缴纳保险费。

4. 非全日制用工可否选择非临时劳动合同的问题。我国现行立法关于非全日制用工的制度设计的前提是假定非全日制用工为临时用工。然而，现实中不可否认在常年性岗位上采用非全日制用工的可能性。若用人单位在常年性岗位上采用非全日制用工并与劳动者订立中长期甚至不定期劳动合同，并且适用《劳动合同法》第 71 条关于双方当事人任何一方都可以随时通知对方终止用工且用人单位不向劳动者支付经济补偿的规定，有失公正。在这种情形下，应当支持当事人双方作出附条件终止用工和支付经济补偿的约定。

（四）非全日制用工的劳动条件基准法适用

非全日制用工适用劳动条件基准法，既要遵循非全日制劳动者与全日制劳动者平等的原则，又要考虑非全日制用工特殊因素的影响。可有三种方式：其一，对于不受非全日制用工特殊因素影响的劳动条件，适用一般劳动基准，即劳动基准的适用不因全日制或非全日制而有差别。其二，对于受非全日制用工特殊因素影响的某些劳动条件，适用特殊劳动基准。其三，对于受非全日制用工特殊因素影响的某些劳动条件，劳动条件基准适用与当事人合意相结合。

1. 非全日制用工的工资基准。非全日制用工小时计酬标准不得低于当地最低小时工资标准。确定和调整小时最低工资标准应当综合参考的因素包括：（1）当地月最低工资标准；单位应缴纳的基本养老保险费和基本医疗保险费，当地月最低工资标准未包含个人缴纳社会保险费因素的，还应考虑个人应缴纳的社会保险费。（2）非全日制劳动者在工作稳定性、劳动条件和劳动强度、福利等方面与全日制劳动者的差异。最低小时工资标准的测算方法为：小时最低工资标准=［（月最低工资标准÷月平均计薪工作日数÷8）×（1+单位应当缴纳的基本养老保险费和基本医疗保险费比例之和）］×（1+浮动系数）。

非全日制用工的工资支付可以按小时、日、周单位结算，最长劳动报酬结算周期为 15 天，而不能按月结算。

2. 非全日制用工的加班。对非全日制用工而言，作为正常工作时间之外延长工时的加班，其形式有法定工时内加班和法定工时外加班。前者即实际工作时间超出约定工时但未超出法定工时；后者即实际工作时间不仅超出约定工时而且超出法定工时。法定工时外加班，应当依法支付加班费；而法定工时内加班是否支付加班费问题，以当事人双方约定为宜。

思考题：

1. 《劳动合同法》如何在具体制度设计上平衡劳动者的职业安定权与用人单位的用工自主权之间的关系？
2. 梳理未订立书面劳动合同劳动者主张双倍工资的案例，分析《劳动合同法》第 82 条的规定如何适用。
3. 如何理解劳动合同变更与用人单位人力资源调配权之间的关系？
4. 梳理劳动者严重违反用人单位的规章制度，用人单位单方解除劳动合同的案例，分析如何认定“严重违反用人单位的规章制度”。
5. 评析我国《劳动合同法》关于劳务派遣的规定。

▶ 自测习题及参考答案

第四章　集体劳动关系法律制度

工业革命大规模工厂化生产带来的劳动者聚集是集体劳动关系产生的社会基础。用人单位与劳动者既存在利益的对立性，又存在利益的一致性；既存在利益上的冲突，又存在相互妥协的空间，使集体劳动关系纳入法律规制成为可能。集体劳动关系法是个别劳动关系法的衍生和发展，但由于其法律关系主体的组织方式、劳资互动机制、集体合同的缔结方法、合意效力等与个别劳动关系法所依据的基础法理有很大的差别，因而形成了相对独立的法律运行规则。相较于个别劳动关系法，集体劳动关系法的目标更侧重于一国政治经济关系的稳定与发展。

第一节　集体劳动关系法基本理论

集体劳动关系涉及政治、经济、历史、文化等诸多领域，这使得调整集体劳动关系的法律体系在不同国家呈现出不同样态。集体劳动关系法的基本理论有助于我们理解这些不同法律样态中的共性问题。

一、集体劳动关系的概念和特点

集体劳动关系的概念在经济学、社会学、政治学、历史学等学科领域有着各自不同角度的表述。不过，这些表述通常都会涉及工会、集体谈判、集体合同、职工民主参与、劳动法律等核心要素。纵观世界各国集体劳动关系法的立法和司法实践，纳入法律体系调整的集体劳动关系主要包括集体谈判主体（主要指“工会”）的权利和资格认定，集体谈判的运行机制、规则及程序，集体合同（或称“团体协议”）的内容和效力，职工民主参与的范围和程序，以及三方协商机制等方面。我国目前对于法律意义上的集体劳动关系的概念尚未达成共识，较具代表性的表述是：“所谓集体劳动关系又称团体劳动关系，通常指劳动者集体或团体一方（通常以工会为代表）与雇主或雇主组织，就劳动条件、劳动标准以及有关劳资事务进行协商交涉而形成的社会关系。”① 本书认为，集体劳动关系法所调整的集体劳动关系主要是指工会或其他劳动者组织与用人单位或用人单位团体之间，为维持或提高劳动者劳动条件和福利待遇，以集体谈判、集体合同、职工参与等

---

① 常凯：《劳动关系的集体化转型与政府劳工政策的完善》，载《中国社会科学》2013 年第 6 期。

形式，发生的一系列互动博弈行为所产生的社会关系。

集体劳动关系法所调整的集体劳动关系具有以下特点：

1. 集体劳动关系主体具有团体性，且侧重强化对于工会的法律规制。集体劳动关系主要发生在工会或其他劳动者组织与用人单位或用人单位团体之间。工会是集体劳动关系产生发展的主要影响力量。在不同国家，以企业职工委员会、职工代表参加的监事会、职工代表大会以及其他样态呈现的劳动者组织也可以成为集体劳动关系的一方主体，但由于工会对劳动者境遇改善发挥主导作用，各国均侧重对工会主体加以立法规制。从各国立法来看，工会并非必须注册为社团法人，但司法实践均承认工会行为的法律效果，亦给予其诉讼上的独立地位。工会有参加集体劳动法律关系的“权利能力”，即工会有法律赋予或默认的在集体劳动关系中享有权利和承担义务的资格，这是其成为集体劳动关系主体的前提条件。但工会在集体劳动法律关系中还应具备相应的“行为能力”，即以自己的行为行使权利、承担义务的能力。在大多数市场经济国家，工会的“行为能力”需要得到法律规定的工会认证程序认证或政府的官方确认。①

2. 集体劳动关系中劳资间交换的利益具有开放性。与商业交易不同，集体劳动关系主体间不是简单的经济利益交换活动。一般而言，工会主要以提高成员的劳动条件和福利待遇为目标，用人单位或用人单位团体主要以获得产业和平为目标。前者主要表现为经济利益上的增加，但也可以是社会地位提升、工作岗位稳固甚至员工精神愉悦等方面得到满足。后者无法直接使用经济标准衡量得失，尽管稳定和谐的劳资关系从长期来看有利于用人单位提升经济收益，但其兑现往往是缓慢的，且可能出现反复。从宏观上看，集体劳动关系中交换的利益深受一国劳工政策和劳动法律的影响，有时甚至超越交易主体双方的自由意志。从微观上看，随着企业管理模式的发展，集体劳动关系的交涉内容得到极大扩展，不再局限于劳动标准和劳动条件，比如企业经营管理中招聘政策、工作分类、培训等传统上属于用人单位权利的事项，也可以展开劳资协商，以全面实现提高劳动者劳动条件和福利待遇的目标。

3. 集体劳动关系不是个别劳动关系的简单叠加，主体的团体性特征使集体合同的效力具有强制性。一般认为，集体劳动关系主体与其成员间的关系是一种代表关系，而非民事代理关系。工会和用人单位团体在集体谈判过程中依照“少数服从多数”的原则决策，不可能获得成员对所有谈判事项的一致同意。因此，尽管集体谈判以提升工会成员的劳动条件和福利待遇为目标，谈判结果却并不一定

① 比如美国和英国都规定有工会认证程序，法国工会经官方确认有代表权后才有参加集体谈判的资格。

是每个成员的真实意思表示。不过，在集体劳动关系中，集体合同一旦成立生效，签订合同的双方当事人都有责任约束各自成员履行集体合同义务，否则应当承担违约行为所产生之法律后果。

4. 集体谈判程序规则对集体劳动关系的运行具有实质影响。集体谈判的目标不仅在于缔结集体合同，还要为劳资双方提供一种利益交换的日常性沟通平台，并使劳资冲突的缓和得以制度化。没有程序规则约束的集体谈判很难达成合意，用人单位因为不愿让渡经济利益而天然存在阻碍集体谈判的动机，工会则在集体合同达成前不受“产业和平”义务的约束，容易触发过激行动。此外，与集体谈判有关的信息主要由用人单位掌握，如果不在程序规则中加重用人单位的信息披露责任，就会出现信息的严重不对称，工会就难以在谈判中取得实质性成果。因此，只有通过法定或约定确立集体谈判的程序规则，并对谈判双方违反程序的行为课以法律责任，才能保证集体劳动关系法律制度维护的劳资双方权利义务的平衡。集体谈判能够有效缓解劳资矛盾，有利于经济发展和社会稳定，是当今大多数市场经济国家调整劳动关系的重要途径。

发达市场经济国家在工业化进程的不同时期，因经济、技术、社会发展背景的变化，劳资力量对比亦出现变化。集体劳动关系随着这种变化经历了从对立向对话，从冲突向合作推进的历史过程。相应地，集体劳动关系法也大多经历了“立法禁止—政府默认—主动立法调整”三个发展阶段。当代全球经济一体化引发新形态的劳动分工，劳动关系领域中劳动者的质与量都在改变，用人单位也不断采用新的管理措施满足员工需要。目前，以集体谈判为主要互动形式的传统集体劳动关系法正出现将部分调整领域退让给个别劳动关系法的现象。

二、集体劳动关系调整的意义

首先，集体劳动关系调整实现了劳资意思自治的力量对等性，是改善劳动者的劳动条件和福利待遇的重要手段。马克思认为：“社会必要劳动量，或生产使用价值的社会必要劳动时间，决定该使用价值的价值量。”① 生产性劳动创造价值和剩余价值，非生产性劳动则被资本雇用以协助实现或占用剩余价值，构成了马克思“剩余价值论”的基础。“剩余价值论”解释了为什么用人单位的利益在于支付劳动者报酬最小化，以及从劳动者那里获得利益最大化；与此相对应，劳动者的利益在于工资福利的最大化，以及在保住工作的前提下尽量减少劳动。这决定了用人单位与劳动者在经济利益上的冲突无法消除。在现代管理体制出现企业所有权与经营权分离之后，管理者通过压低劳动成本并增加劳动强度等短期策略进一

① 《资本论》第1卷，人民出版社2004年版，第52页。

步加重了劳资之间的利益冲突，同时也更明显地反映出用人单位在资本利益的驱动下缺乏主动改善劳动者劳动条件和福利待遇的动机。

集体劳动关系调整通过对集体劳动权的保障，实现了在不改变劳动关系从属性的前提下，使劳资双方意思自治的力量保持基本对等和平衡。在这种力量对等关系中，通过集体自治替代个别自治来对主要的劳动条件等事项进行确定，真正实现了对劳动者权益保障的普遍性和实质化，而且也避免了政府因过度介入劳资自治领域而产生的干预低效。正因如此，国际劳工组织《组织权利和集体谈判权利公约》第4条才强调："必要时应采取符合国情的措施，鼓励和推动在雇主或雇主组织同工人组织之间最广泛地发展与使用集体协议的自愿谈判程序，以便通过这种方式确定就业条款和条件。"同时，职工参与机制强化了劳资双方的社会连带关系，三方协商机制的运行也提高了立法和政策制定时的民主性和公平性，有效地促进了劳资政三方利益的平衡和协调。

其次，集体劳动关系调整通过确定合法产业行动的边界来维护国家的经济安全和社会秩序。产业行动是指在集体谈判过程中由劳动者（无论是否通过工会）或用人单位以施加压力为目的，单方面引起正常工作安排暂时停止的一种活动。比如劳动者怠工、联合抵制、设置纠察线、罢工，用人单位关闭工厂、雇用罢工替代者、解雇工会会员等。劳资间的利益冲突要求集体合同的达成必须保持适度的产业行动威胁，但是在产业行动纳入集体劳动法律关系调整以前，冲突的白热化经常导致产业行动失控，引发整个社会动荡。

在法律明确产业行动的合法边界后，工会会员将关注重点由改变社会结构的政治目标转移到提高劳动条件和福利待遇的经济利益追求上，从而使集体谈判过程与其他市场交易行为有了同质性，符合法律调整可预期的一般条件，成为一国体制内可控的行为。以罢工为例，通过规定法定程序、集体合同履行期间遵循"产业和平义务"、不支持非直接相关劳动者参与"间接罢工"或"间接抵制"、对罢工是否侵害"公共利益"由政府判定等一系列措施，一方面使其成为和平的罢工行动，避免对公共秩序的破坏；另一方面将工会变成一种制度化的力量，减少发生罢工的概率和罢工造成的影响。

最后，集体劳动关系调整可以有效缓和劳资冲突，促进劳资合作。马克思和恩格斯曾预言："资产阶级除非对生产工具，从而对生产关系，从而对全部社会关系不断地进行革命，否则就不能生存下去。"① 马克思和恩格斯之所以作出两大阶级利益不可调和的预言，是因为在他们所处的社会时期，资产阶级对日益高涨的工人运动采取了严厉打压的措施，工会没有合法地位，集体劳动法律关系更不存

① 《共产党宣言》（单行本），人民出版社1997年版，第30页。

在，这使得马克思和恩格斯对他们所处历史阶段的劳资关系缓和不抱希望。

劳动关系中的确普遍存在着冲突，但亦不乏合作空间。集体谈判和集体合同就是劳资双方寻找共同利益的产物。劳资关系中存在着劳动者团体与用人单位团体、劳动者个人与用人单位、劳动者与劳动者团体、劳动者与劳动者之间复杂的利益关系。集体劳动关系调整采用合作博弈的方式，它可以明确各个角色在不同场合的权利义务，有效缓冲个别劳动关系调整带来的直接冲突。集体劳动关系调整还可以使个别劳动关系变得更加确定和可预期，节省用人单位与劳动者逐个博弈的成本，从而减少个别劳动争议的发生。基于集体劳动关系的这些调整优势，北欧一些国家的某些行业中甚至出现以集体劳动关系取代个别劳动关系的情况。第二次世界大战以后，资本主义国家在加紧干预罢工的同时，开始广泛承认工会的合法谈判地位，并通过立法对集体谈判和集体合同加以保障，劳资矛盾得到极大缓解。如今，现代工业国家都将集体劳动关系法律作为调整工会和用人单位团体关系、缓和劳资关系冲突的重要手段，集体合同在各国集体劳动法律关系中也大多作为独立法律渊源而存在。

三、三方协商机制

三方协商机制指的是政府、用人单位和劳动者通过一定的组织机构和运作机制共同处理涉及劳动关系的重大问题，协调劳动关系主体不同利益的基本制度。这一制度于 1848 年在法国出现，经过国际劳工组织的大力提倡，目前作为处理集体劳动关系的原则被各国所接受。作为劳动关系运行中利害相关方的一种理性沟通、社会对话、促进合作的机制，其与集体协商、民主参与机制相较，更加关注利益主体共通性、普遍性的政策、制度问题。三方协商机制引入政府作为第三方来协调集体劳动关系，借由三方合作参与社会经济政策的决策过程，贯彻产业民主和劳资政三方利益衡平的理念，并能增强工会在社会生活中的影响力，提高与劳工权益相关的立法和政策规定的合理性。

1990 年 11 月，我国全国人大批准了国际劳工组织《三方协商促进实施国际劳工标准公约》（第 144 号），该公约要求批准的成员国运用各种程序，保证政府、用人单位和劳动者的代表对国际劳工组织活动的有关事宜进行有效协商。党的十九大报告进一步强调："完善政府、工会、企业共同参与的协商协调机制，构建和谐劳动关系。"目前，我国已经建立了协调劳动关系的"三方会议制度"，该机制的主要协调内容包括：推进和完善劳动合同制度、平等协商和集体合同制度；企业改制改组过程中的劳动关系；企业工资收入分配；劳动标准的制定和实施；劳动争议的预防和处理；企业民主管理；工会组织和企业联合会组织的建设；其他问题。

三方协商机制一般分为以下四个层次：（1）国家级三方协商。这是各国实施三方协商实践中最主要和最基本的一级协商层次，也是国际劳工组织侧重强调的协商层次。三方代表分别是政府的劳动部门和其他相关部门，全国一级的最有代表性的用人单位团体以及全国一级最有代表性的工会组织。其协商内容主要包括：参加国际劳工大会的事宜；批准或履行国际劳工公约或国际劳工建议书；国家经济和社会发展的政策和立法；实施国际劳工标准和国内劳动法。（2）产业一级协商。三方代表分别是政府的产业部门、产业的用人单位协会和产业工会。协商内容主要是产业层面的国际劳工标准，产业发展的相关经济和社会问题，以及产业层面的劳动关系和劳动标准。（3）地方一级协商。三方代表为地方政府劳动部门和其他相关部门，地方的用人单位协会和地方工会。协商内容主要是地方的社会经济政策的制定和立法，以及地方劳动标准和劳动法规。（4）企业一级协商。企业协商的直接主体是用人单位和企业工会，政府一般不直接参与，但协商出现僵局并影响社会公共利益时，政府也可以出面调解。

三方协商机制也是劳动争议处理的重要方式之一。我国《劳动法》《劳动合同法》《劳动争议调解仲裁法》等法律都有通过三方协商机制共同研究决定劳动争议重大问题的相关规定。

第二节 工 会

工会是职工自愿结合的工人阶级的群众组织，是集体劳动关系中的基本主体，是启动集体劳动关系、推动集体劳动关系发展的重要因素，是集体劳动关系法律重要的规制对象。

一、工会体制

根据工会机构体系和隶属关系，一般将各国工会体制分为一元体制和多元体制。我国工会组织是一元体制，即中华全国总工会统领全国所有工会组织。新建立的工会组织，只要承认中华全国总工会的章程并经上级工会批准，即为合法工会，成为中华全国总工会的下属工会。多元体制工会则大致有三种情况：（1）碎片化的、相互竞争的、缺乏纪律性的、高度分散化的工会组织。比如英国，工作场所的每一个职业群体都有专门的工会来代表，并且有两个或多个工会同时竞争某一员工群体。有数据显示，1998 年在英国拥有 25 名以上劳动者的工作场所中，平均工会数目是 2.4 个。英国工会联合会作为全国性的工会组织，实际上没有力量约束其名下的各个工会和会员。（2）由一个或几个工会统领全国绝大多数工会，未加入的分散工会影响力则很弱。比如德国工会联合会既是德国也是欧洲最有实力的工会组织之一。德国工会联合会主要由8大行业工会联合而成，在德国境内16个州建立了88个地区工会联合会。(3) 全国有一个或几个有较广泛代表性的工会组织，但未加入其中的分散工会也有较强的活动能力。比如美国尽管存在"劳联—产联"以及"变革求胜"这两大工会联盟，但会员人数最多的工会——全国教育联合会仍然选择独立存在。法国虽然有五大工会联盟，但拥有十几万会员的统一联合工会并没有加入这些联盟。①

工会一般来说可分为三种层级：一是中央级，所谓全国性总工会。有些国家只有一个总工会或者一个最主要的总工会；一些国家主要有两类总工会，蓝领的总工会和白领的总工会。多元制工会国家允许存在一些不加入任何一个总工会的独立工会的存在。全国性总工会通常不直接参与同用人单位或用人单位团体的谈判，而是将工作重心放在制定政策、收集资料、研究信息、培训基层组织等宏观的服务项目上。二是产业（行业）级。产业或行业工会通常也是全国性组织，即涵盖全国相同产业或行业的劳动者。不过，由于产业分化，德国等国家近年来也出现了多元化行业工会。这一级工会同相应的产业或行业的用人单位组织进行谈判。三是企业级，企业级可以包括企业或集团层次的谈判、工厂或者工作场所的谈判，以及像英国一些地方出现的车间或部门的谈判。

我国《工会法》规定了工会的组织体系。中华全国总工会是工会的最高领导机关，按行政区划建立的省级、市（县）级地方总工会是工会的地方领导机关。同一行业或者性质相近的几个行业，可以根据需要建立全国的或者地方的产业工会。企业、事业单位、机关建立基层工会组织。《中国工会章程》第11条第1款规定："……除少数行政管理体制实行垂直管理的产业，其产业工会实行产业工会和地方工会双重领导，以产业工会领导为主外，其他产业工会均实行以地方工会领导为主，同时接受上级产业工会领导的体制……"

二、工会及会员的保护

对工会及会员的保护，经过各国劳工运动的推动和长期的司法实践，已经形成了一套完善的法律制度体系。在权利保障层面，除了正面对工会和会员的权利进行确权外，多数国家还从反面建立了团结权广义的权利救济机制——不当劳动行为制度。同时，工会安全保障条款制度和工会豁免权保障制度在国外工会法发展历史中也具有重要的地位。这些内容体现在以工会法和集体合同法为代表的劳

① 李丽林、张维：《工业化国家的工会与集体谈判制度的多样性及其对中国的启示》，载《东岳论丛》2013年第3期。

动法律中，对工会和会员的权利保护存在一定的交叉。

（一）工会和会员的权利

各国对于工会和会员权利的确权范围及力度，深受其文化背景、历史传统、政策导向的影响。我国目前对于工会及会员权利的确权保障仍有进一步强化完善的空间。

1. 工会的权利。根据我国《工会法》等相关法律规范的规定，工会主要享有以下权利：

第一，保障职工依法行使民主参与的权利。譬如：工会有权依照法律规定通过职工代表大会或者其他形式，组织职工参与本单位的民主决策、民主管理和民主监督；企业、事业单位研究经营管理和发展的重大问题应当听取工会的意见；召开讨论有关工资、福利、劳动安全卫生、社会保险等涉及职工切身利益的会议，必须有工会代表参加；企业、事业单位违反职工代表大会制度和其他民主管理制度，工会有权要求纠正，保障职工依法行使民主管理的权利等。

第二，指导和帮助职工的权利。具体体现在：（1）工会有权帮助、指导职工与企业以及实行企业化管理的事业单位签订劳动合同；（2）上级工会可以派员帮助和指导企业职工组建工会，任何单位和个人不得阻挠；（3）工会签订集体合同时，上级工会应当给予支持和帮助；（4）职工认为企业侵犯其劳动权益而申请劳动争议仲裁或者向人民法院提起诉讼的，工会应当给予支持和帮助。

第三，开展集体协商和缔结集体合同的权利。《工会法》第20条第2款规定：“工会代表职工与企业以及实行企业化管理的事业单位进行平等协商，签订集体合同。集体合同草案应当提交职工代表大会或者全体职工讨论通过。”

第四，提出意见、建议和交涉的权利。具体体现在：（1）企业、事业单位处分职工，工会认为不适当的，有权提出意见。（2）企业单方面解除职工劳动合同时，应当事先将理由通知工会。工会认为企业违反法律、法规和有关合同，要求重新研究处理时，企业应当研究工会的意见，并将处理结果书面通知工会。（3）工会发现企业违章指挥、强令工人冒险作业，或者在生产过程中发现明显重大事故隐患和职业危害，有权提出解决的建议，企业应当及时研究答复。（4）工会发现危及职工生命安全的情况时，有权向企业建议组织职工撤离危险现场，企业必须及时作出处理决定。（5）企业、事业单位违反劳动法律、法规规定，有克扣职工工资、不提供劳动安全卫生条件、随意延长劳动时间、侵犯女职工和未成年工特殊权益或者其他严重侵犯职工劳动权益的情形时，工会有权代表职工与企业、事业单位交涉，要求其采取措施予以改正。企业、事业单位应当予以研究处理，并向工会作出答复。拒不改正的，工会可以请求当地人民政府依法作出处理。（6）企业、事业单位发生停工、怠工事件的，工会有权代表职工同企业、事业单位或者有关方面进行协商，反映职工的意见和要求并提出解决意见。对于职工的合理要求，企业、事业单位应当予以解决。

第五，调查与监督的权利。具体体现在：（1）工会有权对企业、事业单位侵犯职工合法权益的问题进行调查，有关单位应当予以协助。（2）对于职工因工伤亡事故和其他严重危害职工健康问题的调查处理，必须有工会参加。工会应当向有关部门提出处理意见，并有权要求追究直接负责的主管人员和有关责任人员的责任。对工会提出的意见，应当及时研究，给予答复。（3）工会依法对职业病防治工作进行监督。用人单位制定或者修改有关职业病防治的规章制度，应当听取工会的意见。（4）生产经营单位的工会依法组织职工参加本单位安全生产工作的民主管理和民主监督。生产经营单位制定或者修改有关安全生产的规章制度，应当听取工会的意见。

第六，参与管理国家事务、经济文化事务和社会事务的权利。具体体现在：（1）国家机关在组织起草或者修改直接涉及职工切身利益的法律、法规、规章时，应当听取工会意见。（2）县级以上各级人民政府制定国民经济和社会发展计划，对涉及职工利益的重大问题，应当听取同级工会的意见。（3）县级以上各级人民政府及其有关部门研究制定劳动就业、工资、劳动安全卫生、社会保险等涉及职工切身利益的政策、措施时，应当吸收同级工会参加研究，听取工会意见。（4）县级以上地方各级人民政府可以召开会议或者采取适当方式，向同级工会通报政府的重要的工作部署和与工会工作有关的行政措施，研究解决工会反映的职工群众的意见和要求。

第七，参与解决劳动争议的权利。具体体现在：（1）工会有权参加企业的劳动争议调解工作，地方劳动争议仲裁组织也应当有同级工会代表参加。（2）企业违反集体合同，侵犯职工劳动权益的，工会可以依法要求企业承担责任。（3）因履行集体合同发生争议，经协商解决不成的，工会可以向劳动争议仲裁机构提请仲裁。仲裁机构不予受理或者对仲裁裁决不服的，可以向人民法院提起诉讼。（4）各级人民政府劳动行政部门应当会同同级工会和企业方面代表，建立劳动关系三方协商机制，共同研究解决劳动关系方面的重大问题。

第八，获得运营安全保障的权利①。譬如任何组织和个人不得随意撤销、合并工会组织；企业、事业单位应当支持工会依法开展工作；各级人民政府和企业、事业单位、机关应当为工会办公和开展活动提供必要的设施和活动场所等物质条件等。另外，《工会法》也在保障自身独立运营的人事、经费等方面作了一些确权

① 获得运营安全保障的权利是保障工会和会员团结的基本要求。在世界劳动立法上，为保证工会正常和自主的运营，雇主对于工会在人事、资金、业务活动等方面具有“必要”的支持义务和容忍义务，但是超过该“必要”限度，雇主的行为要么构成不当劳动行为，要么则解除相应的义务。

规定，譬如基层工会的非专职委员占用生产或者工作时间参加会议或者从事工会工作，每月不超过 3 个工作日，其工资照发，其他待遇不受影响；对依法履行职责的工会工作人员无正当理由调动工作岗位，进行打击报复的，由劳动行政部门责令改正、恢复原工作；造成损失的，给予赔偿。对依法履行职责的工会工作人员进行侮辱、诽谤或者进行人身伤害，构成犯罪的，依法追究刑事责任；尚未构成犯罪的，由公安机关依照治安管理处罚相关规定处罚；任何组织和个人不得侵占、挪用和任意调拨工会的财产、经费和国家拨给工会使用的不动产等。

第九，争议提请救济的权利。譬如工会对违法侵犯其合法权益的，有权提请人民政府或者有关部门予以处理，或者向人民法院提起诉讼；对于侵占工会经费和财产拒不返还的，可以向人民法院提起诉讼，要求返还并赔偿损失等。

2. 会员的权利。根据《中国工会章程》第 3 条的规定，我国工会会员享有以下权利：（1）选举权、被选举权和表决权；（2）对工会工作进行监督，提出意见和建议，要求撤换或者罢免不称职的工会工作人员；（3）对国家和社会生活问题及本单位工作提出批评与建议，要求工会组织向有关方面如实反映；（4）在合法权益受到侵犯时，要求工会给予保护；（5）工会提供的文化、教育、体育、旅游、疗休养事业、生活救助、法律服务、就业服务等优惠待遇以及工会给予的各种奖励；（6）在工会会议和工会媒体上，参加关于工会工作和职工关心问题的讨论。

在这些权利中，除了（1）（2）（5）（6）项所规定会员在工会组织内部享有的基本权利外，由于工会与会员是代表与被代表的关系，工会相对于其他主体的一些权利也在一定程度上代表和反映了会员所享有的权利。因此，会员的权利不仅包括其作为劳动者而享有的包括团结权在内的所有劳动权利，也包括第（2）（3）两项规定的工会相对于会员应尽的代表义务和维护义务所体现出的会员权利，即获得工会指导帮助、获得工会代表自己进行协商、交涉、建议、监督、调查、参与和解决劳动纠纷等方面的权利。当然，这三类会员权利在内容上存在一定交叉，随着劳动法制的进步，会员权利的内容也在不断发展。

（二）工会安全保障条款

在实行多元体制工会的国家，由于部分用人单位阻挠工会的成立、运作或削弱工会的功能，因此工会在与用人单位进行集体协商时，通常会把工会正当运营列为重要的协商议题，并设置多种类型的工会安全（保障）条款（union security clauses）来加以实现，其中最常见的有三种形式：（1）封闭工厂（closed shop）：用人单位只能雇用工会会员，同时要求新受雇的员工必须在受雇前加入工会。（2）工厂工会（union shop）：用人单位可以雇用任何人，不论其是否为工会会员，不过，新进的员工必须在受雇一定期间内加入工会，或在试用期之后加入该工会，并于受雇期间继续保留其工会会员资格。（3）代理工厂（agency shop）：受雇的员工并不强迫加入工会，不过他们必须付给工会代理费，这笔费用的额度大致相当于工会会费。如果一国法律规定集体合同适用于某一产业、地区或工场的所有受雇者，则无论受雇者是否为工会会员，理论上都可以享受工会协商争取来的劳动条件提升。由于工会在协商中花费了成本，所以非工会会员如果同享协商成果就应当付费。代理工厂条款可以防止只想享受权利而不履行义务的“搭便车者”。

然而，上述几种条款常被认为有“强制入会”的嫌疑。美国就于1947年通过《劳资关系法》(也称“塔夫托—哈特莱法”)，容许各州制定所谓“工作权利法”以排除上述条款的适用。该法规定劳动者不但可以自由选择是否加入工会、非工会会员不必缴纳会费，而且对于其他州工会通过斗争得来的适用于全国范围的政策法律的好处，比如同工同酬权，可以一体适用。不过，也有不少学者指出，宪法上的结社权与劳动法上的团结权存在一定的区别，结社自由与团结自由的价值侧重并不相同，与结社权强调自由价值相比，团结权生成的基本价值在于侧重对劳动者生存权的保障，消极性的团结自由实际上与团结权的基本价值是相抵触的。因此，消极性的团结自由不应当是团结自由的应然范畴。进而，工会保护中的“工会安全保障”条款并未违反结社自由权。

(三) 工会的豁免权保障

从各国工会法律规制历史来看，工会大多曾被赋予或至今仍然保有特殊的民事责任豁免地位。例如英国《1906年劳资纠纷和解条例》赋予“工会一种免除民事责任的自由，即使它或其成员实施了最为严重的侵权行为，亦可以不用承担此种行为的民事责任”。此后，美国也同样颁布了有利于工会的法规。《1914年克莱顿法》最先使工会免受《谢尔曼法》有关反垄断规定的限制；《1932年诺里斯—拉加蒂条例》在这方面起了更大的作用，实际上就劳工组织的侵权行为确立了完全的免责条款。与英美两国的做法多少有些类似的是，多数欧洲国家在20世纪20年代也渐渐出现了这种支持工会的做法，但确认这种情形的方式却与英美不尽相同，亦即“通过明文的立法许可较少，通过政府当局和法院的默认较多”①。不过，当工会影响力增强，各国都着手对工会的目的范围重新加以划定，豁免的合法性判断以及工会责任的承担方式也部分回归到私法责任领域。

(四) 不当劳动行为制度

不当劳动行为（unfair labor practices）制度是劳动法上的特有制度，一般指的是将雇主侵害劳动者或工会团结权（广义）和工会侵害雇主团结权、经营权或者侵害会员团结权的特定行为列为法律上的不当劳动行为而加以禁止，并设置特定

① [英] 弗里德利希·冯·哈耶克:《自由秩序原理》(下)，邓正来译，生活·读书·新知三联书店1997年版，第268—270页。

的救济机制加以专门规制的法律制度。不当劳动行为制度滥觞于美国，其以团结权为基本的权利根据，以实现劳资双方力量的均衡和劳资秩序的公平合理为目标，即对于“团结权的保障不只是对劳动者及工会本身主观的权利和自由的保障，还包含了现实中形成与维持对等劳动关系秩序的客观秩序的保障”①。在制度内容上包括不当劳动行为认定与对遭受不当劳动行为侵害的救济两部分。

不当劳动行为制度的立法，以美国 1935 年《国家劳资关系法》为代表，日本、韩国等国家也在有关工会法律中加以继承和借鉴。值得注意的是，我国台湾地区于 2011 年完成了对原有之“工会法”“团体协约法”和“劳资争议处理法”的修改，确立了新的“劳工三法”，这次修正最为主要的内容就是引入美国、日本等国家确立的不当劳动行为制度。另外，国际劳工组织也对不当劳动行为制度作了专门的保障规定。《结社自由和组织权利保护公约》（第 87 号）第 2 条规定：“工人和雇主应毫无区别地有权不经事先批准建立和参加他们自己选择的组织，其唯一条件是遵守有关组织的规章。”第 3 条规定：“工人组织和雇主组织应有权制定其各自组织的章程和规则，充分自由地选举其代表，自行管理与安排活动，并制订其行动计划。”《组织权利和集体谈判权利公约》（第 98 号）第 1 条规定：“工人应享有充分的保护，以防止在就业方面发生任何排斥工会的歧视行为。这种保护应特别应用于针对含有以下目的的行为：（a）将不得加入工会或必须放弃工会会籍作为雇用工人的条件；（b）由于工人加入了工会或者在业余时间或经雇主许可在工作时间参加了工会活动而将其解雇，或以其他手段予以打击。”第 2 条规定：“工人组织和雇主组织均应享有充分的保护，以防止在组织的建立、运转和管理等方面发生一方直接或通过代理人或会员干涉另一方的任何行为。特别是其意在促使建立受雇主或雇主组织操纵的工人组织的行为，或者通过财政手段或其他方式支持工人组织以期把它们置于雇主或雇主组织控制之下的行为，应被认为构成本条所称的干涉行为。”

不当劳动行为的类型，在制度早期既包括雇主方的不当劳动行为，也包括工会方的不当劳动行为（包括工会对于雇主的不当劳动行为和工会对于会员的不当劳动行为），但依照各国不当劳动行为发生的实践，无疑都侧重于将雇主一方的侵害行为作为规制的主体和重心。不当劳动行为的类型主要有三大类：

第一类是雇主所为的不利益待遇行为（也叫差别待遇行为），指雇主不得干预或者限制劳动者自由地加入或者组织工会的权利，也不得因为劳动者加入、组织或者参与工会的活动而拒绝雇用、解除劳动合同、降低正当的工资福利待遇、限制晋升或者恶意施予加班、调岗、撤职等歧视行为。其中，为抵制劳动者加入和参与工会活动而在签订劳动合同时要求其以不参加或退出工会为条件的合同称为

---

① 田思路、贾秀芬：《日本劳动法研究》，中国社会科学出版社 2013 年版，第285 页。

“黄狗契约”，劳动者就法律规制的雇主的不当劳动行为向有关救济机构提起救济申诉或者在救济中以作证为由而对为相关不利益待遇之报复行为的，属于报复性不利益待遇，二者都属于不利益待遇的特殊形式。

第二类是雇主所为的支配或干涉工会的行为，指的是雇主通过支配、干涉工会的成立和运作，以及通过财力支持工会的运行而将工会控制在雇主手中的行为。

第三类是拒绝协商行为，其侵权主体既包括雇主也包括工会，其内涵既包括劳资双方没有正当理由而拒绝与对方组织集体协商的行为，也包括虽进行协商，但协商过程不诚信、不公平、虚置化而没有进行实质协商的行为。

我国宪法和法律首先从正面规定了对于劳动者结社权和团结权的保障，具体包括：《宪法》第35条对公民结社自由权的宣誓性规定；《劳动法》第7条对劳动者加入和组织工会以及工会独立自主开展活动的规定；《工会法》第3条对劳动者加入和组织工会的权利以及条件作了最基本的规定；同时，原劳动部制定的《工资集体协商试行办法》与《集体合同规定》还对雇主所为拒绝协商行为和不利益待遇行为提出了一定的规制对策。2001年修订《工会法》时专门制定了“法律责任”一章，从反面集中对雇主和工会工作人员所为之不当劳动行为做了初步设计，尤其是新增针对雇主所为不当劳动行为的法律救济机制。最高人民法院针对该救济机制还通过了《最高人民法院关于在民事审判中适用〈中华人民共和国工会法〉若干问题的解释》加以细化。另外中华全国总工会还制定了自律性质的《企业工会主席产生办法（试行）》和《企业工会主席合法权益保护暂行办法》。这些规范初步奠定了我国的不当劳动行为制度总体框架。从内容上看，我国的不当劳动行为的主体类型既包括雇主的不当劳动行为，也包括工会工作人员对劳动者所为的不当劳动行为，且主要内容是雇主方的不当劳动行为，但我国并没有确立工会自身的不当劳动行为类型。

对于遭受不当劳动行为的救济，世界各国或地区在立法上一般采取以行政裁决救济为主，同时保留争议当事人寻求民事司法救济的选择权的方式来加以实现。其中前者一般建立有专门性的行政裁决机构，对不当劳动行为进行行政裁决，并同时赋予当事人对行政裁决提起行政诉讼来进行法律监督的权利，以此来保障行政裁决的公正性。而民事司法救济则主要根据不当劳动行为制度所保障的相应的团结权，在民事法律上具有相应的法律依据，或者可以直接援引宪法上的劳动基本权而适用于民事诉讼程序，当事人借此采取民事诉讼的方式来获得法律上的救济帮助。美国行政裁决的机构是为贯彻《国家劳资关系法》的实施而专门设立的全国劳动关系委员会（National Labor Relations Board，NLRB），其不当劳动行为裁决程序一般按照“申请→调查→撤诉或控诉→听证→裁定→司法复审”的步骤进行。日本也设置了专门处理不当劳动行为案件的具有独立性、专业性和准司法性质的行政机构——劳动委员会。日本不当劳动行为的行政裁决程序一般按照“申诉→调查→审问→合议→命令的决定→再审查→行政诉讼”的顺序展开。我国台湾地区由于区分权利事项和非权利事项，因此，设计了不同的救济步骤：对于权利性事项的救济，一般按照“申请→初步审查→调查→询问→裁决→司法审核→民事判决或者民事诉讼”的步骤进行；对于非权利性事项的救济，则按照“申请→初步审查→行政复议或调查→询问→裁决→行政诉讼”的步骤推进。

拓展阅读

黑龙江哈尔滨百事可乐有限公司违法解除工会主席劳动合同

我国对于遭受雇主不当劳动行为的救济，相关立法总体上设计了“行政救济为主、司法救济为辅”的模式①，当事人对团结权遭受侵害的多数内容，应当通过劳动行政部门或县级以上人民政府寻求行政救济；对于少数侵害内容，则可通过人民法院寻求司法救济。在法律责任的设计上，相关立法规定了“责令其改正”“恢复原工作”“补发被解除劳动合同期间应得的报酬”“赔偿损失”等责任形式，总体上可归纳为停止侵害、恢复原状和赔偿损失三种类型。而对于工会工作人员不当劳动行为的救济，可以概括为内部自律性救济模式，其救济机关为同级工会或上级工会，救济责任包括责令改正、予以非罢免处分、予以罢免以及赔偿损失四种类型。达到犯罪的则依法处理。

三、工会与集体劳动关系

集体谈判和集体合同制度在历史上由非法转为合法，主要是因为工会领导的工人运动的强大力量，使执政者认识到建立缓和劳资矛盾的法律调整机制的迫切性。工会还通过向社会宣传其保护劳动者正当权益的主张，取得了全社会对集体谈判的共识和正面舆论评价，使集体劳动关系得以在更广泛的产业领域应用推广。比如在美国20世纪40—60年代工会的全盛时期，拒绝或破坏集体谈判会带来社会对企业商誉的普遍负面评价或者法律的严厉惩罚，与工会谈判被社会默认为不可避免，于是企业与工会的沟通更为主动。此外，全国性工会组织有了充分影响力后，有利于集体劳动关系方面的立法和社会政策的进一步完善。比如德国全国性工会力量强大，其集体劳动关系方面的立法就最为完备。

但是，当工会力量在全国出现衰退趋势，政府又不注重追求社会公平价值时，法律就会放松对企业的责任处罚。企业基于其逐利本质，在这种情况下会倾向于寻找不与工会谈判订约的可能性，集体劳动关系的发展也会受到阻碍。比如美国有判例②认可，如果基于经济原因发生罢工，企业有权雇人去“永久性取代”罢工

---

① 《工会法》第49—54条对各种不当劳动行为的救济方法作了具体规定。

② *NLRB v. Mackay Radio & Telegraph Co.*, 304 U.S. 333 (1938).

者的职位，这等于是解雇罢工工人。里根总统执政前企业几乎不使用这一判例规则，里根总统执政后该规则逐渐被广泛使用，这与美国工会力量衰退以及里根政府新自由主义的执政理念相关。

集体劳动关系立法的发展反过来也会促进工会力量的增长。经济、技术、社会发展背景等因素综合影响着政府对集体劳动关系的调整力度。只要一国立法在进行权利配置时适度向工会倾斜，弥补劳资之间力量对比的天然不平等，工会就可以取得巨大的生存空间。德国没有专门的劳动法典，工会的行为规范通过《基本法》《集体合同法》以及法院判例等形成。《基本法》第 9 条第 3 款确认了集体合同来源于“国家立法权的授予”的“法规性效力”，这充分提升了工会在集体谈判中的社会影响力。美国 1935 年《国家劳资关系法》肯定了对“职工的结社和集体谈判的权利予以法律保护”可以达到“维护商业，使之免受伤害、妨碍或中断，而且促进商业的流通”的效果，该法在通过后的 1935—1947 年间，美国工会会员人数从约 300 万人增加到 1 500 万人。

当前，全球工会的组建率总体上有所下降，工会力量相对式微，但这一态势的生成本身有着特殊的原因，譬如“西方工会的发展正处于工人运动的周期性低潮期”“全球化引发劳动力与资本的快速流动，加大了组建工会的难度”“新型产业关系的出现使用工方式更趋灵活和弹性，跨国就业方式的出现使得劳工组织起来变得不易”“科技的快速发展相对提高了机器对于劳动力的替代率”“为应对经济危机的冲击，工会团结和工会运动的保障出现了一定程度的‘去管制化’（deregulation）导向”“新自由主义思潮下‘无工会主义’（non-unionism）冲击了传统的‘工会主义’（unionism）”“多会制下工会之间的竞争内耗”“工会自身在劳动者权益实现需求的供给策略上转变不足”等。西方工会力量的减弱，不是工会模式本身不受重视，而是多重因素造成的“被衰落”。事实上，“虽然工会在全球化过程中面临一系列挑战，但它仍然是代表劳工集体声音最重要的机制。”① 我国对于工会机制的建设仍应大力加强，以充分优化劳动关系调整体系的基本结构。

第三节 集体协商

集体协商是集体劳动关系中劳资双方利益博弈的重要机制。完备的集体协商程序规则有助于在劳资双方构筑理性的沟通平台。

---

① 沈琴琴、杨伟国主编：《全球化视野下的产业与劳动关系发展》，中国劳动社会保障出版社 2010 年版，第 12—13 页。

一、集体协商的概念

集体协商，也称集体谈判，国际劳工组织在《集体谈判公约》（第154号）第2条中将“集体谈判”定义为，集体谈判是适用于一个用人单位、一些用人单位或一个或数个用人单位团体的一方，一个或数个劳动者的一方，双方就以下目的所进行的所有谈判：（1）确定工作条件和就业条件；（2）调整用人单位和劳动者之间的关系；（3）调整用人单位团体与劳动者组织之间的关系。

不同于国际通用的“集体谈判”的称谓，我国现有劳动法律法规和政策采取的是“集体协商”的表述。我国《工会法》第6条第2款规定：“工会通过平等协商和集体合同制度，协调劳动关系，维护企业职工劳动权益。”《劳动合同法》第6条规定：“工会应当帮助、指导劳动者与用人单位依法订立和履行劳动合同，并与用人单位建立集体协商机制，维护劳动者的合法权益。”集体协商与集体谈判，在文义内涵上有明显区别。有学者认为，集体谈判强调的是谈判双方的平等关系，达成集体合同的过程是谈判，谈判的前提是双方都享有产业行动权利，即用人单位可以闭厂，工人可以罢工。协商是工人与用人单位共同讨论在集体谈判中没有涉及的一些问题。在协商中，工人只有建议权，用人单位有最终决定权。集体谈判以斗争为前提，协商则以合作或同意为前提。① 我国使用“集体协商”的概念，更多在于强调劳动关系的协调性而非对抗性。在各地实践中，集体协商与集体谈判一般被混同使用。② 参照《工资集体协商试行办法》第3条的规定，可以将集体协商定义为：职工代表与企业代表依法就劳动报酬、工作时间、休息休假、劳动安全卫生、保险福利等事项进行平等协商，并在协商一致的基础上签订集体协议的行为。对于集体谈判或集体协商的功能，通常认为体现在市场或经济功能、政府管理功能以及决策功能三个方面，即通过谈判确立劳动力市场的工资水平、通过谈判建立一系列程序规则以体现政府行业管理的作用、通过谈判确认工人有权通过工会参与工作场所规章制度的制定。这三个功能并不相互排斥。③

> **拓展阅读**
>
> 百安居“奖金门”事件

二、集体协商的原则

《集体合同规定》第5条规定：“进行集体协商，签订集体合同或专项集体合

① 谢玉华、张媚、陈佳：《集体协商功能及影响因素：中外文献比较与启示》，载《中国劳动关系学院学报》2012年第5期。

② 为行文方便，后续论述将把“集体协商”与“集体谈判”在表述上混同使用。

③ 程延园：《集体谈判：现代西方国家调整劳动关系的制度安排》，载《教学与研究》2004年第4期。

同，应当遵循下列原则：（一）遵守法律、法规、规章及国家有关规定；（二）相互尊重，平等协商；（三）诚实守信，公平合作；（四）兼顾双方合法权益；（五）不得采取过激行为。”

（一）遵守法律、法规、规章及国家有关规定

工会与用人单位就达成集体合同展开交涉虽然是双方意思自治的体现，但由于交涉内容所涉利益冲突较大，在缺少法律规制的情况下，工会施压行动或用人单位闭厂等行为会给双方当事人甚至社会秩序和经济安全带来极大损害。集体协商发展成熟的国家，劳资双方能够对过激行动采取克制态度，主要缘于他们在集体谈判程序规则和集体劳动争议解决方面有较为完备的法律规范。法制保障能够使劳资双方在谈判过程中不可控的行为变得可以预期，法律责任的规定也限制了一方滥用权力的冲动。

我国由于各地经济发展不平衡，为了与当地情况相适应，除《劳动法》《工会法》《劳动合同法》等法律以及原劳动和社会保障部颁布的《集体合同规定》《工资集体协商试行办法》等规章以外，大多数省、自治区、直辖市都出台了关于集体协商的地方性立法规范。在各自效力范围内，集体协商时必须遵守上述规定。

（二）相互尊重、平等协商

该原则要求集体协商的双方应当具有平等的法律地位，相互尊重，认真听取对方的意见、建议和要求，不应有任何歧视和任何将自己的意见强加于对方的行为。

劳资双方存在着两种方式的平等：一种是形式平等，以劳资双方权利和义务平衡性为目标，体现为平等对待、程序正义和权利平等；另一种是实质平等，以劳资双方协商力量均等性为目标，体现为抗衡实力相当，经济平等。由于工会组织依靠劳动者团结权与资方抗衡，为保障其在集体协商中与用人单位方的平等地位，立法应当既保证形式平等，也适度向工会倾斜以提升其抗衡实力。

（三）诚实守信、公平合作

诚信协商通常是指集体协商代表在合理的时间和地点会面，并诚信、善意地就工资、工时等劳动条件进行商讨。该原则最早确立于1935年美国《瓦格纳法》中，不诚信的协商行为还被认定为一种典型的不当劳动行为。

公平合作原则强调集体协商是一种合作博弈，博弈双方的利益都有所增加，或者至少一方的利益增加，而另一方的利益不受损害，因而整个社会的利益有所增加。因此，协商双方应当以社会正义、公平的观念平衡各方利益，不得强迫任何一方必须同意协约的内容或作出让步。

（四）兼顾双方合法权益

集体协商既要提升劳动者的劳动条件和福利待遇，也要考虑企业的生存和发

展。企业方不应强调企业的经济效益而忽视对劳动者基本利益的保护，工会方也不应仅着眼于劳动者的眼前利益而忽视企业的长远利益，双方应使协商的结果充分体现双方权益的统一，有利于生产的持续发展和劳动者积极性的调动。

（五）不得采取过激行为

这一原则体现在两方面：一是在集体协商过程中，双方都要从维护共同利益出发，自觉维护正常的生产、工作秩序，自始至终求同存异，相互谅解，自觉维护和谐稳定的协商氛围，力争达成一致意见。二是在协商陷入僵局后，应当介入调解等机制力促双方达成协议，在依法发动集体行动之前，双方负有和平的义务。

三、集体协商的程序

集体协商程序规则不仅以促成集体合同为目的，其自身也是缓解劳资矛盾的有效手段。法定的集体协商程序规则通过给用人单位设置参加谈判、信息披露等强制义务，弱化用人单位的资本强势地位，强调劳资双方权利义务的平衡性。这些规则虽然不能使劳资双方协商时的实力均等，但在法律强制力的保障之下，对制度的信任和依赖有利于劳资间建立长效沟通机制，而不断的协商对话可以使尖锐矛盾得以缓和，并避免对立情绪积累发酵，解决问题的时间也随之变得宽裕，因此，集体协商的程序规则对劳资关系的和谐发展有实质性推动作用。

总体看，各国法定的集体协商程序一般包括三大阶段。

（一）集体协商前的准备

这一阶段的逻辑进程一般包括：（1）协商动议一方就启动协商活动进行宣传，就协商相关事项征求协商双方的意见，加强与对方的沟通协调。（2）动议方启动集体协商活动，确定协商代表，拟定协商议题，提议协商时间和地点等。（3）动议方发出集体协商要约，要约一般应当以书面形式发出，并清晰记载本方拟定的协商代表、协商议题、提议协商的时间和地点、对协商资料的索取要求、对要约的回复时限等内容。（4）另一方应当在收到要约书后组织确定本方的协商代表，对对方提议的协商事项、时间、地点等方面的意见，对于要约方索要资料的回复等，并依法在规定时限内以书面形式作出回复并清晰记载上述内容，无正当理由不得拒绝进行集体协商。（5）双方进一步做好正式协商前的准备，譬如双方进一步确定好协商代表、协商议题、记录人员，优化协商的时间、地点、程序；充分收集与协商活动相关的信息资料，完善协商的方案和策略；相互提供与协商有关的必要资料等。

关于这一阶段集体协商代表的确定，在多元制工会体制的国家，为了强化集体协商活动的授权关系，消除资方对于工会协商代表权的异议并提高协商效率，有的国家在确定劳方协商代表时，还需要在严格的程序下对工会的协商代表资格进行选举式的法律确认，胜出者才被赋予专属性协商代表权。我国工会采取“一元科层制”体制，目前工会具有独占的协商代表资格，且上级工会对下级工会的集体协商活动负有支持、帮助的义务①。我国集体协商代表确定的基本规则包括：（1）协商代表的人数应当对等且不得少于 3 人。（2）职工一方的协商代表由本单位工会选派。未建立工会的，由本单位职工民主推荐，并经本单位半数以上职工同意。② 其中首席代表由本单位工会主席或其书面委托的其他协商代表担任。工会主席空缺的，首席代表由工会主要负责人担任。未建立工会的，职工一方的首席代表从协商代表中民主推举产生。（3）用人单位一方的协商代表，由用人单位法定代表人指派，首席代表由单位法定代表人或其书面委托的其他管理人员担任。（4）双方协商代表不得相互兼任。（5）集体协商双方首席代表可以书面委托本单位以外的专业人员作为本方协商代表，但委托人数不得超过本方代表的 1/3，且首席代表不得由非本单位人员代理。对于上述代表，我国相关法律规范既明确了其代表职责，也强化了劳方代表在协商期间对其劳动合同期限和避免无故受到差别对待等方面的保护。

这一阶段集体协商议题的确定，可由发出要约一方起草，也可由双方指派代表共同起草。有些国家将协商议题内容区分为强制性、许可性、非法性三类③，用以界定一方拒绝协商的行为是否构成不当劳动行为。总结国际劳工公约④和域外相关国家的立法，集体协商的议题主要是协商双方“不得无故拒绝协商”以及“依法可以自由约定协商”的事项，一般可以涵盖四个方面：一是劳动条件及相关待遇事项，包括工资、工时、休息休假、劳动安全卫生、工伤赔偿、职业培训等；二是与劳动条件相关联的人事管理事项，包括个人离职、工作纪律、职位调动、解雇的标准和程序、劳动考核事宜等；三是与劳动条件有关联的经营事项，比如企业组织变动、管理层变动、工作场所转移、设备更新、生产方式转变等引起或将要引起劳动条件变化的事项；四是与集体劳动关系运作有关的事项，包括工会安全条款、集体协商的程序、工会运营和工会活动的规则以及与雇主之间的权利义务、集体争议的解决等。这四类事项中，“与劳动条件有关联的经营事项”的边界较难把握，但由于“协商不等于妥协”，对本项进行扩大解释并不会对雇主造成过重的负担，多数观点认为可以从宽解释集体协商的议题。我国《集体合同规定》第 8 条也明确了列举了 15 类可进行集体协商的事项。

---

① 《工会法》第 20 条第 3 款规定：“工会签订集体合同，上级工会应当给予支持和帮助。”

② 对于没有工会时职工协商代表的产生，相较于《集体合同规定》，《劳动合同法》还强调了上级工会对于职工协商代表选举时的“指导权”。

③ [美] 罗伯特·A. 高尔曼：《劳动法基本教程——劳工联合与集体谈判》，马静等译，中国政法大学出版社 2003 年版，第 428—430 页。

④ 参见国际劳工组织《集体谈判公约》第 2 条。

（二）正式协商

正式协商阶段主要应当遵守三个方面的规则：

1. 正式协商的程序展开规则。集体协商正式开始时，双方应先确定相关的协商规则，以保障集体协商顺利进行。集体协商的规则通常包括：（1）正式会议在双方约定的时间和地点举行；（2）只有首席协商代表表述的意见是双方代表的正式意见；（3）协商双方均有义务就对方的合理请求作出答复；（4）协商双方均有义务向对方提供协商事项所需的信息；（5）在协商期间，如果协商代表发生人员变动，应及时通知对方；（6）协商提案应以规范的书面方式提出；（7）任何一方均应在合理期限内对对方的提案予以答复；（8）在某项协商事项达成协议后，任何一方在协议有效期内不得再就该事项重新提出协商要求。各国在其程序规则中一般还规定协商双方享有平等的建议权、否决权和陈述权，协商代表任何一方不得采取过激、威胁、收买、欺骗等行为。

我国《集体合同规定》第 34 条对集体协商会议的基本流程作了规定："集体协商会议由双方首席代表轮流主持，并按下列程序进行：（一）宣布议程和会议纪律；（二）一方首席代表提出协商的具体内容和要求，另一方首席代表就对方的要求作出回应；（三）协商双方就商谈事项发表各自意见，开展充分讨论；（四）双方首席代表归纳意见。达成一致的，应当形成集体合同草案或专项集体合同草案，由双方首席代表签字。"

2. 无法达成协议时的处置规则。劳资双方在协商过程中由于暂时协商不一致或者出现未能预料的其他情况时，协商进入中止阶段，协商双方可以重新约定开展下一次协商规则。如果协商陷入最终僵局状态，由于协商不等于妥协，可以终止协商。由于协商中止或终止可能出现影响公众生活和社会秩序的情况，多数国家规定可以由政府或第三方从中调解斡旋，在必要时，还可以启动仲裁程序。如果调解或者斡旋不成功，有些国家还设置了罢工前的"冷静期"制度，即如果调停未果，则进入为期 2—3 周的"冷静期"。在此期间，政府仍会任命一名调解员，继续与谈判双方进行沟通，以求最终帮助双方达成协议。

我国《集体合同规定》第 35 条对集体协商过程中出现不能达成集体协议的情形作了规定："集体协商未达成一致意见或出现事先未预料的问题时，经双方协商，可以中止协商。中止期限及下次协商时间、地点、内容由双方商定。"第 49 条规定："集体协商过程中发生争议，双方当事人不能协商解决的，当事人一方或双方可以书面向劳动保障行政部门提出协调处理申请；未提出申请的，劳动保障行政部门认为必要时也可以进行协调处理。"

3. 落实诚信协商原则的具体规则。诚信协商原则的落实在集体协商过程中至关重要，其直接影响着集体协商的效益，影响着协商双方发动协商活动目标的实现和实现的多少。总结域外立法和裁判实践，劳资双方诚信协商（bargaining in good faith）义务的内涵一般包括[①]：（1）双方应在合理的时间和相互便利的地点与适格的协商代表进行协商，不得拒绝、拖延会面或者妨碍协商进程；（2）双方应当向对方提供协商所必要的信息资料，不得隐匿、扣留和歪曲信息，也不得故意误导对方；（3）应就所有协商议题、纠纷点全面阐述主张及根据，在不能满足对方要求时应出示理由，在否决对方提案时应提出反提案；（4）应就所有的协商议题进行有实质意义的协商，不得通过自相矛盾的方式或者作出简单的毫无意义的让步之举，也不得从事强加协商条件或者没有丝毫让步意愿的行为；（5）资方不得绕开工会直接与会员进行协商或者允诺协商条件；（6）双方应当把达成的协商成果书面化为正式文本等。应当注意的是，诚信协商原则强调协商过程中要有妥协的意愿，但并非要求双方必须妥协并达成集体协议。

（三）协商结束后集体合同的成立与生效

集体协商的双方经过协商直接达成协议，或者陷入僵局后经过调解等程序又达成协议的，应当形成集体合同草案或专项集体合同草案。为了强化职工对于集体协商代表的授权意志，理顺协商代表与职工之间的权利义务关系，集体合同的草案一般需要经过职工方的组织讨论后方可最终成立。

根据我国《集体合同规定》的要求，经双方协商代表协商一致的集体合同草案或专项集体合同草案应当提交职工代表大会或者全体职工讨论。讨论时，应当有2/3以上职工代表或者职工出席，且须经全体职工代表1/2以上或者全体职工1/2以上同意方获通过。若草案获得通过，经集体协商双方首席代表正式签署后，集体合同成立。

由于集体合同的效力关涉国家的产业安全和社会稳定，在我国，集体合同的生效还必须经过政府的审查确认程序。集体合同正式签订后10日内，用人单位应当将合同报送县级以上劳动保障行政部门审查。后者应当在收到集体合同15日内，对集体协商双方的主体资格、集体协商的程序和集体合同的内容进行合法性审查。如果其自收到文本之日起15日内未提出异议的，集体合同即行生效。生效的集体合同或专项集体合同，应当自其生效之日起由协商代表以适当的形式及时向本方全体人员公布。

第四节 集体合同

集体合同不仅是个别劳动合同的补充，还在劳动力市场和整个经济中发挥着

---

① 参见李琪编著：《产业关系概论》，中国劳动社会保障出版社2008年版，第138、183页；程延园：《集体谈判制度研究》，中国人民大学出版社2004年版，第153—154页；徐志强、皮艳玲：《论我国诚信协商机制的立法完善》，载《中国劳动》2015年第11期。

重要的调节与缓和冲突的作用。

一、集体合同的概念和特点

（一）集体合同的概念

国际劳工组织第 91 号建议书《集体协议建议书》第 2 条第 1 款将“集体合同”界定为：“有关劳动与就业条件的书面协定，其缔结双方：一方为 1 名雇主、一个雇主团体或一个或几个雇主组织；另一方为 1 个或几个劳动者代表组织，或在没有此类组织的情况下，由有关劳动者根据本国法律或条例正式选出并委任的代表。”

我国《劳动法》第 33 条规定：“企业职工一方与企业可以就劳动报酬、工作时间、休息休假、劳动安全卫生、保险福利等事项，签订集体合同。集体合同草案应当提交职工代表大会或者全体职工讨论通过。集体合同由工会代表职工与企业签订；没有建立工会的企业，由职工推举的代表与企业签订。”《工会法》第 6 条第 2 款规定：“工会通过平等协商和集体合同制度，协调劳动关系，维护企业职工劳动权益。”《劳动合同法》第 51 条规定：“企业职工一方与用人单位通过平等协商，可以就劳动报酬、工作时间、休息休假、劳动安全卫生、保险福利等事项订立集体合同。集体合同草案应当提交职工代表大会或者全体职工讨论通过。集体合同由工会代表企业职工一方与用人单位订立；尚未建立工会的用人单位，由上级工会指导劳动者推举的代表与用人单位订立。”

简言之，集体合同是劳动者代表与用人单位代表依法通过集体协商缔结的关于劳动报酬、劳动条件等事项的书面协议。

（二）集体合同的特点

1. 集体合同的主体特定。由于工会具有优先代表权，集体合同的劳方代表大多数情况下是工会。集体合同的用人单位代表，无论是单个用人单位、单个用人单位团体，还是多个用人单位团体联合体，都是一种团体组织。因此，集体合同也称团体协约。

2. 集体合同的主要目的是提高工会会员的共同劳动利益。工会与会员之间、会员相互之间具有紧密的、永续的组织关系，故工会负有为会员谋求未来利益的义务，并要求会员与工会之间保持高度一致。如果工会会员个人利益最大化与工会团体利益最优化不一致，集体合同效力仍覆盖对集体合同持反对态度者，因为会员对工会的义务不依个人意愿而改变。

3. 集体合同是要式合同。集体合同一般都要求以书面形式签订。

4. 集体合同是特殊的不完全契约。不完全契约是指缔约双方不能完全预见契约履行期内可能出现的各种情况，从而无法达成内容完备、设计周详的契约条款。

个别劳动合同常被解释为一种不完全契约，集体合同也存在着“有限理性”“非对称信息”以及“机会主义”等构成不完全契约的因素。科宾在《论合同》一书中认为，集体合同不应当被一般合同所涵盖，其中“对必然会发展的状况不能预见以及对错综复杂的合同履行情况不能在合同中提供解决方案，离开劳动立法就不能有效处理纠纷”是重要的因素。①

5. 集体合同是特殊的双务合同。一般的双务合同当事人双方互相承担对待给付义务，违约一方给对方造成经济损失的，要承担相应的赔偿责任。集体合同中用人单位一方违约要给予经济赔偿，工会一方违约，在工会有足够财力的国家一般需要承担经济赔偿责任，而在工会没有独立财产的国家则只承担道义责任。即使工会有独立的财产和法律地位，判决工会承担经济赔偿责任在司法实践中也会遭遇难以执行的障碍。在美国，法官对此类诉讼的审判结果以行为禁令（injunction）为主，极少支持用人单位经济赔偿的诉讼请求。

（三）集体合同与劳动合同的关系

集体合同与劳动合同的关系可从两方面理解：

1. 集体合同与劳动合同的联系。集体合同与劳动合同联系紧密：（1）在形成顺序上，集体合同是在劳动合同、劳动关系的运行过程中产生的；（2）在合同性质上，二者均具有合同的一般属性，均有劳资双方之间权利义务的约定；（3）在制度功能上，二者都是调整、协调劳动关系的重要手段，都是劳动法律体系的基本内容，对于劳动合同没有规定或者规定不详的事项，集体合同具有补充的功能。

2. 集体合同与劳动合同的区别。一是目的不同。劳动合同的目的在于确立劳动关系，明确劳动者个人与用人单位之间的权利和义务，依法保护和促进单个劳动者和用人单位的利益。而集体合同的目的则是在其效力范围内为劳动关系的确立设定具体的标准，进而规范和改善劳动关系，依法保护和促进劳动者和用人单位整体利益的实现。二是当事人不同。劳动合同当事人为单个劳动者与用人单位。而集体合同中，劳方的当事人为工会、工会团体或者职工推举的代表，资方的当事人则为用人单位或者其团体。三是合同内容不同。劳动合同以单个劳动者与用人单位之间的权利义务为内容，一般涉及劳动关系的各个方面。而集体合同是以本单位、本行业、本地区劳动者与用人单位整体的权利和义务为内容，既会涉及劳动关系的各个方面，也会涉及劳动关系的某个方面。四是生效条件不同。按照我国相关法律的规定，劳动合同自当事人依法订立即生效力。而集体合同的生效则需要经历“双方协商—拟定合同草案—提交职代会或经全体职工讨论通过—双方首席代表签字—报送劳动行政部门审查且自收到合同文本之日 15 日内无异议”

① Arthur L. Corbin, *Corbin on Contracts*, West Publishing Co., 1993, p. 343.

才可生效，生效程序较为严格。五是法律效力不同。在效力范围上，劳动合同只对单个劳动者与用人单位发生效力，而集体合同则对合同缔结方所代表的全体劳动者与用人单位都产生效力。在效力层次上，集体合同的效力高于劳动合同，集体合同的内容是订立劳动合同的重要依据，劳动合同规定的各项劳动标准不得低于集体合同的规定，否则无效，无效部分以集体合同规定的标准代替。六是期限不同。我国劳动合同的期限包括固定期限、无固定期限和以完成一定工作任务为期限三种类型。而集体合同的期限均为固定期限合同，在我国一般为1—3年。

二、集体合同的类型

根据集体合同调整层次的不同，可分为全国性集体合同、区域性集体合同、行业性集体合同以及企业集体合同（基层集体合同）。一般来说，行业性集体合同和全国性集体合同能全面提升本行业和全国范围内的劳动者利益，但缺乏适应性和灵活性。企业集体合同可以更好地考虑劳资双方的实际需要，但对工会组织能力要求更高。我国《劳动合同法》第53条规定：“在县级以下区域内，建筑业、采矿业、餐饮服务业等行业可以由工会与企业方面代表订立行业性集体合同，或者订立区域性集体合同。”

根据集体合同内容的不同，可分为综合性集体合同和专项集体合同。综合性集体合同内容广泛，涉及劳动条件、劳动保护、劳动关系、争议处理等诸多问题。专项集体合同则是就劳动关系的某个方面的事项签订的专项协议，比如工资调整、劳动安全卫生、女职工权益保护等。

三、集体合同的内容

集体合同最初只确定基本工资和就业条件，随着集体谈判议题的拓展，集体合同的内容也随之扩充。对于集体合同内容的立法，各国大致有三种模式：一是立法上不作规定，集体合同的内容完全由签约双方商定，如日本；二是立法上作概括式规定，仅就强制协商和不得协商的议题予以列举，如美国；三是立法上作列举式规定，就集体合同可以具备的条款予以不完全的列举，如我国《劳动合同法》第51条第1款规定：“企业职工一方与用人单位通过平等协商，可以就劳动报酬、工作时间、休息休假、劳动安全卫生、保险福利等事项订立集体合同。……”

集体合同内容的核心条款一般分为三种类型：（1）标准条款。这是为规范个别劳动合同中劳动报酬、工作时间、劳动定额、休息休假、保险福利、劳动安全卫生等方面的内容所确定的劳动标准和劳动条件的条款。这些条款可以直接作为个别劳动合同的内容存在，个别劳动合同可以约定高于但不得低于集体合同的标准条款。集体合同标准条款的参考基础是所在国劳动基准的规定。（2）目标条款。这是针对集体合同在有效期内欲达到某种目标以及实现该目标的主要措施而约定的条款。这种条款一般出现在企业级集体合同中，它往往以企业的规划、计划为依据，比如具体规定完成某项任务指标、建成某项劳动保护工程、增设某项生活福利设施等特定事项。但对于是否可以约定生产经营目标，如产值、产量、利润等，争议较大。（3）劳动关系运行规则条款。这是为个别劳动关系和集体合同如何运行所约定的条款。个别劳动关系运行规则涉及劳动合同续订和变更规则、辞退辞职规则、用人单位规章制度的制定和实施等；集体合同运行规则涉及集体合同履行、变更、解除、违约责任、争议处理等方面的规则。

四、集体合同的效力

集体合同虽然源于私法上的合同，但因其主体的“团体”特征突出，团体意志与个别成员的个人意志并不完全一致，故不符合私人自治的规则。集体合同的目标是实现社会团体自治，很多国家都通过宪法授予团体自我立法权，使集体合同上升至法律规范的地位，从而成为独立的法源，具有如同法律应具有的效力，以此达到社会团体自治的效果。因此，集体合同既保留有私法合同的部分特征，又有其自身特殊的效力规则。

（一）集体合同的效力范围

1. 对人效力。一般认为，受集体合同约束的人包括订立集体合同的主体和受集体合同约束的关系人。前者通常指工会组织和用人单位及用人单位团体；后者不仅指现有工会成员和用人单位成员，也包括集体合同订立时或订立后加入该团体之劳动者和用人单位。集体合同关系人所属关系于该集体合同终止时终了，集体合同订立后，从集体合同当事团体退出之用人单位或劳动者所属关系亦终止。

我国学界对于集体合同的劳方主体有“工会主体说”“职工主体说”和“职工和工会共同主体说”三种观点。这些观点分歧的实质是认为工会与其成员之间构成“代理关系”还是“代表关系”。① 德国法学界曾经也有类似的三种理论：代理理论、团体理论和组合理论。团体理论最后为德国立法所接受。按照团体理论，集体合同的当事人仅仅为签订合同的团体（少数由没有组织化的集体签订的合同不在考虑之列），团体成员通过团体与该合同产生法律上的联系，该合同并不及于成员个人。②

---

① 许建宇：《集体合同的若干法律问题》，载杨鹏飞主编：《劳动关系集体协商制度研究》，上海社会科学院出版社 2012 年版，第 27 页。

② 吴文芳：《德国集体合同“法规性效力”与“债权性效力”之研究》，载《法商研究》2010 年第2 期。

不过，几乎所有欧洲国家都认为，工会会员个体就集体合同中既影响个人利益又涉及共同利益事项有请求权是不言自明的和最基本的权利。① 工会会员可能由于不接受集体合同确定的方案而私自罢工，或不满集体合同约定的劳动标准和劳动条件，用人单位团体中的用人单位成员也可能不同意集体合同达成的利益给付方案，比如工资上涨幅度等。这些集体合同关系人如果认为没有被所在团体公平代表，从各国实践来看，也可以通过司法途径解决。比如美国判例中确定了工会“法定专属代表之权限，需要公平地运用权力，以实践代表全体受雇者的法定义务，而无任何敌对歧视”的原则。②

我国法律规定，依法签订的集体合同对用人单位和全体劳动者具有约束力。《劳动法》第35条规定：“依法签订的集体合同对企业和企业全体职工具有约束力。……”《劳动合同法》第54条第2款规定：“依法订立的集体合同对用人单位和劳动者具有约束力。行业性、区域性集体合同对当地本行业、本区域的用人单位和劳动者具有约束力。”

2. 时间效力。这是指集体合同在多长时间内具有约束力。其表现形式有两种：（1）当期效力，即集体合同在其存续期间内具有约束力。其生效时间通常为双方在合同上签字盖章之日，也有些国家要求集体合同经审查合格或依法推定为审查合格之日起生效。《集体合同规定》第38条第1款规定：“集体合同或专项集体合同期限一般为1至3年，期满或双方约定的终止条件出现，即行终止。”（2）延续效力，即集体合同期满终止，新的集体合同尚未订立时，依原集体合同订立的劳动合同仍然存续的，原集体合同关于劳动条件的规定仍继续对劳动合同有效。延续效力通常由国家立法规定。

集体合同一般不具有溯及效力，除非法律规定或当事人特别约定。

3. 空间效力。这是指集体合同在哪些地域、产业（职业）、企业发生效力。全国或地方集体合同分别在全国或特定行政区域范围内有效；产业集体合同对特定产业的用人单位及其职工有效；职业集体合同对从事特定职业的职工及其用人单位有效。有些国家空间效力范围仅及于该空间内受集体合同拘束的当事人及其成员，有些国家则强制空间内非工会会员和非用人单位团体成员接受集体合同约定的劳动条件。

（二）集体合同的效力形式

1. 债权效力。集体合同的债权效力体现为集体合同规范的当事人的权利和义务，是双方相互承诺的部分，对当事人发生效力。其内容一般包括：（1）和平义

---

① Clyde W. Summers, American and European Labor Law: the Use and Usefulness of Foreign Experience, 16 *Buffalo L. Rev.* 210, 223 (1966-67).

② *Steele v. Louisville & Nashville Railroad Co.*, 323 U.S. 192 (1944).

务。在集体合同有效期内，集体合同当事人中任何一方，都不得为改变集体合同所规定的劳动条件，发起罢工或是关闭工厂等劳资争议行动。除当事人另有约定外，和平义务的范围应当以维持集体合同所规定的内容为限度。（2）敦促义务。工会对集体合同义务的履行依赖于全体工会会员对集体合同的遵守，工会须尽力确保其成员切实履行集体合同，并应当为其成员提供充分的信息。（3）其他义务。比如达成某项目标条款、保守用人单位方的商业秘密等。

2. 准法规效力。准法规效力是指集体合同的标准条款和个别劳动关系运行规则条款对个别劳动关系当事人具有相当于法律规范的效力。该效力要求部分赋予劳动者的权益不能放弃，且放弃的意思表示无效。集体合同的准法规效力来源于工会的团结权对共同利益的追求以及双方团体成员通过内部章程或决议赋予团体的权能。有些国家则来源于“国家立法权的授予”，如德国。

标准条款的准法规效力，表现形式有两种：（1）不可贬低效力，即集体合同所约定的标准在其效力范围内是劳动者利益的最低标准，个别劳动合同的内容可以高于但不得低于这些标准，否则由集体合同的标准取而代之。（2）补充效力，即集体合同所规定的标准在一定条件下可以成为个别劳动合同内容的补充。申言之，在集体合同有规定而劳动合同未作规定或虽有规定却被确认为无效，或集体合同有明确规定而劳动合同的规定不明确的情况下，集体合同的规定当然视为个别劳动合同内容的补充。

个别劳动关系运行规则条款的准法规效力，表现为集体合同既约束当事人成员的个别劳动关系的成立、内容与终止，也约束企业的劳动规章、企业组织法上的权利规则等。

五、集体合同的履行、变更、解除和终止

集体合同的履行是指集体合同生效后，双方当事人依照合同的约定行使权利和履行义务的行为。集体合同的履行，应当遵循民事合同履行的一般原则，对集体合同实际、全面和协作地履行。在具体的履行内容上，针对标准条款，应当在集体合同有效期内确保签订和履行的劳动合同内容不低于集体合同所规定的标准；针对目的条款，应当将其具体分解、落实到企业运营计划和工会工作计划中，并积极创造条件促使其如期实现；针对劳动关系运行规则条款，应当按照规则确定的程序内容，在个别劳动关系和集体劳动关系运行中严格予以执行；针对约定不明的履行内容，凡国家的法律、法规和规章有明确规定的，按照规定执行。没有规定的，由双方当事人协商确定。

集体合同的履行监督，尤其是对雇主方的履行监督，是集体合同立法中的重要内容。在我国，各级工会、职代会、职工代表、集体合同的签约双方代表、劳

动行政部门、企业主管部门等都对集体合同的履行负有监督的义务。对于工会如何具体履行监督职责，我国《劳动合同法》和《工会参加平等协商和签订集体合同试行办法》规定了若干途径：（1）企业工会应当定期组织有关人员对集体合同的履行情况进行监督检查，发现问题后，及时与企业协商解决。（2）企业工会可以与企业协商，建立集体合同履行的联合监督检查制度，定期或不定期对履行集体合同的情况进行监督检查。（3）工会小组和车间工会应当及时向企业工会报告集体合同在本班组和车间的履行情况。（4）企业工会应当定期向职工代表大会或全体职工通报集体合同的履行情况，组织职工代表对集体合同的履行进行监督检查。（5）上级工会对企业工会与企业进行平等协商和签订集体合同负有帮助、指导和监督检查的责任。（6）对于用人单位违反集体合同，侵犯职工劳动权益的，工会可以依法要求用人单位承担责任；因履行集体合同发生争议，经协商解决不成的，工会可以依法申请仲裁、提起诉讼等。

集体合同的变更，是指集体合同在生效后未履行或未完全履行之前，由于订立集体合同时的主客观条件发生了变化，集体合同当事人依照法定的条件和程序，对原集体合同的某些内容进行修改的行为。集体合同的解除，是指集体合同在生效后未履行或未完全履行之前，由于订立集体合同时的主客观条件发生了变化，集体合同当事人依照法定的条件和程序，提前终止原集体合同的行为。

根据《集体合同规定》第 39 条、第 40 条的规定，我国集体合同变更或解除的法定条件可以概括为：（1）双方协商代表协商一致；（2）用人单位因被兼并、解散、破产等，致使集体合同或专项集体合同无法履行的；（3）因不可抗力等致使集体合同或专项集体合同无法履行或部分无法履行的；（4）集体合同或专项集体合同约定的变更或解除条件出现的；（5）法律、法规、规章规定的其他情形。

对于集体合同变更或解除的程序，《集体合同规定》第 41 条规定："变更或解除集体合同或专项集体合同适用本规定的集体协商程序。"这说明，集体合同的变更或解除一般不能通过单方行为为之。我国对于集体合同进行变更或解除，也要按照"集体协商、制定草案、职工审议、签字上报、审查备案、公布"的法定双方协商程序来进行。经过该程序，原条款或者原集体合同的权利义务关系归于消灭。

结合上述集体合同变更或解除的法定条件，对于单方变更或解除集体合同，一般只能发生在诸如：（1）合同当事人的主体资格消灭，譬如工会被解散、企业破产时，致使集体合同无法履行；（2）因不可抗力出现而使集体合同的绝大部分内容和全部内容无法履行；（3）因一方违约，继续履行集体合同成为不必要时等重大事由出现时。

集体合同的终止，是指因某种法律事实的出现而使集体合同确定的法律关系归于消灭的状态。集体合同的终止，一般包括以下几种情形：（1）因有效期届满而终止。集体合同在约定期限届满时，除依法延期外，应当终止。（2）因目的实现而终止。集体合同所约定的义务已经履行完毕，应当终止。（3）双方约定的终止条件出现，即行终止。

第五节 职工民主参与

职工民主参与是我国社会主义协商民主的重要体现，是集体劳动关系法律调整的重要内容，与集体协商机制相较，其更加侧重实现劳资共同利益，更加强调劳资关系的合作性和民主性。二者作为劳资关系运行的内部协调机制，共同构成集体劳动关系法律调整的基本内容。

一、职工民主参与的概念和意义

职工民主参与，也称职工参与或员工参与，一般是指职工通过一定的形式参与到企业经营管理的过程中，并分享相关信息的民主机制。职工民主参与的范畴，随着产业民主理念和职工参与实践的发展，不仅包括分享经营管理权的管理性参与，还包括分享企业资本利益的利益性参与。职工民主参与机制的出现，旨在实现职工意志和企业意志之间的融合和制约，强化劳资制衡和合作关系，不仅是产业民主理念、人本主义管理理念、人力资本所有权理论、企业社会责任理论等的应然之义，也是建立现代企业制度、适应科技进步下的企业发展以及协调劳动关系的必然要求。

职工民主参与制度，与集体协商和集体合同制度、劳动合同制度、劳动争议处置制度等都是协调劳动关系的重要机制。在法律意义上，职工民主参与的法律机制，以民主参与权为基础。民主参与权的实现，相较于传统意义上的“劳动三权”，更加强化了对劳资双方利益统一性层面的机制保障。民主参与权的立法保障，最早出现在德国1891年修订的《工业法》，其明确规定“企业主可视情况设置工人委员会”，这是最早对职工参与权进行规范的立法。1919年德国的“魏玛宪法”规定了“依公共经济原则规定雇主及劳工参加管理经济财务”，首次在宪法层面对职工民主参与权作了保障。第二次世界大战之后，世界各国普遍建立了各种类型的职工参与机制，并通过立法加以制度化。国际劳工组织第94号建议书《企业一级雇主与工人间协商与合作建议书》（1952年）也规定，批准国“应采取必要的步骤促进企业一级雇主与工人之间就共同关心的事情进行协商和合作（集体谈判办法范围以外的或不由其他确定雇用条件与期限的有关机构处理的）。按照国家习俗和惯例，促进此种协商与合作应鼓励双方自愿协议或借助于国家法律与条例，这些法律与条例要求建立各种协商与合作机构，决定其范围、职责、机构和适合各企业的工作方法。”我国《宪法》《劳动法》《工会法》《公司法》《劳动合同法》等对于职工民主参与也有明确的规定。

职工参与机制的确立，有利于增强劳资之间的社会伙伴意识和社会连带关系，促进产业关系的民主性和制衡性，促进劳动关系的和谐稳定；有利于提高企业经营决策的公平性和效率性，增强职工对企业的认同感和归属感，激励劳动者的工作积极性和创造性；也有利于强化劳资沟通和协作，均衡劳资利益分配，缓和劳资矛盾，实现合作共赢，进而提高劳动者权益保护的水平。

二、职工民主参与的方式

职工民主参与的方式，既包括参与的外观形式，也包括参与的内在深度或者层次。职工民主参与的基本形式，概括而言，主要体现为以下几类①：

1. 组织性参与。即职工通过一定的机构代表自己参与到企业经营管理活动中。比如德国的企业委员会制度、法国的雇员代表委员会制度、我国的职工代表大会制度等。

2. 代表性参与。既包括选举代表直接进入企业经营管理层来行使参与权，比如职工董事、职工监事制度，也包括职工选举自己的代表与企业进行沟通、咨询、协商的活动，比如日本的劳资协议制度、我国的平等协商制度、民主恳谈会等。

3. 岗位性参与。通过在岗位层面赋予职工更大的管理决定权，形成管理上的团体自治，自行制定生产指标，自主决定任务完成计划并自行承担相关责任的民主参与方式，比如日本的质量管理小组制度等。

4. 个体性参与。即为了动员员工在提高管理水平、降低产品成本、提高产品质量、开拓产品市场等方面建言献策并提供奖励的参与机制，比如我国的合理化建议制度。

5. 利益性参与。即为了激励劳动者的劳动动机和工作积极性、留住人才、稳定队伍，对职员在企业利润的分红或股份入股上进行分享和参与。比如美国的职工持股制度、德国的职工财产形成制度、法国的员工分享利润制度、英国的“利润分享”工资制度等。

一般而言，凡属于企业经营管理上的事物，尤其是与职工利益有关联的企业经营管理事项，都可以纳入职工民主参与的客体范围，但在职工民主参与的层面上，对不同事项还存在从低到高的不同参与度：知情、提出意见、质询、同意或

---

① 王全兴：《劳动法》（第二版），法律出版社2004年版，第206页。

否决、批准或决定等。职工参与程度的不同，既体现出产业民主中的制衡性与协作性，也体现了产业民主的效率性与公平性。职工民主参与的程度，构成该机制的核心问题。

三、我国的职工民主参与机制

我国的职工民主参与机制，是以职工代表大会制度为主体，以职工董事、监事制度、厂务公开制度、合理化建议制度和职工持股制度为补充的制度体系。其基本的法律依据体现在诸如《宪法》第16条和第17条、《劳动法》第8条、《公司法》第18条、《工会法》第6条、《劳动合同法》第4条等规定中。

1. 职工代表大会制度，是指职工通过民主选举，组成职工代表大会，在企业中行使民主管理权利的制度。职工代表大会制度是公有制企业中实行民主管理的基本形式。其在我国的历史发展，主要体现在《国营工业企业职工代表大会暂行条例》(1981年)、《全民所有制工业企业职工代表大会条例》(1986年)、《全民所有制工业企业法》(1988年)、《中华人民共和国乡村集体所有制企业条例》(1990年)、《中华人民共和国城镇集体所有制企业条例》(1991年)以及《劳动法》《工会法》《公司法》等规范中。在我国，工会是职代会的常设工作机构，负责职工代表大会的日常工作，检查、督促职工代表大会决议的执行。职代会可以根据需要，设立若干临时或者经常性的专门小组或专门委员会，闭会期间还可以通过职工代表团、专门小组负责人联席会议等形式来行使职代会的参与职权。

我国职工代表大会的基本职权，在不同的历史阶段、不同的经济和企业性质中有所不同。概括而言，主要体现在五个方面：(1) 审议、建议权。对本公司发展规划和生产经营重大决策方案（涉及企业商业秘密的除外），提出意见和建议。(2) 审议、通过权。对关涉职工切身利益的企业重要改革方案、重要规章制度进行审查，并作出同意或者否决的决定。(3) 审议、决定权。对于不属于生产经营而关涉职工切身利益的重大事项进行审议，并自行作出决定，交由企业执行。(4) 评议、监督权。对本企业有关领导、管理人员行使监督权，并向有关方面提出奖惩、任免的建议。(5) 选举、推荐权。民主推荐或选举企业有关领导，依法选举和更换董事会和监事会中的职工代表等。

我国职工代表大会制度建立于公有制背景下，目前其适用范围主要集中在公有制企业上，未来还存在进一步扩展适用的空间。2004年，中华全国总工会发布了《关于进一步加强非公有制企业职工民主管理工作的通知》，强调私营企业也要实行职工民主管理。2010年，中华全国总工会在《关于推行区域（行业）职工代表大会制度的意见（试行）》中还提出了建立区域性和行业性职工代表大会，无疑有助于充分发挥这一制度的效益。

2. 职工董事、监事制度，是指职工董事和监事由职工代表大会民主选举产生，并依照法定程序进入企业董事会和监事会，代表职工在企业经营决策机构行使民主参与权的机制。我国关于职工董事、监事制度的历史发展，主要体现在诸如《国有企业监事会暂行条例》（2000 年）、《国有独资公司董事会试点企业职工董事管理办法（试行）》（2006 年）、《中华全国总工会关于进一步推行职工董事、职工监事制度的意见》（2006 年）等规范性文件中。尤其是《公司法》对此作了正式明确的规定，第 44 条第 2 款规定：“两个以上的国有企业或者两个以上的其他国有投资主体投资设立的有限责任公司，其董事会成员中应当有公司职工代表；其他有限责任公司董事会成员中可以有公司职工代表。董事会中的职工代表由公司职工通过职工代表大会、职工大会或者其他形式民主选举产生。”第 51 条第 2 款规定：“监事会应当包括股东代表和适当比例的公司职工代表，其中职工代表的比例不得低于三分之一，具体比例由公司章程规定。监事会中的职工代表由公司职工通过职工代表大会、职工大会或者其他形式民主选举产生。”《中华全国总工会关于进一步推行职工董事、职工监事制度的意见》对职工董事的具体比例作了进一步要求：董事会中职工董事与监事会中职工监事的人数和比例应在公司章程中作出明确规定；职工董事的人数一般应占公司董事会成员总数的 1/4；董事会成员人数较少的，其职工董事至少 1 人。

我国职工董事、职工监事享有与其他董事、监事同等的权利，承担相应的义务，并履行下列职责：职工董事、职工监事应经常或定期深入到职工群众中听取意见和建议；职工董事、职工监事在董事会、监事会研究决定公司重大问题时，应认真履行职责，代表职工行使权利，充分发表意见；职工董事在董事会讨论涉及职工切身利益的重要决策时，应如实反映职工要求，表达和维护职工的合法权益。在董事会研究确定公司高级管理人员时，要如实反映职工代表大会民主评议公司管理人员的情况；职工监事要定期监督检查职工各项保险基金的提取、缴纳，以及职工工资、劳动保护、社会保险、福利等制度的执行情况；职工董事、职工监事有权向上级工会、有关部门和机构反映有关情况。企业党组织、公司经理层、职代会和工会组织等应支持职工董事履行反映职工合理诉求、维护职工合法权益的职责；企业要建立和完善职工董事履行职责的信息沟通机制，为职工董事履职创造必要的工作条件。

3. 厂务公开制度，是指企业依照规定，通过职代会和其他形式，向职工公开相关事项的民主参与制度。厂务公开制度重在保障职工的知情权，进而为充分实现其他形式的参与权利奠定基础。根据 2002 年中共中央办公厅和国务院办公厅联合下发的《关于在国有企业、集体企业及其控股企业深入实行厂务公开制度的通知》，我国厂务公开制度适用于国有、集体及其控制的企业，公开的主要内容包括四类：企业重大决策问题；企业生产经营管理方面的重要问题；涉及职工切身利益方面的问题；与企业领导班子建设和党风廉政建设密切相关的问题。

4. 合理化建议制度，是指通过鼓励职工积极提供合理化建议来参与企业的管理，以建立和强化企业内部的劳资沟通机制，推动企业技术进步，改善经营管理，增强企业内部活力的民主参与机制。《劳动法》第 6 条规定："国家提倡劳动者参加社会义务劳动，开展劳动竞赛和合理化建议活动，鼓励和保护劳动者进行科学研究、技术革新和发明创造，表彰和奖励劳动模范和先进工作者。"国务院 1986 年修订颁布的《合理化建议和技术改进奖励条例》、国家经济委员会 1987 年颁布的《合理化建议和技术改进奖励条例实施细则》，都明确规定，对具有进步性、可行性和效益性的合理化建议和技术改进项目给予奖励。

5. 职工持股制度。我国的职工持股民主参与机制的改革，主要体现在《股份制企业试点办法》（1992 年）、《股份有限公司规范意见》（1993 年）、《上市公司收购管理办法》（2006 年颁布，2008、2012、2014 年修订）、《国有控股上市公司（境外）实施股权激励试行办法》（2006 年）、《国有控股上市公司（境内）实施股权激励试行办法》（2006 年）等规范性文件中。伴随着国有企业改革和现代企业制度的发展，职工持股制度的实践运行主要出现在地方层面，该机制总体上在我国还处于改革探索阶段，并没有制定位阶较高、明确统一的法律。党的十八届三中全会通过的《关于全面深化改革若干重大问题的决定》明确提出"允许混合所有制经济实行企业员工持股，形成资本所有者和劳动者利益共同体"，为我国职工持股制度改革完善提供了基本的指引。

思考题：

1. 结合集体劳动关系的特点，比较集体劳动关系法与个别劳动关系法的差别。
2. 试论如何完善我国不当劳动行为制度。
3. 试论集体协商的诚信原则及其实践意义。
4. 怎样理解集体合同的准法规效力？
5. 如何完善我国职工民主参与机制？

▶ 自测习题及参考答案

第五章　劳动基准法律制度

劳动基准是国家对劳动关系进行适度干预，对劳动者实施倾斜保护的重要法律手段，具有底线性、法定性和强制性特点。劳动基准立法开启了现代意义劳动法的历史，并得到了世界各国及国际劳工组织的普遍重视。劳动基准规范是劳动法的重要组成部分，我国劳动基准法律制度主要包括：工时基准制度、休息时间基准制度、工资基准制度以及职业安全健康基准制度。

第一节　劳动基准的基本原理

劳动基准主要是关于工时、休息时间、工资和职业安全健康等劳动条件和劳动待遇的最低标准的规范。用人单位向劳动者提供劳动条件与劳动待遇，不能低于劳动基准。违反劳动基准底线的行为，应承担相应的法律后果。

一、劳动基准的概念和特点

我国现行立法没有使用“劳动基准”这一概念，也没有实现劳动基准的体系化立法，有关劳动基准的主要内容如工时、休息时间、工资、职业安全健康、女工与未成年工的特殊保护等，均在劳动法及相关法律、法规、规章中作了规范。

（一）劳动基准的概念

劳动基准，也称劳动标准或劳工标准，是指国家法律规定的劳动者享有劳动条件与劳动待遇的最低标准。劳动基准制度是劳动法的重要组成部分。1802 年英国议会通过的《学徒健康与道德法》，是全世界第一部现代意义上的劳动立法，也是最早的劳动基准立法。但“劳动基准”一词的使用，却是源于 1938 年美国《公平劳动标准法》中的“劳动标准”。同时，劳动基准也是国际劳工公约的主要内容，国际劳工组织通过国际劳动立法确定的关于劳工权益保护及劳动关系处理的原则、规则的规定，基本涵盖了有关劳动者权益保障的所有方面。国际劳工组织的国际劳工公约通常被称为国际劳工标准，内容涉及基本人权、就业、社会政策、劳动行政管理、劳动关系、工作条件、社会保障、妇女就业、儿童和未成年人就业、老年工人、移民工人等，涵盖了劳动保障领域的方方面面。我国批准的 26 个国际劳工公约中，有 18 个是关于劳动基准内容的公约，这些均属于我国劳动基准法律规范的渊源。

当前各国和地区劳动基准的立法模式大致有两种。一种是单独制定劳动基准法，如美国的《公平劳动标准法》、日本的《劳动基准法》、韩国的《劳动基准法》以及我国台湾地区的“劳动基准法”。美国的劳动基准法调整的劳动条件范围仅限于最低工资、最高工时、未成年工、学徒、学生和残疾人的特殊保护。而之后日本、韩国以及我国台湾地区出台的“劳动基准法”主要包括劳动契约、工资、工时、休息休假、劳动安全卫生、未成年工和女职工保护、职业技能培训、职业伤害赔偿、企业规章制度等内容，相对于美国《公平劳动标准法》而言，从内容到体系更加全面。另一种是多数国家和地区未单独制定劳动基准法，而是在综合立法中囊括有关劳动基准的内容。

我国没有采用专门立法模式，劳动基准规范散见于《劳动法》及相关法律、法规和规章之中。我国《劳动法》第四、五、六、七章对工时、休息时间、工资、劳动安全卫生、女工与未成年工的保护等方面的内容作了规定，《劳动合同法》也就劳动基准及其效力作了相应的规定；其他涉及劳动基准的专门法律有《矿山安全法》《安全生产法》《职业病防治法》《妇女权益保障法》《残疾人保障法》等。[①] 同时，相关行政法规、部门规章也分别制定、细化了劳动基准的各项具体制度，以便与国家法律配合实施，如国务院颁布的《关于职工工作时间的规定》《职工带薪年休假条例》《女职工劳动保护特别规定》，国家劳动行政部门颁布的《工资支付暂行规定》《最低工资规定》等。

（二）劳动基准的特点

劳动基准具有底线性、法定性和强制性三个基本特点。

1. 底线性。劳动基准是基于保护劳动者的生存权，结合国家生产力发展水平和社会经济发展的实际，由国家直接规定或授权规定用人单位须向劳动者提供劳动条件与劳动待遇的最低标准。因此，劳动基准是底线性规定，为用人单位和劳动者提供订立劳动合同的底线和基础，当事人双方即便协商一致，也不能突破劳动基准规定的“底线”，任何超越底线有损劳动者利益的约定都是无效的。

2. 法定性。劳动基准由国家法律、法规或规章直接规定，如《国务院关于职工工作时间的规定》第3条规定：“职工每日工作8小时、每周工作40小时。”集体合同条款或单位内部规章制度提高了法定基准线，在单位内部具有劳动基准的效力，但不能称为劳动基准。

3. 强制性。劳动基准是国家运用公权力干预劳动关系，通过立法规定用人单

① 《矿山安全法》《职业病防治法》适用范围不限于劳动关系，包括了事业单位及其他生产经营单位与从业者。因此，我国现行劳动基准的适用，基于规范的内容和立法的定位、阶位不同，需要具体制度具体解读。

位对劳动者的基本义务。劳动基准具有法律上的强制效力，凡是违反劳动基准侵害劳动者权益的行为，都应受到法律的追究。

二、劳动基准的功能

劳动基准规范作为劳动法的重要组成部分，旨在保护劳动者的基础权益，协调劳资利益关系，彰显社会公平正义，促进经济发展，维护社会的和谐稳定。劳动基准的功能体现在三个方面。

（一）保障劳动者基本人权

劳动基准所规范的内容关系劳动者生命安全、身体健康以及劳动者生存所依赖的劳动报酬收入和保险福利待遇，事关劳动者的基本生存权。在市场经济条件下，基于生产资料占有、市场中劳动力供求关系等诸多因素的影响，客观上形成了劳动关系双方主体地位之强弱差别，如果劳动关系的确立与运行完全遵循意思自治的市场准则，就会导致用人单位与劳动者在权利、义务设定及利益分配方面的严重失衡。基于维护广大劳动者的生存权进而维护社会安全的需要，国家通过立法对劳动关系进行适度干预，对劳动者应有的基本权益实施倾斜保护，这正是劳动基准法的宗旨，也是劳动基准法的基本价值功能。正如美国学者罗尔斯所讲，只有对处于最不利地位者给予更大、更多的帮助、扶持与照顾，才能使人们在结果上趋于平等，也才符合“社会正义原则”①。

（二）准据效能

劳动基准是法律规定的最低劳动标准，用人单位与劳动者订立劳动合同、用人单位与工会签订集体合同、单位内部制定规章制度，均不得低于劳动基准。因此，劳动基准不仅影响个别劳动关系中的劳动条件，也是集体劳动关系中确定劳动条件与劳动待遇的起点。《劳动合同法》第 55 条规定：“集体合同中劳动报酬和劳动条件等标准不得低于当地人民政府规定的最低标准；用人单位与劳动者订立的劳动合同中劳动报酬和劳动条件等标准不得低于集体合同规定的标准。”

（三）补充与替代功能

劳动基准规范对于劳动合同、集体合同具有内容上的补充作用，即在集体合同、劳动合同对劳动报酬和劳动条件等标准约定不明或约定低于劳动基准的情况下，劳动基准可以直接作为双方主体遵行的标准，以弥补当事人约定的不足，或替代因约定违法而导致劳动合同无效的内容。但是劳动基准不是对所有约定不明确或无效条款都直接替代，根据《劳动合同法》第 18 条规定，如果是劳动报酬条

---

① ［美］约翰·罗尔斯：《正义论》，何怀宏等译，中国社会科学出版社 1988 年版，第 7—8 页。

款约定不明确的，优先适用同工同酬原则。

第二节 工 时 制 度

工作时间标准，是度量劳动关系双方当事人权利义务的基本尺度，是用人单位严格实施单位管理制度的重要工具。以工作时间标准为核心内容的工时制度，是劳动基准法律制度的重要组成部分。我国工时制度，包括标准工时制度、非标准工时制度以及延长工作时间的限制等规定。

一、工作时间概念

工作时间概念的确定是现代意义劳动法的开端，也是各国劳动法与国际劳工法的重要内容。劳动时间与闲暇时间的有效配比，可以提高生产效率，丰富社会活动，缓和劳资矛盾。

（一）工作时间的含义

工作时间，是指劳动者在用人单位指挥或者授意下为其提供劳动的时间。法律规定一昼夜之内工作时数的总和构成标准工作日，一周之内的工作时数总和构成标准工作周。基于行业、岗位的特殊性及工作性质的要求，法律也允许采用非标准工时制度。标准与非标准工时制度均是劳动基准法的重要内容。

法律上所定义的工作时间，既包括劳动者实际工作的时间，也包括与实际工作相关联的时间。与实际工作相关联的时间包括：（1）生产或工作前从事必要的准备时间和工作结束时的整理时间；（2）基于用人单位的原因造成的等待工作任务的时间；（3）参加与工作有直接联系并有法定义务性质的职业培训、教育时间；（4）连续性有害于健康工作的间隙时间；（5）女职工哺乳的往返途中时间、孕期检查时间以及未成年工工作中适当的工间休息时间、定期进行健康检查占用的时间等；（6）法律规定的其他属于工作时间的非实际工作时间。例如，劳动者依法参加社会活动的时间。

科学界定工作时间具有重要的意义：（1）工作时间是计量劳动给付义务并支付劳动者劳动报酬的尺度。实践中所执行的小时工资、日工资、周工资、月工资都是以工作时间来计量劳动者的劳动给付并以此支付劳动者工资的基本形式。（2）工作时间是认定与职业劳动有关权利义务的基本依据。如工伤的认定基本条件就是在工作时间、工作地点因工作造成的伤害。（3）工作时间制度是劳动者休息权的保障手段，即用人单位在法定工作时间以外不得强迫劳动者加班加点，不得超越法定底线延长加班加点时间。从保护劳动者休息权的角度出发，劳动立法通过严格限制工作时间的长度实现其保障劳动者休息权的制度功能。（4）工作时间制度能够保障劳动者劳动能力得到恢复和提高，进而提高生产效率、创造财富。

（二）工作时间的立法概况

工时标准是基于劳动力再生产限度、劳动力使用道德因素等要求产生的。英国于1802年颁布的《学徒健康与道德法》，就是一项以限制童工工作时间为重要内容的立法。继英国之后，在其他工业发达的资本主义国家也先后出现了“工厂法”，并把限制工作时间作为其中的一项重要内容，瑞士于1848年颁布了第一部限制成年人工作时间的法律。美国工人于1886年举行全国大罢工，试图迫使资本家承认8小时工作制。第二国际于1889年7月在巴黎召开国际工人代表大会，把争取以八小时工作日为中心的国际劳工保护立法列为议程，并通过了将5月1日作为国际劳动节的决议。国际劳工组织也制定了《工业工作时间每日限为8小时及每周限为48小时公约》，该公约是国际劳工组织制定的第一个国际劳工公约。截至目前，有关工作时间的国际公约已达十余项。到20世纪70年代，欧美等国已普遍实行40小时工作周，有些国家还更少一些，如法国1981年将工作周缩短为39小时，1999年又缩短为35小时、5日工作周。总之，工时立法的轨迹表明：人类工时受到劳工运动斗争、社会文明进步、人们精神需求日益增长等因素影响，工作时间不断缩短。

新中国成立以来较长时间内实行的是8小时工作日、48小时工作周制度，直到20世纪90年代中期，随着市场经济体制的建立和完善，工时制度得到大力改革。1994年2月3日国务院颁布了《关于职工工作时间的规定》，同月8日原劳动部、人事部颁布了《〈国务院关于职工工作时间的规定〉的实施办法》，确定了国家实行职工每日工作8小时、平均每周工作44小时的工时制度，并在1994年7月5日通过的《劳动法》中予以确认。需要特别指出的是，《劳动法》以“不超过”工时长度的措辞，使我国工作时间标准从一个固定标准走向了最低限度的基准标准。在《劳动法》生效实施不足3个月的时间，国务院于1995年3月发布了《关于修改〈国务院关于职工工作时间的规定〉的决定》，将每周44小时工作制缩短为40小时，即8小时工作日、5天工作周。与此相配套，1995年3月25日，原劳动部颁布了《〈国务院关于职工工作时间的规定〉的实施办法》，原人事部次日颁布了《国家机关、事业单位贯彻〈国务院关于职工工作时间的规定〉的实施办法》，原劳动部1994年12月还颁布了《关于企业实行不定时工作制和综合计算工时工作制的审批办法》等。至此，我国现行工作时间制度体系最终形成。

二、标准工时制

标准工时制度，是由立法确定的一昼夜工作时数、一周工作天数，以及每个工作周连续休息时间标准，并要求各用人单位和从业劳动者普遍实行的基本工作时间制度。我国《劳动法》第36条和《国务院关于职工工作时间的规定》通过三项标准共同构成了我国标准工时制基准，并且缺一不可：（1）劳动者每日工作时间不超过8小时；（2）每周工作时间不超过40小时；（3）每周至少休息一日，即用人单位必须保证劳动者每周至少有一次24小时不间断的休息。

标准工时制度是国家工时基准的基础。（1）标准工时作为最基本的劳动条件，在每一个国家均具有普适性与强制性特点。就我国来讲，标准工时制适用于国家机关、社会团体、企事业单位、个体经济组织等用人单位，以及广大从业劳动者。标准工时作为基本劳动基准，任何单位和个人不得违反。（2）标准工时是其他非标准工作时间的计算基础和参照标准。基于工作性质与岗位特点，在我国还有缩短工作时、综合计算工作时、不定时工作时间等制度。这些非标准工时制都必须以标准工作时间为计算基础，并且要参照标准工作时间计算执行，以保障全体劳动者休息权得到充分公平、公正的保护。标准工时的制定，需要考虑当前社会生产力的发展水平与劳动生产率的高低，劳动力的总体数量与质量及人口的总体状况，以及劳动者生理、心理能够承受的限度等因素。（3）标准工时制作为工作时间基准，也同时给用人单位的生产组织和具体工作时间制度留下了合理选择空间。一般情形下只要不突破三项标准，其工作时间制度均合法有效，如每周工作6天，每天工作6小时等。

三、非标准工时制

非标准工时是相对于标准工时而言的，是立法针对特殊行业、特殊岗位上劳动者规定的工时制度。我国《劳动法》第39条规定，企业因生产特点不能实行标准工时的，经劳动行政部门批准，可以实行其他工作和休息办法。《国务院关于修改〈国务院关于职工工作时间的规定〉的决定》第4条、第5条有同样规定。非标准工时制包括缩短工作时制、不定时工作制、综合计算工时制和计件工作制。采用非标准工时制，无论哪一形式，都必须以标准工时制确立的工作时间总量为限。不能通过非标准工时制度，变相侵害劳动者法定最低限度的休息权。

1. 缩短工时制。法律直接规定对特殊行业、特殊岗位上的劳动者实行少于标准工时的工时制度。缩短工时制主要基于对特殊条件下从事劳动和有特殊情况的劳动者身体健康考虑，强制要求劳动者的劳动时间必须低于标准工时。目前我国缩短工作时间的劳动有以下几种：（1）从事矿山、井下、高山、高温、低温、有毒有害、特别繁重或过度紧张（如冶炼、森林采伐、装卸搬运等）的劳动的职工，实行每日工作少于8小时的工作时间。视具体情况每天工作时间为6—7小时。（2）从事夜班工作的劳动者，一般应比日班工作时间少1小时。（3）在哺乳期工作的女职工，依据国务院颁布的《女职工劳动保护特别规定》，对哺乳未满 1 周岁婴儿的女职工，用人单位不得延长劳动时间或者安排夜班劳动。用人单位应当在每天的劳动时间内为哺乳期女职工安排 1 小时哺乳时间。女职工生育多胞胎的，每多哺乳 1 个婴儿每天增加 1 小时哺乳时间。（4）未成年工和怀孕女工。未成年人应实行少于 8 小时的工作时间。怀孕 7 个月以上的女职工，在劳动时间内应当安排一定的休息时间。（5）其他依法可以缩短工时的情况。除上述法定情形外，其他需要缩短工时的用人单位，在依法履行审批手续后，也可以实行缩短工作时制。如 1995 年原人事部发布的《国家机关、事业单位贯彻〈国务院关于职工工作时间的规定〉的实施办法》第 4 条规定："在特殊条件下从事劳动和有特殊情况，需要适当缩短工作时间的，由各省、自治区、直辖市和各主管部门按隶属关系提出意见，报人事部批准。"

2. 不定时工作制，指因工作性质和工作职责所限，劳动者的工作时间不受固定时数限制的工作时间制度。根据原劳动部《关于企业实行不定时工作制和综合计算工时工作制的审批办法》的规定，不定时工作时间一般适用于以下工作人员：（1）企业中的高级管理人员、外勤人员、推销人员、部分值班人员和其他工作无法按标准工作时间衡量的职工；（2）企业中的长途运输人员、出租汽车司机和铁路、港口、仓库的部分装卸人员及因工作性质特殊，需要机动作业的职工；（3）其他因生产特点、工作特殊需要或职责范围的关系适合实行不定时工作制的劳动者。对于实行不定时工作制的职工，用人单位应参照标准工时制核定工作量并采用弹性工作时间等适当方式，保障劳动者休息休假的权利。

3. 综合计算工作时间制，指针对因工作性质特殊、需连续作业或受季节及自然条件限制的企业的部分职工，分别以周、月、季或年为周期，以标准工时制为基础综合计算的工作时间制度。依据综合工时制，劳动者在特定周期的工作时间，不能超过按照标准工时计算的工作时间总量，如果超过总量，超过部分均应认定为加班并依法支付加班工资。根据原劳动部《关于企业实行不定时工作制和综合计算工时工作制的审批办法》的规定，下列职工可实行综合计算工时工作制：（1）交通、铁路、邮电、水运、航空、渔业等行业中因工作性质特殊，需连续作业的职工；（2）地质及资源勘探、建筑、制盐、制糖、旅游等受季节和自然条件限制的行业的部分职工；（3）其他适合实行综合计算工时的职工。实行综合计算工作时间制度的单位，应按程序办理审批手续，同时应以适当方式保障职工休息休假的权利。

不定时工作制与综合计算工作时间制的实施都需要通过行政程序办理审批。然而，经济的发展、产业结构的调整、企业所有制的多元化，需要更为弹性灵活的工时制度，特殊工时制度的需求明显增加，工时制度审批程序面临挑战。

4. 计件工时制。根据《劳动法》第36、37条的规定，对实行计件工作的劳动者，用人单位应当合理确定其劳动定额和计件报酬标准，即应当根据一般劳动者在一个标准工作日和一个标准工作周的工作时间内能够完成的计件数量为标准，确定劳动者日或周的劳动定额。计件工时制实际上是标准工时制的特殊转化形式，实行计件工作时间的劳动者，在8小时工作时间内完成了当日的劳动定额，则可以把剩余时间作为休息时间，也可以多做定额以取得相应的劳动报酬，如果劳动者未能在8小时内完成定额，则可以在8小时外用以完成规定的劳动定额，但不能得到延长时间的劳动报酬。同时，计件工时制不能超过标准工时制设置的劳动基准。

拓展阅读

劳动者岗位的工时工作制度应根据实际工作情况予以确定

四、延长工作时间的限制

延长工作时间是指超过法定工作时间长度的工作时间。在实践中将延长工作时间称为加班和加点。

延长工作时间在特殊情况下是法律许可的，但进行了严格限制。我国《劳动法》第41条、第44条作出了规定：（1）用人单位由于生产经营需要，经与工会和劳动者协商后可以延长工作时间，一般每日不得超过1小时；因特殊情况需要延长工作时间的，在保障劳动者身体健康的条件下延长工作时间每日不得超过3小时，但是每月不得超过36小时。（2）用人单位须依法支付延长工作时间的劳动报酬：安排劳动者在日法定标准工作时间以外延长工作时间的，按照不低于劳动合同规定的劳动者本人小时工资标准的150%支付劳动者工资；安排劳动者在休息日工作，而又不能安排补休的，按照不低于劳动合同规定的劳动者本人日或小时工资标准的200%支付劳动者工资；安排劳动者在法定休假日工作的，按照不低于劳动合同规定的劳动者本人日或小时工资标准的300%支付劳动者工资。根据《工资支付暂行规定》第13条第2—4款规定，实行计件工资的劳动者，在完成计件定额任务后，由用人单位安排延长工作时间的，应根据上述规定的原则，分别按照不低于其本人法定工作时间计件单价的150%、200%、300%支付其工资；经劳动行政部门批准实行综合计算工时工作制的，其综合计算工作时间超过法定标准工作时间的部分，应视为延长工作时间，并应按本规定支付劳动者延长工作时间的工资；实行不定时工时制度的劳动者，不执行上述规定。

鉴于劳动过程的复杂性、多变性，从实际出发，《劳动法》第42条规定了延长工作时间不受《劳动法》第41条限制的情况：（1）发生自然灾害、事故或者基于其他原因，威胁劳动者生命健康和财产安全，需要紧急处理的；（2）生产设备、交通运输线路、公共设施发生故障，影响生产和公众利益，必须及时抢修的；

（3）法律、行政法规规定的其他情形。这些特殊情况下的加班加点，用人单位要依法向劳动者支付加班加点工资。

第三节　休息时间制度

休息时间制度包括休息制度与休假制度，是劳动者依照法律规定享有的由自己自由支配，免于履行劳动义务的时间。休息时间制度作为劳动基准规范的重要内容，是劳动者休息权得以充分实现的法律保障，休息可以使劳动者的体力和精力得以恢复。我国《劳动法》及相关法规对劳动者休息时间制度作了明确规定，具体包括工作日内的休息时间、工作日之间的间隔时间、周休息时间、法定节假日、带薪年休假以及探亲假、婚丧假等。

一、工作日内的休息时间

工作日内的休息时间是指一个工作日内的不包括工作时间在内的间歇时间，主要给予工作过程中的劳动者必要的休息和用餐时间。目前我国对一个工作日内的间歇时间长短尚无法律规定，用人单位可根据工作岗位与工作性质的不同，通过单位内部规章制度加以规定。

二、工作日之间的间隔时间

工作日之间的间隔时间是指劳动者在上个工作日结束后至下一个工作日开始前所享有的休息时间。该间隔休息时间是为保证劳动者的体力和工作能力得到恢复，实行轮班制的企业事业单位，其班次必须平均调换，保证劳动者足够的休息时间，不得让劳动者连续工作。

三、周休息时间

周休息时间又称公休假日，是指劳动者在完成整个一个工作周以后所享有的连续休息时间。公休假日不是带薪休假，它是每周的休息时间，以保障劳动者体力的恢复和精神的休养。在我国，法律保证劳动者在工作满一周以后享有一定的连续休息时间，公休假日一般安排在星期六和星期天。由于生产和社会生活需要，不能在星期六和星期天安排休息的，可以安排劳动者在一周内轮流休息。

四、法定节假日

法定节假日是指国家根据本国的民族风俗习惯或重要纪念活动的需要，由法律统一规定的用以进行庆祝及度假的休息时间。法定节假日制度体现了各国政治、经济、文化背景的差异，是国家政治、经济、文化制度的重要反映，涉及经济社会文化的多个方面，也与劳动者切身利益密切相关。用人单位应按照国家法律规定安排劳动者在法定节假日休假。

新中国成立初期，政务院于 1949 年 12 月颁布《全国年节及纪念日放假办法》，建立了法定节假日制度。为适应经济社会发展以及提升人们对传统文化和节日的了解与尊重，国务院于 1999 年 9 月、2007 年 12 月及 2013 年 12 月先后对该《办法》进行了修订。

按照《劳动法》及 2013 年《全国年节及纪念日放假办法》规定，法定节假日包括：(1) 属于全体公民放假休息的公共节日：新年，放假 1 天（1 月 1 日）；春节，放假 3 天（农历正月初一、初二、初三）；清明节，放假 1 天（农历清明当日）；劳动节，放假 1 天（5 月 1 日）；端午节，放假 1 天（农历端午当日）；中秋节，放假 1 天（农历中秋当日）；国庆节，放假 3 天（10 月 1 日、2 日、3 日）。(2) 属于部分公民放假的节日及纪念日：妇女节（3 月 8 日），妇女放假半天；青年节（5 月 4 日），14 周岁以上的青年放假半天；儿童节（6 月 1 日），不满 14 周岁的少年儿童放假 1 天；中国人民解放军建军纪念日（8 月 1 日），现役军人放假半天。(3) 属于少数民族习惯的节日，由各少数民族聚居地区的地方人民政府，按照各民族习惯，规定放假日期。

拓展阅读

四川遂宁四坚建筑装饰工程有限公司要求员工签订不平等承诺书

法定节假日具有强制休假性质，用人单位不得以实行非标准工时制等理由剥夺劳动者休息权。全民享有的节假日如果适逢公休日，应当在工作日顺延补假；如果在法定节假日确因工作需要而加班，不能采用轮休方式补假，只能依法支付加班工资。部分公民享有的节假日，主要是为了举行纪念活动而设立，适逢公休日不再另行补假。

五、带薪年休假

带薪年休假是指劳动者工作满一定年限后，每年享有的带薪连续休息的假期。带薪年休假是劳动者的一项重要的权利，但不是强制性休假。带薪年休假旨在使劳动者经过一定期间的紧张工作之后得到更好的休息，进而能再精力充沛地投入工作。同时，实行职工带薪年休假制度还能产生刺激消费、激活经济的附带功能。国际劳工组织早在 1936 年的国际劳工大会上通过的《带薪休假公约》（第 52 号）中，确定了带薪年休假制度，1970 年该公约修订（第 132 号），对带薪年休假制度的适用范围、享受条件、休假期限等确定了新的标准。带薪年休假是世界各国普遍实行的一种劳动者休息制度，许多国家劳动立法都对带薪年休假制度作出了明确规定，总的趋势是随着经济发展而逐步延长。

我国带薪年休假制度建设起步较晚，1991 年 6 月，中共中央、国务院下发了《关于职工休假问题的通知》，初步确立了年休假制度。1994 年《劳动法》对带薪年休假制度作了原则规定，具体实施办法由国务院制定。由于经济社会发展各种复杂因素，具体实施办法迟迟未出台，带薪年休假制度在各行各业没有得到全面落实。国务院根据《劳动法》的规定于 2007 年 12 月公布了《职工带薪年休假条例》（以下简称《条例》），为了配合《条例》的实施，人力资源和社会保障部于 2008 年 9 月公布了《企业职工带薪年休假实施办法》（以下简称《办法》）。依据《条例》和《办法》，我国带薪年休假制度主要包括下列内容。

（一）适用范围

为了平等保护各类单位职工的带薪休假权，充分调动广大职工的工作积极性，根据《条例》规定，机关、团体、企业、事业单位、民办非企业单位、有雇工的个体工商户等单位的职工连续工作 1 年以上的，享受带薪年休假。单位应当保证职工享受年休假。职工在年休假期间享受与正常工作期间相同的工资收入。

（二）享受条件及例外

职工累计工作已满 1 年不满 10 年的，年休假为 5 天；已满 10 年不满 20 年的，年休假为 10 天；已满 20 年的，年休假为 15 天。国家法定休假日、休息日不计入年休假假期。年休假天数根据职工累计工作时间确定。职工在同一或者不同用人单位工作期间，以及依照法律、行政法规或者国务院规定视同工作期间，应当计为累计工作时间。

职工有下列情形之一的，不享受当年的年休假：职工依法享受寒暑假，其休假天数多于年休假天数的；职工请事假累计 20 天以上且单位按照规定不扣工资的；累计工作满 1 年不满 10 年的职工，请病假累计 2 个月以上的；累计工作满 10 年不满 20 年的职工，请病假累计 3 个月以上的；累计工作满 20 年以上的职工，请病假累计 4 个月以上的。

（三）年休假安排及补偿

享受年休假是劳动者的权利，但休假的具体时间安排，需要考虑单位工作的具体情况。因此《条例》规定用人单位应根据生产、工作的具体情况，并考虑劳动者本人意愿，统筹安排职工年休假。年休假在 1 个年度内可以集中安排，也可以分段安排，一般不跨年度安排。单位因生产、工作特点确有必要跨年度安排职工年休假的，可以跨 1 个年度安排。职工在年休假期间享受与正常工作期间相同的工资收入。

单位确因工作需要不能安排职工休年休假的，经职工本人同意，可以不安排职工休年休假。基于单位原因职工应休而未休的年休假日，单位须按照该职工日工资收入的300%支付工资报酬；基于职工本人原因且书面提出不休年休假的，用人单位可以支付其正常工作期间的工资。

（四）责任承担

用人单位不安排职工年休假又不依照《条例》规定给予年休假工资报酬的，由县级以上地方人民政府人力资源和社会保障部门依据职权责令限期改正；对逾期不改正的，除责令该单位支付年休假工资报酬外，单位还须按照年休假工资报酬标准向职工加付赔偿金；对拒不支付年休假工资报酬、赔偿金的，属于公务员和参照《公务员法》管理的人员，对其所在单位的主管人员以及其他直接责任人员依法给予处分；属于其他单位的，由人力资源和社会保障部门或者职工申请人民法院强制执行。

六、其他休假

除上述假期外，我国法律还规定了探亲假、婚丧假、产假等其他休假，用人单位均应依法支付工资。

（一）探亲假

探亲假，是法定给予劳动者探望分居两地的配偶或父母的带薪假期，目的是适当地解决劳动者同亲属长期远居两地的探亲问题。我国现行的制度依据是1981年3月国务院颁布的《关于职工探亲待遇的规定》（以下简称《规定》）。依据该《规定》，在国家机关、事业单位、人民团体和全民所有制企业工作满一年的固定职工，与配偶或父母不在一起居住，又不能在公休假日团聚的，可以享受探望配偶或父母的探亲假待遇。但是，职工若与父母一方能在公休假日团聚的，不享有探望父母的探亲假待遇。探亲假的期限分为四种情形：（1）职工探望配偶的，每年给予探亲假一次，假期为30天。（2）未婚职工探望父母的，原则上每年给假一次，假期为20天。如果因工作需要，当年用人单位不能给假，或者职工本人自愿两年探亲一次的，可两年给假一次，假期为45天。（3）已婚职工探望父母的，每4年给假一次，假期为20天。（4）凡已实行周期性集中休假制度的职工（如学校教师），应在休假期间探亲，若休假较短，可由本单位适当安排，补足其探亲假天数。上述四种期限均包括公休假日和法定节日在内。《规定》还强调，探亲假期是指职工与配偶、父、母团聚的时间，另外根据实际需要给予路程假。此外，为解决台胞职工出境探亲待遇问题，1983年原劳动人事部、财政部、公安部、中国银行共同发布《关于台胞职工出境探亲待遇的通知》，规定了台胞职工出境探望配偶与父母的具体条件与期限。

需要说明的是，三十多年来，《国务院关于职工探亲待遇的规定》始终没有进行过修订。然而，我国经济社会发生了很大的变化，多种所有制经济并存，非公有制企业大量涌现，固定工的概念不复存在，交通工具日益发达，法定节假日增多，建立了年休假制度，探亲假制度如何修改才能体现公平甚至有无必要存在，是一个需要认真研究的问题。

（二）婚丧假

婚丧假是法定的当劳动者本人结婚或其直系亲属死亡时享受的假期，包括结婚假和丧葬假。1980 年 2 月原国家劳动总局、财政部发布的《关于国营企业职工请婚丧假和路程假问题的通知》仍是我国目前婚丧假的执行依据。该通知规定，职工本人结婚或职工的直系亲属（父母、子女）和配偶死亡时，可以根据具体情况，由本单位行政领导批准，酌情给予 1—3 天的婚丧假；职工结婚时双方不在一地工作的或者职工在外地的直系亲属死亡时，需要职工本人去外地料理丧事的，都可以根据路程远近，另给予路程假；在批准的婚丧假和路程假期间，职工的工资照发。

客观地说，我国的婚丧假期过短，尤其是结婚假显然不能满足实际要求，执行中一般也都长于 3 天，适用的人群也覆盖了各类用人单位的职工。由于国家的相关规定非常原则，部分省、自治区、直辖市结合本地区的实际情况适当放宽规定，又显现出较大的地方差异。因此，需要制定符合新时期经济社会发展的婚丧假国家统一基准。

（三）产假

产假是劳动关系存续期间女职工生产前后依法享受的休假待遇。产假作为一种法定休假制度，属于强制性休假，用人单位必须依法全面履行义务，需要支付休假权利人的工资和其他相关费用，并不得在休假期间与劳动者解除劳动合同。我国《劳动法》第 62 条规定："女职工生育享受不少于九十天的产假。"国务院 2012 年 4 月颁布的《女职工劳动保护特别规定》，对产假及生育津贴支付等作了具体规定：女职工生育享受 98 天产假，其中产前可以休假 15 天；难产的，增加产假 15 天；生育多胞胎的，每多生育 1 个婴儿，增加产假 15 天。女职工怀孕未满 4 个月流产的，享受 15 天产假；怀孕满 4 个月流产的，享受 42 天产假。女职工产假期间的生育津贴，对已经参加生育保险的，按照用人单位上年度职工月平均工资的标准由生育保险基金支付；对未参加生育保险的，按照女职工产假前工资的标准由用人单位支付。2015 年修正的《中华人民共和国人口与计划生育法》第 25 条规定："符合法律、法规规定生育子女的夫妻，可以获得延长生育假的奖励或者其他福利待遇。"部分省、自治区和直辖市根据上述规定，结合本地区的实际情况，一般都在国家统一规定的天数之上适当延长生育假。

第四节 工资制度

工资是用人单位按照法定或约定的标准，以货币形式向劳动者支付的劳动报酬。工资基准是保障劳动者基本权益、实现工资分配原则的重要手段。工资基准主要包括最低工资基准、工资保障基准和其他工资基准。工资基准与工资协商构成我国工资制度。

一、工资的概念和特点

从本质上分析，工资是通过给付劳动换得的报酬，是劳动力价值的货币表现，即劳动力的价格。工资对社会中绝大多数通过劳动来维持生存的劳动者具有十分重要的意义。

（一）工资的概念

工资是劳动给付的对价，是用人单位依据劳动合同约定或法律规定标准及形式向劳动者支付的劳动报酬。工资在日常生活与职场中也有薪金、薪水之称谓。就劳动关系而言，可从以下几个方面着重理解：（1）工资是劳动给付的主要对价，也是劳动合同中用人单位向劳动者承担的基本给付义务。劳动者提供了劳动或者履行了劳动合同约定的义务后，用人单位须依法依约支付工资。否则，劳动者就可以中止履行劳动合同而进行抗辩。（2）工资依法定或约定的标准计算和支付。一般情况下，工资的计算与支付依双方当事人书面合同或口头约定确定，但约定标准不得低于当地最低工资标准。特殊情况下，如无法确认双方对工资的约定、法定中断劳动情形时，适用法律规定的比照原则或直接规定。（3）工资须以货币形式和法定方式支付。工资以货币形式支付，是世界各国通行的做法，也是工资本质的要求。我国法律规定，工资依人民币计算和给付。工资依法定方式支付，是指工资的支付周期、支付凭证、支付对象、工资扣除等必须以法律法规的规定执行。工资应当是一个相对开放性的概念，只要符合工资的实质内涵——劳动给付的对价，就可以认定为工资。

（二）工资的特点

作为劳动报酬的基本形式，工资与资本、技术、管理参与分配的收益相比，具有以下特点：（1）工资以劳动关系为基础。劳动关系是社会关系中最普遍最核心的社会关系，是劳动法的主要调整对象。劳动关系的建立基于私法上雇佣关系的本质，资强劳弱的现象较为突出，因而工资的确定和实现需要凸显国家的干预，即发挥工资基准的保底功能。（2）工资的确定机制表现为工资协商与工资基准相结合、个别协商与集体协商相结合的特点。劳动合同是劳动关系的法律表现形式，劳动合同分为必备条款和选择条款，工资是必备条款的重要组成部分。合同条款的内容是双方当事人在劳动基准之上自愿协商确定的，因此，劳动关系的契约性决定了工资确定的契约性特征，协商决定工资是市场经济条件下的劳动关系发展的必然要求。工资的确定机制可分为个别确定机制与集体确定机制。个别确定机制是个体劳动者与用人单位协商通过劳动合同完成的，集体确定机制是工会代表职工或者职工推选代表与用人单位协商签订集体合同完成的，旨在通过集体合同来维护和提高单位职工的工资水平。（3）工资具有动态调整的特点。用人单位，特别是企业生产经营活动易受经济结构调整、市场供求关系以及金融税收等政策变化的影响，经营方向调整及盈利水平波动必然会反映到工资水平上来，工资的变动就成为常态。工资的动态特征，导致了法律上的工资正常调整机制，也可能会出现非正常的波动现象。

（三）我国工资总额

工资总额是用人单位在一定时期内支付给本单位全部职工的劳动报酬的总额，包括各种形式的工资、奖金、津贴和补贴。原劳动部《关于贯彻执行〈中华人民共和国劳动法〉若干问题的意见》规定了工资的概念、范围及例外。工资是指用人单位依据国家有关规定或劳动合同的约定，以货币形式直接支付给本单位劳动者的劳动报酬，一般包括计时工资、计件工资、奖金、津贴和补贴、延长工作时间的工资报酬以及特殊情况下支付的工资等。不属于工资的情形有三种：（1）单位支付给劳动者个人的社会保险福利费用，如丧葬抚恤救济费、生活困难补助费、计划生育补贴等；（2）劳动保护方面的费用，如用人单位支付给劳动者的工作服、解毒剂、清凉饮料费用等；（3）按规定未列入工资总额的各种劳动报酬及其他劳动收入，如根据国家规定发放的创造发明奖、国家星火奖、自然科学奖、科学技术进步奖、合理化建议和技术进步奖、中华技能大奖等，还有稿费、讲课费、翻译费等。这是我国现行计算工资总额的法规依据。

工资总额在劳动法、社会保险法上的意义表现在：（1）工资总额是职工缴纳工资所得税的依据，由用人单位代扣代缴。（2）工资总额是用人单位和劳动者缴纳社会保险费的依据。社会保险费包括养老、医疗、工伤、失业、生育保险。用人单位依本单位职工的工资总额缴纳由单位承担的部分，劳动者以社保经办部门核定的缴费工资缴纳由个人承担的部分，单位代扣。（3）国家对企业工资总额实行宏观调控。按照工资指导线政策，劳动保障行政部门会同省级其他行政部门制定工资指导线，对企业的工资增长实行上线、基线、下线调控。（4）工资总额的计算以直接支付给全部劳动者的劳动报酬为依据。

二、工资构成与形式

工资构成与工资形式都是工资制度的重要内容。工资构成重在说明工资的组成内容，而工资形式则是对劳动者实际付出的劳动量和相应获得劳动报酬量的具体计算与支付方法。

（一）工资构成

工资构成，是指工资由相互联系的若干部分内容组成。工资构成理论表明：其一，工资是由不同的部分组成的，而不同部分的工资有相对明确的法律含义，如基本工资、绩效工资、奖金、补贴、加班工资等；其二，工资构成有不同的层次，如基本工资是相对固定的底薪，绩效工资取决于用人单位的经济效益及劳动者本人的岗位贡献，奖金、补贴等则是特定条件下的激励性、补偿性给付。

我国工资构成在20世纪90年代以前主要由法律法规确定，表现为工资基准，现阶段逐步改革为工资自决的范畴。《劳动法》第47条规定："用人单位根据本单位的生产经营特点和经济效益，依法自主确定本单位的工资分配方式和工资水平。"现阶段最常见的工资构成单元有：

1. 基本工资。基本工资是指劳动者与用人单位在劳动合同中约定的与工作岗位相适应的相对固定的工资单位。劳动者在法定工作时间内提供正常劳动的情况下即可获得基本工资。基本工资具有以下特征：（1）基准性。基本工资具有基准性，常作为计算辅助工资单元数额的基准。（2）固定性。只要劳动者提供正常劳动，用人单位就应按此约定标准支付报酬，该标准不应低于当地最低工资标准。（3）等级性。基本工资以岗位及职级不同设计不同等级标准，应反映劳动者岗位技能及劳动熟练程度的差异。

2. 绩效工资。绩效工资是以对员工绩效的有效考核为基础，实现将工资与考核结果相挂钩的工资制度。绩效工资最初以计件工资为主要实现形式，由于在实践中，绩效的定量不易操作，现阶段已不是简单意义上的工资与产品数量挂钩的工资形式，而是建立在科学的工资标准和管理程序基础上的工资体系，其具体指标与标准由用人单位通过工资协商或民主管理程序自行决定。现阶段，绩效工资被我国事业单位、企业普遍采用，用人单位利用绩效工资对劳动过程进行调控，通过对绩优者和绩劣者的收入调节，激励员工积极、主动和创造性地完成工作任务，进而实现单位的事业发展目标。

3. 奖金。奖金是用人单位对作出突出贡献的劳动者支付的奖励性劳动报酬，是辅助工资的构成内容之一。按照不同的标准，可以对奖金进行不同的分类：（1）以直接增加社会财富为标准，可以将其分为超产奖、质量奖、节约奖等；（2）以为增加社会财富创造条件为标准，可以将其分为劳动竞赛奖、创造发明奖、安全生产奖等；（3）以设奖形式为标准，可以将其分为单项奖、综合奖、集体奖、个人奖等。

4. 津贴。津贴是指补偿劳动者在特殊条件下的额外劳动消耗和生活费额外支出的工资补充形式。津贴的具体作用主要表现在三个方面：（1）补偿作用，即对劳动者因特殊劳动的额外劳动消耗给予补偿；（2）调节作用，即协调劳动力资源合理的社会布局；（3）激励作用，即鼓励职工钻研技术、努力工作。依据津贴的设置目的和所起的作用，可以将我国现行的津贴分为以下几大类：（1）为补偿劳动者额外劳动消耗而设置的津贴，如高空作业津贴、高温津贴、夜班津贴等；（2）为补偿职工特殊劳动和生活费额外支出的双重性而设置的津贴，如林区津贴、山区津贴、驻岛津贴、艰苦气象站津贴、船员津贴、外勤工作津贴、铁路乘务津贴，以及为鼓励职工到艰苦地方去工作而设置的津贴等；（3）为保障职工身体健康而设置的津贴，如对从事粉尘、高压、有毒有害气体、接触放射性物质和从事潜水作业等工作发放的保健津贴、医疗卫生津贴等；（4）为鼓励职工钻研技术、努力工作而设置的津贴，如科研津贴、优秀运动员津贴、体育津贴等；（5）为维护社会所需要的工作的正常进行而设置的津贴，如环卫工人、物资回收工人所享有的津贴等；（6）为补偿职工的特殊贡献而设置的奖励性津贴，如对作出突出贡献的专家、学者和科技人员设置的政府特殊津贴等。

5. 补贴。补贴是工资构成中较固定和稳定的单元。一般是针对特定条件下因物价变动影响而对劳动者所作的临时性工资辅助，其目的是保证劳动者生活水平免受较大的冲击。补贴具有基准性特征，在特定的地区，补贴的工资部分应该大致相等。但与奖金相对，具有附加性特征，其在工资总额中占的比例相对较小。

（二）工资形式

工资形式，是指计量劳动量和支付工资的形式。我国现行的工资形式主要有计时工资、计件工资。另外，在一定范围内实行年薪制和薪酬工资。

1. 计时工资。计时工资是指按照单位时间工资率（即计时工资标准）和工作时间支付劳动者个人工资的一种形式。计时工资可以分为月工资制、日工资制和小时工资制三种。

2. 计件工资。计件工资是指按照劳动者完成的合格产品的数量和预先规定的计件单位计算工资的形式。它是用一定时间内的劳动成果来计算的工资，即用间接劳动时间来计算，因此它是计时工资的转化形式。

3. 年薪。年薪是指对符合一定条件的劳动者实行以一个账务年度为核算工资依据计发劳动报酬的工资形式。我国《劳动法》及相关法律并未对普通劳动者推行此种工资形式。目前，按照有关企业行政管理规定，只适用于企业高级管理人员，如总经理（厂长）、董事、监事等。年薪与普通劳动者的工资形式不同，普通劳动者的工资主要以计时工资和计件工资衡量，而实行年薪制的劳动者除含有计时工资或计件工资外，尚与企业经营风险相联系，如资产的保值增值及相关安全责任的承担等。2015 年，针对央企的高管人员实行的高管薪酬本质上也属于年薪的一种。央企高管的薪酬由基本年薪、绩效年薪、任期激励收入三部分构成。央企高管薪酬制度将年期绩效与任期绩效结合起来，职工平均工资与高管工资挂钩，既有利于缩小央企内部高层与普通职工的收入差距，又可通过工资调节机制，调动高管积极性。目前，我国劳动法对高管薪酬形式没有作规定。

三、最低工资

最低工资制度作为国家干预分配的一种手段，可以保障劳动者权益，保证社会的发展和稳定。

（一）最低工资的概念

最低工资制度是以保障劳动者及其家庭成员基本生活需要而建立的法律制度，主要通过确定和强制推行最低工资标准来实现。最低工资，是指劳动者在法定工作时间或劳动合同约定的工作时间提供正常劳动的前提下，用人单位依法应当支付的最低劳动报酬。它体现了《劳动法》促进社会进步的立法目的，与按劳分配原则相辅相成，并行不悖。最低工资有以下法律特征：（1）最低工资是国家通过立法确定的法定标准。《劳动法》第 48 条第 1 款规定："国家实行最低工资保障制度。最低工资的具体标准由省、自治区、直辖市人民政府规定，报国务院备案。"最低工资标准一般采取月最低工资标准和小时最低工资标准的形式。月最低工资标准一般适用于全日制就业劳动者，小时最低工资标准适用于非全日制就业劳动者。（2）最低工资是劳动者获得劳动报酬的最低起线。它要求劳动合同、集体合同、工资集体协议在约定劳动者工资标准时应依当地最低工资标准为重要参考因素，在劳动者提供了正常劳动的情况下，用人单位向劳动者支付工资时均不得低于最低工资标准，否则，约定无效。国际劳工组织 1970 年制定了《最低工资确定公约》（第 131 号），该公约是最低工资方面的主要劳工标准。

拓展阅读

福建畅丰车桥制造有限公司违反最低工资标准规定案

（二）最低工资的确定

最低工资的确定，包括最低工资的确定程序和最低工资标准的确定因素。

1. 最低工资的确定程序。根据《劳动法》第 48 条及原劳动和社会保障部《最低工资规定》，确定最低工资标准的具体程序是：（1）由省、自治区、直辖市人民政府劳动保障行政部门会同同级工会、企业联合会/企业家协会拟订最低工资标准的确定方案。（2）省、自治区、直辖市人民政府劳动保障行政部门将确定最低工资标准的方案送劳动和社会保障部。（3）劳动和社会保障部在收到拟订方案后，应征求中华全国总工会、中国企业联合会/企业家协会的意见。劳动和社会保障部对方案可以提出修订意见，若在方案收到后14日内未提出修订意见的，视为同意。（4）在得到劳动和社会保障部同意后，省、自治区、直辖市劳动保障行政部门应将本地区最低工资标准方案报省、自治区、直辖市人民政府批准。（5）在批准后7日内在当地政府公报上和至少一种全地区性报纸上发布。（6）省、自治区、直辖市劳动保障行政部门应在发布后10日内将最低工资标准报劳动和社会保障部。用人单位应在最低工资标准发布后10日内将该标准向本单位全体劳动者公示。最低工资标准发布实施后，应当根据相关因素变化适时调整，每两年至少调整一次。

2. 最低工资标准的确定因素。根据《劳动法》第49条以及《最低工资规定》的规定，最低工资标准的确定和调整应综合考虑的因素主要包括：（1）劳动者本人及平均赡养人口的最低生活费用。（2）社会平均工资水平。最低工资标准应低于社会平均工资水平，但应高于失业保险金、社会救济金标准。国际上，一般最低工资标准相当于平均工资的40%—60%。（3）劳动生产率。不同地区、不同行业之间劳动生产率不同，最低工资标准可以有所不同。（4）就业状况。最低工资标准应当有利于更多人实现就业。（5）地区之间经济发展水平的差异。

（三）最低工资基准的适用范围

最低工资基准适用的情形包括：劳动者在法定工作时间提供了正常劳动；劳动者带薪休假期间、依法参加社会活动期间，视为提供了正常劳动；劳动者与用人单位形成或建立劳动关系后，试用、见习期间，在法定工作时间内提供了正常劳动；基于劳动者本人原因给用人单位造成经济损失的，用人单位可按照劳动合同的约定，要求赔偿经济损失并可从劳动者本人的工资中扣除，若扣除后的剩余工资部分低于当地月最低工资标准，则按照最低工资标准执行。因此，我国最低工资基准适用的范围具有普适性特点，但下列情况不适用最低工资基准：（1）劳动者在工作时间内有迟到、早退、旷工等违纪行为。（2）企业下岗待工人员。此类人员，由企业依据当地政府的有关规定支付其生活费，生活费可以低于最低工资标准。（3）因患病或非因工负伤处于治疗期间的职工。职工患病或非因工负伤治疗期间，在规定的医疗期间内由企业按有关规定支付其病假工资或疾病救济费，病假工资或疾病救济费可以低于当地最低工资标准支付，但不能低于最低工资标准的80%。（4）处于非带薪假期间的人员，如事假等。

（四）最低工资的计算

计算最低工资，应当严格按照国家有关规定进行。目前，我国计算最低工资应剔除下列各项：（1）延长工作时间工资；（2）中班、夜班、高温、井下、有毒有害等特殊工作环境、条件下的津贴；（3）法律、法规和国家规定的劳动者保险、福利待遇等。另外，用人单位以贴补伙食、住房等形式支付给劳动者的非货币性收入也不应包括在最低工资范围内。

四、工资支付保障

工资支付保障制度能够有效禁止用人单位任意扣罚职工工资现象，保障职工合法收入不受侵犯。

（一）工资支付规则

1. 工资法定货币支付规则。工资须以法定货币形式支付给劳动者本人，不得以实物及有价证券替代货币支付。

2. 工资定期支付规则。工资必须在用人单位与劳动者约定的日期支付。如遇节假日或休息日，则应提前在最近的工作日支付。工资至少每月支付一次，实行周、日、小时工资制的可按周、日、小时支付工资。对完成一次性临时劳动或某项具体工作的劳动者，用人单位应按有关协议或合同规定在其完成任务后即支付工资。劳动关系双方依法解除或终止劳动合同时，用人单位应在解除或终止劳动合同时一次付清劳动者工资。

3. 工资支付凭据。用人单位必须书面记录支付劳动者工资的数额、时间、领取者的姓名以及签字，并保存两年以上备查。用人单位在支付工资时应向劳动者提供一份其个人的工资清单。

4. 直接支付规则。该规则要求用人单位应将工资直接支付给劳动者本人。当劳动者本人因故不能领取工资时，可由其亲属或委托他人代领。用人单位可委托银行代发工资。被派遣劳动者工资可由派遣单位直接支付，也可以由派遣单位委托用工单位支付。

5. 足额支付规则。用人单位不得克扣劳动者的工资。但在法定情况下，用人单位可依法代扣或者减发劳动者工资。我国法律法规允许扣除劳动者工资的情形有：（1）用人单位代扣代缴的个人所得税。（2）用人单位代扣代缴的应由劳动者个人负担的各项社会保险费用。（3）法院判决、裁定中要求代扣的抚养费、赡养费。（4）基于劳动者本人原因给用人单位造成经济损失的，用人单位可按照劳动合同的约定赔偿损失。经济损失的赔偿，可从劳动者本人的工资中扣除。但每月扣除的部分不得超过劳动者当月工资的20%。若扣除后的剩余工资部分低于当地月最低工资标准，则按最低工资标准支付。（5）对违纪职工，企业在给予纪律处分的同时，可以给予一次性罚款，但一般不要超过本人月标准工资的20%。

允许减发劳动者工资的情形。有下列情形之一的，允许用人单位减发劳动者工资：国家法律、法规中有明确规定的；依法签订的劳动合同中有明确规定的；用人单位依法制定并经职代会批准的厂规、厂纪中有明确规定的；企业工资总额与经济效益相联系，经济效益下浮时，工资必须下浮的（但支付给劳动者的工资不得低于当地的最低工资标准）；因劳动者请事假等相应减发工资。

用人单位须严格按照工资支付规则，对劳动者履行工资支付义务。《劳动合同法》第 85 条规定："用人单位有下列情形之一的，由劳动行政部门责令限期支付劳动报酬、加班费或者经济补偿；劳动报酬低于当地最低工资标准的，应当支付其差额部分；逾期不支付的，责令用人单位按应付金额百分之五十以上百分之一百以下的标准向劳动者加付赔偿金：（一）未按照劳动合同的约定或者国家规定及时足额支付劳动者劳动报酬的；（二）低于当地最低工资标准支付劳动者工资的；（三）安排加班不支付加班费的；（四）解除或者终止劳动合同，未依照本法规定向劳动者支付经济补偿的。"我国《刑法修正案（八）》增设"拒不支付劳动报酬罪"，修正后的《刑法》第 276 条之一规定："以转移财产、逃匿等方法逃避支付劳动者的劳动报酬或者有能力支付而不支付劳动者的劳动报酬，数额较大，经政府有关部门责令支付仍不支付的，处三年以下有期徒刑或者拘役，并处或者单处罚金；造成严重后果的，处三年以上七年以下有期徒刑，并处罚金。单位犯前款罪的，对单位判处罚金，并对其直接负责的主管人员和其他直接责任人员，依照前款的规定处罚。有前两款行为，尚未造成严重后果，在提起公诉前支付劳动者的劳动报酬，并依法承担相应赔偿责任的，可以减轻或者免除处罚。"

拓展阅读

最高人民法院指导案例 28 号：胡克金拒不支付劳动报酬案

（二）欠薪支付保障

工资是劳动者具有生存权性质的基本权利。拖欠工资，就是对劳动者基本人权的侵害。因此，各国法律均采取严格的法律措施，惩处欠薪行为，保障工资支付。目前，我国虽然尚未建立统一完善的欠薪支付保障制度，但也采取了许多探索性措施，主要包括欠薪索赔优先权制度、欠薪保证金制度、欠薪报告和欠薪预警制度等。

1. 破产企业劳动者工资支付优先权，是指劳动者依法享有的在破产企业破产财产清算时欠薪追索所享有的优先于其他普通债权实现的权利。劳动报酬作为一种特定之债，兼具人身属性与财产属性的特性，实现保障生存权实质平等的价值功能，需要确立劳动报酬权的优先权性质。我国关于劳动报酬权的优先权立法，散见于《企业破产法》《合伙企业法》《个人独资企业法》《公司法》《民事诉讼法》等法律中。我国《企业破产法》第 113 条规定，企业破产时，破产财产在优先清偿破产费用和共益债务后，应将拖欠的劳动者的工资列为第一顺序优先于税款和普通破产债权支付。

2. 欠薪保证金制度，是指政府强制对易发生工资违法拖欠行为的建筑等行业领域的用人单位，要求其按照工程造价的一定比例资金，在项目审批时将其存入劳动保障行政部门指定的银行专门账户，用人单位不能按期支付劳动者工资时，劳动保障行政部门则要求以其保证金支付的制度。目前，该制度在建设领域已经广泛实施。

3. 欠薪报告和欠薪预警制度。欠薪报告制度是指企业发生拖欠职工工资情况后，必须向劳动保障部门填报《企业欠薪情况报告书》的制度。《企业欠薪情况报告书》内容包括企业拖欠工资金额、人数及原因、企业偿还拖欠工资的计划、进度及保证措施等。欠薪预警制度是指政府通过法律、经济、行政等手段尤其是法律手段，对拖欠职工工资的用人单位发出警示，并强制其补发拖欠的工资，依法保护劳动者取得合法劳动报酬的权益的制度。用人单位接到预警通知后，应制订工资补发计划，提出切实可行的整改措施，明确补发时间，连同有关财务报表报送劳动保障行政部门备案。预警期由劳动保障行政部门根据用人单位情况确定，一般不超过3个月。预警期间，劳动保障行政部门定期进行抽查，用人单位应将工资支付情况报劳动保障行政部门备案。

客观上讲，我国现阶段仍处于全面深化改革、经济社会转型的关键时期，党和政府高度重视民生、民权，强力推进法治国家建设，但就工资基准立法和制度实施的情况而言，仍有许多问题需要研究和解决，如对高管的薪酬管理，目前仍停留在政策层面，缺乏必要的职工民主监督机制；最低工资的保底功能发挥不充分，且存在大量用人单位违反公平原则，以此标准确定为劳动者工资；同工同酬原则缺乏衡量和实施的具体规则，且未纳入劳动争议处理程序；工资支付保障措施不力，拖欠工资现象仍然较为严重等。

第五节 职业安全健康制度

职业安全健康制度是实现劳动者职业安全权利的重要保障。国家有责任通过立法建立职业安全保障标准，保障劳动者生命安全和身体健康权利的实现。这一制度表现为用人单位对国家的法定义务，具有公法的特点；同时，由于劳动关系的人身属性，派生了用人单位对劳动者的保护义务，又具有私法的特点。职业安全健康制度的核心是制定职业安全健康标准，职业安全健康标准是劳动基准的重要组成部分，对于保障劳动者基本人权，实现劳动者体面劳动目标，具有重大意义。

一、职业安全制度

职业安全制度是伴随着工业革命而产生，以劳动者的职业安全权利为价值取向和构建目标。

（一）职业安全制度的概念和特点

职业安全制度，是指国家以保护劳动者和协调社会生产秩序、预防和解决职工在职业活动过程中发生各种伤亡事故为目的所建立的一系列法律规范标准体系，具体包括：职业安全管理规范标准体系、职业安全预防规范标准体系、职业安全事故救助规范标准体系等。

职业安全法律体系的建立，是雇佣劳动社会化的集中表现。自19世纪初期开始，以英国为代表的西方资本主义国家“工厂法”时代最显著的立法就是职业安全法规的大量出现。① 20世纪70年代，美国颁布了世界上首部《职业安全卫生法》，奠定了工业化国家职业安全卫生的现代法律基础。日本于20世纪70年代颁布了《劳动安全卫生法》，1975年、1977年丹麦、瑞典分别颁布了《工作环境法》，将劳方参与推动安全生产活动写进法律。国际劳工组织自成立至今，颁布了大量的职业安全方面的公约和建议书。特别是1981年《职业安全卫生及工作环境公约》（第155号），是“将职业安全、卫生与工作环境问题结合起来的综合性公约，并且明确了政府、雇主、工人三方共同管理职业安全卫生工作”②。

我国职业安全方面的立法主要是伴随着市场经济的建立与深化而推进的。1992年通过的《矿山安全法》（2009年修正）是我国第一部职业安全方面的专门法律，1994年的《劳动法》（2009年修正）专章规定了劳动安全卫生，2002年通过了《安全生产法》，并于2009年、2014年两次进行了修订。另外，《中华人民共和国煤炭法》《中华人民共和国道路交通法》《中华人民共和国消防法》《中华人民共和国社会保险法》《中华人民共和国侵权责任法》等也有不少安全责任方面的规范。

职业安全制度具有三个方面的特点：第一，保护对象具有特定性和首要性。职业安全制度保护的对象是劳动者，实施保护的义务主体是用人单位。劳动者在劳动过程中的生命安全与身体健康是其生存权的首要权利，这一权利的性质决定了法律保护的特定性、首要性，以及双方主体权利义务的单向性。第二，制度的实施具有强制性。职业安全不仅关系劳动者的生命安全和身体健康，也事关社会公共利益，因此，各国均通过立法实施强制保护措施，它排除了用人单位与劳动者通过集体合同或劳动合同对劳动安全责任予以免除或放弃的可能性，也排除了劳动关系当事人自主降低法定要求的可能性。第三，职业安全制度以劳动过程为

---

① 1802年，英国议会颁布《学徒健康与道德法》，标志着劳动法的产生；1819年，英国颁布《工厂法》，其中包括大量劳动安全方面的规范。1880年，英国《雇主责任法》的颁布，确立了工伤领域的雇主无过错责任原则，具有社会法价值取向的特别保护意义。

② 郭捷等：《劳动法学》，高等教育出版社2014年版，第400页。

其保护的主要范围。职业安全是基于劳动关系而产生的劳动保护关系，有别于社会上一般的安全、疾病预防和卫生保健工作。这一特点，决定了劳动安全制度必须根据劳动过程的特点和劳动过程设计的物理因素、化学因素以及自然因素等，制定相应的规范、标准和保护措施。

（二）职业安全制度的主要内容

职业安全制度的主要内容包括管理类的职业安全制度和技术类的职业安全规范标准。

1. 管理类的职业安全制度。主要包括：（1）安全生产责任制。如政府及其主管部门的管理责任制、用人单位的安全生产责任制、生产安全事故责任追究等。（2）职业安全教育和培训制。（3）职业安全认证。主要有对矿山、建筑、民用爆炸、烟花爆竹等企业的安全资格认证，对矿长资格证、矿长安全资格认证，电工、金属焊接、切割作业、起重机械（含电梯）作业等岗位人员资格认证，对客运索道、大型游乐设施的认证等。（4）职业安全卫生设施“三同时”制度。我国境内的一切新建、改建、扩建工程的职业安全卫生设施必须与主体工程同时设计、同时施工、同时投入生产和使用的一种劳动保护制度。（5）生产安全事故报告和处理制度。针对职工在劳动过程中发生的人身伤害、急性中毒事故，包括职工在本岗劳动或不在本岗劳动，但由于企业的设备和设施不安全、劳动条件和作业环境不良所发生的轻伤、重伤、死亡事故，规定的报告时间及程序，以及调查、处理的程序及要求。

2. 技术类的职业安全规范标准。技术类的职业安全规范标准，也称职业安全技术规程。由于不同行业劳动岗位的特殊性和劳动过程的复杂性，技术类的职业安全规范标准是分类别进行规制的。其内容主要包括：工厂工作场所或环境的安全技术规范标准；机器设备的安全规范标准；电气设备的安全规范标准；锅炉等压力容器的安全规范标准；建筑安装工程的安全规程标准；矿山安全规程标准；等等。

二、职业健康制度

职业健康制度是根据社会生产发展的客观需要，基于劳动过程中存在的不安全因素而产生的。该项制度旨在保护劳动者的身体健康，维护劳动力的生产和再生产。

（一）职业健康制度的概念与特点

职业健康制度，是指国家为了保护劳动者在劳动过程中的身体健康，防止有毒有害物质的危害和防止职业病的发生而制定的法律规范及操作规范。它包括各种工业生产卫生、医疗预防、职工健康检查等技术和组织管理措施的规定。其特点有：（1）职业健康基准建立的目的在于保护劳动者在劳动过程中的身体健康，防止有毒有害物质及其他相关因素的职业危害。新中国成立初期，我国就制定了一系列的劳动卫生方面的规范。2001 年 10 月，全国人大常委会通过并颁布了《职业病防治法》，这是我国职业健康基准的专门法律。该法于 2011 年 12 月、2016 年 7 月、2017 年 11 月进行了三次修订。同时，还制定有与法律实施相配套的法规、规章。（2）职业健康基准具有与时俱进的特点。随着劳动过程中技术工艺的更新，特别是各类新技术、新材料被不断引进和广泛应用，以及职业健康理念的不断提升，职业健康基准立法也应当不断反映新的社会需求。对此，国家适时修订法律或新设一些必要的法律规范，比如 2002 年 4 月 18 日，我国原卫生部、原劳动和社会保障部颁布了新的《职业病目录》，将职业病的范围由原来的 9 大类 99 种调整为 10 大类 115 种；2013 年又颁布了《职业病分类和目录》，将职业病的范围由原来的 10 类 115 种扩大为 10 类 132 种。国家相关部委还制定有《国家职业卫生标准管理办法》《职业健康监护管理办法》《职业病诊断与鉴定管理办法》《建设项目职业病危害分类管理办法》等，形成了以《劳动法》《职业病防治法》为主干，其他法律法规相配套的职业健康保护制度体系。

（二）职业健康制度的主要内容

按照《职业病防治法》及现行相关制度规范，职业健康制度的主要内容包括管理类的职业健康制度和技术类的职业健康标准。

1. 管理类职业健康制度。主要包括：（1）职业健康责任制度。要求用人单位建立、健全职业病防治责任制，建立劳动者职业健康监护档案，加强对职业病防治的管理，提高职业病防治水平，对本单位产生的职业病危害承担责任。（2）职业健康培训制度。要求用人单位建立、健全职业健康培训制度。（3）职业健康认证制度。即对从事职业病健康检查、诊断、鉴定、服务的医疗卫生机构，从事职业病健康检查、诊断、鉴定、服务的从业人员的资格，以及与职业健康相关的物质技术要素的质量进行严格审查并对其中符合要求者正式认可的强制认证制度。（4）职业健康“三同时”制度。即建设项目的职业病防护设施所需费用应当纳入建设项目工程预算，并与主体工程同时设计、同时施工、同时投入生产和使用。（5）职业病危害项目申报制度。《职业病防治法》规定，用人单位工作场所存在职业病目录所列职业病的危害因素的，应当及时、如实向所在地安全生产监督管理部门申报危害项目，接受监督。职业病危害因素分类目录由国务院卫生行政部门会同国务院安全生产监督管理部门制定、调整并公布，职业病危害项目申报办法由国务院安全生产监督管理部门制定。（6）职业病危害预评价制度。《职业病防治法》规定，新建、扩建、改建项目和技术改造、技术引进项目可能产生职业病危害的，建设单位在可行性论证阶段应当进行职业病危害预评价。医疗机构建设项目可能产生放射性职业病危害的，实行卫生行政主管部门审核制度。未提交预评价报告或者预评价报告未经审核同意的，不得开工建设。（7）职业病危害事故报告、调查处理和责任追究制度。

2. 技术类职业健康标准。主要包括：（1）防止粉尘危害的规定及标准。粉尘是工业生产中对劳动者健康影响非常严重的有害物质。我国《尘肺病防治条例》第7条规定："凡有粉尘作业的企业、事业单位应采取综合防尘措施和无尘或低尘的新技术、新工艺、新设备，使作业场所粉尘浓度不超过国家卫生标准。"（2）防止有毒有害物质中毒的规定及标准。为防止劳动者因从事有毒有害物质的劳动而发生职业中毒，保障劳动者在劳动中的健康，我国颁布了一系列有关防止职业中毒的规定标准。例如《使用有毒物品作业场所劳动保护条例》第12条规定："使用有毒物品作业场所应当设置黄色区域警示线、警示标识和中文警示说明。警示说明应当载明产生职业中毒危害的种类、后果、预防以及应急救治措施等内容。高毒作业场所应当设置红色区域警示线、警示标识和中文警示说明，并设置通讯报警设备。"（3）防止噪声和强光刺激的规定及标准。我国制定了《工业企业厂界环境噪声排放标准》，其主要内容有：产生强烈噪声的生产应当尽量在设有消声设备的单独工作房中进行；对在有噪声、强光、辐射热和溅火花、碎片、刨屑场所操作的劳动者提供和要求戴护耳器、防护镜、面具和帽盔等；工作地点的局部照明亮度应符合操作技术规范和劳动卫生规范的要求等。（4）防暑、降温和防冻取暖的规定及标准。为防止劳动场所过度高温或低温对劳动者健康产生影响，国家制定了《防暑降温措施管理办法》《矿山安全法实施条例》等相关规范。主要内容有：室内工作地点的温度如果经常高于35℃时，应采取降温措施；低于5℃时，应设置取暖设备；采取技术措施、疏散热源，合理布置热源，使用隔热材料、循环水冷却等方式降低高温；采取保健措施，实行入暑前健康检查，组织巡回医疗和防治观察，供应符合卫生要求的饮料；按规定要求提供防暑、防冻劳动保护用品等；井下作业地点的空气温度不得超过28℃；超过时，应当采取降温或者其他防护措施等。（5）通风照明方面的规定及标准。如对工作场所和通道的光线的要求，人工照明设施、通风装置的检查，井下风量、风质、风速以及氧气含量标准等。

三、女职工和未成年工特殊劳动保护

女职工和未成年工特殊劳动保护，是根据女职工和未成年工的身体、生理特点和各自的特殊需要，在劳动方面给予特殊保护的法律制度。它在适用对象和内容上有别于对一般劳动者的劳动安全保护，是在与普通劳动者享有相同劳动安全健康保护基础上，法律专门规定的特别保护制度。

（一）女职工特殊劳动保护

我国对女职工特殊保护的立法，除《宪法》外，主要有《妇女权益保障法》

《劳动法》《就业促进法》《社会保险法》以及国务院颁布的《女职工劳动保护特别规定》等。此外，我国还批准了国际劳工组织1951年通过的《男女同工同酬公约》（第100号）、1958年通过的《消除就业和职业歧视公约》（第111号），这些构成了我国女职工特殊保护的法律依据。女职工特殊劳动保护的主要内容有：

1. 禁忌劳动。主要包括：（1）矿山井下作业，是指常年在矿山井下从事的各种劳动，不包括临时工作。（2）国家规定的第四级体力劳动强度的劳动。依据国家标准《体力劳动强度分级》（GB3869-1997）的规定具体界定。（3）每小时负重6次以上、每次负重超过20公斤的作业，或者间断负重、每次负重超过25公斤的作业。

2. 四期保护。即经期保护、孕期保护、产期保护和哺乳期保护。第一，经期保护。依据我国《劳动法》第60条和《女职工劳动保护特别规定》的规定，女职工在月经期间禁忌从事的劳动范围包括：（1）冷水作业分级标准中规定的第二级、第三级、第四级冷水作业。（2）低温作业分级标准中规定的第二级、第三级、第四级低温作业。（3）体力劳动强度分级标准中规定的第三级、第四级体力劳动强度的作业。（4）高处作业分级标准中规定的第三级、第四级高处作业。第二，孕期保护。主要内容有：（1）禁忌劳动的范围。女职工在怀孕期间，用人单位不得安排从事下列劳动：作业场所空气中铅及其化合物、汞及其化合物、苯、镉、铍、砷、氰化物、氮氧化物、一氧化碳、二硫化碳、氯、己内酰胺、氯丁二烯、氯乙烯、环氧乙烷、苯胺、甲醛等有毒物质浓度超过国家职业卫生标准的作业；从事抗癌药物、己烯雌酚生产，接触麻醉剂气体等的作业；非密封源放射性物质的操作，核事故与放射事故的应急处置；高处作业分级标准中规定的高处作业；冷水作业分级标准中规定的冷水作业；低温作业分级标准中规定的低温作业；高温作业分级标准中规定的第三级、第四级的作业；噪声作业分级标准中规定的第三级、第四级的作业；体力劳动强度分级标准中规定的第三级、第四级体力劳动强度的作业；在密闭空间、高压室作业或者潜水作业，伴有强烈振动的作业，或者需要频繁弯腰、攀高、下蹲的作业。（2）女职工在怀孕期间不能胜任原工作的，用人单位应当根据医务部门的证明，予以减轻劳动量或安排其他劳动。（3）禁止安排怀孕7个月以上的女职工从事夜间劳动或延长工作时间，并保护女职工孕期的休息权。（4）怀孕的女职工在劳动时间内进行产前检查，应当算作劳动时间。第三，产期保护。依据《女职工劳动保护特别规定》第7条、第8条的规定，女职工在产期之内，享受一定时间的产假和相应的生育保险待遇。第四，哺乳期保护。哺乳期保护是对女职工哺乳未满一周岁婴儿期间的特殊保护。《劳动法》第63条规定："不得安排女职工在哺乳未满一周岁的婴儿期间从事国家规定的第三级体力劳动强度的劳动和哺乳期禁忌从事的其他劳动，不得安排其延长工作时间和夜班劳动。”同时，依据《女职工劳动保护特别规定》，用人单位应当保证哺乳期女职工每天工作时间内获得1小时哺乳时间，生育多胞胎时，每个婴儿每天增加1小时哺乳时间。

3. 特殊保护设施。依据《女职工劳动保护特别规定》，女职工比较多的单位，应建立女职工卫生室、孕妇休息室等设施，并妥善解决女职工在生理卫生、哺乳方面的困难。

（二）未成年工特殊劳动保护

我国的未成年工，是指年满16周岁未满18周岁并与用人单位建立劳动关系的劳动者。未满16周岁从事职业劳动的自然人属于童工，被法律所禁止。但文艺、体育及特种工艺单位招用未满16周岁的未成年人，在履行有关审批之后，可以从事相关活动。因此，未成年工与童工在法律上不属于一个范畴，禁止使用童工的本质是就业准入问题，而一旦准入就业就同成年工一样，享受法律的保护。国际劳工组织通过和颁布了多项保护未成年工的核心权利公约，如1930年《强迫劳动公约》（第29号）和1957年《废除强迫劳动公约》（第105号）、1973年《准予就业最低年龄公约》（第138号）、1999年《禁止和立即行动消除最恶劣形式的童工劳动公约》（第182号）。其中，后两项《公约》已被我国政府批准。我国关于未成年工特殊劳动保护的相关立法主要有《劳动法》、《中华人民共和国未成年人保护法》（以下简称《未成年人保护法》）、《禁止使用童工规定》、《未成年工特殊保护规定》等。2012年修订的《未成年人保护法》对未成年人用工的劳动保护作了更为周延的概括性规定，其第38条规定：“任何组织或者个人不得招用未满十六周岁的未成年人，国家另有规定的除外。任何组织或者个人按照国家有关规定招用已满十六周岁未满十八周岁的未成年人的，应当执行国家在工种、劳动时间、劳动强度和保护措施等方面的规定，不得安排其从事过重、有毒、有害等危害未成年人身心健康的劳动或者危险作业。”具体而言，我国现行对于未成年工特殊劳动保护的内容主要有以下方面：

1. 未成年工禁忌劳动范围。依据《劳动法》第64条及《未成年工特殊保护规定》的规定，未成年工禁忌劳动的范围包括：（1）《生产性粉尘作业危害程度分级》国家标准中第一级以上的粉尘作业；（2）《有毒作业分级》国家标准中第一级以上的有毒作业；（3）《高处作业分级》国家标准中第二级以上的高处作业；（4）《冷水作业分级》国家标准中第二级以上的冷水作业；（5）《高温作业分级》国家标准中第三级以上的高温作业；（6）《低温作业分级》国家标准中第三级以上的低温作业；（7）《体力劳动强度分级》国家标准中第四级体力劳动强度的作业；（8）矿山井下及矿山地面采石作业；（9）森林业中的伐木、流放及守林作业；（10）工作场所接触放射性物质的作业；（11）有易燃易爆、化学性烧伤和热烧伤等危险性大的作业；（12）地质勘探和资源勘探的野外作业；（13）潜水、涵洞、涵道作业和海拔 3 000 米以上的高原作业（不包括世居高原者）；（14）连续负重每小时 6 次以上并每次超过 20 公斤，间断负重每次超过 25 公斤的作业；（15）使用凿岩机、捣固机、气镐、气铲、铆钉机、电锤的作业；（16）工作中需要长时间保持低头、弯腰、上举、下蹲等强迫体位和动作频率每分钟大于 50 次的流水线作业；（17）锅炉司炉。

未成年工患有某种疾病或具有某些生理缺陷（非残疾型）时，用人单位不得安排其从事以下范围的劳动：（1）《高处作业分级》国家标准中第一级以上的高处作业；（2）《低温作业分级》国家标准中第二级以上的高温作业；（3）《高温作业分级》国家标准中第二级以上的高温作业；（4）《体力劳动强度分级》国家标准中第三级以上体力劳动强度的作业；（5）接触铅、苯、汞、甲醛、二硫化碳等易引起过敏反应的作业。

2. 定期健康检查制度。定期健康检查是保障未成年工在劳动过程中的身体健康的重要举措，也是用人单位应尽的法定义务。《劳动法》第 65 条及《未成年工特殊保护规定》对未成年工定期健康检查制度作了具体规定：（1）用人单位应按下列要求对未成年工定期进行健康检查：安排工作岗位之前、工作满一年、年满 18 周岁，距前一次的体检时间已超过半年。（2）未成年工的健康检查，应按该规定所附《未成年工健康检查表》列出的项目进行。（3）体格检查发现未成年工不适宜从事原工作的，用人单位应当为未成年工调换适宜的工作岗位；如果未成年工身体健康受到损害的，用人单位应当为其治疗。《未成年工特殊保护规定》第 8 条第 1 款规定："用人单位应根据未成年工的健康检查结果安排其从事适合的劳动，对不能胜任原劳动岗位的，应根据医务部门的证明，予以减轻劳动量或安排其他劳动。"（4）未成年工在规定的健康检查期间，应算作工作时间，用人单位不得克扣其工资。

3. 未成年工使用和特殊保护的登记制度。根据《未成年工特殊保护规定》第 9 条规定，国家对未成年工的使用和特殊保护实行登记制度。用人单位招收使用未成年工，除符合一般用工要求外，还须向所在地的县级以上劳动行政部门办理登记。劳动行政部门根据《未成年工健康检查表》《未成年工登记表》，核发《未成年工登记证》。未成年工需持《未成年工登记证》上岗。

思考题：

1. 试述劳动基准的规范内容及其在我国的立法概况。
2. 试述工时制度的意义及其与休假制度的关系。

3. 最低工资与协商工资之间的区别点主要有哪些？工资用人单位自决与工资协商确定之间的关系是什么？
4. 职业安全健康制度主要由哪些内容构成？安全生产责任的内涵是什么？
5. 对女职工与未成年工的特殊劳动保护主要可采取哪些措施？

▶ 自测习题及参考答案

第六章　劳动监察与劳动争议处理法律制度

劳动监察法律制度的目的是运用公权力督促用人单位贯彻执行劳动法，保障劳动者的合法权益。劳动争议处理法律制度的目的是建立符合劳动争议处理特点、能够满足劳动者维权需求的程序制度，通过劳动纠纷的解决，促进劳动关系的和谐。我国劳动争议实行和解、调解、先裁后审、部分案件一裁终局的处理机制。

第一节　劳动监察

劳动监察是保障劳动法实施的重要手段。国际劳工局前局长勃朗夏指出："没有监察，劳动立法只是一种道德运用，而不是有约束力的社会纪律。"①《劳动法》明确规定了劳动行政部门劳动监察的职权与任务。国务院2004年颁布的《劳动保障监察条例》，规范了劳动监察职责、监察事项以及劳动监察的实施等。

一、劳动监察的概念和特征

劳动监察是劳动保障行政部门依法对用人单位遵守劳动法的情况进行检查、监督，并对违法行为予以处罚的执法活动的总称。劳动监察是保障劳动法实施的重要手段，通过劳动监察可以维护劳动法的权威，以公权力介入的方式保障劳动者的权益。

一般来说，劳动监察具有以下特征：（1）法定性。劳动监察必须依法实施，行使劳动监察权的主体为法律明确授权的主体，劳动监察主体必须遵循法定的程序，在法律规定的监察范围内，依法实施劳动监察。劳动监察相对人对劳动监察主体的劳动监察行为不服或者认为劳动监察行为违法，依法享有申请行政复议或者提起行政诉讼的权利。（2）行政性。行使劳动监察权的主体是劳动保障行政部门，劳动监察属于行政执法的范畴，是行政权力对劳动关系的介入。劳动监察不同于群众监督、工会监督等社会监督，它是以国家的名义对劳动法的遵守和实施所进行的全面和统一的监督。（3）专门性。劳动监察是法定的专门机关，依据法定的程序，针对劳动法的遵守所实施的专门监督。其他劳动保障监督检查的主体

---

① 沃尔夫根·冯·李希霍芬：《劳动监察：监察职业指南》，劳动和社会保障部国际劳工与信息研究所译，中国劳动社会保障出版社2004年版，第1页。

不是针对劳动执法而专门设立的，不具有专门性。

劳动监察的目的是通过公权力的介入，督促用人单位遵守劳动法，保障劳动者的合法权益。与劳动争议处理制度相比，劳动监察具有一定的制度优势：其一，劳动监察具有预防劳资纠纷发生的功能。劳动监察的实施不仅体现在受理举报和投诉或者依法纠正和查处违反劳动保障法律、法规或者规章行为，而且体现在通过日常巡视检查、审查用人单位按照要求报送的书面材料，督促用人单位贯彻执行劳动法。在检查用人单位遵守劳动法的过程中，可以及时发现违法之处，予以纠正和查处，避免损害劳动者合法权益。其二，劳动监察是快捷且成本较小的解决劳资纠纷的重要途径。与劳动仲裁、诉讼等争议处理机制的滞后性、时间相对较长等相比较，劳动监察可快捷地解决纠纷。对于劳动者而言，认为用人单位侵犯其劳动保障合法权益的，向劳动监察主体投诉，维权成本较低。同时，相对于劳动者私力救济以及其他社会力量解决而言，其发生社会群体冲突的概率较小，由此产生的社会成本也相对较低。

在劳动监察和劳动争议处理机制这两种不同的法律救济机制之间，劳动者可以作出选择。《劳动合同法》第 77 条规定，劳动者合法权益受到侵害的，有权要求有关部门依法处理，或者依法申请仲裁、提起诉讼。《劳动争议调解仲裁法》第 9 条规定，用人单位违反国家规定，拖欠或者未足额支付劳动报酬，或者拖欠工伤医疗费、经济补偿或者赔偿金的，劳动者可以向劳动行政部门投诉，劳动行政部门应当依法处理。同时在二者关系的协调上，《劳动保障监察条例》第 21 条作出了规定，主要包括：（1）用人单位违反劳动保障法律、法规或规章给劳动者造成损失的行为，虽然在劳动监察的范围内，但劳动者与用人单位就赔偿发生争议的，依照国家有关劳动争议处理的规定处理。（2）应当通过劳动争议处理程序解决的事项或者已经按照劳动争议处理程序申请调解、仲裁或者已经提起诉讼的事项，劳动保障行政部门应当告知投诉人依照劳动争议处理或者诉讼的程序办理。

二、劳动监察的职责和监察事项

我国劳动保障行政部门依法负责对用人单位遵守劳动保障法律、法规和规章的实施情况进行监督检查，建设、卫生、安全生产监督管理等有关主管部门在各自职责范围内，对用人单位遵守劳动保障法律、法规和规章的情况进行监督。根据《劳动保障监察条例》第 10 条的规定，劳动保障行政部门实施劳动保障监察，履行下列职责：（1）宣传劳动保障法律、法规和规章，督促用人单位贯彻执行；（2）检查用人单位遵守劳动保障法律、法规和规章的情况；（3）受理对违反劳动保障法律、法规或者规章的行为的举报、投诉；（4）依法纠正和查处违反劳动保障法律、法规或者规章的行为。

劳动保障行政部门在行使监察职责时，监察事项主要是用人单位遵守劳动法律、法规的情况。根据《劳动保障监察条例》第 11 条的规定，劳动保障行政部门对下列事项实施劳动保障监察：（1）用人单位制定内部劳动保障规章制度的情况；（2）用人单位与劳动者订立劳动合同的情况；（3）用人单位遵守禁止使用童工规定的情况；（4）用人单位遵守女职工和未成年工特殊劳动保护规定的情况；（5）用人单位遵守工作时间和休息休假规定的情况；（6）用人单位支付劳动者工资和执行最低工资标准的情况；（7）用人单位参加各项社会保险和缴纳社会保险费的情况；（8）职业介绍机构、职业技能培训机构和职业技能考核鉴定机构遵守国家有关职业介绍、职业技能培训和职业技能考核鉴定的规定的情况；（9）法律、法规规定的其他劳动保障监察事项。《劳动合同法》第 74 条规定了劳动保障行政部门对用人单位实施劳动合同制度的情况进行监督检查。

三、劳动监察的实施

劳动监察的实施是通过劳动监察机构及劳动监察员行使劳动监察权以实现监察的目的。劳动监察过程中劳动监察人员应依据法定职权，按照法定程序，严格依法实施监察。

（一）劳动监察权

劳动监察机构实施劳动监察，必须有履行其职责所需要的劳动监察权。根据《劳动法》和《劳动合同法》的规定，我国劳动保障行政部门具有劳动监察权。具体的调查、检查措施规定在《劳动保障监察条例》第 15 条中，主要有：（1）进入现场，即劳动保障行政部门有权根据工作需要进入劳动场所进行检查；（2）调查询问，即劳动保障行政部门有权就调查、检查事项询问有关人员，要求用人单位提供与调查、检查事项相关的文件资料，并作出解释和说明，必要时可以发出调查询问书；（3）查阅复制，即劳动保障行政部门实施监督检查时，有权以法定形式查阅、复制有关情况和资料，用人单位应当如实提供有关情况和材料；（4）委托审计，即劳动保障行政部门有权委托会计师事务所对用人单位工资支付、缴纳社会保险费的情况进行审计。

在调查、检查的基础上，劳动保障行政部门可以对违法行为进行纠正和处罚。劳动保障行政部门对事实清楚、证据确凿、可以当场处理的违反劳动保障法律、法规或者规章的行为，有权当场予以纠正。通过行使责令纠正权可以更好地发挥公权力的矫正功能，及时纠正违法行为，保障《劳动法》实施。

根据《劳动保障监察条例》的规定，劳动保障行政部门对于不同的违法行为，可以依法分别给予警告、罚款、没收违法所得、吊销许可证等处罚。对于触犯其他行政法规的，建议有关机关给予行政处罚；对于触犯刑法的，建议有关机关追究刑事责任。根据《劳动法》第十二章“法律责任”的规定，对用人单位违反劳动法的行为，劳动行政部门有权给予行政处罚。《劳动合同法》规定了对用人单位不遵守劳动合同制度的不同情形，可依法给予行政处罚。

（二）劳动监察的形式

依据《劳动保障监察条例》和《关于实施〈劳动保障监察条例〉若干规定》，劳动监察主要有以下形式：（1）日常巡视检查；（2）对遵守劳动保障法律情况的书面材料进行审查；（3）针对劳动保障法律实施中存在的重点问题集中组织专项检查；（4）对举报和投诉的查处；（5）根据应急预案处理因违反劳动保障法律、法规或者规章的行为引起的群体性事件；（6）建立用人单位劳动保障守法诚信档案。

（三）劳动监察管辖

对用人单位的劳动保障监察，由用人单位用工所在地的县级或者设区的市级劳动保障行政部门管辖。上级劳动保障行政部门根据工作需要，可以调查处理下级劳动保障行政部门管辖的案件。劳动保障行政部门对劳动保障监察管辖发生争议的，报请共同的上一级劳动保障行政部门指定管辖。省、自治区、直辖市人民政府可以对劳动保障监察的管辖制定具体办法。

（四）劳动监察的程序

劳动监察的程序是劳动监察机构依法行使劳动监察权时应当遵循的过程与步骤。劳动监察必须遵循法定的程序，以规范劳动监察权的运作。依据《劳动保障监察条例》和《关于实施〈劳动保障监察条例〉若干规定》，我国劳动监察的程序分为受理与立案、调查与检查，以及案件处理等。劳动监察的受理与立案主要规范劳动保障行政部门受理案件的途径以及对不同情形的处理方式等。调查与检查程序主要规范劳动保障监察员的义务、回避制度、证据登记保存、协助调查、调查期限等。案件处理程序主要规范当场处理、听证、制作处罚决定书、送达、执行等。

第二节 劳动争议处理

劳动者与用人单位是矛盾的对立统一体，既要互相依赖，又有利益冲突，发生争议不可避免。劳动争议如果不能得到顺利解决，对劳动者来说，会影响到其劳动状态和权益维护；对用人单位来说，会影响其管理效果和生产效率；对社会来说，大规模的劳动争议会导致社会瘫痪，浪费大量的社会财富，极大地破坏生产力。① 因此，各国均重视对劳动争议处理制度的构建。

一、劳动争议处理基本问题

（一）劳动争议的概念和分类

1. 劳动争议的概念。劳动争议是劳动关系当事人之间因实现劳动权利、履行劳动义务而发生的纠纷或者争议。理解劳动争议的含义应明确下述要点：（1）劳动争议的主体是特定的，一方是劳动者或其团体，另一方为用人单位或其团体。（2）劳动争议的内容涉及劳动权利和劳动义务。（3）劳动争议的形式表现为当事人双方提出不同主张或要求的意思表示。

2. 劳动争议的分类。按照不同的标准，可以将劳动争议分为不同的类别。这种分类既有助于认清劳动争议的属性和本质，也有助于选择正确的纠纷解决途径。一般来说，劳动争议可以分为以下几类：

按照劳动争议标的不同，可以分为权利争议和利益争议。权利争议是指劳动关系当事人之间因约定的权利或法定的权利而产生的纠纷，它是对既定的、现实的权利发生争议；利益争议是指劳动关系当事人就如何确定双方的未来权利义务关系发生的争议。

按照争议主体的不同，可分为个体劳动争议和集体劳动争议。个体劳动争议是指单个劳动者与用人单位发生的争议；集体劳动争议是指用人单位全体职工的代表——工会或职工代表与用人单位或其团体就集体合同、集体劳动权利义务发生的争议。

按照劳动争议是否可以纳入劳动争议仲裁机构处理，可将劳动争议分为纳入仲裁处理的争议和不纳入仲裁处理的争议。根据我国现行立法，除劳动者个人与用人单位之间的劳动争议以及因履行集体合同的争议外，其他劳动争议，如利益争议，尚未纳入劳动仲裁的范围。

（二）劳动争议受案范围

根据《劳动争议调解仲裁法》第 2 条的规定，劳动争议受案范围主要有以下几类：（1）因确认劳动关系发生的争议；（2）因订立、履行、变更、解除和终止劳动合同发生的争议；（3）因除名、辞退和辞职、离职发生的争议；（4）因工作时间、休息休假、社会保险、福利、培训以及劳动保护发生的争议；（5）因劳动报酬、工伤医疗费、经济补偿或者赔偿金等发生的争议；（6）法律、法规规定的其他劳动争议。

---

① 范愉：《非诉讼纠纷解决机制研究》，中国人民大学出版社 2000 年版，第 202 页。

根据《最高人民法院关于审理劳动争议案件适用法律若干问题的解释（二）》的规定，下列纠纷不属于劳动争议：（1）劳动者请求社会保险经办机构发放社会保险金的纠纷；（2）劳动者与用人单位因住房制度改革产生的公有住房转让纠纷；（3）劳动者对劳动能力鉴定委员会的伤残等级鉴定结论或者对职业病诊断鉴定委员会的职业病诊断鉴定结论的异议纠纷；（4）家庭或者个人与家政服务人员之间的纠纷；（5）个体工匠与帮工、学徒之间的纠纷；（6）农村承包经营户与受雇人之间的纠纷。

（三）劳动争议处理立法

劳动争议具有频发、突发、涉及当事人众多、原因复杂、后果严重等特点，不适于通过普通的诉讼程序解决。在劳动争议日渐激化的 19 世纪初，欧洲首先开始重视通过设置专门的机构处理劳动争议，并专门立法。英国于 1824 年制定《雇主雇工仲裁法》，1896 年公布《调解法》，1919 年制定《工业法院法》；美国于 19 世纪也制定了有关调解和仲裁的法律，并于 1935 年制定《国家劳资关系法》，对劳动争议处置，尤其是集体劳动争议的处置作了充分规定。第一次世界大战后，各国的劳动立法迅速发展，劳动审判制度也在不断完善。德国于 1926 年制定《劳动法庭法》，此后，许多国家专设劳动法院或者法庭，审理劳动争议案件。①

> 拓展阅读
>
> 司法考试题（2002 年卷一单项选择题）

我国在 20 世纪 20 年代就开始了劳动争议处理立法。南京国民政府 1928 年颁布《劳动争议处理法》，并在 1930 年、1932 年、1943 年作出修改。该法在 1949 年后继续施行于我国台湾地区，历经多次修改，一直施行至今。新中国成立后，原劳动部于 1950 年颁布了《关于劳动争议解决程序的规定》，1987 年国务院颁布了《国营企业劳动争议处理暂行规定》，1993 年国务院颁布了《企业劳动争议处理条例》，2007 年 12 月 29 日全国人大常委会通过了《劳动争议调解仲裁法》，进一步完善了劳动争议处理制度。

（四）劳动争议处理的原则

劳动争议处理的原则是指在劳动争议处理中应该遵循的基本准则。《劳动争议调解仲裁法》第 3 条规定：“解决劳动争议，应当根据事实，遵循合法、公正、及时、着重调解的原则，依法保护当事人的合法权益。”

1. 合法原则。合法原则是指在处理劳动争议时，必须遵守宪法、法律、法规、规章和其他规范性文件。无论采取协商和解、调解、仲裁、诉讼任何一种方式解

① 常凯：《劳权论——当代中国劳动关系的法律调整研究》，中国劳动社会保障出版社 2004 年版，第 368 页。

决劳动争议，均须遵守合法解决纠纷的原则，否则，劳动争议处理就失去了正确的基础。大量的劳动争议纠纷涉及的是劳动基准法律的适用问题，在处理此类案件中，尤其要遵守合法原则。不能牺牲劳动者的合法利益来解决劳动争议，不能突破劳动基准的法定底线。

2. 公正原则。公正原则是指在劳动争议案件的处理中，要秉公执法、不徇私情，根据事实，忠于法律来解决争议。我国在设计劳动争议处理制度时，考虑到劳动者的弱势地位，采取了劳动争议仲裁免费、法律援助、在劳动履行地提起劳动争议仲裁申请等制度，以方便劳动者维权，体现了追求公正的原则。

3. 及时原则。劳动者需要劳动才能维持生存，在劳动者与用人单位发生劳动争议后，如果争议得不到及时解决，会影响劳动者的生存状态，也会影响用人单位的生产与经营。我国劳动争议处理制度的设计在许多方面体现了及时原则。例如，在仲裁阶段，劳动争议必须在法定时间内裁决，如果未能及时作出裁决，当事人有权向法院起诉；对于部分劳动争议案件实行有条件的一裁终局制度，防止用人单位滥用诉权拖延时间；在紧急情况下劳动者可以申请部分裁决或先予执行，以缓解其在劳动争议过程中的困境。

4. 注重调解原则。劳动者和用人单位之间的关系具有互惠性和依赖性。在劳动争议发生后，采用调解方式处置双方的矛盾和纠纷，既有利于快捷地解决劳动争议纠纷，也有利于维系和稳定劳动关系。维持和谐的劳动关系，对用人单位、劳动者以及社会均有益。因此，我国一直注重通过调解的方式解决劳动争议。注重调解的原则在劳动争议的处理中主要体现在两个方面：一是调解贯穿于劳动争议处理的始终。从纠纷产生起直至案件终审时，均可以通过调解的方式解决纠纷；二是运用所有能够运用的力量进行调解。在我国劳动争议处理中，有企业调解委员会调解、社会调解、行政调解、仲裁调解和司法调解等多种调解方式。

二、劳动争议调解

劳动关系具有继续性，尽量维系这种继续性的关系，对增进用人单位和劳动者的利益来讲，至关重要。在劳动争议发生后，通过调解机制解决纠纷，既能疏解矛盾，又不伤害感情，有利于劳动关系的和谐。因此，《劳动争议调解仲裁法》第3条规定了劳动争议处理应当坚持着重调解的原则。

（一）劳动争议的企业内部调解

企业调解委员会调解，是指劳动争议企业调解委员会根据当事人的申请，在查明事实、分清是非的基础上，依据法律、法规、规章、政策、集体合同或者劳动合同的规定，通过说服、劝导和教育，促使当事人双方互相理解，互谅互让，自愿达成解决劳动纠纷的协议。企业调解委员会调解应坚持“预防为主、调解为主、基层为主”的方针。企业调解委员会要采取多种形式，大力宣传劳动法律、法规和政策，帮助企业行政和职工提高执法守法的自觉性。把劳动争议解决在基层，不仅可以减轻劳动争议仲裁委员会的工作压力，而且能避免争议的扩大和矛盾的激化，稳定企业劳动关系。

（二）劳动争议的社会化调解

我国《劳动争议调解仲裁法》拓宽了劳动争议调解渠道，该法第 10 条规定，劳动争议当事人既可以向企业劳动争议调解委员会申请调解，也可以向依法设立的基层人民调解组织和在乡镇、街道设立的具有劳动争议调解职能的组织申请调解。此外，根据该法第 16 条的规定，对于因支付拖欠劳动报酬、工伤医疗费、经济补偿或者赔偿金事项达成调解协议，用人单位在协议约定期限内不履行的，劳动者可以持调解协议书依法向人民法院申请支付令。

（三）仲裁和诉讼阶段的调解

《劳动争议调解仲裁法》第 42 条规定，仲裁庭在作出裁决前，应当先行调解。劳动争议仲裁过程的调解可以分为仲裁前调解、仲裁开庭调解和庭后调解三个阶段。调解达成协议的，仲裁庭应当制作调解书。调解书经双方当事人签收后，发生法律效力。如果劳动争议进入诉讼程序，在诉讼阶段，我国对调解也非常重视，根据《民事诉讼法》规定，在一审和二审阶段均可以进行调解，因此调解贯穿于劳动争议处理始终。

三、劳动争议仲裁

就法律性质而言，我国的劳动争议仲裁兼有行政性和准司法性。一方面，我国劳动争议仲裁委员会按“三方原则”组建，劳动争议仲裁机构属半官方性质。另一方面，劳动争议仲裁委员会也有准司法性，劳动争议仲裁机构虽然不是司法机关的组成部分，但劳动争议仲裁一般是劳动争议案件进入司法审理的前提和必经程序，不经劳动争议仲裁不能向人民法院起诉，对于劳动争议仲裁所做的生效裁决书和调解书，根据当事人的申请，人民法院应予强制执行。

（一）劳动争议仲裁机构和管辖

1. 仲裁机构。劳动争议仲裁委员会是依法独立地对劳动争议案件进行仲裁的专门机构。根据《劳动争议调解仲裁法》第 17 条的规定，劳动争议仲裁委员会按照统筹规划、合理布局和适应实际需要的原则设立。省、自治区人民政府可以决定在市、县设立；直辖市人民政府可以决定在区、县设立。直辖市、设区的市也可以设立一个或者若干个劳动争议仲裁委员会。劳动争议仲裁委员会不按行政区划层层设立。仲裁委员会处理劳动争议，应当组成仲裁庭。仲裁庭由 3 名仲裁员组成，设首席仲裁员。简单劳动争议案件，仲裁委员会可以指定 1 名仲裁员处理。仲裁庭对重大的或者疑难的劳动争议案件的处理，可以提交仲裁委员会讨论决定；仲裁委员会的决定，仲裁庭必须执行。

2. 管辖。劳动争议仲裁的管辖是指各级仲裁委员会之间、同级仲裁委员会之间，在受理劳动争议案件上的分工和权限。我国《劳动争议调解仲裁法》第21条规定，劳动争议仲裁委员会负责管辖本区域内发生的劳动争议。劳动争议由劳动合同履行地或者用人单位所在地的劳动争议仲裁委员会管辖。双方当事人分别向劳动合同履行地和用人单位所在地的劳动争议仲裁委员会申请仲裁的，由劳动合同履行地的劳动争议仲裁委员会管辖。《劳动人事争议仲裁办案规则》第9条规定，仲裁委员会发现已受理案件不属于其管辖范围的，应当移送至有管辖权的仲裁委员会，并书面通知当事人。对上述移送案件，受移送的仲裁委员会应依法受理。受移送的仲裁委员会认为移送的案件依照规定不属于本仲裁委员会管辖，或仲裁委员会之间因管辖争议协商不成的，应当报请共同的上一级仲裁委员会主管部门指定管辖。

（二）劳动争议仲裁的程序

1. 劳动争议仲裁的申请。劳动争议申请仲裁的时效期间为1年。仲裁时效期间从当事人知道或者应当知道其权利被侵害之日起计算。仲裁时效因当事人一方向对方当事人主张权利，或者向有关部门请求权利救济，或者对方当事人同意履行义务而中断。从中断时起，仲裁时效期间重新计算。因不可抗力或者有其他正当理由，当事人不能在仲裁时效期间申请仲裁的，仲裁时效中止。从中止时效的原因消除之日起，仲裁时效期间继续计算。劳动关系存续期间因拖欠劳动报酬发生争议的，劳动者申请仲裁不受1年的劳动争议仲裁时效期间的限制。但是，劳动关系终止的，应当自劳动关系终止之日起1年内提出。

申请人申请仲裁应当提交书面仲裁申请，并按照被申请人人数提交副本。仲裁申请书应当载明下列事项：（1）劳动者的姓名、性别、年龄、职业、工作单位和住所，用人单位的名称、住所和法定代表人或者主要负责人的姓名、职务；（2）仲裁请求和所根据的事实、理由；（3）证据和证据来源、证人姓名和住所。书写仲裁申请确有困难的，可以口头申请，由劳动争议仲裁委员会记入笔录，并告知对方当事人。

2. 劳动争议仲裁的受理。劳动争议仲裁委员会自收到仲裁申请之日起5日内，认为符合受理条件的，应当受理，并通知申请人；认为不符合受理条件的，应当书面通知申请人不予受理，并说明理由。对劳动争议仲裁委员会不予受理或者逾期未作出决定的，申请人可以就该劳动争议事项向人民法院提起诉讼。劳动争议仲裁委员会受理仲裁申请后，应当在5日内将仲裁申请书副本送达被申请人。被申请人收到仲裁申请书副本后，应当在10日内向劳动争议仲裁委员会提交答辩书。

劳动争议仲裁委员会收到答辩书后，应当在5日内将答辩书副本送达申请人。被申请人未提交答辩书的，不影响仲裁程序的进行。

3. 劳动争议仲裁的裁决。当事人申请劳动争议仲裁后，可以自行和解。达成和解协议的，可以撤回仲裁申请。仲裁庭在作出裁决前，应当先行调解。调解达成协议的，仲裁庭应当制作调解书。调解书应当写明仲裁请求和当事人协议的结果。调解书由仲裁员签名，加盖劳动争议仲裁委员会印章，送达双方当事人。调解书经双方当事人签收后，发生法律效力。调解不成或者调解书送达前，一方当事人反悔的，仲裁庭应当及时作出裁决。根据《劳动争议调解仲裁法》的规定，仲裁庭裁决劳动争议案件，应当自劳动争议仲裁委员会受理仲裁申请之日起45日内结束。案情复杂需要延期的，经劳动争议仲裁委员会主任批准，可以延期并书面通知当事人，但是延期不得超过15日。逾期未作出裁决的，当事人可以就该劳动争议事项向人民法院提起诉讼。

此外，仲裁庭裁决劳动争议案件时，其中一部分事实已经清楚，可以就该部分先行裁决。仲裁庭对追索劳动报酬、工伤医疗费、经济补偿或者赔偿金的案件，根据当事人的申请，可以裁决先予执行，移送人民法院执行。仲裁庭裁决先予执行的，应当符合下列条件：（1）当事人之间权利义务关系明确；（2）不先予执行将严重影响申请人的生活。

（三）劳动争议仲裁的效力

劳动争议仲裁裁决的效力分为两种情形：一种是有限的终局裁决，即裁决作出后用人单位不能提起诉讼，但劳动者可以在收到裁决书之日起的15日内提起诉讼。若劳动者未在规定时间内提起诉讼，裁决生效。另一种为非终局裁决，即裁决作出后双方当事人均可在收到裁决书之日起的15日内提起诉讼。若双方在规定时间内均未提出诉讼，裁决生效。这样的制度设计，目的是加快处理劳动争议，防止用人单位滥用诉权和诉讼优势地位。根据《劳动争议调解仲裁法》第47条的规定，下列争议仲裁裁决为终局裁决，裁决书自作出之日起发生法律效力：（1）追索劳动报酬、工伤医疗费、经济补偿或者赔偿金，不超过当地月最低工资标准12个月金额的争议；（2）因执行国家的劳动标准在工作时间、休息休假、社会保险等方面发生的争议。劳动者对上述仲裁裁决不服的，可以自收到仲裁裁决书之日起15日内向人民法院提起诉讼。用人单位有证据证明上述仲裁裁决有下列情形之一，可以自收到仲裁裁决书之日起30日内向劳动争议仲裁委员会所在地的中级人民法院申请撤销裁决：（1）适用法律、法规确有错误的；（2）劳动争议仲裁委员会无管辖权的；（3）违反法定程序的；（4）裁决所根据的证据是伪造的；（5）对方当

> **拓展阅读**
>
> 司法考试题（2014年卷一不定项选择题）

事人隐瞒了足以影响公正裁决的证据的；（6）仲裁员在仲裁该案时有索贿受贿、徇私舞弊、枉法裁决行为的。人民法院经组成合议庭审查核实裁决有前款规定情形之一的，应当裁定撤销。仲裁裁决被人民法院裁定撤销的，当事人可以自收到裁定书之日起15日内就该劳动争议事项向人民法院提起诉讼。

当事人对发生法律效力的调解书、裁决书，应当依照规定的期限履行。一方当事人逾期不履行的，另一方当事人可以依照民事诉讼法的有关规定向人民法院申请执行。受理申请的人民法院应当依法执行。

四、劳动争议诉讼

鉴于劳动案件的诉讼程序与一般民事案件的处理程序相同，这里对劳动争议案件的民事审判和处理程序的一般规则不再赘述，仅介绍劳动争议案件审理的特殊方面。

（一）劳动争议案件的起诉

1. 对劳动争议裁决的起诉。对于经过劳动争议仲裁机构裁决的案件，当事人向人民法院提起劳动争议诉讼有两个条件：一是劳动争议已经过仲裁，且仲裁裁决不属于终局裁决；二是对劳动争议仲裁裁决不服的当事人，必须在自收到裁决书之日起15日内向人民法院提起诉讼。另外，《最高人民法院关于审理劳动争议案件适用法律若干问题的解释（一）》第5条规定，劳动争议仲裁委员会为纠正原仲裁裁决错误重新作出裁决，当事人不服，依法向人民法院起诉的，人民法院应当受理。

为保障劳动争议得到及时裁决，防止劳动争议仲裁委员会超期仲裁，我国《劳动争议调解仲裁法》第43条规定，仲裁庭裁决劳动争议案件，逾期未作出仲裁裁决的，当事人可以就该劳动争议事项向人民法院提起诉讼。

此外，当事人不服劳动争议仲裁委员会作出的预先支付劳动者部分工资或者医疗费用的裁决，向人民法院起诉的，人民法院不予受理。用人单位不履行部分裁决中的给付义务，劳动者依法向人民法院申请强制执行的，人民法院应予受理。

2. 对劳动争议仲裁不予受理案件的起诉。在劳动争议案件的仲裁实践中，劳动争议仲裁委员会可能会以各种理由不受理劳动争议案件当事人提出的申请，这些不予受理的案件，又被起诉到人民法院。为妥善解决这类仲裁不予受理案件的起诉，最高人民法院对各种因不同理由不予受理案件的处理，作了较为详尽的司法解释，有效地填补了立法空白。具体有以下几种情况：（1）劳动争议仲裁委员会以当事人申请仲裁的事项不属于劳动争议为由，作出不予受理的书面裁决、决定或者通知，当事人不服，依法向人民法院起诉的，人民法院应当分别情况予以处理：属于劳动争议案件的，应当受理；虽不属于劳动争议案件，但属于人民法院主管的其他案件，应当依法受理。（2）劳动争议仲裁委员会以当事人的仲裁申请超时效为由，作出不予受理的书面裁决、决定或者通知，当事人不服，依法向人民法院起诉的，人民法院应当受理；对确已超过仲裁申请期限，又无不可抗力或者其他正当理由的，依法驳回其诉讼请求。（3）劳动争议仲裁委员会以申请仲裁的主体不适格为由，作出不予受理的书面裁决、决定或者通知，当事人不服，依法向人民法院起诉的，经审查，确属主体不适格的，裁定不予受理或者驳回起诉。（4）劳动人事争议仲裁委员会以无管辖权为由对劳动争议案件不予受理，当事人提起诉讼的，人民法院按照以下情形分别处理：确无管辖权的，应当告知当事人向有管辖权的劳动人事争议仲裁委员会申请仲裁；有管辖权的，应当告知当事人申请仲裁，并将审查意见书面通知该劳动人事争议仲裁委员会，劳动人事争议仲裁委员会仍不受理，当事人就该劳动争议事项提起诉讼的，应予受理。

此外，我国司法解释还专门规定了以下三类可以直接向人民法院起诉的劳动争议案件：第一，根据《最高人民法院关于审理劳动争议案件适用法律若干问题的解释（二）》第3条的规定，劳动者以用人单位的工资欠条为证据直接向人民法院起诉，诉讼请求不涉及劳动关系其他争议的，视为拖欠劳动报酬争议，按照普通民事纠纷受理；第二，根据《最高人民法院关于审理劳动争议案件适用法律若干问题的解释（二）》第17条的规定，当事人在劳动争议调解委员会主持下仅就劳动报酬争议达成调解协议，用人单位不履行调解协议确定的给付义务，劳动者直接向人民法院起诉的，按照普通民事纠纷受理；第三，根据《最高人民法院关于审理劳动争议案件适用法律若干问题的解释（三）》第17条的规定，依据《劳动争议调解仲裁法》第16条申请支付令被人民法院裁定终结督促程序后，劳动者依调解协议直接向人民法院起诉的，法院应予受理。这一规定实质上是对“一裁两审”的劳动争议案件的一般处理程序的突破，其目的是及时地处理争议。另外，在劳动争议的诉讼过程中，针对当事人可能会提出新的要求，《最高人民法院关于审理劳动争议案件适用法律若干问题的解释（一）》第6条规定，如该诉讼请求与讼争的劳动争议具有不可分性，应当合并审理；如属独立的劳动争议，应当告知当事人向劳动争议仲裁委员会申请仲裁。

（二）劳动争议案件的举证责任

劳动争议案件的处置，一般遵循“谁主张、谁举证”的证据规则。但在下列特殊情形下，由用人单位负担举证责任。

1. 劳动关系的举证。实践中，由于用人单位没有与劳动者签订劳动合同，往往造成劳动关系的认定困难，原劳动和社会保障部发布的《关于确立劳动关系有关事项的通知》（劳社部发〔2005〕12号）规定，认定双方存在劳动关系时可参照下列凭证：工资支付凭证或记录（职工工资发放花名册）、缴纳各项社会保险费的记录；劳动者填写的用人单位招工招聘“登记表”“报名表”等招用记录；考勤记录。且明确规定用人单位对这些凭证负举证责任。

2. 开除、除名等用工行为的举证。《最高人民法院关于审理劳动争议案件适用法律若干问题的解释（一）》第13条规定，如果劳动者因用人单位作出的开除、除名、辞退、解除劳动合同、减少劳动报酬、计算劳动者工作年限等决定而发生的劳动争议，用人单位负举证责任。因为这些决定是用人单位作出的，用人单位自然拥有这些证据，理应承担举证责任。

3. 加班费的举证。实践中劳动者常提出要求用人单位支付加班费的请求，但往往难以确切地证明加班的时间。《最高人民法院关于审理劳动争议案件适用法律若干问题的解释（三）》第9条规定，劳动者主张加班费的，应当就加班事实的存在承担举证责任。但劳动者有证据证明用人单位掌握加班事实存在的证据，用人单位不提供的，由用人单位承担不利后果。

4. 工伤认定的举证。根据《工伤保险条例》第19条第2款的规定，在工伤认定中，职工或者其近亲属认为是工伤，用人单位不认为是工伤的，由用人单位负举证责任。

（三）劳动争议裁决书和调解书的执行

根据《劳动争议调解仲裁法》第51条的规定，当事人对发生法律效力的调解书、裁决书，应当依照规定的期限履行。一方当事人逾期不履行的，另一方当事人可以依照民事诉讼法的有关规定向人民法院申请执行。受理申请的人民法院应当依法执行。根据《最高人民法院关于审理劳动争议案件适用法律若干问题的解释（一）》第21条的规定，如果当事人申请人民法院执行劳动争议仲裁机构作出的发生法律效力的裁决书、调解书，而被申请人提出证据证明劳动争议仲裁裁决书、调解书有下列情形之一，并经审查核实的，人民法院可以根据《民事诉讼法》第217条的规定，裁定不予执行：（1）裁决的事项不属于劳动争议仲裁范围，或者劳动争议仲裁机构无权仲裁的；（2）适用法律确有错误的；（3）仲裁员仲裁该案时，有徇私舞弊、枉法裁决行为的；（4）人民法院认定执行该劳动争议仲裁裁决违背社会公共利益的。人民法院在不予执行的裁定书中，应当告知当事人在收到裁定书之次日起30日内，可以就该劳动争议事项向人民法院起诉。

五、集体劳动争议的处理

我国学界对集体劳动争议的认识存在分歧。一般而言，集体劳动争议是指工会与用人单位或其团体就集体合同、集体劳动权利义务而发生的争议，包括签订集体合同发生的争议、履行集体合同发生的争议和不当劳动行为争议等。国外对集体劳动争议一般采取调解、斡旋、仲裁等处理方式；对不当劳动行为争议的处理还规定了行政裁决和一定限度的诉讼。我国劳动法对此尚未有明确完备的规定。

多名劳动者基于共同理由与用人单位发生的争议，也被有些学者称为集体劳动争议。但这种争议基于个别劳动关系，争议标的是单个劳动者的权利义务，根据民事诉讼法关于共同诉讼的原理，属于个别劳动争议的集合，宜称为群体劳动争议，由于无涉劳动者集体权利义务，不应作为集体劳动争议。《劳动争议调解仲裁法》第7条规定："发生劳动争议的劳动者一方在十人以上，并有共同请求的，可以推举代表参加调解、仲裁或者诉讼活动。"根据《劳动人事争议仲裁办案规则》第5条的规定，劳动者一方在10人以上并有共同请求的争议，或者因履行集体合同发生的劳动争议，仲裁委员会应当优先立案，优先审理。

签订集体合同发生的争议，是劳资双方就将来如何签订集体合同所发生的争议，属于利益争议，此类争议无法以法律规范作为裁判依据，故必须强调劳资双方当事人的合意，国外对此类争议进行强制仲裁的规定仅为例外。我国《劳动法》第84条第1款规定："因签订集体合同发生争议，当事人协商解决不成的，当地人民政府劳动行政部门可以组织有关各方协调处理。"根据《集体合同规定》第50条的规定，劳动保障行政部门应组织同级工会和企业组织等方面的人员来协调处理。根据《集体合同规定》第49条的规定，此类争议的当事人可书面申请协调处理，未申请的，劳动保障行政部门认为必要时也可进行协调处理。根据《集体合同规定》第52条的规定，协调处理工作应当自受理申请之日起30日内结束；期满未结束的，可以适当延长协调期限，但延长期限不得超过15日。

履行集体合同发生的争议，由于集体合同已经签订，此类争议涉及当事人的既有权利，因此，其处理程序与个别劳动争议大同小异。《劳动法》第84条第2款规定："因履行集体合同发生争议，当事人协商解决不成的，可以向劳动争议仲裁委员会申请仲裁；对仲裁裁决不服的，可以自收到仲裁裁决书之日起十五日内向人民法院提起诉讼。"《集体合同规定》第55条、《劳动合同法》第56条重申了该处理程序。与个别劳动争议相比，除企业劳动争议调解委员会的调解外，其他程序均相同。

思考题：

1. 我国劳动监察制度与劳动争议处理制度在功能上有哪些不同？
2. 劳动争议仲裁与民商事仲裁相比有哪些区别？
3. 我国目前劳动争议处理机制有哪些特色？
4. 集体劳动争议的范畴如何界定？

5. 如何完善我国集体劳动争议的处置机制？

▶ 自测习题及参考答案

下　编　社会保障法

第七章　社会保障法基础理论

社会保障法的理论基础重在强调其国家责任，即国家通过提供有关的社会保障待遇给付，以维护社会安定。社会保障法律关系是指社会保障关系的主体在社会保障活动中依据社会保障法形成的权利义务关系。以国家责任为核心要素的现代社会保障法并非一蹴而就，而是人类经过数百年的探索和实践总结出的智慧结晶。

第一节　社会保障法概述

社会保障是社会的安全网，在市场经济条件下，社会保障在保障社会成员生存权、维护社会公正方面具有重要功能。社会保障法律制度以实现社会保障权为核心，强化国家责任，规范社会保障关系，形成社会保障体系。

一、社会保障的概念和特点

（一）社会保障及其相关概念

社会保障是指由国家立法强制规定，并以国家作为给付义务主体，对公民在年老、疾病、伤残、失业、生育、遭遇灾害、面临生活困难等情形时给予物质或服务帮助，旨在保障公民基本生活需要并提高生活水平、实现社会公平和社会正义的制度。我国的社会保障制度包括社会保险、社会救助、社会福利和社会优抚。

社会保险是指国家通过立法建立社会保险基金，对被保险人因年老、疾病、失业、工伤、生育等丧失劳动能力或失去收入来源时给予必要物质帮助的制度，包括养老保险、医疗保险、工伤保险、失业保险和生育保险等。

社会救助是指国家和社会对于遭受灾害、失去劳动能力以及低收入公民给予物质救助或服务帮助，以维持其最低生活水平的各种措施，包括城乡居民最低生活保障、特困人员供养、灾害救助、专项救助、临时救助等。

社会福利是指由国家和社会举办的、为社会全体成员所享有的各种公共服务以及为特殊群体所享有的各种福利事业。包括：（1）公共福利，如住房福利、教育福利、卫生福利等；（2）特殊群体福利，如残疾人福利、老人福利、儿童福利等；（3）职业福利，如对职工提供福利补贴、福利设施、福利服务等。

社会优抚是指国家和社会对烈士、军人、警察及其家属给予抚恤和优待的一种社会保障制度。社会优抚措施主要包括社会优待、社会抚恤和安置保障等。

（二）社会保障的特点

1. 安全性。社会保障制度旨在保障全体社会成员在遭遇生、老、病、死、伤残、失业、贫困、灾害等各种社会风险时，能够从国家和社会获得必要的帮助和补偿。安全性是社会保障制度首先要实现的目标，由于社会成员在社会生活及劳动过程中，难免遇到各种风险和事故，通过社会保障制度，能够使社会成员在遭受意外和风险时免除生活无着之虞，从而使社会每一个成员都能得到必要的安全保障。因此，社会保障制度又被称为社会的“安全网”。同时，从有需要的社会成员能够从国家获得稳定的社会给付的角度，安全性又可被称作保障性。此外，为了实现前述分担社会风险的保障性的立法目的，社会保障法在社会保障给付领域往往突破了一般法学理论所主张的权利与义务的相对性，即社会保障给付义务具有单向性。也就是说，在社会保障法律关系中往往是社会保障给付请求权人一方只享有权利，而不承担义务，这尤其表现在工伤保险、生育保险、社会救助和社会优抚等制度当中。

拓展阅读

关于社会保障概念的国际比较

2. 强制性。社会保障法规定了强制性规范，明确国家、用人单位、劳动者等各方在社会保障中必须履行的义务。就社会保险而言，依照法律规定，凡建立劳动关系的用人单位和劳动者都须依法参加社会保险，当事人没有任意选择的权利，也不能任意退出保险，保险的险种和保险费的缴纳也必须按法律规定执行，不能由当事人自由协商。强制性是社会保障制度运作的必要手段，这是社会保障制度的特性决定的。社会保障以社会利益为本位，为社会大众谋求利益与安全，尽管因缴纳社会保险费会减少用人单位或某一部分人的所得，但基于社会整体利益，需要采取强制性的手段，以维持社会保障制度的正常运作。

3. 社会性。社会保障制度要解决社会风险问题，这种社会风险自工业社会以来就带有普遍性和危险性，而且并非个人力量能解决，必须借助国家力量建立社会保障制度，以免除国民社会安全之虞。社会保障以全体社会成员为对象，其中，社会保险中的养老保险和医疗保险为建立劳动关系的劳动者和全体社会成员提供，失业保险、工伤保险和生育保险主要为有劳动关系的劳动者提供。社会救助、社会福利是为全体社会成员提供的保障，社会成员只要符合条件，就可以获得救助或相应的福利待遇和服务。社会优抚针对社会有特别贡献和特殊身份的人而建立，主要是对烈士、军人、警察及其家属所提供的各种优待措施。除上述内容外，还有许多国家将社会保障的内容扩大到家庭补贴、免费教育、就业服务等内容。此外，社会保障的运作也完全是社会化的，通过建立专门的社会保障管理机构，对社会保障事务进行具体的管理并提供相应的服务。

4. 互助性。社会保障基金来源于用人单位和社会成员个人缴纳以及政府的财政支持，因而，社会保障实际上是借助于国家力量对国民收入进行再分配的一种方式，是国民收入在不同群体之间的转移，这种转移既有横向转移也有纵向转移。横向转移即收入在富裕者和贫困者之间、健康者和病残者之间、在职者和退休者以及失业者之间的转移；纵向转移是一种“代际互助”，是后代人对前代人的互助，如在实行现收现付的养老体制下，在职人员缴纳的养老保险费就需即时地支付给退休人员作为养老金。由于社会成员遭受风险和意外事故的情况不同，通过社会保障的互助性，解决社会成员的特殊需要，在全体社会成员之间实现和维持一种相对公平和稳定的状态。

二、社会保障制度的功能

社会保障制度伴随着现代工业社会的发展而产生和发展，对于国家的经济社会发展有着重要的作用和影响。社会保障制度的功能体现在其经济功能和社会功能两方面得以实现。

（一）经济功能

1. 有利于调节收入再分配。社会保障制度是国民收入再分配的一种形式，通过对社会分配的参与，缓解社会分配不公所造成的影响，为社会成员提供基本生活保障。由于在初次分配中难免因社会成员个体能力、机会等不同而导致收入水平的差别，因此，要实现社会公平，需进行二次分配。社会保障制度通过建立社会保障基金①，利用大数法则，对有需要的人群或者困难人群实行统筹使用或者予以救助。因此，社会保障制度是国民收入再分配的重要组成部分，在分配机制中充当公平的调节器。

2. 实现对宏观经济运行的平衡。宏观经济运行的平衡，主要指国民经济总供给和总需求的均衡。社会保障尤其是社会保险收支对于平衡国民经济总供给和总需求有重要影响。由于社会保障制度要求有巨额的资金作保证，因此，通过社会保障的运作，能够很好地调节市场的供求关系。当经济处于强劲增长时，失业率下降，社会保险支出相应减少，社会保险基金的储存规模因此而增大，从而抑制社会需求的膨胀；当经济处于衰退时，失业率上升，更多的人符合领取失业保险金的条件，社会保险基金的支出自动增加，从而抑制个人收入水平的下降，加大社会的有效需求。在扩大市场需求方面，社会保障是一个重要的影响因素。因此，宏观经济学理论认为，社会保障是宏观经济的一个“自动稳定器”。

---

① 此处的社会保障基金作为理论概念，包括社会保险基金和社会救助、社会福利和社会优抚领域的各种基金。

3. 扩大内需和拉动经济增长。从经济增长的角度分析，扩大消费市场是经济增长的一个重要因素，要刺激消费，加大内需，需要建立一个有效的社会保障制度，使人们在消费时免去生老病死的后顾之忧，从而保持社会的供给和有效需求之间的平衡，促进经济的良性循环。

（二）社会功能

1. 为社会成员提供必要的生存保障。现代社会充满各种风险，每个人都不可避免地面临疾病、年老、伤残、失业等风险，使生存陷入困境。而社会保障制度通过建立社会保障基金，化解社会风险，为面临生存危机的人们提供基本的生存保障。

2. 有利于实现社会公平。市场经济的特点是存在竞争机制，自由竞争的结果是出现贫富的两极分化。在我国进入新时代，社会主要矛盾集中表现为人民日益增长的美好生活需要和不平衡不充分发展之间的矛盾的社会背景下，要实现社会公平，需借助于国家力量，对国民收入进行再分配。社会保障具有国民收入再分配的功能，通过社会保障基金在贫富之间的转移支付，缩小社会成员之间的贫富差距，以实现社会公平，满足人民对美好生活的向往和需要。

3. 实现社会稳定。社会稳定是一个国家发展的基本前提，没有社会稳定，就没有经济的发展和社会的进步。社会稳定主要取决于人们心态的稳定，而心态稳定又来源于人们的安全感，健全和完善的社会保障制度能够为人们提供这种安全感。社会保障通过满足社会成员的基本生活需要，免除人们的后顾之忧，提供公平合理的社会环境，最终使每个社会成员都能从社会保障制度中获得利益，并对未来的生活有良好的心理预期，安居乐业，实现社会的稳定和发展。因此，社会保障制度又被称为“社会稳定器”。

三、社会保障权与国家责任

社会保障权相对于传统的作为防御国家不当干涉的自由权和平等权，更多地体现为一种国家的社会给付义务，即国家责任。也就是说，国家在社会保障权中的角色，不应当仅仅是个“保护者”，而更应当成为“给予者”。

（一）社会保障权的概念

社会保障权是公民依法享有的在年老、疾病、伤残、失业、生育、死亡、遭遇灾害、面临生活困难等时从国家和社会获得物质或服务帮助的权利，包括社会保险权、社会救助权、社会福利权、社会优抚权等。从社会保障制度的历史发展来看，社会成员享受的社会保障利益经历了从恩惠到权利的发展。社会保障作为一种权利，意味着该社会保障利益的获得可以通过法律的执行机制给予保障。

（二）社会保障权的性质

1. 社会保障权是人权。人权，是指作为人依其本质所应当享有的权利。社会保障权是公民享有的从国家和社会获得物质帮助的权利，与人权的基本内容——生存权和发展权高度契合。因此，国际人权公约明确规定社会保障权为人权的一种。1945 年联合国《世界人权宣言》第 22 条规定，“每个人，作为社会的一员，有权享受社会保障”。第 25 条第 1 款规定：“人人有权享受为维持他本人和家属的健康和福利所需的生活水准，包括食物、衣着、住房、医疗和必要的社会服务；在遭到失业、疾病、残废、守寡、衰老或在其他不能控制的情况下丧失谋生能力时，有权享受保障。”1966 年联合国《经济、社会和文化权利国际公约》第 9 条规定：“本公约缔约各国承认人人有权享受社会保障，包括社会保险。”

2. 社会保障权是宪法规定的基本权利。许多国家在宪法中明确规定公民享有社会保障权，或者规定国家有提供社会保障的义务。① 我国《宪法》第 45 条规定：“中华人民共和国公民在年老、疾病或者丧失劳动能力的情况下，有从国家和社会获得物质帮助的权利。国家发展为公民享受这些权利所需要的社会保险、社会救济和医疗卫生事业。国家和社会保障残废军人的生活，抚恤烈士家属，优待军人家属。国家和社会帮助安排盲、聋、哑和其他有残疾的公民的劳动、生活和教育。”该条文被视为我国社会保障权的宪法基础。

3. 社会保障权是社会权。社会权是基于公民的宪法地位的不同而予以界定的权利类型，相对于传统上防御国家干预的自由权而言，其更强调国家的积极作为和积极干预。因此，社会权又称为积极权利或受益权，劳动权和社会保障权是社会权的重要组成部分。社会保障权作为社会权，需要国家承担促进和提供等实现义务，需要国家通过立法、执法和司法等手段积极作为来保障实现。社会权的实现要与经济发展水平相适应，具有“逐步实现”的渐进性。《经济、社会和文化权利国际公约》第 2 条第 1 款规定：“每一缔约国家承担尽最大能力个别采取步骤或经由国际援助和合作，特别是经济和技术方面的援助和合作，采取步骤，以便用一切适当方法，尤其包括用立法方法，逐渐达到本公约中所承认的权利的充分实现。”我国《社会保险法》第 3 条规定：“社会保险制度坚持广覆盖、保基本、多层次、可持续的方针，社会保险水平应当与经济社会发展水平相适应。”这里“社会保险水平应当与经济社会发展水平相适应”的基本原则体现出社会保障权在实现上的渐进性。

> **拓展阅读**
>
> 社会保障权的救济

（三）社会保障的国家责任

社会保障权作为社会权，需要国家积极作为，才能保障公民社会保障权的实

① 据统计，全世界有 50 多个国家在宪法中明确规定公民有社会保障权，另有 50 多个国家的宪法用“国家保证”“国家有义务”等词汇明确规定国家对公民的社会保障义务。

现。国家是社会保障的责任主体或者说义务主体，国家负有社会保障责任是现代国家应有之义。作为国家和政府而言，负有建立社会保障制度、承担社会保障运行、提供社会保障财政支持的责任。具体而言，国家的社会保障责任包括以下内容：

1. 制度设计责任。随着社会保障制度和法治国家的建立，社会保障权从一项道德上的应然权利上升为实在法上的权利。社会保障权是人权，是宪法规定的公民的基本权利，要实现公民的社会保障权，须依据宪法构建具体的社会保障制度。国家应通过立法程序制定相关的社会保障立法，将社会保障的运行纳入法治化的轨道。通过社会保障立法，明确社会保障法律体系、社会保障制度运行的基本模式、当事人的权利义务、社会保障权利救济的方式等。当然，国家在进行制度设计的时候，也要充分考虑相关社会成员参与社会保障制度运行的权利。由于社会保险制度的资金直接来源于社会保险参加人的缴费，而且社会救助、社会优抚或社会福利资金最终也来源于社会成员缴纳的税收，因此要避免社会保障制度成为单纯的国家财政收入工具，而偏离分担社会成员社会风险的立法目标。

2. 财政支持和补充责任。社会保障事业属于国家的公共事业，国家提供社会保障是现代国家的重要职能。社会保障制度的运行需要大量的资金支持，要使社会保障制度顺利运行，需要国家承担财政支持和补充责任。就社会救助和大部分社会福利而言，应当由国家财政来负担必要的资金支持；就社会保险而言，社会保险基金主要由用人单位和个人来缴纳，仅当社会保险基金入不敷出时，由国家财政承担兜底责任。例如，根据我国《社会保险法》第65条第2款的规定，在出现基本养老保险、新型农村社会养老保险、新型农村合作医疗、城镇居民基本医疗保险等社会保险基金支付不足时，县级以上人民政府均负有财政补贴义务。

3. 社会保障行政管理和监督责任。社会保障是由国家出面举办的事业，国家应当建立完备的社会保障行政管理体制，使社会保障制度能够高效有序地运行。首先，要在中央和地方层面建立社会保障行政管理机构。我国《社会保险法》第7条规定，国务院社会保险行政部门负责全国的社会保险管理工作，县级以上地方人民政府社会保险行政部门负责本行政区域的社会保险管理工作。其次，要建立相应的社会保障经办机构，提供必要的社会保障服务。如我国《社会保险法》第8条规定："社会保险经办机构提供社会保险服务，负责社会保险登记、个人权益记录、社会保险待遇支付等工作。"最后，要承担社会保障的监管义务，尤其是对社会保障基金运行使用的监管。如《社会保险法》第6条规定："国家对社会保险基金实行严格监管。国务院和省、自治区、直辖市人民政府建立健全社会保险基金监督管理制度，保障社会保险基金安全、有效运行。县级以上人民政府采取措施，鼓励和支持社会各方面参与社会保险基金的监督。”

四、社会保障法的基本原则

社会保障法的基本原则，是指集中反映社会保障法的本质，贯穿社会保障法律规范始终并对整个社会保障法律规范体系起主导作用的根本准则。社会保障法的基本原则是社会保障法基本精神的体现，是全部社会保障法律规范的价值主线和灵魂所在，其效力具有贯彻始终性。我国社会保障法的基本原则包括五项。

（一）生存权保障原则

生存权是为维护人的生存而必不可少的权利。求生存是人类最基本的要求，生存权思想认为国家应承担保护社会成员生存的义务。较早在宪法中明文规定生存权的是1919年德国的“魏玛宪法”。该法第151条规定，经济生活秩序必须与社会正义原则及维持人类生存目的相适应；第161条规定，为了维持健康和劳动能力，保护母亲、防备老年、衰弱和生活的突变，国家在被保险者的协力下，设置包括各种领域的社会保险制度。由此，作为宪法中一项纲领性权利的生存权成为现代社会保险立法的起点和归宿。我国《宪法》第45条规定的获得物质帮助权也属于生存权的内容。

现代社会中，一定的、必需的物质是人们生存的基础，也是个人享有人格的基础，否则个人就无以生活并展开各项社会活动，也无以成为社会的人。但是，一个社会中总会有一些人面临物质的匮乏和生存的危机，或许由于缺乏劳动能力，或许由于缺乏工作机会，或许由于意外情况造成的困难。社会保障法的目的即在于当社会成员出现这些生活困难时，国家和社会有义务对其进行物质帮助，以保障社会成员基本生存需要。因此，生存权保障是社会保障法的最基本原则。为保障公民的生存权，我国建立了包括社会保险、社会救助、社会福利、社会优抚等内容的社会保障体系，其中，《社会保险法》第2条规定：“国家建立基本养老保险、基本医疗保险、工伤保险、失业保险、生育保险等社会保险制度，保障公民在年老、疾病、工伤、失业、生育等情况下依法从国家和社会获得物质帮助的权利。”

（二）普遍性原则

普遍性原则是指社会保障的适用范围包括所有社会成员，强调一切社会成员均享有社会保障权。公民在因年老、疾病、工伤、失业、生育等发生生活困难的情况下，享有从国家和社会获得物质帮助的权利，这是宪法规定公民的基本权利。公民在法律面前一律平等，意味着每一个公民都平等地享有在其生活困难时从国家和社会获得这种物质帮助的权利，而不应仅一部分人享有，另一部分人却被排除在外。正是因为其保障范围的普遍性，社会保障法才具有稳定社会、保障社会成员生活安全的意义。我国《社会保险法》第1条明确规定，“维护公民参加社会保险和享受社会保险待遇的合法权益”，并在具体制度中多方面贯彻了普遍性原则，将我国境内所有用人单位和个人都纳入了社会保险的覆盖范围，其中基本养老保险和基本医疗保险覆盖了我国城乡全体居民，以实现“老有所养、病有所医”，工伤保险、失业保险和生育保险覆盖了所有用人单位及其职工。此外，《社会保险法》将农民工（进城务工的农村居民）、被征地农民、在中国境内就业的外国人均纳入社会保险的适用范围，使社会保险制度能够做到全覆盖。

（三）可持续原则

可持续发展是指既满足当代人的需求，又不损害后代人满足需要的能力的发展。目前我国正处在社会转型期，面临着人口老龄化加速、人口流动加速、城市化进程加快、就业形式多样化、经济全球化加深的大环境，社会保障制度的建立必须具有可持续性。我国《社会保险法》第3条规定，社会保险制度坚持“可持续的方针”。社会保险可持续原则要求社会保险基金实现收支平衡，实现自我发展，要求《社会保险法》的各项制度设计有利于社会保险的可持续发展。例如，为应对人口老龄化带来的养老压力和支付危机，《社会保险法》坚持“统账结合”的模式，明确规定了政府提供补贴的义务，并建立全国社会保障基金用于社会保障支出的补充、调剂；为应对医疗费用支出快速增长的压力，《社会保险法》确立了医疗机构提供合理、必要的医疗服务的义务；为应对人口流动带来的社会保险转移接续问题，《社会保险法》建立了基本养老保险、基本医疗保险、失业保险关系的转移接续制度；为应对城市化进程中农民工累计缴费达不到国家规定年限的问题，《社会保险法》采取了宽松灵活的措施。此外，《社会保险法》还规定，社会保险基金在保证安全的前提下，按照国务院的规定投资运营、实现保值增值。

（四）社会保障水平与经济社会发展水平相适应原则

社会保障水平与经济发展水平相适应原则源于《宪法》第14条第4款：“国家建立健全同经济发展水平相适应的社会保障制度。”《社会保险法》第3条要求，“社会保险水平应当与经济社会发展水平相适应”；《劳动法》第71条也规定，“社会保险水平应当与社会经济发展水平和社会承受能力相适应。”社会保障是国家通过经济手段解决特定社会问题和实施特定社会政策的一项制度，它必须与一定的经济社会发展水平相适应。高于经济社会发展水平的社会保障，势必给经济社会发展背上沉重的包袱，阻碍经济社会的发展；而低于经济社会发展水平的社会保障，则不能起到保障公民生存权的作用，还会引发社会矛盾。因此，社会保障水平要与经济社会发展水平相适应。我国《社会保险法》明确规定了“保基本”的方针，即明确社会保险水平主要是保障基本生存需要，但同时也规定了国家建立社会保险待遇的调整机制，如规定国家建立基本养老金正常调整机制，根据职工平均工资增长、物价上涨情况，适时提高基本养老保险待遇水平。

（五）强制性原则

强制性原则是指社会保障由国家通过立法强制实施，就社会保险而言，凡依照法律规定应当参保的劳动者和用人单位都必须参加社会保险，当事人没有任意选择的权利，也不能任意退出保险，社会保险的险种和保险费的缴纳也必须按法律规定执行，不能由当事人自由协商。因此，社会保险的实施具有强制性。社会保险以社会利益为本位，为社会大众谋求利益与安全，尽管缴纳社会保险费会减少某一部分人的所得，但基于社会整体利益，仍需采取强制性的手段，以维持社会保险制度的正常运作。

我国《社会保险法》第10条第1款规定："职工应当参加基本养老保险，由用人单位和职工共同缴纳基本养老保险费。"第86条规定："用人单位未按时足额缴纳社会保险费的，由社会保险费征收机构责令限期缴纳或者补足，并自欠缴之日起，按日加收万分之五的滞纳金；逾期仍不缴纳的，由有关行政部门处欠缴数额一倍以上三倍以下的罚款。"社会保险的强制性是国家对社会经济生活实行国家干预的表现，也是社会保险制度得以存在和实施的保证。当然，目前我国社会保险法的强制性原则也有例外，主要是针对无雇工的个体工商户、非全日制从业人员以及其他灵活就业人员采取了任意参保制度。从未来发展看，也应当将这些人群纳入强制性社会保险制度中。

五、社会保障法的体系

社会保障法的体系是指按照社会保障项目设置的需要而制定的法律、法规体系。① 从各国社会保障立法体系看，有的采取综合式立法模式，即在一部法律中包含社会保险、社会救助、社会福利等多个项目的综合立法模式，如美国1935年《社会保障法》即采取这种立法模式；有的采取个别立法模式，即制定多部平行的社会保障部门法，如英国、日本等都采取这种模式；还有的采取混合立法模式，既有社会保障基本法，也有社会保障的单行法，如德国，以一部包括各种社会保险、社会救助等社会保障法律制度为内容的作为社会保障基本法的《社会法典》为主导，同时，亦存在以社会住房、住房金和教育促进等社会保障制度为内容的诸多单行法。

我国自建立社会保障制度以来，先后制定颁布了一系列法律、法规，包括《残疾人保障法》《军人抚恤优待条例》《失业保险条例》《工伤保险条例》《社会

---

① 史探径：《我国社会保障法的几个理论问题》，载《法学研究》1998年第4期。

保险法》《社会救助暂行办法》以及《中华人民共和国军人保险法》（以下简称《军人保险法》）等，在立法体系上属于个别立法模式。根据我国社会保障制度所涵盖的内容，一般认为，社会保障法的体系包括以下部分：

1. 社会保险法。社会保险法是社会保障法律体系中的重要组成部分，主要包括养老保险法、医疗保险法、工伤保险法、失业保险法和生育保险法。我国于2010年颁布了《社会保险法》，首次在法律层面实现了对社会保险制度的统一调整。

2. 社会救助法。社会救助法是国家为了从物质、服务层面帮助陷入生存危机的公民而制定的各种法律规范的总称。社会救助法的内容涵盖：（1）最低生活保障；（2）特困人员供养；（3）受灾人员救助；（4）专项救助，涵盖医疗救助、教育救助、住房救助和就业救助等；（5）临时救助。

3. 社会福利法。社会福利法是国家为改善和提高全体公民的物质、精神生活而制定的各种法律规范的总称。社会福利法主要包括：（1）公共福利法，涵盖教育福利、卫生福利和文化福利等内容；（2）特殊群体福利法，包括老年人权益保障法、妇女权益保障法、残疾人权益保障法和未成年人权益保障法；（3）职业福利法，涵盖福利补贴、福利设施和福利服务等内容。

4. 社会优抚法。社会优抚法是指调整国家和社会对于军人及其家属等特殊对象给予具有补偿和褒扬性质的优抚安置而形成的社会关系的法律规范总称。社会优抚法主要包括：（1）社会优待法；（2）社会抚恤法；（3）安置保障法。

第二节 社会保障法律关系

社会保障法律关系是指社会保障关系的主体在社会保障活动中依据社会保障法形成的权利义务关系。本节主要从社会保障法律关系的类型、主体和内容三个方面进行论述。

一、社会保障法律关系的类型

社会保障法律关系可以依据不同的标准进行划分。从内容上，可以分为社会保险法律关系、社会救助法律关系、社会福利法律关系、社会优抚法律关系；从法律关系的性质上，可以分为社会保障基础法律关系①、社会保障行政管理和监督法律关系；从社会保障运行体制上，可以分为社会保障管理关系、社会保障资金

① 社会保障基础法律关系是指以社会给付为中心形成的权利义务关系。

筹集关系、社会保障给付关系、社会保障资金运营关系、社会保障监督关系等。

二、社会保障法律关系的主体

社会保障法律关系的主体是指社会保障法律关系行使权利履行义务的自然人或法人。按照其所承担的权利和义务内容的不同，可以分为社会保障的受益主体、社会保障的缴费主体、社会保障的责任主体、社会保障的经办主体和社会保障给付辅助机构。

1. 社会保障的受益主体。社会保障的受益主体是指社会保障制度予以保护的某种社会利益的最终享受者，即社会保障给付请求权的享有者。现代社会保障制度具有普惠性，因此，全体社会成员都应当是社会保障关系的受益主体。从社会保障的内容看，可以分为社会保险受益主体、社会救助受益主体、社会福利受益主体和社会优抚受益主体。从与劳动关系的相关性划分，又可分为有劳动关系的受益主体和没有劳动关系的受益主体。其中，前者主要是指受劳动法调整的、与用人单位建立劳动关系的劳动者，即职工；后者主要指没有劳动关系的城乡居民。

2. 社会保障的缴费主体。社会保障的运作必须有充足的社会保障资金作为保证。一般而言，只有社会保险关系中才存在法定的缴费主体。社会保险的缴费主体是用人单位和职工以及相关的城乡居民。依照法律规定，在养老、医疗、工伤、失业、生育五个保险项目中，用人单位都必须承担缴费义务，职工在养老、医疗、失业三个保险项目中要承担缴费义务，城乡居民在城乡居民养老和医疗保险中也要承担缴费义务。

3. 社会保障的责任主体。现代国家提供社会保障是其应尽的责任，因此从这个角度来说，国家就是社会保障的责任主体。现代社会保障制度的建立要以国家责任为基础，离不开政府的参与。国家作为社会保障的责任主体，要承担社会保障的财政支持责任。社会保障制度的运作需要大量的资金，需要政府财政支持。在社会保险制度中，用人单位和个人是主要的缴费人，但当出现入不敷出时，需政府财政承担兜底责任；而在社会救助和社会福利中，政府财政是主要的资金提供者。同时，各级政府是社会保障的行政主体，社会保障制度的运作必须在政府的管理监督下进行。

4. 社会保障的经办主体。社会保障运行通常采取行政职能和管理职能相区别的做法。许多国家都把社会保障交由非行政机构来管理，或者是半官方机构，为社会保障提供各种管理和服务。在我国，社会保障经办机构一部分直接属于行政机构，一部分在行政部门下设，如劳动和社会保障行政部门下设的社会保险经办机构，负责办理社会保险的登记、保险金的缴纳和发放等工作，民政部门下设的儿童福利机构负责儿童福利救济等。

5. 社会保障给付辅助机构。社会保障给付辅助机构，是指与社会保障给付相关的辅助机构。通常社会保险经办机构通过与这些辅助机构建立行政法上的合同关系，通过这些辅助机构的服务或实物的给付完成社会保障给付义务，如《社会保险法》所称的医疗机构、药品经营单位等社会保险服务机构。

三、社会保障法律关系的内容

所谓社会保障法律关系的内容，是指社会保障法律关系主体所享有的权利和承担的义务。由于立法目的的差异，不同的具体社会保障法律制度在内容上表现为不同的权利和义务。

（一）社会保障法律关系内容的两种模式

1. 权利与义务对等的模式。权利与义务对等的模式主要是指作为享有社会保障待遇请求权的劳动者同时负有缴费义务，当其没有履行缴费义务时，就无权获得相应的社会保障待遇。这集中体现了马克思主义法学权利义务对等的要求。在社会保障法领域中，这种权利义务对等的关系主要体现在职工基本养老保险、职工基本医疗保险和失业保险中，即劳动者未缴纳相应的社会保险费，则无权享有相应的社会保险待遇。当然，根据现行《社会保险费申报缴纳管理规定》第 24 条的规定，对于欠缴社会保险费的用人单位，在其向社会保险经办机构提供担保并签订延期缴费协议之后，其职工在延缴期间内按照规定能够享有相应的社会保险待遇。

2. 不要求权利义务对等的单向权利义务模式。不要求权利义务对等的单向权利义务模式主要是指社会保障待遇请求权人原则上不需要履行义务，符合法定条件即有权享有相应的权利。在这种情况下，不存在社会保障待遇请求权人因未履行自身义务而无法享有权利的情形。这种模式可以看作马克思主义法学一般理论的权利义务对等原则的一个例外。在社会保障法领域，这种单向权利义务模式主要表现在工伤保险、生育保险、社会优抚、社会福利和社会救助领域之中。与职工基本养老保险、职工基本医疗保险和失业保险不同的是，在工伤保险和生育保险中，劳动者一方只享有相应的保险待遇请求权，而不需要承担特定的缴费义务；而对于社会优抚、社会福利和社会救助，则主要体现在，只要符合国家法律、法规或其他规范性文件有关的构成要件，有关的待遇请求权利人就可以向有关国家主管机关请求给付相应的待遇，而不需要为此承担特定的义务。

（二）社会保险法律关系的内容

> **拓展阅读**
>
> 司法考试题（2011 年卷一多项选择题）

1. 缴费义务。社会保险参加人的缴费义务属于公法上的义务。用人单位和职工及其他从业人员有向社会保险经办机构缴纳社会保险费的义务。《社会保险法》第 60 条规定，用人单位应当自行申报、按时足额缴纳社会保险费；职工应当缴纳的社会保险费由用人单位代扣代缴；无雇工的个体工商户、未在用人单位参加社会保险的非全日制从业人员以及其他灵活就业人员可以直接向社会保险费征收机构缴纳社会保险费。

2. 协助和配合义务。协助和配合义务是社会保险主体在办理社会保险过程中负有的协助和配合义务。既有公法上的配合协助义务，也有私法上的配合协助义务。公法上的配合协助义务主要存在于社会保险费征收机构与用人单位之间，如用人单位有办理社会保险登记、变更或者注销登记的义务；用人单位有申报、告知应当缴纳的社会保险费义务；用人单位有制作账册、保存有关资料备查的义务等。私法上的配合协助义务则主要存在于用人单位与职工之间，性质上属于私法上的附随义务，如职工有信息出示和资料提供义务；用人单位有告知职工缴费信息的义务；劳动关系解除或终止时，用人单位有及时移交材料和出具证明的义务等。

3. 社会保险待遇请求权。社会保险待遇请求权是指符合法律规定条件的被保险人在遭受社会风险时，可以依据法律规定的程序，请求给付主体依照有关规定提供社会保险待遇（社会保险给付）的权利，这是社会保险法律关系的核心。从性质上看，该请求权属于公法上的请求权。不同于民法中的请求权，社会保险待遇请求权产生的依据在于法律的直接规定，并排除当事人的意思自治。《社会保险法》第 1 条规定立法目的之一在于“维护公民参加社会保险和享受社会保险待遇的合法权益”。这里的“享受社会保险待遇的合法权益”即社会保险待遇请求权。社会保险待遇请求权包括基本养老保险待遇请求权、基本医疗保险待遇请求权、工伤保险待遇请求权、失业保险待遇请求权、生育保险待遇请求权等。

4. 社会保险救济权。社会保险受益人的合法权益受到侵害时，有权依照法律规定主张权利救济。我国《社会保险法》规定的受害人的救济权主要是损害赔偿请求权，分为公法上的请求权和私法上的请求权。公法上的请求权主要包括因社会保险经办机构的过错造成权利人社会保险待遇受损的损害赔偿请求权；因社会保险经办机构的过错造成权利人信息泄露的损害赔偿请求权；社会保险经办机构不依法支付社会保险待遇造成权利人损失时的损害赔偿请求权等。私法上的请求权主要包括因用人单位过错造成权利人社会保险待遇受损以及用人单位不支付社会保险待遇造成权利人损失时的损害赔偿请求权和用人单位不履行移转材料和出具证明等附随义务造成权利人损失时的损害赔偿请求权等。

（三）社会救助法律关系的内容

社会救助是社会保障的基础，是国家对于遭受灾害、失去劳动能力的公民以及低收入的公民给予物质或服务帮助，以维持其最低生活水平的一项社会保障法律制度。其主要内容包括：

1. 最低生活保障救助。最低生活保障救助是指收入水平低于政府公告的最低生活保障标准的居民，有权按照法定程序和标准向政府申请最低生活保障金。最低生活保障标准由省、自治区、直辖市或者设区的市级人民政府确定。

2. 特困人员救助。特困人员救助是指国家依法对无劳动能力、无生活来源且无法定赡养、抚养、扶养义务人，或者其法定赡养、抚养、扶养义务人无赡养、抚养、扶养能力的老年人、残疾人以及未满 16 周岁的未成年人，给予供养救助。救助的内容主要包括提供基本生活条件、对生活不能自理者的生活照料、疾病治疗、丧葬事宜等。

3. 受灾人员救助。受灾人员救助是指国家依法对因遭遇各种自然灾害及其他特定灾害事件而陷入生活困难的公民给予一定的现金和实物或服务援助，使其度过特殊困难期。受灾人员救助的方式主要采取保障受灾人员基本生活和扶持受灾人员生产自救相结合的做法，救助的内容具体包括灾害物资储备、灾害评估、应急救助、生产生活恢复救助等。

4. 专项救助。专项救助是指国家依法对于在医疗、教育、住房等方面存在特殊困难的群体提供的救助。救助手段包括特殊补贴、费用减免以及提供房屋等现金或实物待遇等。

5. 临时救助。临时救助是国家依法对遭遇突发事件、意外伤害、重大疾病或基于其他特殊原因导致基本生活陷入困境，其他社会救助制度暂时无法覆盖或救助之后基本生活暂时仍有严重困难的家庭或个人给予的应急性、过渡性的救助。

（四）社会福利法律关系的内容

社会福利制度可分为公共福利、特殊群体福利以及职业福利。

1. 公共福利。公共福利是国家和社会为满足全体社会成员的物质及精神生活基本需要而兴办的公益设施和提供的相关服务。公共福利法律关系的一方主体是国家，享受公共福利的主体则是全体社会成员。公共福利的内容涉及社会成员生活的各个方面，涵盖了教育、住房、文体、卫生等方面的物质需要和精神需要。

2. 特殊群体福利。特殊群体福利是国家和社会向特定群体提供的福利形式。享受特殊群体福利的主体包括妇女、未成年人、老年人、残疾人等，内容包括福利设施和机构的建设以及护理服务、特殊照料、货币补贴的提供等。

3. 职业福利。职业福利是公共福利的补充，是已就业的职工所享有的特殊福利，福利资金主要源自所在单位。职业福利包括福利补贴、福利设施、福利服务等。

（五）社会优抚法律关系的内容

提供社会优抚的一方是国家，享受社会优抚待遇的对象具有身份的特定性，是为建立革命政权、保卫和建设祖国作出特殊贡献的群体，包括现役军人、服现役或者退出现役的残疾军人以及复员军人、退伍军人、烈士遗属、因公牺牲军人遗属、病故军人遗属、现役军人家属等，提供的优抚内容包括各种优待、抚恤、养老和就业安置等待遇和服务。

第三节　社会保障法的历史演进

从国内外社会保障法的发展进程看，对有需要的社会成员提供必要的实物或服务，并不是工业革命产生以来才有的新事物，而是自封建时代就存在的制度现象，社会成员的生存保障是社会共同体得以存续的前提。中世纪的所谓生存保障，往往依赖于教会或宗族关系，没有达到以全社会为统筹单位的程度。工业化时代以前的生存保障并不是作为生存保障给付主体的义务，而往往只是基于道义的施舍。进入工业社会之后，个人的生存风险通过新的社会化生产方式被扩大到全社会，进而成为一种社会连带现象。因此，对于社会化的生存风险，即社会风险的化解，就不能仅仅依靠教会或宗族乃至其他主体偶发的施舍，而需要作为国民主权代表的国家，通过建立适用于全国的社会化的风险分担制度予以完成。这种社会化风险负担制度的建立和实施是国家应当承担的义务。

一、外国社会保障法的产生和发展

（一）社会保障法的萌芽

社会保障源于济贫的思想，最早的社会保障立法可以追溯到1601年英国颁布的《济贫法》。欧洲中世纪末期，随着工商业的兴起，封建社会的人身依附关系开始瓦解，连年的战争和瘟疫使得成千上万的农民离开土地涌向城镇，他们在离开土地、摆脱封建的土地人身依附关系的同时，也失去了基本的生活来源，许多人成为城镇游民或乞丐，由此引发了新的社会矛盾和冲突。为了摆脱社会动荡，缓解社会矛盾，英国女王伊丽莎白一世于1601年颁布了《济贫法》，规定全国普遍设立收容贫民的济贫院，对贫民实施救济。该法的内容一方面是强迫劳动，另一方面是实行慈善救济，以强迫为主，兼顾救济。因此，《济贫法》的主要目的是通过强迫劳动，解决贫民流浪问题。济贫法兼有社会控制和社会救济的功能，开始具有社会保障政策的属性。

（二）社会保障法的产生和发展

1. 19世纪末德国的“社会保险三法”。真正具有现代意义的社会保障法出现在19世纪末的德国。19世纪中叶德国开始了工业革命进程，并很快在采矿、冶金、化工等方面取得了突飞猛进的发展，与此同时，工人阶级的力量也不断壮大，与资本家之间形成对抗。面对如火如荼的工人运动以及蓬勃兴起的社会主义运动，时任首相的俾斯麦采取了“胡萝卜加大棒”的做法：一方面，于1878年制定《反社会党人法》，压制社会民主党的革命运动；另一方面，接受了社会政策学会的主张，通过制定社会政策和社会立法来保护劳动者，缓解劳资之间的矛盾。由此德国开始了社会保障立法的进程，分别于1883年颁布《疾病保险法》、1884年颁布《工伤事故保险法》、1889年颁布《老年残疾保险法》，这三部法律确立了社会保障法的基本思想和原则，开创了社会保障立法之先河。此后，德国不断通过立法扩大社会保险的适用范围，如1911年颁布《孤儿寡妇保险法》，并将疾病保险、工伤保险和养老保险合并为单一的社会保险；1923年颁布《矿工保险法》、1927年颁布《职业介绍和失业保险法》，逐步建立起适应市场经济条件的社会保障制度。

德国社会保障制度的特点是：（1）保险原则是由投保人缴纳保险费并取得领取保险待遇的资格；（2）养老保险和失业保险实行待遇公平原则，医疗保险实行必要的共济原则；（3）国家总体立法和社会保险自治相结合原则，国家确定总体的法定条件，在此范围内投保人与雇主以代表大会及理事会的形式自行管理社会保险；（4）保险种类及社会保险承办机构多样化原则。

德国的社会保障法为欧洲各国树立了榜样。1890—1911年间，欧洲各国纷纷效仿德国，相继颁布了包括医疗、养老、失业、工伤等内容的社会保障法律，开始建立国家统一的社会保障制度。在此期间实行老年残疾保险的国家有丹麦、奥地利、英国等16个国家；实行疾病生育保险的有比利时、瑞士、英国等9个国家；实行工伤保险的有波兰、法国、意大利等37个国家；实行失业保险的有英国、法国、挪威、丹麦等9个国家。①

2. 1935年美国的《社会保障法》。美国是自由经济国家的代表。在经济政策方面，保守主义反对以平等和福利为目的的收入再分配，并极力维护个人自由和市场自由。在社会法律方面，认为只要遵循传统的价值观，以家庭自我保障为基础，以私营机构帮助、个人自愿捐款的慈善事业为补充，通过市场经济的调节，社会成员就可以得到最有效的保障。随着20世纪初工业化的完成，美国经济全面腾飞，开始采取了一些局部的社会福利政策。真正促使美国推行社会保障制度的是1929—1933年的经济危机。经济危机使大批企业破产，工人大量失业，经济损失严重。1930年，失业人口是320万，至1933年达到1 560多万人，占就业人口的25%。中产阶级也受到巨大影响，导致观念发生变化，许多人一夜之间丧失了自己的职业和储蓄，“只有懒惰才导致贫困”的观念由此破碎。经济危机强烈震撼了美国社会制度的根基。

---

① 林丽、田伟平编著：《社会保险》，法律出版社1996年版，第20页。

为解决国内矛盾，罗斯福总统开始实行新政，强调通过国家干预来解决经济危机。1934 年 6 月 8 日，罗斯福总统在给国会的信中提出了制订一项社会保障计划的设想，随后颁布总统令成立“美国经济保障委员会”。1935 年 1 月，委员会向总统递交了研究报告，提出了社会保障法案。1935 年 8 月 14 日，美国总统签发了第一部《社会保障法》。该法的主要内容包括：（1）联邦政府设立社会保障署，负责全联邦社会保障计划的实施；（2）实行全联邦统一的养老保险制度，由雇主和雇员缴纳养老保险税，建立养老保险基金；（3）由联邦政府和州政府共同实施失业保险计划，对雇用 8 人以上的雇主征收失业保险税；（4）在联邦政府资助下，由州政府实施老人和儿童福利、社会救济和公共卫生措施。

美国《社会保障法》在社会保障立法史上具有重要意义，该法第一次使用了社会保障的概念，第一次在一部法中规定了社会保险、社会福利和社会救济等社会保障的内容，确立了社会保障普遍性和社会性原则，从此，社会保障作为一个基本法律制度在美国确立并实施。

3. 20 世纪 40 年代末英国福利国家的建立。20 世纪初期，英国开始制定一系列社会政策和社会立法，如 1906 年的教育法、1908 年的儿童法和养老金法、1909 年的劳工介绍法、1911 年的国民保险法等，但这些立法并未从根本上解决国民的生存问题。第一次世界大战结束后，英国遭遇了长期的经济失调和严重的失业，尤其是 1929—1933 年世界经济危机的爆发，对英国社会造成极大的动荡，失业人数达到 300 多万，政府面临着如何解决失业和贫困的重大难题。1936 年，凯恩斯发表《就业、利息和货币通论》，提出了国家干预的经济主张，认为通过政府的政策、特别是财政政策来刺激消费和增加投资，能够实现充分就业。凯恩斯的论著为英国实施福利国家计划提供了理论基础。

1942 年 11 月，时任英国社会保险和相关服务部际协调委员会主席的贝弗里奇提出了《社会保险及有关服务》的报告，即著名的“贝弗里奇报告”，报告提出要以消灭贫困、疾病、肮脏、无知和懒散五大社会病害为目标，制订了一个以社会保险为核心的社会保障计划。1945 年英国工党上台后，开始实施贝弗里奇报告的内容，并随即进行一系列社会保障立法，主要有 1945 年的《家庭补助法》、1946 年的《国民保险法》《工业伤害保险法》《国民健康服务法》、1948 年的《国民救济法》。这五部法律同时于 1948 年 7 月 5 日生效，英国从此形成了包括失业、伤残、疾病、养老、死亡、家庭津贴等内容的福利国家型的社会保障体系。

英国实施的福利国家立法为西欧许多国家的社会保障立法提供了模式，包括丹麦、瑞典在内的许多北欧国家都接受了英国的模式来建立社会保障制度。

（三）社会保障法的调整与变革

20 世纪 50 年代—70 年代末，世界经济迎来了高速发展的黄金时期，伴随而来的是各国社会保障制度的快速发展，社会保障水平不断提高。至20世纪80年代初，许多西欧国家社会保障费用的支出占国民生产总值的1/3左右，其年均增长率普遍高于国民生产总值的年均增长率，“高增长、高福利”的政策为后来社会保障危机埋下伏笔。20世纪80年代，受世界经济逐步衰退、人口老龄化以及经济全球化等因素的影响，多数国家为缓解日益艰巨的社会保障给付负担，开始对社会保障制度进行调整和改革。

英国对社会保障制度改革的主要内容是：逐步实施社会保障的市场化，减少国家的福利供给，强化个人以及市场主体的福利参与。如：英国“1979—1997年期间，历届英国政府都对公众作出承诺要削减政府的作用，一个包含着削减国家福利供给的过程。一个令人瞩目的里程碑是1985年关于社会保障改革的绿皮书，其中潜在的理念表明社会保障不再是‘国家一方的功能’，而是‘个人和国家的合伙关系’——建立在两座基石上的制度”，英国“政府认为，私人福利供给并不意味着对福利国家的补救，反而是现代化的一种手段”①。英国在1988年推出了“个人养老金计划”，其目的是：（1）国家通过设立新的养老金计划体系向私人部门转移养老的责任，降低政府财政的养老负担，增强私人部门承担雇员养老方面的义务；（2）改变“职业养老金计划”对雇员流动造成的不利影响，提高养老金的便携性，为提高劳动力市场的流动性创造条件；（3）提高养老金计划的覆盖率，解决相当一部分低收入人群的养老保险问题。② 1998年工党政府公布《我们国家的新计划——福利新合同》，旨在提倡“机会而非依赖”，甚至“权力而非依赖性”，预计2020年私人和互助性质的方案将占“福利方案（尤其是退休金）的很大一部分份额”。③

德国为了应对人口老龄化的挑战，增强德国企业的国际竞争力，促进经济复苏和就业增长，2004年提出了“2010年议程”，其目的在于调动消费需求、扩大就业、改革福利制度、减税、鼓励技术创新以及培育革新文化等。2004年还制定了《法定医疗保险现代化法》，对医疗保险体制的主要支柱——法定医疗保险制度进行大规模革新，一方面鼓励投保人积极参与疾病预防和及早诊治计划，另一方面要求投保人个人承担部分医疗费用。2007年德国联邦议院通过了新的医改方案，明确从2009年1月1日起实行新的“卫生基金”，通过税收为医疗保险注入更多资

---

① ［英］内维尔·哈里斯等：《社会保障法》，李西霞、李凌译，北京大学出版社2006年版，第5页。

② 郑秉文、胡云超：《英国养老制度市场化改革对劳动力市场的影响——对中国的三点重要启示》，载《中国人口科学》2004年第2期。

③ ［英］内维尔·哈里斯等：《社会保障法》，李西霞、李凌译，北京大学出版社2006年版，第5页。

金。根据这项方案，私人保险公司必须提供类似法定医疗保险公司那样的“基本服务”，鼓励保险公司进行更多的市场竞争。①

美国自20世纪70年代末以来在社会保障制度方面也进行了重大的改革。1978年修改了《税收法》，推出了401k计划②，该计划将企业年金作为社会保障的第二支柱，大大缓解了政府在养老保险投入方面的负担和压力。在医疗保险方面，克林顿总统医疗保险改革失败后，2009年奥巴马总统上台后力排众议重新推出医改方案，2010年3月美国国会通过了医疗保险改革法案。该法案的核心是通过政府的适当干预尽可能地实现医疗保险全覆盖，改善医疗体系作为公共产品的公平性问题，通过调整医疗保险费支出，削减不必要的开支，提高医疗保险运行效率。具体措施包括：（1）调整医疗保险运行机制，禁止对投保人的歧视；（2）打破医疗保险的区域局限，创造竞争机制，使投保人在全美范围内选择适合自己的投保方案；（3）对小微企业实行减税以鼓励其为雇员购买保险，对低收入个人和家庭实行医保补贴；（4）对高收入人群增加税收，以保证医保基金的来源。美国医保法案的推出也引发了很多争议，如受到了利益集团的阻挠，增加税收引发富人的不满和对经济的影响，并导致违宪之争等。美国医疗保险法案是否能够实现初衷仍有待时间的验证。

二、我国社会保障法的产生和发展

我国社会保障法的发展史大致可以分为改革开放以前和改革开放以后两个阶段。改革开放以前，我国的社会保障法律制度主要表现为，以计划经济为依托的、由企业作为支付主体的“企业保险”式样的社会保障制度。改革开放以后，随着市场经济改革的深入，为了减轻企业的社会保障负担，以社会统筹为特征的现代社会保险制度逐步在我国建立起来。2010年《社会保险法》的出台，标志着我国社会保障制度的法治化取得重大突破。

（一）新中国成立初期我国的社会保障法律制度

1949年新中国成立后，中央政府即着手建立新中国的社会保障制度。1951年2月26日，政务院正式颁布《劳动保险条例》。该条例的颁布实施，标志着我国除失业保险外，包括养老、工伤、疾病、生育、遗属等职工社会保险制度已初步建立。与此同时，国家机关工作人员的社会保险制度也以颁布单行法规的形式逐步

---

① 金晶、马桂花：《德英求解社保改革新难》，载《瞭望》2008年第13期。

② 根据法律规定，401k计划项下账户内积聚的任何增值均可延迟纳税，对于账户上的基金，可由雇员自主选择投资方式，如股票、债券、定期储蓄等。雇员59岁时可以允许提取账户上的款项，在提取存款时缴纳个人所得税。如果要提前支取该项目存款，则提取的存款要视同为一般收入所得，按20%的税率预缴所得税，还要被另外征收10%的惩罚税。

建立起来，如1950年《革命工作人员伤亡褒恤暂行条例》、1952年《关于全国各级人民政府、党派、团体及所属事业单位的国家机关工作人员实行公费医疗预防的指示》、1955年《国家机关工作人员退休处理暂行办法》等。

从1957年开始，随着社会主义经济建设全面展开，国家对社会保障制度进行了调整。1958年，国务院颁布了《关于工人、职员退休处理的暂行规定》及其实施细则，以及《关于工人、职员退职处理的暂行规定》及其实施细则，统一了企业和国家机关的退休和退职办法。1957年，卫生部、全国总工会颁布了《批准工人、职员病、伤、生育假期试行办法》和《医务劳动鉴定委员会组织通则》，同年卫生部还制定了《职业病范围和职业病患者处理办法的规定》，将职业病列入工伤保险的范围。在此期间，国家在城市开始兴建社会福利院，如养老院、残疾人习艺所、精神病院等，在农村开始建立农村合作医疗制度、集体五保户制度等。

"文化大革命"期间，我国的社会保障工作遭受严重挫折。从中央到地方的劳动保险管理机构被撤销或停止工作；企业职工社会保险费用统筹制度被迫废弃，改变了社会保险原有的统筹调剂职能，使社会保险成为"企业保险"；异地支付社会保险待遇的办法也被迫停止。

（二）改革开放以来我国社会保障法律制度的发展

自20世纪70年代末期，我国开启了波澜壮阔的经济体制改革。与此同时，社会保障制度也进行了全面的改革和重构。改革开放以来，我国社会保障法律制度经历了三个发展阶段：

1. 1978—1992年社会保障改革起步阶段。1978年以来，随着我国经济体制改革的全面推进，我国社会保障制度也开始了改革和探索。1983年年底，国家开始在一些省市实行医疗制度改革试点，1984年开始实行退休基金社会统筹的试点。1986年，国务院颁布《国营企业实行劳动合同制暂行规定》，对劳动合同制工人的退休养老基金实行社会统筹，该规定正式拉开了社会保险改革的序幕；同年7月，国务院还颁布了《国营企业职工待业保险暂行规定》，在我国首次建立了失业保险制度。1991年6月，国务院颁布《关于企业职工养老保险制度改革的决定》，提出了建立多层次养老保险的目标，基本养老保险实行社会统筹，先由市、县级统筹再逐步过渡到省级统筹。1993年4月，国务院颁布《国有企业职工待业保险规定》，将失业保险范围进一步扩大。与此同时，在农村社会保障制度方面，主要开展了中央政府主导下的大规模扶贫运动。

这一阶段中国社会保障制度设计的目标主要是为当时国有企业改革配套、为国有企业与国有企业职工服务以及缓解农村贫困现象。社会保障的相关立法也主要围绕这一目标而展开。

2. 1993—2003年社会保障制度重构阶段。1992年，党的十四大报告提出了建立社会主义市场经济体制的目标。1993 年 11 月，党的十四届三中全会通过《关于建立社会主义市场经济体制若干问题的决定》，明确将社会保障制度确认为市场经济正常运行的维系机制的五大支柱之一。为此，我国出台了一系列社会保障方面的法律、行政法规和规章。1994 年，全国人大通过《劳动法》，专章规定了“社会保险和福利”，规定企业职工社会保险项目包括养老保险、疾病保险、工伤保险、失业保险、生育保险和死亡遗属津贴等。

在养老保险方面，1995 年国务院颁布《关于深化企业职工养老保险制度改革的通知》，确立了社会统筹和个人账户相结合的养老保险制度改革方案。1997 年国务院发布了《关于建立统一的企业职工基本养老保险制度的决定》，规定到 20 世纪末，要基本建立起适应社会主义市场经济体制要求，适用城镇各类企业职工和个体劳动者，资金来源多渠道、保障方式多层次、社会统筹与个人账户相结合、权利与义务相对应、管理服务社会化的养老保险体系。

在医疗保险方面，1994 年经国务院批准，国家体改委、财政部、劳动部、卫生部印发了《关于职工医疗制度改革的试点意见》，明确提出职工医疗保障制度改革的目标是建立社会统筹医疗基金和个人账户相结合的制度，并使医疗保险制度逐步覆盖城镇所有劳动者。1996 年，国务院再次批准了《关于职工医疗保障制度改革扩大试点的意见》，在全国范围内进行了医疗保险制度改革的试点。1998 年，国务院正式发布《关于建立城镇职工基本医疗保险制度的决定》，规定城镇所有用人单位，包括企业、机关、事业单位、社会团体、民办非企业单位及其职工，都要参加基本医疗保险。

在工伤保险方面，1996 年，劳动部发布了《企业职工工伤保险试行办法》，而后于 2003 年国务院正式颁布《工伤保险条例》，规定各类企业及有雇工的个体工商户都应当参加工伤保险，工伤保险费由用人单位缴纳，职工个人不用缴纳。

在失业保险方面，1999 年国务院发布了《失业保险条例》，将失业保险的范围扩大到城镇企业事业单位及其职工。

在生育保险方面，1994 年劳动部颁布了《企业职工生育保险试行办法》，规定在企业实行职工生育保险制度。

在社会保险费征缴方面，1999 年国务院发布了《社会保险费征缴暂行条例》，对社会保险费的征缴作了明确规定。

此外，在社会救济方面，国家开始更多地关注社会弱者。为解决社会低收入人群的生活问题，1999 年国务院颁布了《城市居民最低生活保障条例》，建立起城市居民最低生活保障制度。

这一阶段的社会保障立法，主要是围绕社会主义市场经济制度的确立而展开的。在立法的指导思想上，遵循“效率优先，兼顾公平”的原则；在内容上，通过国务院一系列行政法规的出台，基本建立起城镇职工养老、医疗、工伤、失业、生育等社会保险制度和城市居民最低生活保障制度。

3. 2004年至今的社会保障法律体系逐步确立阶段。2004年，党的十六届四中全会提出了构建社会主义和谐社会的目标，社会保障成为国家的基本社会政策。2005年，国务院颁布《关于完善企业职工基本养老保险制度的决定》，进一步扩大了养老保险的覆盖范围，改革了养老金计发办法。2006年，国务院颁布《关于解决农民工问题的若干意见》，提出了积极稳妥地解决农民工社会保障问题。2007年，国务院颁布《关于在全国建立农村最低生活保障制度的通知》，规定在全国农村建立最低生活保障制度；同年，国务院颁布《关于开展城镇居民基本医疗保险试点的指导意见》，决定将基本医疗保险逐步覆盖全体城镇非从业居民。

2010年10月28日，第十一届全国人大常委会第十七次会议通过了《社会保险法》，这是我国社会保障领域第一部专门法律。该法共12章98条，规定了总则、基本养老保险、基本医疗保险、工伤保险、失业保险、生育保险、社会保险费征缴、社会保险基金、社会保险经办、社会保险监督、法律责任等内容。《社会保险法》的颁布，标志着我国社会保障制度逐步走向法治化，其对于保障公民的社会保障权、完善我国的社会保险制度、促进我国经济社会的发展具有重要的意义。2012年4月，全国人大常委会通过了《军人保险法》，明确规定国家建立军人保险制度，并对军人伤亡保险、退役养老保险、退役医疗保险、随军未就业的军人配偶保险等作出明确规定。2012年10月，全国人大常委会通过了《中华人民共和国精神卫生法》，对规范精神障碍患者治疗、保障精神障碍患者权益以及促进精神障碍患者康复等作出规定。2014年，通过了有关社会保障的刑法解释。根据全国人大常委会通过的《关于〈中华人民共和国刑法〉第二百六十六条的解释》，以欺诈、伪造证明材料或者其他手段骗取养老、医疗、工伤、失业、生育等社会保险金或者其他社会保障待遇的行为，属于《刑法》第266条规定的诈骗公私财物的行为，为打击社会保障领域中的违法犯罪行为提供了明确的法律依据。2016年3月16日，第十二届全国人民代表大会第四次会议通过《中华人民共和国慈善法》，对慈善活动进行明确界定，同时在规范慈善组织设立运营、慈善财产来源和使用、开展慈善服务、促进慈善事业发展等方面作出规定。此外，国务院还制定或修订了一批社会保障行政法规。如：2011年，国务院、中央军委修订《军人抚恤优待条例》，进一步明确了烈士、因公牺牲、残疾等军人及其家属的抚恤标准和抚恤优待条件；同年，国务院还实施了新修订的《工伤保险条例》，进一步完善了工伤保险制度。2014年2月，国务院第649号令颁布《社会救助暂行办法》，规定了最低生活保障、特困人员供养、受灾人员救助、医疗救助、教育救助、住房救助、就业救助、临时救助、社会力量参与、监督管理、法律责任等内容。2016年5月1

日施行的《全国社会保障基金条例》，根据《社会保险法》的规定，对全国社会保障基金的筹集、使用、管理运营、监督等环节作出进一步规范。

党的十九大报告指出，要提高保障和改善民生水平，坚持人人尽责、人人享有，坚守底线、突出重点、完善制度、引导预期，完善公共服务体系，保障群众基本生活，不断满足人民日益增长的美好生活需要。加强社会保障体系建设，按照兜底线、织密网、建机制的要求，全面建成覆盖全民、城乡统筹、权责清晰、保障适度、可持续的多层次社会保障体系。全面实施全民参保计划。完善城镇职工基本养老保险和城乡居民基本养老保险制度，尽快实现养老保险全国统筹。完善统一的城乡居民基本医疗保险制度和大病保险制度。完善失业、工伤保险制度。建立全国统一的社会保险公共服务平台。统筹城乡社会救助体系、完善最低生活保障制度。完善社会救助、社会福利、慈善事业、优抚安置等制度，健全农村留守儿童和妇女、老年人关爱服务体系。发展残疾人事业，加强残疾康复服务。全面建立中国特色基本医疗卫生制度、医疗保障制度和优质高效的医疗卫生服务体系。积极应对人口老龄化，构建养老、孝老、敬老政策体系和社会环境，推进医养结合，加快老龄事业和产业发展。

思考题：

1. 社会保险法律关系与商业保险法律关系的关系是什么？
2. 社会保障权是否具有司法上的可裁判性？
3. 完全市场化的社会保障制度能否为一国提供必要的社会安全？

▶ 自测习题及参考答案

第八章 养老保险

养老保险，是国家为符合退休条件的人建立的生活保障制度或机制，是养老需求的保障责任由家庭向社会转变的结果，它标志着社会的文明与进步。养老保险制度具有运行机制上的代际性、功能作用上的养老性和法律事实上的退休性的特征。养老保险体系一般包括基本养老保险、补充养老保险和个人储蓄养老保险。从其他国家和地区来看，养老保险大致有国家统包型养老保险、国家资助型养老保险、福利国家型养老保险、完全自助型养老保险等多种制度模式。我国实行的是社会统筹与个人账户相结合的基本养老保险制度，养老保险体系由职工养老保险、机关事业单位工作人员养老保险和居民基本养老保险组成。

第一节 养老保险概述

一、养老保险的概念和特征

养老保险，是国家依据相关法律法规的规定，为解决劳动者在达到国家法定退休年龄或因完全丧失劳动能力等符合法定退休条件的人退出劳动岗位后的基本生活需要而建立的社会保障制度。养老保险的目的是以社会保险为手段来保障老年人的基本生活需求，为其提供稳定可靠的生活来源。一般来讲，一个国家的养老保险由基本养老保险（西方国家一般称为公共养老保险）、补充养老保险（西方国家一般称为私人养老计划，包括企业年金、职业年金）、个人养老储蓄计划组成。我国实行的是多支柱、多层次的养老保险模式。从功能层次上看，我国养老保险体系由基本养老保险［包括基础（社会统筹）养老保险和个人账户养老保险］、补充养老保险（包括适用于企业职工的企业年金和适用于机关事业单位工作人员的职业年金）和个人储蓄养老保险构成。从组成内容看，我国养老保险体系由职工养老保险、居民养老保险和机关事业单位工作人员养老保险组成。值得注意的是，目前，国务院、中央军委推动了关于军人退役养老保险制度的改革和完善，在军人退役时，其养老保险关系纳入现有三类养老保险系统之中。人力资源和社会保障等五部门发布了《关于军人退役基本养老保险关系转移接续有关问题的通知》（后财〔2015〕1726 号）和《关于军人职业年金转移接续有关问题的通知》（后财〔2015〕1727 号），对改革完善军人退役养老保险制度的管理模式、人员范围、计算标准、转移接续办法等作出了规定。从制度设计看，军人退役养老保险制度与国家养老保险制度改革的指导思想、基本原则和主要政策保持了一致，实现了军地养老保险关系的有效衔接。

相对于其他社会保险，养老保险有三个基本特征。

（一）运行机制上的代际性

养老保险具有明显的代际性特征。养老保险的代际性，是指前代人养老保险所需基本费用一般由当代人通过缴纳养老保险费（税）的形式来承担。种族繁衍需要促使人类通过道德和法律的手段在当代人与前代人以及后代人之间形成或建立起伦理上和法律上的权利义务关系，确保每一代人在未成年的时候能得到前代人的抚养和教育，而在年老的时候能够得到后代人的赡养和照顾，实现人类种族的延续和发展。养老保险是现代社会代际养老关系法治化的需要，是代际公平在养老关系上的具体体现。

（二）功能作用上的养老性

养老保险的保障性，是指养老保险能为依法解除劳动义务的劳动者提供基本的物质生活保障，具有直接的养老保障功能。根据养老保险立法和政策的规定，劳动者在参加工作后就应依法参加养老保险，并与用人单位共同缴纳养老保险费。在依法退休后，劳动者将依法领取养老金来维持自己的生活。

（三）法律事实上的退休性

养老保险的法律事实上的退休性，是指劳动者享有养老保险待遇的前提是达到法定退休年龄并与用人单位终止了劳动关系。养老保险是专门为达到法定退休年龄并终止劳动关系的劳动者维持其退休生活需要而建立的一种社会保险制度，在我国，目前企业职工只有在退出劳动关系并依法缴满 15 年养老保险费后才能领取养老金。

二、养老保险的模式

在世界范围内，根据一个国家对社会保障立法所坚持的基本原则，特别是国家在整个制度运行过程中的地位和作用，养老保险大致可以划分为以下四种基本的制度模式。

（一）国家统包型养老保险

这种养老保险模式，多为社会主义国家根据马克思主义经典作家关于社会主义国家职能理论，在公有制和高度集权的计划经济体制基础上建立起来的。该模式由苏联首创，其他社会主义国家先后采用，我国的社会保险制度在改革开放之前，也实行这种模式。在此种养老保险模式下，养老保险作为一项公民基本权利被宪法确认；国家和企业负担全部养老保险待遇支出，个人不缴纳任何费用；由国家统一管理养老保险事务。其共同的制度特征是国家包办养老保险。国家统包型养老保险模式是与计划经济体制相适应的一种养老保险制度类型，它在特定的历史条件下发挥过积极的作用。但是，由于其制度设计基础的理想性，这种模式不仅无法适应市场经济体制的需要，就是在计划经济体制下也难以为继。

（二）国家资助型养老保险

这种养老保险模式起源于德国俾斯麦时期，后为美国等国仿效，并逐渐发展成为一种具有代表性的养老保险制度类型，其理论基础是国家干预主义。在该种模式下，政府负责公共养老保险的行政管理事务，除去必要的财政补贴外政府不承担任何经济负担，所有费用原则上由雇主和雇员分担；私人养老金计划比较发达，企业年金和职业年金在整个养老保障体系中占有重要地位；养老保险基金由专门机构负责经营管理。这种养老保险制度类型具有政府经济负担轻、保障层次多、管理效率高、制度成本低等制度特性，但也存在公平性和互济性偏低的问题。美国是该种养老保险制度类型的典型代表。

（三）福利国家型养老保险

这种养老保险模式起源于英国，后被北欧诸国引入，并发展成为一种影响广泛的养老保险模式，其理论基础是福利经济学。福利国家型养老保险模式的基本理念是通过建立完善的养老保险制度，使老年社会成员的福利最大化，从而实现整个社会的福利最大化，而不仅仅是为退休者提供基本的物质生活保障。该种模式坚持养老保险福利的“普遍性”“统一性”和“公民权利性”，强调养老保险法律适用于全体国民，享受社会养老保险福利是国民的一项法定基本权利，社会成员所享受的养老保险待遇标准统一，提供养老保险福利是政府的法定职责和义务。因其诱人的设计目标，福利国家型养老保险模式曾经名噪一时，但是随着时间的推移，其致命缺陷逐渐显现出来，并集中体现为晚近以来西方国家相继发生的福利危机。福利国家型养老保险模式在发达资本主义国家得到广泛推行，瑞典是其典型代表。

（四）完全自助型养老保险

这种养老保险模式发源于新加坡，后为东南亚和拉美一些国家效仿和发展，成为一种具有代表性的养老保险模式。完全自助型养老保险坚持国家对养老保险只承担组织和管理义务，不承担任何经济负担。其基本内容是，国家通过立法强制雇主和雇员按一定的标准缴纳养老保险费，所缴养老保险费全部存入为雇员设立的专门养老保险账户上。雇员养老保险账户中的基金由政府成立的专门机构或专门的投资管理机构进行管理，如新加坡的养老保险基金由中央公积金局负责，智利的养老保险基金由多个专门的养老基金管理公司负责。完全自助型养老保险模式的共同制度特点是政府不承担任何经济负担，但整个制度缺乏互济性和公平性。新加坡和智利是这种养老保险模式的典型代表。

我国实行社会统筹与个人账户相结合的基本养老保险制度，体现为一种新型基本养老保险模式。这一模式在基本养老保险基金的筹集上采用传统型的基本养老保险费用的筹集方式，即由国家、单位和个人共同负担，基本养老保险基金实行社会互济，在基本养老金的计发上，采用结构式的计发办法，强调个人账户养老金的激励因素和劳动贡献差别。因此，该制度既吸收了传统型的养老保险制度的优点，又借鉴了个人账户模式的长处，既体现了传统意义上的社会保险的社会互济、分散风险、保障性强的特点，又强调了职工的自我保障意识和激励机制。

三、我国养老保险的基本构成

我国实行多层次的养老保险制度，整个养老保险体系由基本养老保险、补充养老保险和个人储蓄养老保险构成。

（一）基本养老保险

基本养老保险，在其他国家和地区也被称为公共养老保险，是国家根据法律、法规的规定，强制建立和实施的一种社会保险制度。在这一制度下，用人单位和劳动者必须依法缴纳养老保险费，在劳动者达到国家规定的退休年龄或基于其他原因而退出劳动岗位后，社会保险经办机构依法向其支付养老金等，从而保障其基本生活。基本养老保险与失业保险、基本医疗保险、工伤保险、生育保险等共同构成现代社会保险制度体系，是社会保险制度中最重要的险种之一。基本养老保险制度的基本功能，是为依法退出劳动岗位的劳动者提供基本生活保障，使老年人老有所养，从而维护社会稳定和经济发展。在我国，基本养老保险由基础养老保险（又称社会统筹养老保险）和个人账户养老保险组成。

（二）补充养老保险

补充养老保险，在其他国家和地区也被称为私人养老保险，是指由用人单位依据法律和政策的规定，在自身经济实力允许的范围内为本单位劳动者所建立的一种辅助的养老保险，居于多层次的养老保险体系中的第二层次，是对基本养老保险的一种必要补充。补充养老保险与基本养老保险既有区别又有联系，其区别主要体现在两种养老保险的层次和功能上的不同，其联系主要体现在两种养老保险的政策和水平相互联系、密不可分。在整个养老保险体系中，基本养老保险保障劳动者退休后最基本的生活需求，而补充养老保险则是在基本养老保险的基础上提高和改善劳动者退休后的生活水平和质量。在我国，补充养老保险目前有企业年金和职业年金，其中企业年金属于企业职工补充养老保险，职业年金属于机关事业单位工作人员补充养老保险。

（三）个人储蓄养老保险

个人储蓄养老保险，是劳动者个人在基本养老保险和补充养老保险的基础上，为了进一步提高自己的养老保障水平而自愿参加的一种养老保险，属于多层次的养老保险体系中的第三层次。个人养老保险具有以下特点：首先，是否参与个人储蓄养老保险完全由劳动者自愿决定；其次，国家在税收等方面提供政策优惠；再次，因存在政策优惠，养老储蓄的数额有上限限制；最后，原则上只能用于养老，在退休后方能支取。

第二节 职工养老保险

借鉴其他国家和地区的成功经验，结合实际，我国建立了职工基本养老保险、企业补充养老保险和职工个人储蓄养老保险相结合的职工养老保险制度。职工基本养老保险为企业退休职工提供基本养老保障，企业补充养老保险（即企业年金）和职工个人储蓄养老保险则是在基本养老保险之外为企业退休职工提供的补充养老保险。其中企业年金是指企业及其职工在依法参加基本养老保险的基础上自愿建立的补充养老保险制度，职工个人储蓄养老保险是由职工自愿参加、自愿选择经办机构，国家提供政策优惠的一种补充养老保险形式。

一、职工基本养老保险

（一）职工基本养老保险的覆盖范围

我国《社会保险法》第10条第1、2款规定：“职工应当参加基本养老保险，由用人单位和职工共同缴纳基本养老保险费。无雇工的个体工商户、未在用人单位参加基本养老保险的非全日制从业人员以及其他灵活就业人员可以参加基本养老保险，由个人缴纳基本养老保险费。”根据上述规定，职工基本养老保险覆盖的人员范围包括：

1. 职工。职工是指在中国境内的企业、事业单位中以工资收入为主要生活来源的体力劳动者和脑力劳动者，包括我国境内的各种所有制、各种组织形式企业的职工。

2. 灵活就业人员。主要包括无雇工的个体工商户、未在用人单位参加基本养老保险的非全日制从业人员以及其他灵活就业人员。

另外，根据《在中国境内就业的外国人参加社会保险暂行办法》（人力资源和社会保障部令第16号）第3条的规定，在中国境内依法注册或者登记的企业、事业单位、社会团体、民办非企业单位、基金会、律师事务所、会计师事务所等组织依法招用的外国人，应当依法参加职工基本养老保险、职工基本医疗保险、工伤保险、失业保险和生育保险，由用人单位和本人按照规定缴纳社会保险费。

（二）职工基本养老保险待遇的支付

根据《社会保险法》及人力资源和社会保障部《实施〈中华人民共和国社会

保险法〉若干规定》的规定，职工（包括参加了职工基本养老保险的个体工商户及其他灵活就业人员）依法退休后可领取基本养老金，职工基本养老金由统筹养老金和个人账户养老金组成。职工每月领取的基本养老金数额将根据个人累计缴费年限、缴费工资、当地职工平均工资、个人账户金额、城镇人口平均预期寿命等因素确定。职工基本养老保险金实行社会化管理，一般由养老保险经办机构委托商业金融机构代为发放。

> 拓展阅读
>
> 冯××诉重庆市江津区××机械有限责任公司养老保险待遇纠纷案

1. 统筹养老金的支付。参加基本养老保险的个人，达到法定退休年龄时累计缴费满 15 年的，按月领取统筹养老金。参加基本养老保险的个人，达到法定退休年龄时累计缴费不足 15 年的，可以缴费至满 15 年，按月领取统筹养老金；也可以转入居民基本养老保险，按照国务院的规定享受相应的养老保险待遇。参加基本养老保险的个人，因病或者非因工死亡的，其遗属可以领取丧葬补助金和抚恤金；在未达到法定退休年龄时因病或者非因工致残完全丧失劳动能力的，可以领取病残津贴。这两类情形所需资金从基本养老保险基金中支付。

2. 个人账户养老金的支付。职工（包括参加了城镇基本养老保险的个体工商户及其他灵活就业人员）每月领取的个人账户养老金数额，将根据本人基本养老保险个人账户所有的基金数额按照国家规定的计算公式确定。职工基本养老保险个人账户不得提前支取。个人在达到法定的领取基本养老金条件前离境定居的，其个人账户予以保留，达到法定领取条件时，按照国家规定享受相应的养老保险待遇。其中，丧失中华人民共和国国籍的，可以在其离境时或者离境后书面申请终止职工基本养老保险关系。社会保险经办机构收到申请后，应当书面告知其保留个人账户的权利以及终止职工基本养老保险关系的后果，经本人书面确认后，终止其职工基本养老保险关系，并将个人账户储存额一次性支付给本人。参加职工基本养老保险的个人死亡后，其个人账户中的余额可以全部依法继承。

二、企业年金

企业年金，也称为企业退休金计划，是指在政府强制实施的基本养老保险之外，企业在国家政策指导下，根据自身经济实力自愿建立的，为本企业劳动者提供一定程度退休收入保障的补充养老保险制度。企业年金不仅是劳动者退休生活保障的重要补充形式，也是企业调动职工积极性、吸引高素质人才、稳定职工队伍、增强企业竞争力和凝聚力的重要手段，具有分配、激励和保障的制度功能。

（一）企业年金的适用范围

2004 年施行的《企业年金试行办法》第 3 条规定：“符合下列条件的企业，可以建立企业年金：（一）依法参加基本养老保险并履行缴费义务；（二）具有相应的经济负担能力；（三）已建立集体协商机制。”按照这一规定，显然，我国职业年金适用的范围较窄。自2018年2月1日开始施行的《企业年金办法》第6条规定：“企业和职工建立企业年金，应当依法参加基本养老保险并履行缴费义务，企业具有相应的经济负担能力。”《企业年金办法》摒弃了《企业年金试行办法》“已建立集体协商机制”的条件，只要满足“依法参加基本养老保险并履行缴费义务”和“企业具有相应的经济负担能力”两个条件，就可适用企业年金的规定，这就进一步扩大了企业年金的适用范围。

（二）企业年金的管理

1. 企业年金方案的制定。《企业年金办法》规定，建立企业年金，企业应当与职工一方通过集体协商确定，并制定企业年金方案。企业年金方案应当提交职工代表大会或者全体职工讨论通过。企业年金方案应当包括参加人员、资金筹集与分配的比例和办法、账户管理、权益归属、基金管理、待遇计发和支付方式、方案的变更和终止、组织管理和监督方式、双方约定的其他事项等内容。

2. 企业年金基金的筹集。企业年金基金由企业缴费、职工个人缴费和企业年金基金投资运营收益三部分组成。其中，企业缴费每年不超过本企业职工工资总额的8%。企业缴费和职工个人缴费合计不超过本企业职工工资总额的12%，具体所需费用由企业和职工一方协商确定。职工个人缴费由企业从职工个人工资中代扣代缴。实行企业年金后，企业如遇到经营亏损、重组并购等当期不能继续缴费的情况，经与职工一方协商，可以中止缴费。不能继续缴费的情况消失后，企业和职工恢复缴费，并可以根据本企业实际情况，按照中止缴费时的企业年金方案予以补缴。补缴的年限和金额不得超过实际中止期间应缴费的年限和金额。

3. 企业年金基金的管理。企业年金基金实行完全积累，以个人账户方式进行管理。企业缴费应当按照企业年金方案确定的比例和办法计入职工企业年金个人账户；职工个人缴费计入本人企业年金个人账户，该账户缴费及其收益归属于职工个人。为缩小缴费差距，企业应当合理确定本单位当期缴费计入职工企业年金个人账户的最高额与平均额的差距，最高额与平均额不得超过5倍。企业年金基金可以按照国家规定投资运营，其中，职工企业年金个人账户中企业缴费及其投资收益，企业可以与职工一方约定其自始归属于职工个人，或者随着职工在本企业工作年限的增加逐步归属于职工个人。约定逐步归属于职工个人的，完全归属于职工个人的期限最长不超过8年。但有下列情形之一的，职工企业年金个人账户中企业缴费及其投资收益完全归属于职工个人：（1）职工达到法定退休年龄、完全丧失劳动能力或者死亡的；（2）有《企业年金办法》第12条规定的企业年金方案终止情形之一的；（3）非因职工过错企业解除劳动合同的，或者因企业违反法律规定职工解除劳动合同的；（4）劳动合同期满，基于企业原因不再续订劳动合同的；（5）企业年金方案约定的其他情形。企业年金暂时未分配至职工企业年金个人账户的，企业缴费及其投资收益、职工企业年金个人账户中未归属于职工个人的企业缴费及其投资收益，计入企业年金企业账户。企业年金企业账户中的企业缴费及其投资收益，应当按照企业年金方案确定的比例和办法，计入职工企业年金个人账户。企业年金方案终止后，职工原企业年金个人账户，由法人受托机构发起的集合计划设置的保留账户暂时管理；原受托人是企业年金理事会的，由企业与职工一方协商选择法人受托机构管理。

（三）企业年金待遇的支付

根据《企业年金办法》的规定，参加企业年金计划的职工在达到国家规定的领取条件时，可以从本人企业年金个人账户中一次或定期领取企业年金。领取待遇的条件包括：（1）职工达到国家规定的退休年龄或者完全丧失劳动能力时，可以从本人企业年金个人账户中按月、分次或者一次性领取企业年金，也可以将本人企业年金个人账户资金全部或者部分购买商业养老保险产品，依据保险合同领取待遇并享受相应的继承权；（2）出国（境）定居人员的企业年金个人账户资金，可以根据本人要求一次性支付给本人；（3）职工或者退休人员死亡后，其企业年金个人账户余额可以继承。

三、职工养老保险关系的转移接续

（一）职工基本养老保险关系的转移接续

职工基本养老保险关系的转移接续，是指企业职工基本养老保险关系由原参保地的职工基本养老保险系统转出，而由新参保地的职工基本养老保险系统、机关事业单位工作人员基本养老保险系统或居民基本养老保险系统承接。我国《城镇企业职工基本养老保险关系转移接续暂行办法》（国办发〔2009〕66 号）规定，参加城镇企业职工基本养老保险的所有人员，包括农民工跨省流动就业的，由原参保所在地社会保险经办机构开具参保缴费凭证，其基本养老保险关系随同转移到新参保地。至于职工基本养老保险关系向机关事业单位工作人员基本养老保险系统和居民基本养老保险系统转移接续的方法，还没有具体规定。

（二）企业年金关系的转移接续

尽管企业年金具有很强的企业身份性，劳动者获得企业年金待遇的前提是取得企业职工身份，一旦失去该身份，企业年金关系将被终止，但企业年金是企业为其职工建立的具有一定福利性质的补充养老保险，是企业对职工劳动的承认和肯定。因此，如果职工变动工作单位，新就业单位已经建立企业年金或者职业年金的，原企业年金个人账户权益应当随同转入新就业单位企业年金或者职业年金。

新就业单位没有建立企业年金或者职业年金，或者职工在升学、参军、失业期间的，原企业年金个人账户可以暂时由原管理机构继续管理，也可以由法人受托机构发起的集合计划设置的保留账户暂时管理；原受托人是企业年金理事会的，由企业与职工协商选择法人受托机构管理。

第三节 机关事业单位工作人员养老保险

根据2015年国务院发布的《国务院关于机关事业单位工作人员养老保险制度改革的决定》（国发〔2015〕2号，以下简称《决定》），我国机关事业单位工作人员实行基本养老保险和职业补充养老保险（即职业年金）相结合的社会养老保险制度。基本养老保险为机关事业单位工作人员提供基本养老保障，职业年金为机关事业单位工作人员提供补充养老保障。

一、机关事业单位工作人员基本养老保险

（一）机关事业单位工作人员基本养老保险的覆盖范围

机关事业单位工作人员养老保险适用于所有国家机关工作人员和事业单位工作人员。

1. 公务员。根据《公务员法》的规定，公务员是指依法履行公职，纳入国家行政编制，并由国家财政负担工资福利的工作人员。主要包括以下七类机关的工作人员：中国共产党机关、人大机关、行政机关、政协机关、审判机关、检察机关和民主党派机关。

2. 参照公务员法管理的工作人员。根据《公务员法》的规定，参照公务员法管理的事业单位工作人员，是指法律、法规授权的具有公共事务管理职能的事业单位中除工勤人员以外的经批准参照公务员法进行管理的工作人员，简称为参公人员。而具体参照公务员法进行管理的单位，应按照《参照〈公务员法〉管理的单位审批办法》规定的条件、审批权限和程序进行确定。

3. 事业单位工作人员。事业单位工作人员，是指事业单位在职在编的工作人员。根据我国《事业单位登记管理暂行条例实施细则》的规定，事业单位是指国家为社会公益目的，由国家机关举办或者其他组织利用国有资产举办的社会服务组织，包括教育、科研、文化、卫生、体育、新闻出版、广播电视、社会福利、救助减灾、统计调查、技术推广与实验、公用设施管理、物资仓储、监测、勘探与勘察、测绘、检验检测与鉴定、法律服务、资源管理事务、质量技术监督事务、经济监督事务、知识产权事务、公证与认证、信息与咨询、人才交流、就业服务、

机关后勤服务等单位。

（二）机关事业单位工作人员基本养老保险基金的筹集

按照《决定》规定，机关事业单位工作人员基本养老保险费由单位和个人共同负担。单位缴纳基本养老保险费的比例为本单位工资总额的20%，个人缴纳基本养老保险费的比例为本人缴费工资的8%，由单位代扣。按本人缴费工资8%的数额建立基本养老保险个人账户，全部由个人缴费形成。个人工资超过当地上年度在岗职工平均工资300%以上的部分，不计入个人缴费工资基数；低于当地上年度在岗职工平均工资60%的，按当地在岗职工平均工资的60%计算个人缴费工资基数。个人账户储存额只用于工作人员养老，不得提前支取，每年按照国家统一公布的记账利率计算利息，免征利息税。参保人员死亡的，个人账户余额可以依法继承。

（三）机关事业单位工作人员基本养老保险金的支付

机关事业单位工作人员基本养老金由基础养老金和个人账户养老金组成。

1. 基础养老金的支付。按照《决定》的要求，《决定》实施后参加工作、个人缴费年限累计满15年的机关事业单位工作人员，退休后按月发给基本养老金。退休时的基础养老金月标准以当地上年度在岗职工月平均工资和本人指数化月平均缴费工资的平均值为基数，缴费每满1年发给1%。

《决定》实施前参加工作、实施后退休且缴费年限（含视同缴费年限，下同）累计满15年的机关事业单位工作人员，按照合理衔接、平稳过渡的原则，在发给基础养老金和个人账户养老金的基础上，再依据视同缴费年限长短发给过渡性养老金。过渡性养老金计发的具体办法由人力资源和社会保障部会同有关部门制定并指导实施。《决定》实施后达到退休年龄但个人缴费年限累计不满15年的人员，其基本养老保险关系处理和基本养老金计发比照该《决定》的规定执行，即参保人可以延长缴费至满15年，也可以一次性缴费至满15年，或申请转入其他基本养老保险系统。

对于《决定》实施前已经退休的机关事业单位工作人员，继续按照国家规定的原待遇标准发放基本养老金，同时执行基本养老金调整办法。机关事业单位离休人员仍按照国家统一规定发给离休费，并调整相关待遇。

> 拓展阅读
>
> 黄萍萍不服厦门市思明区人事劳动和社会保障局退休待遇确认案

2. 个人账户养老金的支付。个人账户养老金月标准为个人账户储存额除以计发月数，计发月数根据本人退休时城镇人口平均预期寿命、本人退休年龄、利息等因素确定。

机关事业单位工作人员基本养老保险金实行社会化发放，一般由经办机构委托商业金融机构具体实施。

二、职业年金

职业年金，在我国是指机关事业单位及其工作人员在参加机关事业单位基本养老保险的基础上建立的补充养老保险制度。职业年金制度有利于推进机关事业单位养老保险制度改革，促进机关事业单位退休人员收入的稳定和来源多元化，稳定和吸引优秀的管理和技术人才，提高机关事业单位的服务质量。2015 年 4 月 6 日，国务院办公厅印发《机关事业单位职业年金办法》（以下简称《办法》）。

（一）职业年金的覆盖范围

根据《办法》的规定，职业年金适用的单位和工作人员范围与参加机关事业单位基本养老保险的范围一致，即国家公务员、参照公务员法管理的事业单位工作人员以及事业单位工作人员。

（二）职业年金的管理

1. 职业年金基金的筹集。机关事业单位工作人员职业年金基金由下列各项组成：单位缴费、个人缴费、职业年金基金投资运营收益和国家规定的其他收入。其中，单位缴纳职业年金费用的比例为本单位工资总额的 8%，个人缴费比例为本人缴费工资的 4%。用人单位和工作人员个人职业年金的缴费基数与基本养老保险缴费基数一致。单位缴费按照个人缴费基数的 8% 计入本人职业年金个人账户，个人缴费直接计入本人职业年金个人账户。

2. 职业年金基金的管理。职业年金基金采用个人账户方式管理，个人缴费实行实账积累。对财政全额供款的单位，单位缴费根据单位提供的信息采取记账方式，每年按照国家统一公布的记账利率计算利息，工作人员退休前，本人职业年金账户的累计储存额由同级财政拨付资金记实；对非财政全额供款的单位，单位缴费实行实账积累。实账积累形成的职业年金基金，实行市场化投资运营，投资运营产生的收益计入职业年金基金。

（三）职业年金待遇的支付

职业年金按以下方式支付：（1）机关事业单位工作人员在达到国家规定的退休条件并依法办理退休手续后，由本人选择领取职业年金待遇的方式。工作人员可用职业年金基金一次性购买商业养老保险产品，再依据保险合同领取待遇并享受相应的继承权；也可选择按照本人退休时对应的计发月数按月享受职业年金待遇，发完为止。职业年金个人账户的余额由工作人员的继承人依法继承。（2）出国（境）定居人员的职业年金个人账户资金，可根据本人要求一次性支付给本人。（3）工作人员在职期间死亡的，其职业年金个人账户余额由其继承人依法继承。

三、机关事业单位工作人员养老保险关系的转移接续

（一）基本养老保险关系的转移接续

机关事业单位工作人员基本养老保险关系的转移接续，是指机关事业单位工作人员的基本养老保险关系由原参保地的机关事业单位工作人员基本养老保险系统转出，而由新工作地的机关事业单位工作人员基本养老保险系统、职工基本养老保险系统或居民基本养老保险系统承接。机关事业单位工作人员因故变更工作关系，如公务员或事业单位工作人员到外省市区机关事业单位工作，或因违反法律法规被开除公职后到企业就业，或主动辞职后到企业工作，或调任国有企业从事管理工作，或因犯罪服刑期满后已到退休年龄等，这就需要将该工作人员的基本养老保险关系转移到新工作地的机关事业单位基本养老保险系统、职工基本养老保险系统或居民基本养老保险系统。《国务院关于机关事业单位工作人员养老保险制度改革的决定》（国发〔2015〕2 号）规定，机关事业单位工作人员基本养老保险参保人员在同一统筹范围内的机关事业单位之间流动，只转移养老保险关系，不转移基金。参保人员跨统筹范围流动或在机关事业单位与企业之间流动，在转移养老保险关系的同时，基本养老保险个人账户储存额随同转移。2017 年 1 月，人力资源和社会保障部、财政部发布《关于机关事业单位基本养老保险关系和职业年金转移接续有关问题的通知》，进一步明确规定了机关事业单位工作人员基本养老保险转移接续问题。

（二）职业年金关系的转移接续

机关事业单位工作人员变动工作单位时，职业年金个人账户资金可以随同转移。工作人员升学、参军、失业期间或新就业单位没有实行职业年金或企业年金制度的，其职业年金个人账户由原管理机构继续管理运营。新就业单位已建立职业年金或企业年金制度的，原职业年金个人账户资金随同转移。

第四节　居民养老保险

居民养老保险，是指适用于城乡居民的基本养老保险。2009 年，国务院发布《国务院关于开展新型农村社会养老保险试点的指导意见》（国发〔2009〕32 号）（以下简称《新农保指导意见》），在我国农村试点建立新型农村社会养老保险（以下简称“新农保”）。2011 年，国务院发布《国务院关于开展城镇居民社会养老保险试点的指导意见》（国发〔2011〕18 号）（以下简称《城居保指导意

见》），试点建立城镇居民养老保险（以下简称“城居保”）。2014年，国务院发布《国务院关于建立统一的城乡居民基本养老保险制度的意见》（国发〔2014〕8号）（以下简称《意见》），决定将新农保和城居保两项制度合并实施，在全国范围内建立统一的城乡居民基本养老保险制度，简称城乡居民养老保险或居民养老保险。

一、居民养老保险的覆盖范围

根据《意见》规定，年满16周岁（不含在校学生），非国家机关和事业单位工作人员及不属于职工基本养老保险制度覆盖范围的城乡居民，可以在户籍地参加城乡居民养老保险。根据上述规定，符合下列条件的人员可以参加城乡居民基本养老保险：首先，属于中华人民共和国公民。根据《在中国境内就业的外国人参加社会保险暂行办法》的规定，在我国境内就业的外国人可依法参加职工基本养老保险和机关事业单位工作人员基本养老保险。其次，必须年满16周岁且不属于在校学生。再次，属于非国家机关和事业单位工作人员。如果是机关事业单位工作人员，则应参加机关事业单位工作人员基本养老保险。最后，不属于职工基本养老保险制度覆盖范围的城乡居民。如果属于其覆盖范围的职工，则应参加职工基本养老保险。

二、居民基本养老保险的管理

按照《意见》的要求，城乡居民基本养老保险基金由个人缴费、集体补助、政府补贴构成。

（一）居民基本养老保险基金的筹集

居民基本养老保险基金由以下各项组成：

1. 个人缴费。参加城乡居民基本养老保险的人员应当按规定缴纳养老保险费。缴费标准目前设为每年100元、200元、300元、400元、500元、600元、700元、800元、900元、1 000元、1 500元、2 000元12个档次，省（自治区、直辖市）人民政府可以根据实际情况增设缴费档次，最高缴费档次标准原则上不超过当地灵活就业人员参加职工基本养老保险的年缴费额，并报人力资源和社会保障部备案。人力资源和社会保障部会同财政部依据城乡居民收入增长等情况适时调整缴费档次标准。参保人自主选择档次缴费，多缴多得。

2. 集体补助。有条件的村集体经济组织应当对参保人缴费给予补助，补助标准由村民委员会召开村民会议民主确定，鼓励有条件的社区将集体补助纳入社区公益事业资金筹集范围。鼓励其他社会经济组织、公益慈善组织、个人为参保人缴费提供资助。补助、资助金额不超过当地设定的最高缴费档次标准。

3. 政府补贴。政府对符合领取城乡居民养老保险待遇条件的参保人全额支付基础养老金，其中，中央财政对中西部地区按中央确定的基础养老金标准给予全额补助，对东部地区给予50%的补助。地方人民政府应当对参保人缴费给予补贴，对选择最低档次标准缴费的，补贴标准不低于每人每年30元；对选择较高档次标准缴费的，适当增加补贴金额；对选择500元及以上档次标准缴费的，补贴标准不低于每人每年60元，具体标准和办法由省（自治区、直辖市）人民政府确定。对重度残疾人等缴费困难群体，地方人民政府为其代缴部分或全部最低标准的养老保险费。

国家为每个参保人员建立终身记录的养老保险个人账户，个人缴费、地方人民政府对参保人的缴费补贴、集体补助及其他社会经济组织、公益慈善组织、个人对参保人的缴费资助，全部记入个人账户。个人账户储存额按国家规定计息。

（二）居民养老保险待遇的支付

1. 养老保险待遇的领取条件。参加城乡居民养老保险的个人，年满60周岁、累计缴费满15年，且未领取国家规定的基本养老保障待遇的，可以按月领取城乡居民养老保险待遇。新农保或城居保制度实施时已年满60周岁，在《意见》印发之日前未领取国家规定的基本养老保障待遇的，不用缴费，自本《意见》实施之月起，可以按月领取城乡居民养老保险基础养老金；距规定领取年龄不足15年的，应逐年缴费，也允许补缴，累计缴费不超过15年；距规定领取年龄超过15年的，应按年缴费，累计缴费不少于15年。

2. 养老保险待遇的支付。城乡居民养老保险待遇由基础养老金和个人账户养老金构成，支付终身。具体有两方面内容：（1）基础养老金的确定。中央确定基础养老金最低标准，建立基础养老金最低标准正常调整机制，根据经济发展和物价变动等情况，适时调整全国基础养老金最低标准。地方人民政府可以根据实际情况适当提高基础养老金标准；对长期缴费的，可适当加发基础养老金，提高和加发部分的资金由地方人民政府支出，具体办法由省（自治区、直辖市）人民政府规定，并报人力资源和社会保障部备案。（2）个人账户养老金的计发。个人账户养老金的月计发标准，目前为个人账户全部储存额除以139（与现行职工基本养老保险个人账户养老金计发系数相同）。参保人死亡，个人账户资金余额可以依法继承。

三、居民基本养老保险关系的转移接续

居民基本养老保险关系的转移接续，是指城乡居民的基本养老保险关系由原参保地的居民基本养老保险系统转出，而由新居住地的居民基本养老保险系统、机关事业单位工作人员基本养老保险系统或职工基本养老保险系统承接。《意见》

规定，参加城乡居民养老保险的人员，在缴费期间户籍迁移、需要跨地区转移城乡居民养老保险关系的，可在迁入地申请转移养老保险关系，一次性转移个人账户全部储存额，并按迁入地规定继续参保缴费，缴费年限累计计算；已经按规定领取城乡居民养老保险待遇的，无论户籍是否迁移，其养老保险关系不转移。

思考题：

1. 如何理解养老保险的概念和特征？
2. 试论西方福利危机及其启示。
3. 我国养老保险体系的基本构成是怎样的？
4. 试论在我国建立职业年金制度的意义。
5. 我国养老保险转移接续制度存在哪些问题？

► 自测习题及参考答案

第九章　医疗保险和生育保险

作为社会保险的两个重要组成部分，医疗保险与生育保险具有相似之处，即为暂时丧失劳动能力的公民提供物质帮助，保障其正常生活，并向其提供一定的医疗保健服务。我国当前的基本医疗保险体系由职工基本医疗保险、城镇居民基本医疗保险和新型农村合作医疗三大制度构成，后二者的整合正在推进之中。未来我国应当建立社会统筹的生育保险制度。

第一节　医 疗 保 险

医疗保险是指国家和社会对因病或非因工负伤的公民提供必要的医疗服务和物质帮助的一种社会保险制度。我国当前的基本医疗保险体系由职工基本医疗保险、城镇居民基本医疗保险和新型农村合作医疗三大制度构成，从大病统筹起步，分别从制度上覆盖城镇就业人口、城镇非就业人口和农村居民。基本医疗保险以低水平、广覆盖、保基本、多层次、可持续、社会化服务为基本原则，主要通过建立责任明确、合理分担的多渠道筹资机制，基本医疗保障基金和个人共同分担的医疗费用共付机制，实现社会互助共济，满足人们的基本医疗保障需求。

一、职工基本医疗保险

职工基本医疗保险是针对城镇所有用人单位和职工，以强制参保为原则的一项基本医疗保险制度。职工基本医疗保险制度由计划经济时期的劳保医疗制度演变而来。1951 年 2 月 26 日，政务院颁布《劳动保险条例》，对企业职工及其家属的疾病、非因工负伤、残废等待遇作出规定，由此而形成的医疗保障制度被称为“劳保医疗”。该制度的保障对象是全民所有制企业正式职工及其供养的直系亲属，经费主要来源于企业的福利基金。1952 年 6 月 27 日，政务院发布《关于全国各级人民政府、党派、团体及所属事业单位国家工作人员实行公费医疗预防的指示》，同年 8 月 24 日，政务院批准《国家工作人员公费医疗预防实施办法》，标志着公费医疗制度的建立。公费医疗是我国医疗保障制度框架中历史最悠久的部分，纵贯改革开放前后两个历史时期。公费医疗性质不是“社会保险”，而是“职业福利和财政福利”，因为享受公费医疗服务的人员不用个人缴费，公费医疗费用来自财政拨款。公费医疗实施范围是各级国家机关、社会团体及事业单位的工作人员。国务院于 1998 年 12 月发布了《关于建立城镇职工基本医疗保险制度的决定》，标志着我国城镇职工基本医疗保险制度的确立。目前，城镇职工基本医疗保险制度已经在全国普遍建立。

（一）职工基本医疗保险的覆盖范围

城镇职工基本医疗保险的保障对象既包括机关事业单位和国有企业的职工，也包括非国有企业的职工。这种保障对象的广泛性，既体现了国家对劳动者基本权益的保障，也扩大了筹资渠道，提高了医疗保险基金防范风险的能力。这与计划经济时期劳保医疗只针对国有企业职工、公费医疗只针对机关事业单位职工的规定有很大差异。职工基本医疗保险打破了所有制的界限，规定了城镇所有用人单位，无论何种性质，无论何种形式，都必须参加职工基本医疗保险。《社会保险法》第 23 条规定，职工应当参加职工基本医疗保险，由用人单位和职工按照国家规定共同缴纳基本医疗保险费。无雇工的个体工商户、未在用人单位参加职工基本医疗保险的非全日制从业人员以及其他灵活就业人员可以参加职工基本医疗保险，由个人按照国家规定缴纳基本医疗保险费。随着社会公众对社会保障平等权益的不懈追求，原来因身份不同而享受不同医疗保障的不平等现象正在得到改善。

（二）职工基本医疗保险基金的筹资

一般来说，职工基本医疗保险基金的来源是用人单位和职工个人缴纳的医疗保险费、政府补贴、基金的投资收益和企业缴纳的滞纳金及罚金等。其中，用人单位和职工个人缴费是基金最主要的来源。

从医疗保险基金的筹资方式看，主要有现收现付制、基金积累制和混合制三种模式。现收现付制的特点是“以支定收”，每年筹集的基金用于支付当年各种医疗给付和运行支出。基金积累制的特点是“以收定支”，即被保险人将来的保险金给付水平完全由基金积累的情况决定。混合制的筹资方式则是二者的结合，既在一定人群中进行横向分配，又利用“个人账户”等进行纵向积累。我国城镇职工基本医疗保险制度采取社会统筹与个人账户相结合的模式。一方面，在一定区域内的人群之间横向调剂医疗保险基金，费用共济、风险共担；另一方面，医疗保险费中的部分资金进入个人账户进行纵向积累，以劳动者年轻力壮时积累的资金弥补老年体弱时的费用缺口，自我缓解后顾之忧。

1. 缴费基数和费率。《社会保险法》第 23 条规定，用人单位和职工按照国家规定共同缴纳基本医疗保险费。职工个人以本人工资收入作为缴费基数，用人单位以在职职工工资总额作为缴费基数。根据国务院《关于建立城镇职工基本医疗保险制度的决定》，用人单位缴费率应控制在职工工资总额的 6%左右，职工缴费率一般为本人工资的 2%，具体缴费比例由统筹地区根据社会经济情况确定。用人单位以在职职工工资总额作为缴费基数，一是考虑以在职职工工资总额作为社会保险缴费基数是国际惯例；二是与其他社会保险统一缴费基数，便于统一管理；

三是为公平新老企业的缴费负担。之所以规定个人缴费比例，是因为这样不仅可以扩大基本医疗保险基金的来源，更重要的是通过明确职工个人在基本医疗保险中的责任和义务，可以增强职工自我保障的意识和节约费用的意识。个人缴纳医疗保险费也是国际上社会医疗保险的通行做法，而以职工工资为基数确定缴费标准，有助于实现职工基本医疗保险筹资的公平。

2. 统筹基金和个人账户。职工基本医疗保险实行“统账结合”的制度，基本医疗保险基金由统筹基金和个人账户构成，各自划定支付范围、分别核算，不得互相挤占。

统筹基金主要由用人单位缴费构成，统筹地区所有用人单位为职工缴纳的基本医疗保险费中，扣除划入职工个人账户的30%，剩余资金70%左右进入社会统筹基金。统筹基金的来源还包括统筹基金利息收入、基本医疗保险费的滞纳金、财政补贴和依法纳入统筹基金的其他资金等。统筹基金由医疗保险经办机构管理使用，按照规定用于参保人员医疗保险待遇的支付。

个人账户是为满足职工个人基本医疗支出而设立的专用账户。根据国务院《关于建立城镇职工基本医疗保险制度的决定》的规定，个人账户的注入资金来源于两部分：个人缴费的全部和单位缴费的一部分（一般为30%左右），总计达到职工本人工资比例的3.8%左右（2%+6%×30%），具体比例由统筹地区根据个人账户的支付范围和职工年龄等因素确定。

3. 缴费年限。《社会保险法》第27条规定，参加职工基本医疗保险的个人，达到法定退休年龄时累计缴费达到国家规定年限的，退休后不再缴纳基本医疗保险费，按照国家规定享受基本医疗保险待遇；未达到国家规定年限的，可以缴费至国家规定年限。

4. 医疗保险保障关系跨地区的转移接续。2009年12月31日，人力资源和社会保障部、卫生部、财政部发布《流动就业人员基本医疗保险保障关系转移接续暂行办法》，规定了职工流动异地就业时的医疗保险关系的转移接续办法，已于2010年7月1日实施生效。《社会保险法》第32条也明确规定，个人跨统筹地区就业的，其基本医疗保险关系随本人转移，缴费年限累计计算。

（三）职工基本医疗保险待遇的支付

职工基本医疗保险待遇的支付是指参加职工基本医疗保险的职工生病后，医疗保险经办机构按照预先规定的条件和待遇标准，向生病职工提供相应的医疗保险待遇。医疗保险待遇的支付包括病假医疗期间的待遇和医疗费用的支付。

《社会保险法》第28条规定，符合基本医疗保险药品目录、诊疗项目、医疗服务设施标准以及急诊、抢救的医疗费用，按照国家规定从基本医疗保险基金中支付。因此，职工享受到的医疗保险待遇是国家规定的治理疾病所需的基本医疗服务，而非全部的医疗服务。

1. 起付线标准以下的医疗费用支付。参保人发生医疗费用后，首先需自付一定额度的医疗费用，超过此额度标准的医疗费用才由医疗保险经办机构以统筹基金支付，这个自付额度的标准即为“起付线”。起付线在医疗费用控制中起到“门槛”作用，其功能在于：一是防止因信息不对称，接诊时医患双方在疾病严重程度上的弄虚作假；二是制约或限制一部分非必需的医疗需求，达到事前控制不合理的医疗消费行为，抑制“门诊挤住院”“小病大养”的现象；三是减少医疗保险经办机构对处方的审核以及支付的工作量，降低管理成本。起付线的主要优点是费用分担有利于产生费用意识，控制消费行为，从而控制医疗费用；减少管理成本；当起付线定得较高时，起到了保大病、保高额费用的作用。其主要缺点在于，当起付线未能与家庭收入挂钩时，对于低收入家庭，起付费可能是一个较大的经济负担，成为一些个人和家庭获得必要医疗服务的障碍。

根据《关于建立城镇职工基本医疗保险制度的决定》，起付线标准原则上控制在当地职工平均工资的10%左右，起付线标准以下的门诊医疗费用（检查费、药费等相关费用）由职工个人账户支付，职工个人账户资金用完后，职工个人必须自行承担。

2. 起付线标准以上、最高支付限额以下的医疗费支付。最高支付限额是指年度内对于参保职工的医疗费用，由统筹基金承担的最高支付额度。起付线标准以上、最高支付限额以下的职工医疗费用，由医疗保险统筹基金按照一定的比例支付，即比例共付。比例共付是指被保险人支付医疗费用时，要与医疗保险经办机构各自按一定比例共同负担费用，该分担比例可以恒定，也可以随医疗费用额度的变化而递减或递增。

比例共付制的优点在于会对被保险人整个求医过程产生影响，起到调节医疗消费、控制医疗费用的作用。由于价格需求弹性，促使被保险人选择相对价格较低的服务，从而可以起到降低医疗服务价格的作用。其主要缺点是由于家庭收入和健康情况的差别，可能产生享有医疗服务的不公正情况。当自付比例过高时，可能抑制被保险人的基本医疗需求，导致小病拖延治疗、大病放弃治疗等问题。而当自付比例定得过低时，又可能导致医疗需求膨胀，典型的表现是小病大养。国际上的自付比例一般为20%，当自付比例达到25%或以上时，被保险人就医将明显受到抑制。

根据《关于建立城镇职工基本医疗保险制度的决定》，在起付线标准以上、最高支付限额以下的医疗费用，主要从统筹基金中支付，个人也需要负担一定比例，最高支付限额原则上控制在当地职工平均工资的4—6倍。统筹基金支付职工住院的大部分医疗费用，职工使用个人账户支付一定比例的住院医疗费用，个人医疗账户资金不足支付的由职工个人自付。

最高支付限额以及比例共付中的个人负担比例，由统筹地区根据以收定支、收支平衡的原则确定。另外，超出统筹基金最高支付限额的医疗费用，不在职工基本医疗保险范围内支付，另由大额医疗保险、职工补充医疗保险、商业保险等支付。

3. 医疗费支付的除外规定。职工参加基本医疗保险，因病、伤所产生的医疗费用并非都由医疗保险基金支付，基于一些客观原因引起的病、伤所产生的医疗费用具有专门的支付渠道，而不属于职工基本医疗保险待遇的支付范围。根据《社会保险法》第30条的规定，下列医疗费用不纳入基本医疗保险基金支付范围：

（1）应当从工伤保险基金中支付的医疗费用。职工因工负伤或者患职业病，经认定属于工伤的，由工伤保险基金支付相关医疗费用。

（2）应当由第三人负担的医疗费用。第三人侵权造成人身伤害而产生的治理医疗费用由侵权行为人承担，赔偿参保人的经济损失。对于医疗费用依法应当由第三人负担、而第三人不支付或者无法确定第三人的，由基本医疗保险基金先行支付。基本医疗保险基金先行支付后，有权向第三人追偿。应当指出的是，“第三人”既包括自然人，也包括法人或者其他组织；同时，“第三人不支付”的情形既包括第三人有能力支付而拒不支付的，也包括第三人没有能力而不能支付或者不能立即支付的。

> **拓展阅读**
>
> 许云飞诉江阴市贝特橡塑有限公司医疗保险待遇纠纷案

（3）应当由公共卫生负担的费用。公共卫生是指政府针对社区或社会而非个人的医疗服务，通过全社会共同努力，改善社会卫生条件，预防控制传染病和其他疾病流行，达到预防疾病、促进国民身体健康的目的。我国现阶段的基本公共卫生服务主要是指在免疫规划、妇幼保健、应急救治、采供血以及传染病、慢性病、地方病的预防控制等领域，由国家免费向城乡居民提供的医疗服务，其所需费用纳入政府预算安排。

（4）在境外就医的医疗费用。该费用一般由出境人员自行购买境外商业保险来解决，或者通过参加所在国的医疗保险方式解决，不属于国内基本医疗保险的支付范围。

二、居民基本医疗保险

我国居民基本医疗保险制度主要包括新型农村合作医疗制度（简称“新农合”）与城镇居民基本医疗保险制度。居民基本医疗保险制度启动初期覆盖了中小学学生、学龄前儿童以及城镇非就业人员。2008年国务院办公厅发布《关于将大学生纳入城镇居民基本医疗保险试点范围的指导意见》（国办发〔2008〕119号），居民医疗保险开始覆盖大专院校的学生。随着医疗保险制度日臻成熟和政府补助的增加，城乡居民参保的积极性大大增强。

（一）新型农村合作医疗制度

2003年1月16日，国务院办公厅转发卫生部、财政部、农业部《关于建立新型农村合作医疗制度的意见》，拉开新型农村合作医疗制度建设的序幕，标志着新型农村合作医疗制度的诞生。新型农村合作医疗制度是指采取“财政支持、农民自愿、政府组织”的原则，由政府组织、引导、支持，农民自愿参加，个人、集体和政府多方筹资，以大病统筹为主的农民医疗互助共济制度。

相对于2002年前的农村合作医疗制度，新农合之“新”主要表现在以下几个方面：

首先，新农合明确了各级政府的筹资责任。新农合实行个人缴费、集体扶持和政府资助相结合的筹资机制，中央和地方各级财政每年要安排一定专项资金对参保农民予以补贴。同时，对农村贫困人口参加新农合的费用，由民政部门通过医疗救助基金予以解决。目前，政府在新农合筹资中发挥着主导作用，个人和家庭只需要缴纳少量费用就可以享受新农合各种待遇，而原农村合作医疗制度没有规定中央和地方政府筹资责任，主要由农民个人和村集体筹集合作医疗基金。

其次，新农合要求以家庭为单位参与，主要是为了防止道德风险产生的逆向选择问题。如果以个人为单位参加，有些家庭为享受基本医疗保险待遇并使利益最大化，就让体弱多病的老人参加新农合，而健康风险低的年轻家庭成员不参加新农合，如此将使新农合累积的风险过高并最终导致医疗保险基金入不敷出。

再次，新农合主要以县为单位进行筹资。相较于原农村合作医疗主要以村和乡镇为单位进行筹资，新农合的筹资范围大大增强了抗风险能力。

最后，各级政府建立专门的合作医疗管理机构。原农村合作医疗由农民自愿参加，以自治管理为主，主要以村或者乡镇为单位建立，没有设立专门的行政管理机构和经办机构。根据2018年《深化党和国家机构改革方案》，国家组建了直属于国务院的专门机构——国家医疗保障局，新农合由新设立的国家医疗保障局负责管理。同时，把合作医疗管理机构的工作经费纳入财政预算。这些制度规定有助于建立科学合理的新农合治理机制。

（二）城镇居民基本医疗保险制度

城镇居民基本医疗保险制度是我国最新发展的医疗保险制度，有特别重要的意义。2007年7月发布的《国务院关于开展城镇居民基本医疗保险试点的指导意见》决定开展试点，解决没有被城镇职工基本医疗保险覆盖的城镇居民的医疗保障问题。2007年起在全国范围内全面开展城镇居民基本医疗保险试点，2008年扩大试点，2009年试点城市达到80%以上，2010年在全国全面推开，逐步覆盖全体城镇非从业人员。这一制度的建立，标志着中国从此进入全民医疗保险时代。

城镇居民基本医疗保险是国家为保障城镇户籍非从业人员身体健康实行的社会保险制度，以家庭缴费为主，政府给予适当补助，重点解决老人、残疾人和儿童的基本医疗保险问题。试点参保范围是不属于城镇职工基本医疗保险范围的中小学生（包括职业高中、中专、技校学生）、少年儿童和其他非从业城镇居民，即"一老一小"群体。

目前，广东、天津、宁夏、重庆、山东等多个省（自治区、直辖市）的新农合与城镇居民医疗保险已合并，建立了（城乡）居民基本医疗保险制度。

居民基本医疗保险的特点是：（1）强化政府投入。政府在筹资上发挥主要作用，家庭只需要缴纳少量的参保费，中央财政每年通过专项转移支付对中西部地区进行补贴。对于低保对象、重度残疾的学生和儿童、丧失劳动能力的重度残疾人、低收入家庭60周岁以上老年人等困难居民，政府还提供二次补助。（2）财政补助标准逐年提高。2014年各级财政对新农合和居民医保人均补助标准在2013年的基础上提高40元，达到320元。在提高财政补贴的同时，也适当提高个人缴费比例。目前，农民和城镇居民个人缴费标准在2013年的基础上提高20元，全国平均个人缴费标准达到每人每年90元左右。（3）突出以大病统筹为主。基金主要用于补助参保居民的大额医疗或住院的医疗费用。（4）以城乡居民自愿参加为原则。（5）由政府负责和指导建立组织协调机构、经办和监督机构。（6）通过民政部门建立医疗救助制度。

（三）大病保险

城乡居民大病保险，是在基本医疗保障的基础上，对大病患者发生的高额医疗费用给予进一步保障的一项制度性安排，可进一步放大保障效用，是基本医疗保障制度的拓展和延伸，是对基本医疗保障的有益补充。国家发展和改革委员会、卫生部、财政部、人力资源和社会保障部、民政部、保险监督管理委员会于2012年8月24日正式公布《关于开展城乡居民大病保险工作的指导意见》。该意见规定，要以力争避免城乡居民发生家庭灾难性医疗支出①为目标，合理确定大病保险补偿政策，实际支付比例不低于50%；按医疗费用高低分段制定支付比例，原则上医疗费用越高支付比例越高。随着筹资、管理和保障水平的不断提高，逐步提高大病报销比例，最大限度地减轻个人医疗费用负担。开展城乡居民大病保险，应当坚持以人为本统筹安排、坚持政府主导专业运作、坚持责任共担持续发展、

---

① 根据世界卫生组织关于家庭"灾难性医疗支出"的衡量标准，一个家庭强制性的医疗支出等于或者超过家庭一般消费（非生存性支出）的40%时，就属于医疗灾难性支出。这意味着患大病发生的高额医疗费用很可能会使城乡居民家庭因病致贫返贫。

坚持因地制宜机制创新为基本的工作原则。政府负责基本政策制定、组织协调、筹资管理，并加强监管指导。商业保险机构要利用其专业优势，支持商业保险机构承办大病保险，发挥市场机制作用，提高大病保险的运行效率、服务水平和质量。同时，要强化社会互助共济的意识和作用，形成共同分担大病风险的机制。

第二节 生育保险

生育保险，是指女职工因怀孕和分娩造成暂时丧失劳动能力、中断正常收入来源时，从国家和社会获得物质帮助的一种社会保险制度。该制度有三个特点：其一，生育保险是对女职工专门建立的一项社会保险；其二，生育保险是对女职工生育子女全过程的物质保障；其三，生育保险是对女职工合法生育而实行的一项社会保险。

我国并存有两种类型的生育保障制度。一是新中国成立初期延续下来的传统生育保障制度，覆盖范围包括国家机关、人民团体、企业和事业单位；二是生育保险社会统筹制度。该制度根据 1994 年原劳动部颁布的《企业职工生育保险试行办法》建立并实施，覆盖范围包括城镇所有企业及其职工。后者是人们通常所指的生育保险制度。从整体看，生育保险制度的改革方向是建立社会统筹的生育保险，改变用人单位负担的传统模式，以减轻用人单位负担，降低女性就业门槛，促进女性就业。

一、生育保险的覆盖范围

我国生育保障制度最初是由 1951 年政务院颁布的《劳动保险条例》确定的，该条例规定生育保险的实施范围主要是国营企业和基本建设单位。1955 年 4 月 26 日，国务院颁布了《关于女工作人员生产假期的通知》，对机关、事业单位女职工生育保障作出了规定，从而使女职工生育保障的对象和范围从企业扩大到了机关、事业单位的所有女职工。由此可见，作为制度化的生育保障制度，覆盖了所有就业的女性劳动者。

1994 年 12 月 14 日，原劳动部颁布了《企业职工生育保险试行办法》，建立了生育保险社会统筹制度。该办法规定，生育保险的对象和范围包括城镇各类企业及其职工。参加生育保险社会统筹的用人单位向当地社会保险经办机构缴纳生育保险费，职工个人不缴费。根据《社会保险法》的规定，生育保险的覆盖范围包括我国境内用人单位（包括无雇主的个体工商户、非全日制等）的女职工，首次从国家立法层面上作出了生育保险不与户籍挂钩的规定，覆盖范围扩大。2012 年 4

月，国务院出台了《女职工劳动保护特别规定》，进一步明确了生育津贴的构成。在2012年11月人力资源和社会保障部推出的《生育保险办法（征求意见稿）》中，生育保险的覆盖范围进一步扩大。该意见稿规定，我国境内的国家机关、企业、事业单位、有雇工的个体经济组织以及其他社会组织及其职工或者雇工，应当参加生育保险。

为减轻企业负担，支持企业发展，促进就业稳定，《人力资源社会保障部、财政部关于适当降低生育保险费率的通知》（人社部发〔2015〕70号）规定，自2015年10月1日起，在生育保险基金结余超过合理结存的地区降低生育保险费率。各地将生育保险费率从1%调整为0.5%。2015年10月29日，中国共产党第十八届中央委员会第五次全体会议（简称“党的十八届五中全会”）决定，坚持计划生育的基本国策，完善人口发展战略。全面实施一对夫妇可生育两个孩子政策，积极开展应对人口老龄化行动。根据党的十八届五中全会的决策部署，需要修订《人口与计划生育法》及其配套法规，依法组织实施。各地政府修订地方计划生育条例，为鼓励年轻人生育，制定了30—60天不等的计划生育奖励假，与《女职工劳动保护规定》原有的98天法定产假合并，均由生育保险基金支付。

2017年1月，国务院办公厅印发了《生育保险和职工基本医疗保险合并实施试点方案》（国办发〔2017〕6号，以下简称《两险合并实施试总方案》），经全国人大常委会授权，自2017年1月开始，在河北省邯郸市等12个城市进行试点，遵循保留险种、保障待遇、统一管理、降低成本的总体思路，推进生育保险和职工基本医疗保险两项保险合并实施。通过整合两项保险基金及管理资源，强化基金共济能力，提升管理综合效能，降低管理运行成本。因《两险合并实施试点方案》提出将生育保险基金并入职工基本医疗保险基金征缴和管理，与《社会保险法》第64条、第65条关于各险种分别编制预算、分别建账、分账核算的规定不符，因此，按程序提请全国人大常委会授权，将在试点期限内，暂时停止实施《社会保险法》相关条款。《两险合并实施试点方案》将生育保险基金并入职工基本医疗保险征缴和管理，生育保险基金账户和职工基本医疗保险基金账户合二为一。这项试点是经全国人大常委会批准进行的社会保险制度整合的有益尝试，将广大流动就业人口纳入生育保险覆盖群体，有效提高了社会公平性，实现了职工医疗保险与生育保险的协同推进、融合发展。

二、生育保险基金的筹集

生育保险在缴费方式上与工伤保险相同，都是由用人单位缴纳，职工不缴纳。这是在女性职工遵守计划生育政策的基础上对其生育权利的保障，并能通过社会统筹来分担企业的生育保险负担。同时，生育保险是为了保障职工与其婴儿在产前、产后得到物质帮助和照顾而制定的一项社会保险制度，因此，由企业缴纳更能体现对妇女权益的保障。

生育保险基金是为了使生育保险有可靠的资金保障，国家通过立法在全社会统一建立的，用于支付生育保险所需费用的各项资金。

生育保险基金和其他社会保险基金相比，具有以下特点：（1）基金来源的单一性。生育保险基金由用人单位缴纳的生育保险费、生育保险基金的利息收入和依法纳入生育保险基金的其他资金构成。由用人单位按照其工资总额的一定比例向社会保险经办机构缴纳生育保险费，建立生育保险基金。（2）基金筹集的可预见性。由于我国实行计划生育政策，每年能享受生育保险待遇的人数基本上是确定的，由于只涉及生育，每个职工享受待遇的标准也是事先能确定的。（3）基金负担的均衡性。所有参加生育保险的用人单位，不论其是否有女职工，也不管其女职工人数多少，一律按统一标准缴费。

《社会保险法》第53条规定，职工应当参加生育保险，由用人单位按照国家规定缴纳生育保险费，职工不缴纳生育保险费，从而强调了用人单位的责任。在生育保险基金筹集方面，应当坚持以下原则：

1. 生育保险基金按照“以支定收，收支基本平衡”的原则筹集。根据《企业职工生育保险试行办法》第4条的规定，生育保险根据“以支定收，收支基本平衡”的原则筹集资金，由企业按照其工资总额的一定比例向社会保险经办机构缴纳生育保险费，建立生育保险社会统筹基金。由于我国的生育保险与人口政策挂钩，因此每年能享受生育保险待遇的人数基本上是确定的，每个职工享受待遇的标准也是事先确定的，这样每年的生育保险基金支出数额就能准确预算出来。放开二胎政策以后，生育保险基金的收支情况要根据生育率进行相应调整。

2. 生育保险费用实行社会统筹。在市场经济条件下，实行生育费用社会统筹和社会化管理服务，对于均衡企业负担、改善妇女就业环境、切实保障女职工生育期间的基本权益发挥了重要作用。生育保险基金由社会保险经办机构在国家规定的范围内统一筹集和使用，以实现互助互济、风险共担，为生育者提供基本的物质帮助。生育保险实行社会统筹，实际上就是从社会角度履行对生育妇女给予补偿的责任。

3. 生育保险费的提取比例有上限。生育保险费的提取比例由当地政府根据计划内生育人数和生育津贴、生育医疗费等项费用确定，并可根据费用支出情况适时调整，但最高不得超过工资总额的1%。

4. 生育保险基金按属地原则组织。生育保险基金按属地原则组织，是指生育保险以按行政区域划分的市、区（县）为单位组织实施，在同一区域内所辖的各类企业，不分其所有制性质，不论其隶属关系，一律参加所在地的生育保险，执行当地的缴费标准和有关政策规定。

三、生育保险待遇的支付

生育保险待遇是指参加生育保险制度的职工可以享受到的各种经济补偿和医疗服务。

根据《社会保险法》第 54 条的规定，用人单位已经缴纳生育保险费的，其职工享受生育保险待遇。职工未就业配偶按照国家规定享受生育医疗费用待遇，所需资金由生育保险基金支付。享受生育保险待遇的主体范围包括参保的职工以及参保职工的未就业配偶，按照“谁参保、谁受益”的原则，参保的职工无论女职工还是男职工，当其本人或配偶生育时都有从生育保险制度获得经济补偿和医疗服务的权利。

> **拓展阅读**
>
> 违反计划生育规定怀孕的女职工能否享受生育保险待遇

从内容上看，生育保险待遇主要包括生育医疗费用和生育津贴两部分：(1) 生育医疗费用。生育医疗费用是生育保险待遇的重要项目，是按照相关法律、法规规定，女职工在生育期间接受的医疗服务中可以报销的费用，包括女职工因怀孕、生育发生的检查费、接生费、手术费、住院费、药费和计划生育费。根据《女职工劳动保护特别规定》的规定，女职工生育或者流产的医疗费用，按照生育保险规定的项目和标准，对已经参加生育保险的，由生育保险基金支付；对未参加生育保险的，由用人单位支付。(2) 生育津贴。生育津贴是指根据国家法律、法规规定对职业妇女因生育而离开工作岗位期间给予的生活费用，用以保障女职工产假期间的基本生活需要。《女职工劳动保护特别规定》第 8 条规定，女职工产假期间的生育津贴，对已经参加生育保险的，按照用人单位上年度职工月平均工资的标准由生育保险基金支付；对未参加生育保险的，按照女职工产假前工资的标准由用人单位支付。支付期限一般与产假期限一致，一般不少于 98 天。

思考题：

1. 结合医疗保险运行中出现的“骗保”现象，谈谈如何完善我国医疗保险基金的监管机制。
2. 生育保险费由用人单位承担的理论基础是什么？

3. 试论生育保险制度中男性生育角色的定位。

▶ 自测习题及参考答案

第十章　工伤保险

工伤保险又称职业灾害保险，是世界上最早产生和覆盖范围最广的一种社会保险。它在为劳动者提供职业灾害保障的同时，也使用人单位免于承担职业灾害赔偿责任。现代工伤保险不仅为工伤职工提供损害补偿，而且兼容了工伤预防和工伤康复的功能。

第一节　工伤保险概述

工伤保险以劳动关系的存在为前提，具有责任性质的无过错性、覆盖主体的特定性、补偿内容的有限性等特点。工伤保险通过一系列预防措施来实现其预防功能。工伤保险坚持无过错责任原则、经济补偿原则，以及预防、补偿与康复相结合原则。

一、工伤保险的概念和特点

（一）工伤保险的概念

工伤保险，指劳动者在工作中因遭受事故伤害或者患职业病而致伤、致病、致死时依法所享受的一种社会保险。工伤有广义和狭义之分。广义的工伤包括因为工作而受到的伤害和罹患的职业疾病；狭义的工伤仅指工作中遭受的事故伤害。我国的工伤保险制度所称的工伤是广义的。工业革命以来形成的现代生产技术和方式，不仅使劳动生产效率有了极大的提高，还使劳动者面临更大的工作风险。职业损害补偿制度也从传统的侵权责任，到雇主责任，再发展到现代的工伤保险制度。工伤保险制度不仅保障劳动者在遭受职业伤害时能够得到及时的救济，也可以分散用人单位的风险，避免劳动者与用人单位的直接冲突，促进和谐劳动关系的建立。工伤保险是世界上产生最早、覆盖范围最广的一种社会保险，德国于1884年就制定了《劳工伤害保险法》，目前已有近130个国家或者地区建立了工伤保险制度。现代工伤保险制度的发展趋势表现为：（1）工伤保险的覆盖范围不断扩大。根据1952年国际劳工组织《社会保障最低标准公约》（第102号）第33条的规定，工伤补偿制度受保护人的范围除了传统的劳动者外，还将死亡劳动者的供养人纳入保障范围。（2）工伤的范围和种类不断扩展。工伤最初仅包括职业事故伤害，经过一段时间之后，各国将职业病纳入工伤范围，现代工伤的范围还包括了工作相关活动中产生的伤害，譬如上下班通勤事故伤害。我国《社会保险法》

和2010年12月修订的《工伤保险条例》，对现行工伤保险制度进行了系统规范。

（二）工伤保险的特点

与其他种类的社会保险相比，工伤保险具有下列特点：（1）责任性质的无过错性。工伤保险是基于对工伤职工的赔偿责任而设立的社会保险，其起源于“雇主责任制”理论。根据“雇主责任制”理论，劳动者在职业场所因执行职务所受到的伤害应由雇主负担。由于雇主责任与其主观过错相连，因此对过失与否的认定常常是劳资双方争议的焦点，劳动者只有在证明雇主对事故损害有过错的情况下才有权要求雇主支付赔偿，这使劳动者的损害赔偿请求权受到诸多限制。而且，雇主责任能否实现，与雇主承担责任的能力息息相关，因雇主破产或者其他无力承担责任的情形发生，往往导致劳动者的损害赔偿请求权落空。随着经济的发展和劳动者保障意识增强，各国纷纷以社会保险代替雇主责任。工伤保险中体现“雇主责任制”属性的有关规定有：工伤保险一般由用人单位承担全部社会保险费，职工个人不缴费；工伤保险实行无过错责任原则，工伤事故的构成一般与雇主和受害劳动者的主观过错无关。（2）覆盖主体的特定性。与其他类别的社会保险覆盖对象不同，工伤保险仅覆盖劳动者。工伤保险是分散职业灾害风险的手段，职业灾害与职业活动相关，不是全体国民都会面临该风险。养老保险、医疗保险等类别的保险，基本覆盖全体国民，因为他们都面临年老、疾病等社会风险。（3）补偿内容的有限性。各国工伤保险补偿仅限于明确的经济损失，包括因伤残、死亡引起的损失和医疗成本。之所以限定补偿的内容，除了因工伤保险以无过错责任为基础，还在于避免因补偿标准过高而引发一定的道德风险。

二、工伤预防

（一）工伤预防的概念

工伤预防是指通过提供安全、健康的职业环境和条件，完善安全健康管理制度，减少或者杜绝职业损害事故和职业病的发生，从源头上保障劳动者免受职业伤害。工伤预防是一种事前防范工伤的措施，预防措施得当，工伤补偿和工伤康复支出就会小。在工伤保险的预防、补偿和康复三种功能中，预防是基础，任何工作都应当以安全、健康为主，减少职业损害的发生；预防也是最有效的保障措施，最符合成本效益原则。工伤预防功能的发挥需要通过一个系统工程来实现，制度的设计和执行、必要的费用投入以及广泛的宣传和教育都必不可少。工伤预防主体主要是用人单位和劳动者，相关的预防措施也需要通过这些主体发挥作用。

（二）工伤保险中的预防措施

为实现工伤预防功能，工伤保险制度建构了一系列预防措施。工伤预防措施从不同的视角可以作不同的分类。从预防措施的实施主体看，可以分为用人单位采取的预防措施、劳动者采取的预防措施和行政管理主体实施的预防措施；从预防措施的性质看，可以分为经济措施和行政管理措施。具体而言，主要包括以下三个方面：

1. 工伤保险差别费率机制。工伤保险差别费率是指依据用人单位所处的行业风险大小和本单位前期的工伤风险发生概率而确定不同比例的工伤保险缴费率。工伤保险费率与其他类别的保险费率不同，既不依收入确定，也不实现统一费率，而是根据风险大小实现差别费率。用人单位的行业风险大，保险费率相应增加，整个行业的生产成本高。在同一行业，由于不同用人单位的安全管理水平存在差异，风险发生状况不同，安全管理水平低，风险发生频率高，工伤费率自然高；但如果安全生产投入大，管理水平高，风险发生频率低，保险费率也相应会低。这样用人单位会从经济的角度评估安全管理投入和保费投入关系，从中作出选择。合理的保险费率机制，不仅可以为工伤保险补偿集聚充足的资金，而且能有效预防工伤事故。发达市场经济国家都已实现工伤保险差别费率机制，包括行业差别费用和行业内不同费率档次。雇主的工伤保险费不仅要反映其所处行业的工伤风险，而且依据本单位工伤事故发生概率确定。工伤保险行业差别费率必须合理划分，才能充分体现行业风险。日本工伤保险费按照行业差别划分为 8 大产业 53 个行业，最高费率 14.8%，最低费率 0.5%，行业之间差别费率达 25 倍。① 德国费率根据行业的不同特点设立了 35 个同业公会，制定形成平均费率最低为 0.71%、最高为 14.58%的差别费率。② 而同一行业内用人单位的不同费率，则依据该主体前一期间内事故发生的统计数据核定，事故发生概率高，其保险费率应取本行业高一档次的费用，反之，取本行业低档次的费率。我国《工伤保险条例》第 8 条规定，国家根据不同行业的工伤风险程度确定行业的差别费率，并根据工伤保险费使用、工伤发生率等情况在每个行业内确定若干费率档次。行业差别费率及行业内费率档次由国务院社会保险行政部门制定，报国务院批准后公布施行。统筹地区经办机构根据用人单位工伤保险费使用、工伤发生率等情况，适用所属行业内相应的费率档次确定单位缴费费率。

2. 工伤保险基金向用人单位提供工伤预防费用。用人单位改善安全生产设施、建立安全健康管理制度、对员工进行安全卫生教育和培训，不仅可以有效减少安全事故，而且可以向保险基金申请支付相关费用。通过这种经济激励措施，可以有效促进用人单位实施安全预防措施。从基金利益角度而言，有效的工伤预防措施，不仅可以减少工伤保险基金的工伤救治和康复支出，而且劳动者不会因为工

---

① 施卫祖：《改革我国工伤保险体制是强化安全生产工作的必然选择》，载《安全、环境和健康》2002 年第 3 期。

② 于欣华：《工伤保险法论》，中国民主法制出版社 2011 年版，第 165 页。

伤和职业病退出劳动领域，反而会增加工伤保险基金的供款。我国《工伤保险条例》第 12 条规定，工伤保险基金存入社会保险基金财政专户，用于本条例规定的工伤保险待遇，劳动能力鉴定，工伤预防的宣传、培训等费用，以及法律、法规规定的用于工伤保险的其他费用的支付。工伤预防费用的提取比例、使用和管理的具体办法，由国务院社会保险行政部门会同国务院财政、卫生行政和安全生产监督管理等部门规定。

3. 工伤保险行政主管部门的管理措施。差别费率机制和保险基金预防费用支出主要是通过减少用人单位的保险费用和劳动场所的安全健康支出等措施，来激励用人单位实现工伤预防措施，而政府的管理措施则是通过行政手段从外部实行监管、指导，促进和辅助用人单位采取预防措施。有效的行政管理，不仅可以使用人单位违反安全卫生管理规范的行为得到有力的制裁，而且可以促进用人单位自觉遵守安全卫生规范，减少事故的发生。从有关国家的法律实践看，工伤保险政府主管部门的管理措施一般包括：颁布安全卫生法规和规程，监督实施相关规范，对工作场所进行调查、检测，为用人单位提供有关安全生产和卫生环境方面的咨询，对用人单位进行安全生产方面的培训教育，等等。目前，我国社会保险行政管理体制将工伤保险行政管理与安全生产管理、职业卫生管理分割开来，工伤保险管理由社会保险主管部门负责，安全生产管理和职业卫生管理由国家安全生产监督管理部门负责。

三、工伤保险的基本原则

工伤保险制度的基本原则贯彻于整个工伤保险制度中，其基本内容主要有：

1. 无过错责任原则。其基本含义体现在：第一，劳动者在职业活动中遭受事故伤害或者罹患职业病，无论事故责任属于本人、用人单位或者第三人，均可依法定标准享受工伤保险待遇；第二，企业或者其他用人单位不直接承担工伤损害补偿责任，工伤补偿由工伤保险基金统一支付，并不受用人单位是否依法缴纳工伤保险费的影响；第三，国家强制要求所有的用人单位参加工伤保险，工伤保险待遇的构成、计发标准、支付方式以及保险缴费标准均依法规定；第四，在工伤认定标准中，劳动者的过失并不影响工伤的构成，法律只将劳动者因为故意造成的伤害或者死亡排除在外；第五，在工伤补偿方面，用人单位是否对事故存在主观过错，不影响工伤保险基金的补偿范围和标准。无过错责任原则不仅能适应现代工业化生产的风险分摊需要，而且可以极大地提高补偿效率。为了避免用人单位的道德风险，工伤保险制度一般规定，用人单位因故意违反安全管理规章给劳动者造成职业伤害的，应当在工伤补偿之外另外给予受害人一定的损害赔偿。

2. 经济补偿原则。经济损失补偿原则与工伤保险的无过错责任原则相对应。

劳动者发生工伤损害后，应给予经济补偿，但该补偿范围仅限于经济方面的损失，一般包括医疗费用、误工损失以及因劳动力的减损或者丧失而造成的经济方面的损失，不包括劳动者因此而受到的精神损失。工伤保险制度之所以将劳动者的职业风险通过保险方式加以分摊，一是可以避免对受害人的补偿因为赔偿主体的能力受到影响；二是通过赔偿范围的标准化和程式化，使受害人的补偿能够尽可能地快捷、及时；三是用人单位可以通过缴纳保险费将职工的职业风险分散出去，避免其因为不可预见、不能克服的风险而影响企业的正常运营。与此同时，工伤保险费率机制的建立主要是为了解决用人单位的道德风险问题，而工伤保险赔偿范围限缩则是为了解决受害人的道德风险问题。这与侵权损害赔偿的范围不同，侵权损害赔偿包括直接损失、间接损失，还包括精神损失。而社会保险因覆盖范围广，补偿标准一般低于侵权损害赔偿。

3. 预防、补偿与康复相结合原则。工伤保险制度与传统的人身损害赔偿制度相比，其优越性之一是将工伤预防、工伤补偿与康复相结合，形成完整、系统的工伤保障机制，这样不仅有效地减少或者消除职业危害，保障劳动者健康和安全，还可以直接减少工伤保险基金支出。世界各国的工伤保险制度都将工伤预防放在首位。工伤补偿是针对已经发生的职业伤害实现的补救措施，使遭受工伤的劳动者恢复健康和其损失得到补偿。工伤康复是使受到工伤损害的劳动者回归正常生活、回归劳动领域的有效措施。各国对职业康复采取了不同的方式：有的国家组织残疾人就业培训活动，恢复其工作能力；有的国家规定社会保险机构与职业安全与福利机构合作，对工伤人员进行康复和就业培训；有的国家规定参加劳动者应得到充分的善后处理，包括医疗、手术及住院治疗，直至恢复劳动能力；有的国家规定建立设置完善的康复中心，以恢复残疾人智力、体力及职业所需的技术能力。① 我国《工伤保险条例》第12条规定，工伤保险基金用于本条例规定的工伤保险待遇，劳动能力鉴定，工伤预防的宣传、培训等费用。第30条规定，工伤职工到签订服务协议的医疗机构进行工伤康复的费用，符合规定的，从工伤保险基金中列支。

第二节　工伤认定与劳动能力鉴定

工伤认定是整个工伤保险制度的第一环节，也是其核心和难点。工伤认定有着法定的认定标准和程序，我国对工伤认定标准采用了列举式立法。劳动能力鉴

① 王益英主编：《社会保障法》，中国人民大学出版社2000年版，第120页。

定是享受伤残待遇的前提。

一、工伤认定标准

工伤认定是指社会保险行政部门依据法定的标准和程序，确认劳动者的伤害或者疾病是否属于工伤保险事故的活动。被认定为工伤是职工能够享受工伤保险待遇的前提和基础，工伤认定是整个工伤保险制度的核心和难点。因此，各国普遍通过立法明确工伤认定标准或者构成要素。我国工伤认定标准包括两个方面：

第一，受到伤害或者患病的主体是职工。在我国，工伤与特定劳动关系相对应，被认定为工伤的主体，必须与接受其劳动的主体之间形成劳动法上的劳动关系。在用人单位的场所提供劳动的独立承揽人，不得因为职业伤害或者罹患疾病申请工伤认定；被派遣劳动者以及其他承揽人的劳动者，也只能通过其用人单位申请工伤认定。

第二，职工所受的伤害或者罹患的疾病属于工伤保险事故的范围。一般而言，工伤保险的事故包含工作中的事故伤害、职业疾病和通勤事故三类。我国的工伤保险制度根据事故伤害的性质和发生情形，将工伤保险事故分为“工伤”和“视同工伤”两类。

属于“工伤”的情形，主要是指职工的事故伤害是在工作时间和工作场所内因为工作导致的，即所谓具备“三工”要素的事故。对于工作时间要素，既包括执行职务的时间，也包括执行职务前后从事预备性和收尾性活动的时间，还包括上下班途中。工作场所，包括常规执行职务的场所和受单位指派或者认可的其他活动场所。工作原因要素，其范围除了劳动者的本职工作之外，其他与职务相关的活动，或者由单位指派、认定的其他业务活动，以及其他对用人单位有益的活动，都应当认为符合工作原因的内涵。《工伤保险条例》第 14 条对此进行了明确的列举，职工有下列情形之一，应当被认定为工伤：（1）在工作时间和工作场所内，因工作原因受到事故伤害的；（2）工作时间前后在工作场所内，从事与工作有关的预备性或者收尾性工作受到事故伤害的；（3）在工作时间和工作场所内，因履行工作职责受到暴力等意外伤害的；（4）患职业病的；（5）因工外出期间，由于工作原因受到伤害或者发生事故下落不明的；（6）在上下班途中，受到非本人主要责任的交通事故或者城市轨道交通、客运轮渡、火车事故伤害的；（7）法律、行政法规规定应当认定为工伤的其他情形。“三工要素”被认为是工伤构成的三个标准，其中工作原因是核心要素，工作时间、工作场所要素主要为辅助确定工作原因要素而设定，没有工作时间、工作场所要素，并不能排除属于工伤范围。

“视同工伤”的情形，主要是指欠缺工作原因要素的特殊疾病和其他虽与职业活动无关但需要纳入工伤风险分摊体系加以补偿的事故伤害。《工伤保险条例》第 15 条规定的视同工伤的情形主要有三种：（1）在工作时间和工作岗位，突发疾病死亡或者在48小时之内经抢救无效死亡的；（2）在抢险救灾等维护国家利益、公共利益活动中受到伤害的；（3）职工原在军队服役，因战、因公负伤致残，已取得革命伤残军人证，到用人单位后旧伤复发的。

职业病属于一种特殊的工伤。从医学角度而言，职业病是指因职业活动引起或者在职业活动中形成的疾病。但从法律规范角度，我国《职业病防治法》所称职业病，是指企业、事业单位和个体经济组织等用人单位的劳动者在职业活动中，因接触粉尘、放射性物质和其他有毒、有害因素而引起的疾病。根据国家卫生计生委、人力资源社会保障部、安全监管总局、中华全国总工会4部门于2013年12月23日联合印发的《职业病分类和目录》，我国职业病分为职业性尘肺病及其他呼吸系统疾病、职业性皮肤病、职业性眼病、职业性耳鼻喉口腔疾病、职业性化学中毒、物理因素所致职业病、职业性放射性疾病、职业性传染病、职业性肿瘤以及其他职业病共10类132种。能够被诊断为职业病，认定为工伤而享受工伤保险待遇的职业病，是指规范意义上的职业病，必须符合以下要件：第一，必须是法定范围的劳动者，即企业、事业单位和个体经济组织等用人单位的劳动者；第二，所患疾病必须属于国家规定范围的职业疾病；第三，该疾病应当是因接触粉尘、放射性物质和其他有毒、有害因素而引起；第四，必须经过法定的医疗卫生机构诊断、鉴定为职业病。

除了“应当认定为工伤的情形”“视同工伤的情形”，法律还特别强调“不得认定为工伤的情形”。工伤保险尽管实行无过错责任原则，但为避免工伤保险中的道德风险，因此将受害人的故意伤害行为等排除在工伤保险事故范围之外。按照《工伤保险条例》第16条的规定，虽然职工符合前述法定认定为工伤的情形，但是有下列情形之一的，不得认定为工伤或者视同工伤：（1）故意犯罪的；（2）醉酒或者吸毒的；（3）自残或者自杀的。

> **拓展阅读**
>
> **最高人民法院指导案例40号：孙立兴诉天津新技术产业园区劳动人事局工伤认定案**

二、工伤认定程序

工伤认定是指社会保险行政部门依法在职工发生事故伤害或者按照职业病防治法规定被诊断、鉴定为职业病的情形下，依申请判定职工是否属于工伤的行为。依据《社会保险法》规定，职工发生事故伤害或者被诊断、鉴定为职业病后，不能直接享受工伤医疗待遇，必须经过社会保险行政部门依照法定的工伤认定程序认定为工伤，才能享受工伤医疗待遇。按照《工伤保险条例》第17条的规定，我国工伤认定的主体是统筹地区社会保险行政部门，工伤认定的性质是行政确认行为。

（一）职工受到事故伤害的工伤认定程序

主要包括以下程序规则：

1. 申请。法律规定工伤认定程序应当经过申请而启动。在我国，工伤认定申请人一般包括用人单位和受害人及其近亲属以及工会组织。社会保险行政部门可否直接启动工伤认定程序，在理论上存在争议。

对用人单位而言，申请工伤认定是其法定义务。按照《工伤保险条例》第17条的规定，职工发生事故伤害或者按照职业病防治法规定被诊断、鉴定为职业病，所在单位应当自事故伤害发生之日或者被诊断、鉴定为职业病之日起30日内，向统筹地区社会保险行政部门提出工伤认定申请。遇有特殊情况，经报社会保险行政部门同意，申请时限可以适当延长。用人单位未依法履行认定申请义务的，在此期间发生的工伤待遇等有关费用由该用人单位负担。

工伤职工或者近亲属申请工伤认定，是法律赋予的一项权利。工伤认定直接关系受害职工的工伤待遇，赋予其申请权是实现工伤职工赔偿利益的必然要求。用人单位未按前款规定提出工伤认定申请的，工伤职工或者其直系亲属，在事故伤害发生之日或者被诊断、鉴定为职业病之日起1年内，可以直接向用人单位所在地统筹地区社会保险行政部门提出工伤认定申请。

工会依法有权提出工伤认定申请。与工伤职工不同，工会并不是利害关系人，工会是否行使权利并不影响其利益，如何督促工会行使该项权利是法律必须解决的问题，现行法律对此并无规定。

提出工伤认定申请应当提交下列材料：工伤认定申请表；与用人单位存在劳动关系（包括事实劳动关系）的证明材料；医疗诊断证明或者职业病诊断证明书（或者职业病诊断鉴定书）。工伤认定申请人提供材料不完整的，社会保险行政部门应当一次性书面告知工伤认定申请人需要补正的全部材料。申请人按照书面告知要求补正材料后，社会保险行政部门应当受理。

2. 统筹地区社会保险行政部门进行工伤认定。社会保险行政部门受理工伤认定申请后，根据审核需要可以对事故伤害进行调查核实，用人单位、职工、工会组织、医疗机构以及有关部门应当予以协助。

在工伤认定程序中，用人单位和劳动者双方争执的焦点往往是双方是否存在劳动关系。依据我国现行法律规定，劳动者的伤害或者疾病被认定为工伤的必要条件是其必须与该用人单位存在劳动关系，属于该用人单位的职工。行政部门在认定工伤的过程中往往涉及劳动关系的确认问题。

确认劳动关系的主体是行政部门还是劳动争议处理机关，在实践中形成了三种有代表性的观点：第一种观点认为，劳动关系的确认权应当由劳动争议仲裁委员会和法院行使；第二种观点认为，工伤认定中的劳动关系确认权应由工伤认定机构行使；第三种观点认为，工伤认定中的劳动关系确认争议可以分为事实争议和法律争议，前者由行政部门行使，后者由劳动争议处理机关行使。① 《工伤保险条例》没有明确规定工伤认定中的劳动关系确认权归属。2005 年《劳动和社会保障部关于确立劳动关系有关事项的通知》第 5 条规定，劳动者与用人单位就是否存在劳动关系引发争议的，可以向由管辖权的劳动争议仲裁委员会申请仲裁。2009 年 7 月 20 日最高人民法院行政审判庭在《关于劳动保障行政部门在工伤认定程序中是否具有劳动关系确认权请示》的批复中明确指出，根据《劳动法》第 9 条和《工伤保险条例》第 5、18 条的规定，社会保险行政部门在工伤认定过程中，具有认定受到伤害的职工与企业之间是否存在劳动关系的职权。以上两条规定明显存在冲突。对此，《职业病防治法》第 49 条规定，职业病诊断、鉴定过程中，在确认劳动者职业史、职业病危害接触史时，当事人对劳动关系、工种、工作岗位或者在岗时间有争议的，可以向当地的劳动人事争议仲裁委员会申请仲裁。该条明确了劳动关系确认权的归属应当是劳动争议仲裁委员会。但是，社会保险行政部门在工伤认定程序中缺乏劳动关系确认权，以及劳动关系确认剥离于工伤认定是造成工伤认定程序耗时复杂的重要原因之一。②

工伤认定中的举证责任，原则上遵循民事诉讼中“谁主张，谁举证”的原则。主张工伤的劳动者应当举证证明受伤的事实和经过，如果用人单位认为不是工伤，由用人单位举证证明。劳动者在劳动关系中受用人单位的管理和控制，其弱势地位明显，一旦发生工伤，用人单位对证据的收集和掌控更为有利，所以，《工伤保险条例》第 19 条第 2 款规定，职工或者其近亲属认为是工伤，用人单位不认为是工伤的，由用人单位承担举证责任。

按照《工伤保险条例》第 55 条的规定，申请工伤认定的职工或者其近亲属、该职工所在单位对工伤认定申请不予受理的决定不服，或者申请工伤认定的职工或者其近亲属、该职工所在单位对工伤认定结论不服的，均可以依法申请行政复议，也可以依法向人民法院提起行政诉讼。

（二）职业病的认定程序

职业病认定是指依法享有职业病诊断、鉴定资格的主体确认劳动者所患疾病属于职业病的行为，包括职业病诊断和职业病鉴定。根据《职业病防治法》第 43 条、第 54 条的规定，职业病的诊断主体是具备资质的医疗卫生机构；另外，人民法院在案件审理过程中需要进行职业病鉴定时，可以直接聘请相关专家作为鉴定人员。实际上，职业病鉴定不是一个独立的程序，而是诊断行为的救济程序。职

---

① 于欣华：《工伤保险法论》，中国民主法制出版社 2011 年版，第 127—128 页。

② 于欣华：《工伤保险法论》，中国民主法制出版社 2011 年版，第 129 页。

业病认定程序可以分为诊断程序的启动、诊断过程以及对诊断结论的救济程序。

1. 职业病诊断启动程序。根据《职业病防治法》第 44 条、第 50 条、第 55 条的规定，职业病诊断作为一种医疗技术判断行为，可能因为劳动者要求而开始，也可能因为用人单位的安排而开始；医疗卫生机构可否在医疗过程中直接对符合条件的劳动者诊断为职业病，法律并未规定，而是要求医疗卫生机构将疑似职业病的情况向劳动者和用人单位说明，并向卫生行政部门和安全生产监督管理机关报告。

2. 对相关材料进行诊断分析。职业病诊断是医疗卫生机构根据相关材料，依据专业知识和法定条件对劳动者的疾病进行判断，看是否属于法定范围内的职业疾病，所以，诊断所依据的材料是职业病诊断的核心问题。《职业病防治法》第 46 条规定，职业病诊断，应当综合分析下列因素：病人的职业史；职业病危害接触史和工作场所职业病危害因素情况；临床表现以及辅助检查结果等。职业病诊断争议往往集中在证明劳动者的职业经历和职业场所的危害因素等材料上。《职业病防治法》第 47 条明确规定，用人单位应当如实提供职业病诊断、鉴定所需的劳动者职业史和职业病危害接触史、工作场所职业病危害因素检测结果等资料，同时赋予诊断机构调查权和要求安全生产监督管理部门调查的权利。《职业病防治法》第 48 条设定了劳动者对用人单位提供的相关证明材料的异议程序，规定劳动者如果对用人单位提供的工作场所职业危害因素等材料有异议，诊断、鉴定机构应当提请安全生产行政管理部门调查、判断。《职业病防治法》第 49 条明确在职业病诊断过程中，如果涉及劳动关系的认定，应当按照劳动争议处理程序处理。

3. 职业病诊断结论的救济。根据《职业病防治法》第 52 条的规定，当事人对职业病诊断有异议的，可以向作出诊断的医疗卫生机构所在地人民政府卫生行政部门申请鉴定。职业病诊断争议由设区的市级以上地方人民政府卫生行政部门根据当事人的申请，组织职业病诊断鉴定委员会进行鉴定。当事人对设区的市级职业病诊断鉴定委员会的鉴定结论不服的，可以向省、自治区、直辖市人民政府卫生行政部门申请再鉴定。

> 拓展阅读
>
> “开胸验肺”助推职业病防治制度“变脸”

职工确诊为职业病后，必须经过上述工伤认定程序，即提出申请，经过社会保险行政部门的工伤认定及争议处理程序，确认为工伤。《工伤保险条例》第 19 条规定，对依法取得职业病诊断证明或者职业病诊断鉴定书的，社会保险行政部门不再进行调查核实。

三、劳动能力鉴定

（一）劳动能力鉴定的含义

劳动能力的鉴定，是给予受伤害职工工伤保险待遇的前提条件，是指劳动鉴定机构根据法定的鉴定标准，对遭受工伤事故或者罹患职业病的劳动者的劳动功能障碍程度和生活自理障碍程度进行的等级鉴定。劳动功能障碍分为十个伤残等级，最重的为一级，最轻的为十级。生活自理障碍分为三个等级：生活完全不能自理、生活大部分不能自理和生活部分不能自理。职工发生工伤，经医治伤情相对稳定后存在残疾、影响劳动能力的，应当进行劳动能力鉴定。经过劳动能力鉴定，丧失劳动能力的，享受伤残待遇。

（二）劳动能力鉴定的程序

鉴定劳动能力的程序，基本遵循申请、鉴定和救济程序。劳动能力鉴定必须依申请而为，相关当事人对鉴定结论不服，只能申请再次鉴定。具体程序如下：

1. 申请。劳动能力鉴定由用人单位、工伤职工或者其直系亲属向设区的市级劳动能力鉴定委员会提出申请，并提供工伤认定决定和职工工伤医疗的有关资料。劳动能力鉴定主体是劳动能力鉴定委员会。省、自治区、直辖市劳动能力鉴定委员会和设区的市级劳动能力鉴定委员会分别由省、自治区、直辖市和设区的市级劳动保障行政部门、人事行政部门、卫生行政部门、工会组织、经办机构代表以及用人单位代表组成。

2. 鉴定。申请人向设区的市级劳动能力鉴定委员会提出申请；劳动能力鉴定委员会收到劳动能力鉴定申请后，应当从其建立的医疗卫生专家库中随机抽取 3 名或者 5 名相关专家组成专家组，由专家组提出鉴定意见。设区的市级劳动能力鉴定委员会根据专家组的鉴定意见作出工伤职工劳动能力鉴定结论；必要时，可以委托具备资格的医疗机构协助进行有关的诊断。

3. 再次鉴定。申请鉴定的单位或者个人对设区的市级劳动能力鉴定委员会作出的鉴定结论不服的，可以在收到该鉴定结论之日起 15 日内向省、自治区、直辖市劳动能力鉴定委员会提出再次鉴定申请。省、自治区、直辖市劳动能力鉴定委员会作出的劳动能力鉴定结论为最终结论。

4. 复查鉴定。自劳动能力鉴定结论作出之日起 1 年后，工伤职工或者其近亲属、所在单位或者经办机构认为伤残情况发生变化的，可以申请劳动能力复查鉴定。

第三节　工伤保险待遇

工伤保险待遇，是工伤职工依法享有的、请求工伤保险的保险人提供的工伤保险给付。工伤保险待遇是对被保险对象因工伤受到损害的补偿，包括有关医疗支出的补偿和不能工作期间所得损失的补偿。工伤保险待遇按照不同的标准可以作不同的分类。从社会保险的给付内容看，可分为劳务给付、物质给付和现金给付三种，即分别以人力照顾、物质给付、现金给付的方式对被保险人予以帮助。我国现行法律规定工伤保险待遇分为工伤医疗期待遇、因工致残待遇和因工死亡待遇。

职工享受工伤保险待遇的条件有二：一是劳动者属于我国工伤保险制度覆盖范围内的职工；二是劳动者所受伤害或者疾病被依法认定为工伤。符合这两个条件的，工伤职工在工伤医疗期享受医疗待遇；经过劳动能力鉴定的，享受伤残待遇；劳动者受伤害致死的，享受死亡待遇。我国在确定工伤保险待遇支付主体时，区分用人单位是否缴纳保险费，以及工伤是否因为第三人而造成等情形。在用人单位依法参加保险、缴纳保险费用的情形下，职工发生工伤，原则上由工伤保险基金支付保险待遇，但《社会保险法》第 39 条规定的部分费用除外。

根据《社会保险法》第 41 条、第 42 条的规定，用人单位未缴纳工伤保险费的，职工发生工伤事故后，由用人单位支付工伤保险待遇。用人单位不支付的，从工伤保险基金中先行支付。由于第三人而造成工伤的，应当由第三人支付医疗保险待遇；在第三人不支付或者无法确定第三人的情形下，由工伤保险基金先行支付。工伤保险待遇先行支付制度是我国《社会保险法》确定的一项新的制度，对用人单位未缴纳保险费用的工伤职工或者由于第三人造成工伤的职工，先由工伤保险基金垫付补偿待遇，然后将对用人单位或第三人的求偿权转移给工伤保险基金的制度。根据该法规定，工伤保险基金先行支付的第一种情形是，职工虽然被认定为工伤，但其所在用人单位没有缴纳工伤保险费，而法律强调工伤保险基金支付保险待遇的前提条件与用人单位的缴费关系对应，即工伤职工所在用人单位必须缴纳工伤保险费，如果单位未缴费，工伤职工的相关待遇应当只能向用人单位请求给付。工伤保险基金先行支付的第二种情形是，职工因为第三人而造成的工伤，虽然用人单位已缴纳工伤保险费用，法律规定工伤职工只能先请求侵权人赔偿医疗费用。法条中的“用人单位不支付”“第三人不支付”的标准，应当理解为这些主体有能力支付而拒不支付，或者没有能力而无力支付或者无法立即支付。工伤保险基金先行支付之后，工伤职工应当将其对“用人单位”和“第三人”的请求权转移给工伤保险基金。

一、工伤医疗期待遇

工伤医疗期待遇是指职工因工作受到事故伤害或者罹患职业病后，在工伤医疗期内享受的待遇。工伤医疗期的待遇包括医疗待遇、工资福利待遇、生活护理待遇和工伤康复待遇。职工因工受到伤害可以停工休息，并接受治疗。该期间为工伤医疗期（或者称为停工留薪期）。工伤医疗期依据受伤程度、治疗需求等要素确定，一般不能超过 12 个月，伤情严重或者情况特殊，经设区的市级劳动能力鉴定委员会确定可以适当延长，但延长不得超过 12 个月。工伤职工在停工留薪期满后仍需治疗的，仅继续享受工伤医疗待遇。

职工享受工伤医疗期待遇的前提条件是有关伤害或者疾病被认定为工伤。因为工伤认定需要经历一定的程序，劳动者在被认定为工伤之前，需要停工休养并接受治疗的，其医疗费用和生活费用由谁垫付，法律并未明确。从《安全生产法》第 80 条和《职业病防治法》第 37 条第 2 款的规定看，相关费用应由用人单位垫付，因为用人单位依法承担救治的责任，救治所需费用当然应当由用人单位垫付。待工伤认定之后，医疗费用依据《工伤保险条例》规定由工伤保险基金承担，停工期间的工资福利则由用人单位负担。但是，依据《工伤保险条例》第 17 条规定，用人单位在事故发生之日或者被诊断为职业病之日起 30 日内应当提出工伤认定申请；如果未在该时间内提出申请，自工伤事故发生之日或者职业病发生之日起，至社会保险行政部门受理工伤认定申请之日止，相关费用由用人单位承担。

（一）医疗待遇

劳动者因工作遭受事故伤害或者患职业病需要治疗的，可以享受工伤医疗待遇。工伤保险与医疗保险一样，社会保险经办机构需要委托第三方医疗服务机构为被保险人提供医疗服务，所以，需要强调职工治疗工伤应当在签订服务协议的医疗机构就医，只有在情况紧急时才可以先到就近的医疗机构急救。为有效控制医疗服务费用，政府主管部门一般明确规定工伤诊疗目录、工伤保险药品目录、工伤保险住院服务标准等，该标准和范围内的医疗费用支出从工伤保险基金支付。在该目录和标准之外所需的费用，我国工伤保险基金不予承担。不过从理论上讲，这些药品和医疗服务支出只要存在必要性，工伤保险基金就应当支付。职工住院治疗工伤期间，相关的生活费用以及到外地就医的费用，属于工伤职工因为工伤事故而支付的额外费用，应当从工伤保险基金中支付。工伤职工需要安装的有关辅助器具亦如此，《工伤保险条例》第 30 条对此作了明确规定。

（二）工资福利待遇

职工因工作遭受事故伤害或者患职业病需要暂停工作接受工伤医疗的，在停工留薪期内，因为未按照劳动合同约定提供劳动，工资福利自然无法获得，相应的误工损失应当得到补偿。《工伤保险条例》第 33 条规定，工伤职工在停工留薪期间，原工资福利待遇不变，由所在单位按月支付。停工留薪期一般不超过 12 个月。伤情严重或者情况特殊，经设区的市级劳动能力鉴定委员会确认，可以适当延长，但延长不得超过 12 个月。工伤职工评定伤残等级后，停发原待遇，按照有关规定享受伤残待遇。工伤职工在停工留薪期满后仍需治疗的，继续享受工伤医疗待遇。工伤职工伤情稳定，评定伤残等级后，停发原待遇，按照有关规定享受伤残待遇。

（三）护理费用

劳动者在工伤医疗期内生活不能自理、需要护理的，相关费用由所在单位负责。

（四）康复治疗费用

工伤职工到签订服务协议的医疗机构进行工伤康复的费用，符合规定的，从工伤保险基金中支付。

二、因工致残待遇

遭受事故伤害或者罹患职业病的职工，经治疗伤情相对稳定后存在残疾、影响劳动能力的，或者停工留薪期届满，工伤职工或者用人单位应当及时申请劳动能力鉴定。工伤职工经劳动能力鉴定委员会确认具有残疾的，可以享受伤残待遇。

（一）生活护理费

工伤职工已经评定伤残等级并经劳动能力鉴定委员会确认需要生活护理的，从工伤保险基金按月支付生活护理费。生活护理费按照生活完全不能自理、生活大部分不能自理和生活部分不能自理三个不同等级支付，其标准分别为统筹地区上年度职工月平均工资的50%、40%或者30%。

（二）伤残的其他待遇

《工伤保险条例》第22条将职工伤残等级分为一至十级，一级最重，十级最轻。伤残等级被定为一至四级的劳动者，丧失了基本的劳动能力，并且有可能存在一定的生活自理障碍。法律规定该劳动者应当退出工作岗位，但要求用人单位保留其劳动关系。这一规定与我国计划经济时期形成的“单位保障”理念有关。随着职工职业风险保障社会化理念的建立及社会保险制度的完善，退出劳动领域的职工生活应当由社会保险基金承担。这部分工伤职工的伤残待遇包括：（1）从工伤保险基金按伤残等级支付一次性伤残补助金。标准为：一级伤残为27个月的本人工资，二级伤残为25个月的本人工资，三级伤残为23个月的本人工资，四级伤残为21个月的本人工资。（2）从工伤保险基金按月支付伤残津贴。标准为：一级伤残为本人工资的90%，二级伤残为本人工资的85%，三级伤残为本人工资的80%，四级伤残为本人工资的75%。伤残津贴实际金额低于当地最低工资标准的，由工伤保险基金补足差额。（3）工伤职工达到退休年龄并办理退休手续后，停发伤残津贴，按照国家有关规定享受基本养老保险待遇。基本养老保险待遇低于伤残津贴的，由工伤保险基金补足差额。职工因工致残被鉴定为一级至四级伤残的，由用人单位和职工个人以伤残津贴为基数，缴纳基本医疗保险费。

职工因工致残被鉴定为五级、六级伤残的，具备一定的劳动能力，其伤残待遇如下：（1）从工伤保险基金按伤残等级支付一次性伤残补助金。标准为：五级伤残为18个月的本人工资，六级伤残为16个月的本人工资。（2）保留与用人单位的劳动关系，由用人单位安排适当工作。难以安排工作的，由用人单位按月发给伤残津贴。标准为：五级伤残为本人工资的70%，六级伤残为本人工资的60%，并由用人单位按照规定为其缴纳各项社会保险费。伤残津贴实际金额低于当地最低工资标准的，由用人单位补足差额。原则上用人单位不得解除与工伤职工的劳动关系，但如果职工本人提出，用人单位可以解除或者终止劳动关系，这时，工伤保险基金支付应当向职工支付一次性工伤医疗补助金，用人单位支付一次性伤残就业补助金。

职工因工致残被鉴定为七级至十级伤残的，劳动能力基本没有损伤，生活自理能力完全具备，其伤残待遇如下：（1）从工伤保险基金按伤残等级支付一次性伤残补助金。标准为：七级伤残为13个月的本人工资，八级伤残为11个月的本人工资，九级伤残为9个月的本人工资，十级伤残为7个月的本人工资。（2）劳动、聘用合同期满终止，或者职工本人提出解除劳动、聘用合同的，由工伤保险基金支付一次性工伤医疗补助金，由用人单位支付一次性伤残就业补助金。一次性工伤医疗补助金和一次性伤残就业补助金的具体标准由省、自治区、直辖市人民政府规定。

三、因工死亡待遇

因工死亡，指职工因工伤事故死亡，以及在工作时间工作岗位突发疾病死亡或者在48小时内经抢救无效死亡。另外，在停工留薪期间因工伤导致的死亡和停工留薪期满因旧伤复发死亡，均属于因工死亡。职工因工死亡，其近亲属享有下列待遇。

（一）丧葬补助金

丧葬补助金是指工伤保险经办机构在职工因工死亡后提供的丧葬补助费用。该费用的标准为6个月的统筹地区上年度职工月平均工资。

（二）供养亲属抚恤金

供养亲属抚恤金是工伤保险基金对工亡职工生前扶养的近亲属提供的生活费用。受工亡职工生前扶养的对象，因抚养人的死亡而失去生活来源，相应的遗属扶养费用属于工伤保险基金的支付范围。《工伤保险条例》第39条规定，社会保险经办机构按照职工本人工资的一定比例发给由因工死亡职工生前提供主要生活来源、无劳动能力的亲属一定数额的抚恤金。具体标准为：配偶每月40%，其他亲属每人每月30%，孤寡老人或者孤儿每人每月在上述标准的基础上增加10%。核定的各供养亲属的抚恤金之和不应高于因工死亡职工生前的工资。供养亲属的具体范围由国务院劳动保障行政部门规定。

（三）工亡补助金

工亡补助金属于对因工死亡职工近亲属的抚慰金。《工伤保险条例》第 39 条规定，一次性工亡补助金的标准为上一年度全国城镇居民人均可支配收入的 20 倍。相对于 2003 年《工伤保险条例》规定的标准①，2010 年修改后的条例不仅将全国的支付标准统一起来，而且予以大幅度提高。工亡补助金支付对象包括因为工作事故当时死亡、在工作过程中突发疾病死亡、经抢救无效 48 小时死亡、在停工留薪期间内因工伤导致死亡以及停工留薪期满后因工伤死亡的职工。停工留薪期死亡的职工，其工亡待遇与前者相同，包括上述三项。但一级至四级伤残职工在停工留薪期间届满后死亡的，其近亲属只能享有丧葬补助和抚恤金，不能享受一次性工亡补助金。这是因为这类主体在停工留薪期届满时已经经过劳动能力的鉴定，享受了相关等级的伤残待遇。

思考题：

1. 如何理解工伤认定中的“工作相关性”理论？
2. 处理工伤保险支付与民事人身损害赔偿的竞合有哪些模式？各有什么优劣？
3. 如何评价工伤保险中“先行支付”的规定？

▶ 自测习题及参考答案

---

① 2003 年《工伤保险条例》第 37 条规定，一次性工亡补助金标准为 48—60 个月的统筹地区上年度月平均工资。

第十一章　失业保险

失业保险作为社会保险的重要组成部分，其目的不是消灭失业，而是防止和减少失业所产生的社会问题。失业保险制度具有生活保障、促进就业和预防失业三大功能。

第一节　失业保险概述

失去工作的劳动者不仅失去了收入来源和生活稳定，还可能导致精神痛苦和人格发展受限，若对失业群体放任自流，还会对社会秩序造成重大影响。失业保险有利于解除失业劳动者的困苦，有利于社会的和谐稳定。失业保险制度的建立丰富了社会保险制度的内涵，使社会保险制度的内容更加充实、体系更加完善。

一、失业保险的概念和特点

失业，是市场经济的普遍现象和人口规律。马克思曾指出："资本在两方面同时起作用。它的积累一方面扩大对劳动的需求，另一方面又通过'游离'工人来扩大工人的供给，与此同时，失业工人的压力又迫使就业工人付出更多的劳动，从而在一定程度上使劳动的供给不依赖于工人的供给。"① 失业会使失业人员处于困苦之中，而且也会造成浪费劳动力资源、加剧贫富分化，甚至形成失业恐慌，影响社会秩序。但失业同时也会在效率上发挥作用，一定数量失业者的存在为生产发展提供了劳动力后备军，不仅可以调节劳动力结构和供求关系，促进劳动力的流动，还可以增加就业压力，刺激在职人员和失业者之间的竞争，迫使人们提高劳动技能，进而促进生产效率的提高和产业的发展。因此，各国均致力于将失业控制在合理区间之内，实现充分就业而非完全就业。

（一）失业及其分类

我国并无明确法定的失业概念，根据国际劳工组织 1988 年《促进就业和失业保护公约》（第 168 号）的规定，在规定的调查期内达到一定年龄并满足以下条件者为失业：（1）没有工作，即不在有报酬的职业或自营职业中；（2）本人当前可以工作，具有劳动能力；（3）正在寻找工作。简而言之，失业是指具有劳动能力和劳动意愿的劳动者暂时丧失劳动机会的一种无业状态。

---

① 马克思：《资本论》第 1 卷，人民出版社 2004 年版，第 737 页。

按照不同标准，可以将失业划分为不同的类型。最常见的分类是根据失业的成因将其分为摩擦性失业、结构性失业、周期性失业、季节性失业和技术性失业。这种分类的意义在于法律应针对不同失业原因采取不同的失业管制措施。摩擦性失业是指因信息不畅，求职的劳动者与需要提供的岗位之间在匹配时间上存在差异而导致的失业；结构性失业是指在经济发展过程中，因经济结构的变动和产业的兴衰转移所造成的失业；周期性失业是指由于经济周期或经济波动，整个社会对劳动力的有效需求不足，劳动力市场供求失衡所形成的失业；季节性失业是指由于某些行业生产经营活动受气候条件、社会风俗或购买习惯的影响，对劳动力的需求出现季节性变化而导致的失业；技术性失业是指由于使用新设备和新材料、采用新的生产技术和生产管理方式所导致的失业。

（二）失业保险的概念

失业保险是指国家通过立法强制建立失业保险基金，对因失业而中断生活来源的劳动者在法定期间内提供失业保险待遇以维持其基本生活，促进其再就业，并积极预防或避免失业人员产生的一项社会保险制度。

失业保险立法较之其他社会保险立法起步较晚，失业保险的强制建构则更晚。1905 年，法国率先颁布《失业保险法》，确立了非完全强制性失业保险制度。1911 年英国颁布的《国民保险法》对失业保险作出规定，开强制失业保险之先河。我国计划经济体制时期，国家对劳动力进行统包统配式的就业安置，甚至不承认社会主义制度下会存在失业问题，自然无须建立失业保险制度。改革开放后，配合国营企业劳动用工制度的改革，1986 年《国营企业职工实行待业保险暂行规定》的颁行开启了我国失业保险制度的建立，1999 年《失业保险条例》的颁行则标志着失业保险法制化程度的进一步提升。

（三）失业保险的特点

失业保险具有社会保险的一般特点，与其他社会保险相比，还具有以下特点：

1. 对象的特定性。失业保险的对象特定为失业人员，失业人员是指在法定劳动年龄内、具有劳动能力和劳动意愿，但无工作岗位、无劳动机会的人员。未达到法定劳动年龄的人员不得就业，无劳动能力的人员不能就业，自然亦无失业问题。已达到退休年龄的人处于颐养天年阶段且可享受养老保险等保障，无须纳入失业保险。无劳动意愿的人员也不应纳入失业保险，因为其无工作系主观原因所致，失业保险也无法消除其自愿失业的心态，若纳入失业保险反而与失业保险的促进就业功能相悖。

2. 待遇的期限性。失业保险待遇只能在法定期限内享受，超过法定期限，即使仍处于失业状态也不能享受失业保险待遇，以实现失业保险的促进就业功能，督促失业劳动者及时寻找工作，防止“逆向选择”和养“懒汉”。

3. 风险的特殊性。失业保险所针对的社会风险，是劳动者暂时丧失劳动机会；而其他社会保险所针对的社会风险，均以永久或者暂时丧失劳动能力为风险基础。

二、失业保险的功能

失业保险具有社会保险的一般功能，但失业保险制度与就业密切相关，是社会保险法与就业促进法的交叉领域，因此失业保险还具有以下三方面功能。

（一）生活保障

以劳动获得工资，是多数劳动者及其家庭成员生存、生活的主要方式，劳动者因失业而丧失工资收入时，势必影响他们的基本生活。失业保险向失业人员发放失业保险金，就失业人员而言，能使其在失业期间仍有一定的生活来源，保障其生存和生活所需，舒缓其失业困苦；就社会而言，对失业人员的保障有利于消除社会紧张因素，熨平经济波动导致的社会动荡，维持社会秩序和劳动力的再生产。

（二）促进就业

失业保险需要统筹就业与保障之间的关系，变单纯的消极生活保障为综合的积极促进就业，杜绝失业人员的依赖心理，激励其寻找工作的积极性。失业保险通过向失业人员提供便利的职业介绍、职业培训等服务，限制失业保险待遇的享受期限，适当降低失业保险待遇水平，加大促进就业的支出项目、支出比例，建立起以就业为导向的失业保险机制来促进失业人员就业。

（三）预防失业

预防失业的功能，在国外主要体现在将用人单位缴纳的失业保险金与其解雇的劳动者挂钩（基于劳动者原因或过错的解雇除外）的机制中，用人单位解雇的人数越多，其缴纳的失业保险金越多，反之则越少，即以经济激励的手段来调动用人单位稳定就业的积极性。在我国，预防失业功能主要体现在稳岗补贴的发放上。当长期参加失业保险的用人单位基于经济原因而不得不大量裁员时，失业保险机构通过向用人单位支付稳岗补贴等形式，鼓励用人单位通过调整工时、工资等措施减少裁员、稳定就业，这不仅有利于调动用人单位参加失业保险的主动性，而且有利于减轻失业保险基金的负担。稳岗补贴主要用于职工生活补助、缴纳社会保险费、转岗培训、技能提升培训等相关支出。

三、失业保险的覆盖范围

失业保险的覆盖范围，即失业保险的对象，是指依法应当参加失业保险的主体范围。各国失业保险的覆盖范围都经历了一个由窄变宽的过程，“从各国的失业保险立法来看，在失业保险产生之初，受社会经济发展水平和失业保险管理手段的限制，其保障对象一般只包括有稳定职业、暂时失去工作的工资劳动者，而不包括职业不稳定、不正规的季节性工人、农业工人、临时工、家庭雇工等，甚至不包括职业相当稳定的国家公务员以及有独立收入的个人劳动者。”① 但随着社会经济的发展、就业方式的多样化和人们对失业认识的深入，失业保险覆盖范围不断扩大，包括各种新型用工形态下的劳动者都被普遍纳入，甚至一些国家对于毕业即失业的大专毕业生或辍学者，即使其并无工作经历和参保记录，也可申请领取失业保险待遇。

我国失业保险的覆盖范围也呈现不断扩展的趋势。1986 年《国营企业职工待业保险暂行规定》只覆盖了国营企业的四类人员，1993 年《国有企业职工待业保险规定》将其扩大到七类人员，1999 年《失业保险条例》则进一步扩展。《失业保险条例》第 2 条规定：“城镇企业事业单位、城镇企业事业单位职工依照本条例的规定，缴纳失业保险费。城镇企业事业单位失业人员依照本条例的规定，享受失业保险待遇。本条所称城镇企业，是指国有企业、城镇集体企业、外商投资企业、城镇私营企业以及其他城镇企业。”第 32 条规定：“省、自治区、直辖市人民政府根据当地实际情况，可以决定本条例适用于本行政区域内的社会团体及其专职人员、民办非企业单位及其职工、有雇工的城镇个体工商户及其雇工。”据此，我国失业保险的覆盖范围已扩大到城镇所有企业、事业单位及其职工，但不包括乡镇企业及其职工。《社会保险法》第五章“失业保险”中并未明文规定覆盖范围，但从其法条中使用的“用人单位”“职工”等概念来看，也为将来覆盖范围的扩容留下了足够空间。

四、失业保险基金的筹集

失业保险基金是依法征收而形成的用于各项失业保险待遇支付的专项基金，是失业保险制度的物质基础。

（一）失业保险基金的构成

从大多数国家和地区的失业保险基金的来源看，主要由用人单位和劳动者承担。用人单位缴纳失业保险费源自其与失业问题密切关联，某种程度上，失业保险不仅在保劳动者之险，也在保用人单位之险。首先，用人单位从失业者群体中获得丰富的劳动力资源；其次，失业也因用人单位经营问题而引起；最后，失业风险的降低对于稳定劳动者心理，增强劳动者敬业观念，提升劳动者素质都有积

① 郑尚元、李海明、扈春海：《劳动和社会保障法学》，中国政法大学出版社 2008 年版，第 483 页。

极意义。因此，用人单位应当为劳动者的失业风险支付用工成本。劳动者参加失业保险的原因在于，失业保险本身就是保劳动者之险，失去工作意味着失去了生活来源，因此，基于防范自身风险也应参加失业保险。此外，失业保险制度是社会政策实施之一环，是构建社会稳定器的组成部分，保失业之险也在保社会之险，国家一般都会对失业保险基金予以财政补贴。我国《失业保险条例》第5条规定："失业保险基金由下列各项构成：（一）城镇企业事业单位、城镇企业事业单位职工缴纳的失业保险费；（二）失业保险基金的利息；（三）财政补贴；（四）依法纳入失业保障基金的其他资金。"

（二）失业保险费的缴纳

各国失业保险费缴纳规定不尽一致，主要有四种类型：（1）均等费率制，即无论用人单位经营好坏及劳动者收入高低，一律按相同数额缴费；（2）比例费率制，即按照工资的一定比例缴费；（3）单一费率制，即无论行业或用人单位有何不同，一律按照统一费率缴费；（4）经验费率制，即根据用人单位解雇原因、数量等情况确定费率并缴费。四种类型的缴费各有优劣，我国采用的是比例费率制。我国《失业保险条例》第6条规定："城镇企业事业单位按照本单位工资总额的百分之二缴纳失业保险费。城镇企业事业单位职工按照本人工资的百分之一缴纳失业保险费。……"第9条规定："省、自治区、直辖市人民政府根据本行政区域失业人员数量和失业保险基金数额，报经国务院批准，可以适当调整本行政区域失业保险费的费率。"2015年2月，国务院将失业保险费率由现行条例规定的3%统一降至2%，单位和个人缴费具体比例由各地在充分考虑提高失业保险待遇、促进失业人员再就业、落实失业保险稳岗补贴政策等因素的基础上确定。

（三）失业保险基金的统筹层次

失业保险基金的统筹层次，亦即失业保险费筹集的行政区划范围。针对我国失业保险基金统筹层次偏低的情况，《失业保险条例》第7条规定："失业保险基金在直辖市和设区的市实行全市统筹；其他地区的统筹层次由省、自治区人民政府规定。"因此，我国四个直辖市实行全市统筹（省级统筹）；设区的市，包括计划单列市和地级市，也实行全市统筹；自治州、县级市等其他地区的统筹层次各省有所不同。按照《社会保险法》第64条的规定，我国失业保险将逐步实行省级统筹，具体时间、步骤由国务院规定。

根据《失业保险条例》第8条的规定，省、自治区可以建立失业保险调剂金；失业保险调剂金以统筹地区依法应当征收的失业保险费为基数，按照省、自治区人民政府规定的比例筹集；统筹地区的失业保险基金不敷使用时，由失业保险调剂金调剂、地方财政补贴；失业保险调剂金的筹集、调剂使用以及地方财政补贴的具体办法，由省、自治区人民政府规定。

第二节 失业保险待遇

失业人员在满足法定条件时，有权享受失业保险待遇。相较于《失业保险条例》对失业保险待遇的规定，《社会保险法》已经有了一些调整，这为失业保险制度的深化改革指明了方向、留下了空间。

一、失业保险待遇的支付条件

失业人员可以向社会保险经办机构提出申请，请求支付相应的失业保险待遇。根据《社会保险法》第45条的规定，失业人员享受失业保险待遇需符合三个条件。

（一）失业前用人单位和本人已经缴纳失业保险费满一年

失业保险作为社会保险之一，遵循社会保险权利与义务对等原则，要享受失业保险待遇须以履行缴费义务为前提。因此，符合本条件的失业人员必须属于曾经工作而现在失业者，从未参加工作或未参加失业保险，缴费时间未满一年的劳动者，不得享受失业保险待遇。根据人力资源和社会保障部《实施〈中华人民共和国社会保险法〉若干规定》第14条的规定，失业人员因当期不符合失业保险金领取条件的，原有缴费时间予以保留，重新就业并参保的，缴费时间累计计算。

（二）非因本人意愿中断就业

非因本人意愿中断就业，即非自愿性失业，是指失业人员在主观上对于失去工作岗位不具有可归责性，属于主观上愿意继续劳动但客观上却没有劳动机会的情形。根据《实施〈中华人民共和国社会保险法〉若干规定》第13条的规定，非因本人意愿中断就业包括下列情形：（1）依照《劳动合同法》第44条第1项、第4项、第5项规定终止劳动合同的；（2）由用人单位依照《劳动合同法》第39条、第40条、第41条规定解除劳动合同的；（3）用人单位依照《劳动合同法》第36条规定向劳动者提出解除劳动合同并与劳动者协商一致解除劳动合同的；（4）由用人单位提出解除聘用合同或者被用人单位辞退、除名、开除的；（5）劳动者本人依照《劳动合同法》第38条规定解除劳动合同的；（6）法律、法规、规章规定的其他情形。目前学界对由用人单位依照《劳动合同法》第39条解除劳动合同是否属于因本人意愿中断就业等问题存在争议。

（三）已经进行失业登记并有求职要求

我国失业保险待遇实行申请主义，当事人必须履行失业登记义务，并有再就业意愿。进行失业登记的目的，一是审查申请人是否符合条件；二是确定计发失业保险金的起算日。根据《社会保险法》第 50 条的规定，用人单位应当及时为失业人员出具终止或者解除劳动关系的证明，并将失业人员的名单自终止或者解除劳动关系之日起 15 日内告知社会保险经办机构。失业人员应当持本单位为其出具的终止或者解除劳动关系的证明，及时到指定的公共就业服务机构办理失业登记。失业人员凭失业登记证明和个人身份证明，到社会保险经办机构办理领取失业保险金的手续。失业保险金领取期限自办理失业登记之日起计算。

二、失业保险待遇的内容和标准

失业保险待遇内容与标准的设置，不仅需要考虑失业保险基金的承受能力，更应考虑失业保险制度功能的发挥；不仅需要考虑失业人员正当权益的保障，更应考虑失业保险制度的优化和导向。

（一）失业保险待遇的内容

根据《社会保险法》和《失业保险条例》的规定，失业保险待遇的内容主要包括：

1. 失业保险金。失业保险金是社会保险经办机构依法支付给符合法定条件的失业人员的基本生活费用，是最主要的失业保险待遇。需要注意的是，根据《失业保险条例》第 21 条的规定，单位招用的农民合同制工人连续工作满 1 年，本单位并已缴纳失业保险费，劳动合同期满未续订或者提前解除劳动合同的，由社会保险经办机构根据其工作时间长短，对其支付一次性生活补助。而从《社会保险法》的有关规定来看，对城乡居民这一身份上的区别对待已经取消。

2. 医疗待遇。《失业保险条例》第 19 条规定："失业人员在领取失业保险金期间患病就医的，可以按照规定向社会保险经办机构申请领取医疗补助金。……"但本规定已被《社会保险法》所取代。《社会保险法》第 48 条规定："失业人员在领取失业保险金期间，参加职工基本医疗保险，享受基本医疗保险待遇。失业人员应当缴纳的基本医疗保险费从失业保险基金中支付，个人不缴纳基本医疗保险费。"为此，人力资源和社会保障部发布了《关于领取失业保险金人员参加职工基本医疗保险有关问题的通知》，对领取失业保险金的失业人员参加职工基本医疗保险的缴费、待遇、接续等作了具体规定。

3. 丧葬补助金和抚恤金。《社会保险法》第 49 条规定："失业人员在领取失业保险金期间死亡的，参照当地对在职职工死亡的规定，向其遗属发给一次性丧葬补助金和抚恤金。所需资金从失业保险基金中支付。个人死亡同时符合领取基本养老保险丧葬补助金、工伤保险丧葬补助金和失业保险丧葬补助金条件的，其遗属只能选择领取其中的一项。"

4. 接受职业培训、职业介绍补贴。失业人员在领取失业保险金期间，应当积极求职，接受职业指导和职业培训，按规定享受就业服务减免费用等优惠待遇，接受职业介绍、职业培训的补贴由失业保险基金按照规定支付。

5. 国务院规定或者批准的与失业保险有关的其他费用。

（二）失业保险待遇的标准

失业保险制度的首要功能在于生活保障，失业保险待遇的标准既不可太低以致基本生活不保，也不可过高，造成失业人员丧失再就业动力的“养懒汉”现象，甚至造成在职人员劳动积极性受损而宁愿失业的“逆向选择”现象。确定失业保险待遇的标准应遵循以下原则：一是生存保障原则。失业保险待遇首先应当满足失业人员及平均赡养人口的基本生活需要。二是低于舒适原则。失业保险待遇的支付标准应当低于失业人员失业前的工资水平，以抑制其依赖性并激发其求职意愿。三是权利义务对等原则。失业保险制度当然以公平为目的，但也不能完全抛开效率和激励，失业保险金的支付应与失业人员的原工资水平、缴费年限等相关联。

由于社会经济状况不同，各国失业保险金支付标准也不相同，主要有以下类型：（1）工资比例制，即失业保险金以失业人员失业前一定时期内的工资为基数按比例支付。（2）固定金额制，即失业保险金按照统一标准或金额支付。（3）混合制，即上述二者的结合。我国采取固定金额制，但各地规定略有差别，有的省市只规定固定金额，有的省市将固定金额与缴费年限、缴费工资相挂钩。《失业保险条例》第18条规定：“失业保险金的标准，按照低于当地最低工资标准、高于城市居民最低生活保障标准的水平，由省、自治区、直辖市人民政府确定。”但《社会保险法》取消了上限规定，该法第47条规定：“失业保险金的标准，由省、自治区、直辖市人民政府确定，不得低于城市居民最低生活保障标准。”

三、失业保险待遇的支付期限和终止

基于失业保险促进就业的功能，各国都限制了失业保险待遇的最长支付期限。各国确定支付期限的方法主要有两种，一是均一期限制，即不考虑失业人员工龄、缴费年限等因素，对所有失业人员提供相同期限的待遇支付；二是差别期限制，即考虑不同因素，对不同情况的失业人员提供不同期限的待遇支付。例如日本，支付期限与缴费年限、年龄有关，劳动者年龄越大就业越难，保险待遇支付期限相应延长；又如美国，支付期限与失业率有关，根据失业率划分为正常时期和非正常时期，对于经济不景气、失业率高的非正常时期，支付期限相应延长。我国采用差别期限制，根据缴费期限确定最长支付期限。《社会保险法》第46条规定：“失业人员失业前用人单位和本人累计缴费满一年不足五年的，领取失业保险金的期限最长为十二个月；累计缴费满五年不足十年的，领取失业保险金的期限最长为十八个月；累计缴费十年以上的，领取失业保险金的期限最长为二十四个月。重新就业后，再次失业的，缴费时间重新计算，领取失业保险金的期限与前次失业应当领取而尚未领取的失业保险金的期限合并计算，最长不超过二十四个月。”根据《社会保险法》第 52 条的规定，职工跨统筹地区就业的，失业保险关系随本人转移，缴费年限累计计算。

当失业人员在享受失业保险待遇期间情况发生变化，从而导致享受失业保险的主体资格丧失或者其享受失业保险待遇与失业保险宗旨相冲突时，则应终止失业保险待遇。根据《社会保险法》第 51 条的规定，失业人员在领取失业保险金期间有下列情形之一的，停止领取失业保险金，并同时停止享受其他失业保险待遇：(1) 重新就业的；(2) 应征服兵役的；(3) 移居境外的；(4) 享受基本养老保险待遇的；(5) 无正当理由，拒不接受当地人民政府指定部门或者机构介绍的适当工作或者提供的培训的。与《失业保险条例》第 15 条的规定相比，不再规定被判刑收监执行或者被劳动教养的情形停止享受失业保险待遇，将犯罪行为的刑责与社会保险权益相区分。

> **拓展阅读**
>
> 浙江某通信有限公司与金某失业保险待遇纠纷案

思考题：

1. 法学、经济学中所称的“失业”含义完全相同吗？
2. 为实现积极就业政策，应如何统筹失业保险法与就业促进法？
3. 试论失业保险金与经济补偿金的关系。
4. 我国失业保险制度应当在哪些方面深化改革？

▶ 自测习题及参考答案

第十二章 社会保险基金

根据社会保险的不同险种，我国分别建立了相应的社会保险基金。社会保险基金的筹集与投资运营是社会保险制度的重要内容，是社会保险管理的基础，关系到社会保险制度在财务上的可持续性。基金的筹集方式涉及社会保险的财务运行模式，而其投资运营则关系到社会保险基金，特别是养老保险基金的保值增值。通过人大监督、行政监督和社会监督，为社会保险基金的正常运行提供保障。

第一节 社会保险基金概述

一、社会保险基金的含义

社会保险基金是指按照国家法律和法规，通过向缴费义务人强制征收社会保险费而筹集的用于保障社会保险待遇给付的专项资金。社会保险基金在客观上表现为消费性社会后备基金的形态，属于国民收入的再分配。它具有强制性、储备性、互济性等特点。在我国，不同社会保险，其保险基金的筹集方式、缴费义务人和缴费率各不相同。

二、我国社会保险基金的种类

根据《社会保险法》的规定，我国社会保险基金包括基本养老保险基金、基本医疗保险基金、工伤保险基金、失业保险基金和生育保险基金。各项社会保险基金存入财政专户，按照社会保险险种分别建账，分账核算，执行国家统一的会计制度。社会保险基金专款专用，任何组织和个人不得侵占或者挪用。基本养老保险基金逐步实行全国统筹，其他社会保险基金逐步实行省级统筹。社会保险基金通过预算实现收支平衡。县级以上人民政府在社会保险基金出现支付不足时，给予补贴。社会保险基金按照统筹层次设立预算，社会保险基金预算按照社会保险项目分别编制。社会保险基金预算、决算草案的编制、审核和批准，依照法律和国务院规定执行。

三、社会保险基金与全国社会保障基金

2000 年，我国建立了全国社会保障基金，它是由中央财政预算拨款、国有资本划转、基金投资收益和国务院批准的其他方式筹集的资金构成，是国家的社会保障战略储备基金，专门用于人口老龄化高峰时期的养老保险等社会保障支出的

补充、调剂。2001 年 12 月，国务院批准公布了《全国社会保障基金投资管理暂行办法》，对全国社会保障基金的投资运营和托管进行了规定。《社会保险法》第 71 条第 1 款规定：“国家设立全国社会保障基金，由中央财政预算拨款以及国务院批准的其他方式筹集的资金构成，用于社会保障支出的补充、调剂。全国社会保障基金由全国社会保障基金管理运营机构负责管理运营，在保证安全的前提下实现保值增值。”为了进一步规范全国社会保障基金的管理运营，加强对全国社会保障基金的监督，2016 年 3 月，国务院发布《全国社会保障基金条例》（国务院令第 667 号），明确了全国社会保障基金的投资原则及多元化投资方式，强化了全国社会保障基金的安全性和对风险的管控。

社会保险基金与全国社会保障基金是社会保障领域两种不同的基金形式，二者在资金来源、资金用途、投资运营及管理机构方面都有较大区别，如表 12-1 所示：

表 12-1 社会保险基金与全国社会保障基金的区别

区别	社会保险基金	全国社会保障基金
资金来源	主要由个人和用人单位缴纳的社会保险费构成，在社会保险基金出现支付不足时，政府给予补贴	由中央财政预算拨款、国有资本划转、基金投资收益和以国务院批准的其他方式筹集的资金构成
资金用途	用于各项社会保险待遇的支付	是国家社会保障储备基金，用于人口老龄化高峰时期的养老保险等社会保障支出的补充、调剂
投资运营	原则上可以进行资本市场的运作，但投资范围较窄，限制条件较多，对投资风险的控制要求较高	在境内外市场投资运营全国社会保障基金，但应坚持安全性、收益性和长期性原则，在国务院批准的固定收益类、股票类和未上市股权类等资产种类及其比例幅度内合理配置资产
管理机构	管理机构为社会保险行政部门，社会保险经办机构具体负责各项工作	管理机构为全国社会保障基金理事会，隶属于财政部

第二节 社会保险基金筹集

一、社会保险基金的筹资模式

从世界范围看，基于制度背景、文化观念、指导思想等方面的差异，各国社会保险基金筹资模式不完全相同，主要有以下三种。

（一）现收现付模式

现收现付模式是指用正在工作的一代人的缴费支付已经退休的一代人的社会保险待遇的制度安排，是通过以支定收，使社会保险收入与支出在年度内大体平衡的筹资模式。现收现付制运行的基本原理是：在长期稳定的人口结构下，由制度内生产性劳动人口负担老年劳动人口的退休养老费用，而现有劳动人口的退休费用则由下一代劳动人口负担。现收现付模式的筹资原则是近期横向收支平衡，这种筹资模式要求先作出当年或近几年内某项社会保险措施所需支付的费用预算，然后按照一定的比例分摊到参加社会保险的单位和个人，当年提取当年支付，一般不留余额，但在实际执行时会有一定余额。

这种筹资模式除了具有费率调整灵活、管理成本低、操作相对简单等优点外，还可以根据需求变动及时调整征收比例或缴费额度，保证收支平衡，有助于实施保险金随物价或收入波动而调整的指数调节机制；强调社会保障制度的再分配功能，体现社会共济；没有过多的资金积累，没有基金保值增值压力，可以避免长期积累基金所面临的经济和政治风险。其缺点是，一代人的退休费用由下一代人提供，如果人口严重老化或经济持续衰退，则会使在职职工不堪重负。现在世界各国均普遍面临人口老龄化问题，此模式将使一国经济的健康发展面临严重挑战。

（二）完全积累模式

完全积累模式是指将当年的社会保险缴费完全用于社会保险基金积累，并全部计入个人账户，在达到一定条件后（如退休）再从社会保险个人账户支取社会保险待遇，是正在工作的职工为自己将来退休储备社会保险费的制度安排，是一种以长期（个人整个生命期）纵向平衡为原则确定的资金运行模式。这种远期纵向收入平衡实质上是个体一生中的代内收入再分配制度。

完全积累模式的优点是：通过预提积累保险基金，加之基金的费率相对稳定，有利于实现人口老龄化背景下对职工的经济保障；强调职工的自我保障，激励机制强，自己在工作期间积累退休费用，未来收益与投保期缴费高度正相关，可激励职工努力工作；基金提取比例相对稳定，体现储备功能，透明度较高；储备基金短期内不会支用，可为经济增长积累资金，促成资本形成，为经济发展做贡献。其缺点是：对于长期性社会保险计划，积累的保险基金容易受到通货膨胀的影响；过于强调效率，没有再分配和互济功能，不利于缓和贫富差距，背离社会保障制度初衷；个人之间退休待遇差别大，不能体现社会保障的互助性原则；储备基金要抵制通货膨胀风险，确保保值增值；基金制要建立个人账户，要求获得大量个人信息，管理和运营成本高；社会保险基金容易受政府行为干预，如将基金用于弥补财政赤字等。

（三）部分积累模式

由于现收现付模式面临着越来越多的挑战，而完全积累模式不具有再分配的特征，不能体现风险共担的原则，也不能成为社会保障制度的主要发展模式，因此人们开始考虑将二者结合起来，形成一种既有部分现收现付，又有部分完全积累的新模式，称为部分积累模式。

部分积累模式是一种介于现收现付模式和完全积累模式之间的混合模式，兼容近期横向收支平衡原则和远期纵向收支平衡原则的筹资机制。在基金的筹集中，一部分采取现收现付方式，保证当前开支需要；另一部分采取积累方式，以满足未来支付需求的增长。部分积累模式吸收了上述两种模式的长处，具有较大的灵活性，既避免了完全积累制的较大风险，又可缓解现收现付模式缺乏储备和负担不均的问题；将激励机制与统筹互济有机地结合起来，有利于克服单纯采用一种模式的弊端；能有效应对人口老龄化对社会保险财务机制的严峻挑战。该模式的缺点在于：新旧模式的平稳过渡有较大难度，运行过程比较复杂；社会保险基金的缴费率和收益率不易确定；难以承担社会保险的转制成本；管理难度大、管理成本比较高。

部分积累模式兼顾了两种模式的优点，同时又避免了两种模式的主要缺陷，是社会保险制度未来发展的主流趋势。

二、社会保险基金的筹资来源

建立稳定可靠的筹资方式是每一个国家社会保障体系构建中的核心环节。各国社会保险基金的来源渠道主要有社会保险缴费、政府拨款或补贴、基金的投资运营收益以及社会捐赠等。一般养老、医疗、失业等保险基金往往要求国家、用人单位和个人三方出资或至少后两方出资，而工伤保险基金一般不要求职工个人出资。

（一）社会保险缴费

社会保险费是由机关企事业单位及其职工依照法定的缴费比例向社会保险机构或国家授权机构缴纳的费用。社会保险费是社会保险基金的主要来源，构成了社会保险基金的基石。在整个社会保险基金总额中，社会保险费所占比例最高，而且一般比较稳定，基本维持在全部社会保险基金的一半左右。

在大多数国家，单位一般按职工工资总额、职工按本人工资的一定比例缴纳社会保险费。在我国，工伤、生育保险由用人单位缴纳社会保险费，养老、医疗、失业保险主要由单位和职工共同缴纳。例如城镇职工基本养老保险规定，企业按工资总额的20%左右缴纳保险费，职工按本人工资的8%缴纳保险费。单位和职工缴纳的社会保险费构成了社会保险基金的主要部分。

（二）政府拨款或补贴

保障职工在年老、疾病等不能劳动时的基本生活需要是国家和政府的基本责任之一，这种责任最核心的体现就是社会保险基金的最终担保责任。国家在社会保险基金形成时的贡献可以有两种表现方式：一是政策上间接资助；二是财政上向保险基金直接拨款。政策上的资助主要通过税收和利率政策体现。税收政策上的资助表现为社会保险费按税前收入提取，职工和企业收入中的一部分因此免除了所得税，这样从国家财政角度就失去一部分收入，这部分收入以间接的方式进入社会保险基金。利率政策上的资助表现为国家对社会保险基金的储蓄规定了高于一般储蓄的利率，而这高出的部分则由国家财政支出。政府的社会保险拨款一般分三类：一是将社会保险支出纳入国家预算的预算拨款；二是根据社会保险项目的实际需要，分项补助；三是临时拨款，即根据意外事件，拨付应急款项。政府拨款的方式有两种：一是事先拨付，即按社会保险发展规划预先向社会保险部门划拨；二是事后拨付，即待社会保险部门收付后，如有缺口，由政府拨款填补，这也就是通常所说的“国家扮演最后出场者的角色”。但国家不论采取哪一种拨款形式，所拨付的资金都构成社会保险基金的一部分。

（三）基金的投资运营收益

基金的投资运营收益，即社会保险基金投资所获得的收益。实行完全积累模式或部分积累模式筹集社会保险基金的国家，当年的保险基金总额扣除当年保险给付后的余额可用来进行投资运营，其投资运营的收入也是社会保险基金的来源之一。由于各国的重视和基金积累的增加，尤其是投资工具的多样化，基金的投资运营收入在社会保险基金总额中的比率不断增加。

（四）社会捐赠

社会捐赠是指由各类组织和个人自愿向社会保险基金捐款，由此所募集的资金也是社会保险基金的重要来源之一。

第三节 社会保险基金投资运营

社会保险基金的投资运营及其效果，关系到基金的保值增值，关系到社会保险制度能否正常运行，也关系到能否实现社会保险的政策目标。因此，对社会保险基金的投资运营，大多数国家持谨慎的态度，并制定有严格的投资规则。

一、社会保险基金投资运营的概念和意义

社会保险基金投资运营是指社会保险基金管理机构或者其委托的机构，将社

会保险基金投资于国家法律或政策许可的金融资产或实物资产，以使社会保险基金在一定时期内获取预期收益、实现基金保值增值的基金运营行为。开展社会保险基金的投资运营往往需要具备相应的条件，一般包括：（1）具有可运营的社会保险基金，即社会保险的筹资模式应当选择完全积累制或部分积累制，同时积累的基金具有一定的规模；（2）具有比较健全的资本市场，即资本市场发育比较成熟，运行比较规范，这是确保基金运营安全的基础条件；（3）具有高效率的运营机制，包括合适的基金运营机构、高素质的投资专业人才以及科学的基金运营策略；（4）国民经济发展状态良好，保持持续增长的势头，这是确保社会保险基金赢得较高投资回报率的外部条件；（5）通货膨胀率控制在一定范围之内。此外，当储存的社会保险基金达到相当规模且国内资本市场容量有限时，还需要考虑国际市场，需要具备开拓国际市场投资渠道的能力。

社会保险基金作为整个社会保险制度的物质基础，其有效的投资运营对社会保险制度的持续、稳定运行具有十分重要的意义：（1）社会保险基金的投资运营是应对通货膨胀对社会保险基金影响的需要。如果出现比较严重或持续的通货膨胀，不但会造成已积累的社会保险基金本身贬值，而且会导致社会保险基金支出增加。因此，在既不增加政府的财政补贴、又不过分增加单位和职工个人社会保险缴费负担的情况下，通过投资运营使社会保险基金保值增值就成为必然的选择。（2）社会保险基金的投资运营是确保参保人员分享经济发展成果的需要。所谓参保人员分享经济发展成果，即社会保险待遇水平与经济发展水平和物价水平挂钩，当经济增长或出现物价上涨情况时，社会保险待遇应做相应调整，保证待遇水平不降低乃至相应提高。这就要求必须对社会保险基金进行投资运营，使其具有足够的偿付能力。（3）社会保险基金的投资运营是促进资本市场发展的需要。大规模社会保险基金进入资本市场，将为资本市场提供长期而稳定的资金来源，同时可以促进金融产品创新、改善金融机构治理、规范金融市场管理体系。

二、社会保险基金的投资运营主体

社会保险基金的管理主要有财政集中型管理、多元分散型管理和专门机构型管理三种方式。相应地，社会保险基金的投资运营主体也分为政府集中投资运营、多元分散投资运营和专门机构投资运营三种模式。

政府集中投资运营是指政府以建立社会保险预算或者直接列入财政预算的方式管理社会保险基金。这种方式侧重于通过向一级市场购买国债、定向认购社会保险特种债券，或直接列入财政预算来保持基金的保值增值。这种投资运营模式下的基金管理具有风险低、保障收益稳定和易于操作等优点，但也存在着积累基金可能被用于弥补财政赤字、将社会保险责任的兑现推给未来政府承担等缺点。

多元分散投资运营是指将社会保险基金委托给银行、信托公司、基金管理组织等金融机构投资运营，通过金融机构进行信托投资，并规定最低收益率。这种投资运营模式具有手续简便、保障收益的特点。在实际操作中，采取委托人不具体指定投资对象和范围，而由金融机构全权经营管理，并承担风险。不过该种运营模式在高通货膨胀的背景下，投资收益难以始终保持较高水平；对投资行为的市场化程度要求较高，对相关法制和政府的监管能力也要求较高。

专门机构投资运营是指国家设立专门机构，授权其负责社会保险基金的投资和运营。采用此方式的前提是社保基金不能分散于各统筹地区，而需归集在一起。由专门机构的专业人员负责投资运营，社保基金从而有了专业水平和专业能力的保障，并且由于集中托付，可降低管理成本并形成规模效应。该模式的缺点是虽然政府仅负监管之责，但由于专门机构为政府所设，易受到政府意志的影响。同时，专门机构对社保基金投资运营具有垄断性，监管不足时容易放纵其追逐自我利益，激励不足时易缺乏效率与活力，因而对专门机构的内部治理结构和风险内控制度、外部监管制度的要求较高。

目前，我国社会保险基金绝大多数由社会保险机构委托国有商业银行划拨，存入社会保险基金账户，并由其进行投资管理。这种投资运营模式存在诸多问题，如基金的保值增值因与存款利率、通货膨胀率的较大差异而难以实现，基金的征缴上存在隐性流失，基金管理与投资规则尚未健全等。

三、社会保险基金的投资运营模式

在现代市场经济条件下，社会保障基金的投资运营主要有政府直接投资和市场化投资两种模式。

（一）政府直接投资

政府直接投资，又称集中垄断经营，即由政府机构或政府授权的公营机构集中性地投资运营社会保险基金。美国、新加坡等国家就采取这种方式，其特点是社会保险基金投资运营高度集中并具有垄断性，由政府专门机构或政府授权的公营机构集中负责社会保障基金的投资运作、设计投资组合、控制投资风险等。社会保险基金的投资运营采用政府直接投资模式的优势主要体现在：(1) 具有规模经济效应，可降低整个制度的管理成本，这是政府集中管理的最大优势；(2) 政府对社会保险基金的投资具有决定权，可以将其投资于具有较强社会效益而投资收益率一般的项目，社会责任投资的比重提高，有利于社会整体效益的改善；(3) 数额庞大的社会保险基金可成为政府手中重要的宏观调控工具，以此来引导国内经济的发展方向。其缺陷表现在：权力过于集中而易滋生腐败；投资理念保守而导致投资收益率低；等等。

（二）市场化投资

市场化投资，又称分散竞争运营，它通常由政府根据法律规定的资格条件，确定多家符合条件的私营机构竞争性地参与投资社会保险基金。智利的养老金和中国香港特别行政区的强积金制度均采取这种模式，其特点是基金管理分散且具有竞争性。社会保险基金投资运营采用市场化投资模式的优点主要体现在：（1）可以充分利用市场竞争机制获得比较高的投资回报；（2）给予参保人较多的投资选择权，有利于参保人选择适合自身的“收益—风险”投资组合；（3）减少政府干预，有利于避免社会保险基金投资运营中的腐败和权力寻租等问题。但是，市场化投资运营模式也存在一些问题，其中最大的问题就在于可能由于过度竞争导致管理成本较高，从而降低投资回报；或者由于投资管理机构过于追求投资回报，而使社保基金承担较大的投资风险。

（三）我国现阶段的社会保险基金投资

1994 年，财政部、原劳动部颁布的《关于加强企业职工社会保险基金投资管理的暂行规定》（〔94〕财社字第 59 号）明确规定，为保证养老保险基金的安全和完整并妥善处理该基金的保值问题，国家发行社会保险基金特种定向债券。职工养老保险基金收支相抵后的结余额，除留足两个月支付费用外，80%左右应用于购买特种定向债券，在国务院作出新的规定前，不得在境内外进行其他直接投资和各种形式的委托投资。失业保险、医疗保险、工伤保险等其他社会保险基金，在保证必要支出后，其结余额的一部分以及养老保险基金购买特种定向债券后的结余额，应根据国家下达的年度国债发行计划，积极认购其他种类的国家债券。此后，国务院于 1997 年颁布的《关于建立统一的企业职工基本养老保险制度的决定》和 2000 年颁布的《关于印发完善城镇社会保障体系试点方案的通知》都规定，养老保险基金余额除留足相当于 2 个月的支付费用外，全部购买国家债券和存入专户，严禁投入其他金融和经营性事业。

为了贯彻党的十八届三中全会关于加强社会保险基金投资管理和监督，推进基金市场化、多元化投资运营的战略部署，完善我国社会保险和基金投资管理体制的重大改革举措，2015 年 8 月 17 日，国务院颁布了《基本养老保险基金投资管理办法》。该办法明确规定，养老保险基金实行中央集中运营、市场化投资运作，由省级政府将各地可投资的养老基金归集到省级社会保险专户，统一委托给国务院授权的养老基金管理机构进行投资运营，并规定了养老基金投资股票、股票基金、混合基金、股票型养老金产品的比例，合计不得高于养老基金资产净值的 30%；投资国家重大项目和重点企业股权的比例，合计不得高于养老基金资产净值的 20%；养老基金资产参与股指期货、国债期货交易，只能以套期保值为目的；等等。这一办法的出台，对于推动我国基本养老保险基金财务模式由现收现付制向部分积累制转变，具有重大意义。它将直接提高积累资金的投资效率，有利于提高积累资金投资收益率，实现基金的保值增值。

四、社会保险基金的投资运营规则

为了既实现社会保险基金通过市场投资盈利，又使基金安全并能保证支付的目标，社会保险基金的投资运营必须坚持以下规则：（1）安全性。安全性是社会保险基金投资运营的最基本原则。社会保险基金的投资经办机构必须保证投资的社会保险基金能够按期如数收回，并取得预期投资收益。安全性不仅应包括资产名义价值不降低，更应该考虑实际价值的安全。（2）长期收益。收益是社会保险基金实现保值增值的根本途径，也是衡量社会保险基金投资成败的关键指标。应注重长期投资，不宜进行短期的、波动较大、风险较大的投资，这也有利于证券投资市场的稳定与发展，有利于长期资本的形成，有利于改善金融结构。（3）多样化。即应当在多个领域投资，不是把所有的投资放在同一个项目或者同一个行业、地区，而是要考虑多样化的投资组合方式，以分散投资风险，并促使社会保险基金的投资运营在总体性、长期性、稳定性上实现安全增长。可投资的主要领域有实体经济、股票、债券、基金、房地产、货币市场等。（4）以实体经济投资为主。社会保险基金是参保人的"养命钱"，更应提倡投资的社会效应，投资方向应以基础产业和公共产业为主，不应以取得短线差价为主要营利模式，更不应当成为操纵市场的力量。（5）以直接投资为主。国内外投资经验表明，直接投资具备高收益和回报稳定的特点，投资收益率十分可观，投资比例呈逐年增加的趋势。但从国内外直接投资的比例看，我国社会保险基金用于直接投资的比例显著低于国外，直接投资还存在很大空间。（6）确保发放。确保养老金的发放决定了社会保险基金投资必须保持一定的流动性，避免由于流动性不足给投资造成风险。保持流动性就是要求资金的使用能够有一定的灵活性，投资期限不宜过长，以平衡资金流动与盈利的关系。

拓展阅读

建议制定社保基金投资运营办法

第四节　社会保险基金监督管理

我国社会保险基金监督的概念，最早见于1991年《国务院关于企业职工养老保险制度改革的决定》（国发〔1991〕33号）中的规定：地方各级政府要设立养老保险基金委员会，实施对养老保险基金管理的指导和监督。《劳动法》第74条明确规定了社会保险基金监督的责任主体为社会保险基金监督机构，由其负责社会保险基金的收支、管理和运营的监督。同时该条第4款明确规定:“任何组织和个人不得挪用社会保险基金”。《社会保险法》第十章专门规定了社会保险监督，其中第79条规定了社保基金监督的主体，以及社会保险行政部门对社会保险基金实施监督检查时有权采取的措施。《刑法修正案(六)》第12条增加了挪用社会保险基金的刑事责任，社保基金管理机构违反国家规定运用资金情节严重的，构成违法运用资金罪。目前，我国已经建立起了以《宪法》为基础，以《劳动法》为依据，以《社会保险法》为核心，以《全国社会保险基金监督条例》和《社会保险基金行政监督办法》等相关法规规章为支撑的社会保险基金监督法律体系。今后，应进一步提高我国社保基金立法的层次，以人大立法替代过多的部门行政规范性文件，来保证制度的一致性，同时也保证监督部门权力的权威性与稳定性。目前，我国的社会保险基金监督方式主要有人大监督、行政监督和社会监督三种。

一、社会保险基金的人大监督

我国《社会保险法》第76条规定:“各级人民代表大会常务委员会听取和审议本级人民政府对社会保险基金的收支、管理、投资运营以及监督检查情况的专项工作报告，组织对本法实施情况的执法检查等，依法行使监督职权。”各级人大常委会通过审议社会保险基金预算、听取专项工作报告和执法检查来履行对社会保险基金的监督职能。除此之外，各级人大常委会还可以通过其他方式依法行使监督职权，例如对有关社会保险的行政法规、地方性法规、自治条例和单行条例、规章进行备案审查，在审议议案和报告时对有关社会保险的问题进行询问和质询等。

二、社会保险基金的行政监督

社会保险基金行政监督由社会保险行政部门、财政部门、审计机关各负其责。在功能上，社会保险行政部门负责对单位和职工遵守社会保险法律、法规情况的监督检查。根据《社会保险法》第79条的规定，社会保险行政部门对社会保险基金实施监督检查，有权采取下列措施:(1)查阅、记录、复制与社会保险基金收支、管理和投资运营相关的资料，对可能被转移、隐匿或者灭失的资料予以封存;(2)询问与调查事项有关的单位和个人，要求其对与调查事项有关的问题作出说明、提供有关证明材料;(3)对隐匿、转移、侵占、挪用社会保险基金的行为予以制止并责令改正。财政部门主要负责监管社会保障基金的运营情况，包括对社保经办机构所征收的费用是否进入财政专户进行监督，对社保经办部门是否严格按照要求进行社会保障待遇支付进行监督，对相关机构是否按照规定将社保基金购买国债和进行定期存款进行监督等。审计机关主要负责审计工作和对相关数据进行全面分析。审计调查具有许多优势，例如较强的专业性，能够在短时间内相对有效地解决问题。

三、社会保险基金的社会监督

社会保险基金涉及亿万职工的切身利益，不仅工会、企业团体、社会舆论对社会保险基金应享有监督批评权，广大参保职工也应享有监督批评权。社会监督是社会保险基金监督工作体系的重要组成部分，主要指国家机关以外的社会组织和公民个人以及媒体的监督。《社会保险法》第6条第3款要求“县级以上人民政府采取措施，鼓励和支持社会各方面参与社会保险基金的监督”，并提出了社会监督的方式，包括成立社会保险监督委员会，定期听取社会保险经办机构对社会保险基金收支、管理和投资运营情况的汇报；聘请会计师事务所对社会保险基金的收支、管理和投资运营情况进行年度审计和专项审计等。除此之外，社会保险基金社会监督方式还包括举报投诉、信息公开等。

社会保险基金来自社会各方的缴费、拨款、收益和捐助，是广大老百姓的养命钱，因此了解基金的运行和管理情况是参保人的基本权利，实行基金管理的公开、透明也是自觉接受社会监督，确保基金安全的重要措施。《社会保险法》第70条规定，社会保险经办机构应当定期向社会公布参加社会保险情况以及社会保险基金的收入、支出、结余和收益情况。政府有关部门应建立社保基金信息定期公开披露制度，定期向社会公告社保基金的收支、积累、运营和审计等方面的情况，自觉接受社会监督，实现社保基金管理的公开、透明。

思考题：

1. 社会保险基金与全国社会保障基金有哪些联系与区别？
2. 现收现付模式与完全积累模式、半积累模式各自有什么特点和优缺点？
3. 社会保险基金投资运营如何在营利和安全之间取得平衡？
4. 你认为我国养老保险基金投资运营中应该注意哪些问题？

▶ 自测习题及参考答案

第十三章　社会救助

社会救助是指国家对依靠自身努力难以满足其基本生活需求的公民给予的物质或服务帮助。社会救助的目的在于维护公民的基本生存权，社会救助权利义务具有单向性、保底性。社会救助权具有社会权的属性，对于保障公民的生存权和人格尊严具有重要功能。社会救助法律制度主要规范社会救助对象、救助标准、救助资金筹集、救助程序、救助中欺诈的防范和法律后果等内容。我国社会救助的具体内容包括最低生活保障、特困人员供养、受灾人员救助、医疗救助、教育救助、住房救助、就业救助、临时救助等。

第一节　社会救助概述

社会救助属于保底线的社会保障制度。在现代社会，社会救助具有法定性。社会救助权的实现，需要从社会救助对象、救助标准、救助资金筹集、救助程序等方面建立社会救助法律制度。

一、社会救助的概念和特征

准确界定社会救助的概念，揭示社会救助的特点，有助于理解社会救助在整个社会保障制度中的定位和功能。

（一）社会救助的概念

社会救助是指国家对依靠自身努力难以满足基本生活需求的公民给予的物质或服务帮助。社会救助是从传统的贫困救济演变而来，我国自古以来就有类似的赈灾措施。传统制度的动机一般是以这些措施作为防堵灾民、道德教化等“社会控制”手段，与现代以人性尊严为基础的生存权保障理念截然不同。我国《宪法》第 45 条规定了公民享有物质帮助权和国家对公民具有提供社会救助的义务。

（二）社会救助的特征

社会救助一般具有以下特征：（1）社会救助的目的在于维护公民的基本生存权。与传统的恩惠救济理念不同，现代社会救助理念是保障公民的生存权。生存权是公民的基本权利，当公民无法通过自身的能力满足本人及其扶养的家庭成员的基本生活时，国家有义务为公民提供物质帮助。我国《宪法》第 45 条第 1 款有关“中华人民共和国公民在年老、疾病或者丧失劳动能力的情况下，有从国家和社会获得物质帮助的权利”的规定赋予公民在法定情形下向国家和社会请求物质帮助的权利，国家有义务提供社会救助，保证公民的生存权最终得以实现。（2）社会救助权利义务的单向性。在社会救助法律关系中，救助对象是权利主体，国家是义务主体。社会救助的权利义务不对称，享受救助待遇不以付出对应代价为前提。而社会保险则是一种权利与义务一致、缴纳保险费与享受保险待遇相对应的机制。[①]（3）社会救助具有保底性。社会救助处于社会保障体系的最底层，保障社会成员中最无助群体的基本生活，是社会安全网的最后一道防线。社会救助的保障标准是满足公民的最低生活需要，包括最为根本的衣食住行、教育、医疗、就业等，具有“托底性、救急难”的特点。

二、社会救助体系

社会救助体系，是由各种具体社会救助项目组成的救助系统。社会救助体系依据不同的标准，可以划分为不同的类型。依据救助的内容，社会救助可以划分为生活救助、灾害救助、医疗救助、教育救助、住房救助、就业救助等；依据救助的方式，可分为现金救助、实物救助、服务救助等；依据救助的时间，可以分为定期救助和临时救助。我国已经逐步形成了以最低生活保障、特困人员供养、自然灾害救助为基础，以医疗、教育、住房等专项救助为支撑，以临时救助为补充的城乡社会救助体系框架。

三、社会救助权

社会救助权是社会救助法的基础范畴，是指公民在遭遇自身无力克服的生活困境时有权请求国家给予物质帮助和服务的权利。社会救助权具有社会权的属性，它对于保障公民的生存权和人格尊严具有重要功能。社会救助权是公民向国家请求帮助的权利。公民是权利主体，国家有义务保障社会救助权的实现。所有公民都平等地享有向国家请求社会救助的权利，法人和其他组织无权获得社会救助。由于社会救助需要满足法定的条件，实践中社会救助的权利主体是特定的，是指自身无力克服生活困境的公民。国家是社会救助权实现的义务主体，国家鼓励单位和个人等社会力量参与社会救助，但从法律义务上，单位和个人并不是义务主体。

社会救助权的实现需要国家的积极作为。国家主要通过以下方式保障社会救助权的实现：首先，建立社会救助法律制度，使社会救助权法定化，避免随意性。社会救助法主要规范救助对象、救助标准、救助方式、救助资金筹集、救助程序

---

① 王全兴：《关于如何界定社会法的再思考》，载蒋月主编：《社会法论丛》2014年卷，社会科学文献出版社2014年版，第10页。

等。其次，将社会救助资金安排纳入财政预算。社会救助权最终得以落实，需要政府财政资金作为物质基础。最后，在社会救助权受到侵犯时，提供法律救济的渠道。我国社会救助立法为社会救助权提供了相应的司法救济渠道。根据《社会救助暂行办法》第65条的规定，申请或者已获得社会救助的家庭或者人员，对社会救助管理部门作出的具体行政行为不服的，可以依法申请行政复议或者提起行政诉讼。

四、社会救助法律制度的基本内容

社会救助法律制度规范社会救助行为，实现救助的法定化，包括社会救助对象、救助标准、救助资金筹集、救助程序、救助中欺诈的防范和法律后果等内容。

（一）社会救助对象

社会救助的对象是社会中无法依靠自身能力满足基本生活需求的居民。确定救助对象资格必须建立一定的家计调查制度，以保证社会救助的公平正义。我国社会救助的对象一般有以下三类：一是无劳动能力、无生活来源或者无法定赡养、抚养、扶养义务人的居民；二是贫困人口，这类人群虽然有生活来源，但是生活水平低于或者相当于国家法定最低标准；三是灾民，这类人群有劳动能力和收入来源，但由于自然灾害等突发事件，生活暂时陷入困难，需要及时救助，以满足基本生活需求。

（二）社会救助标准

社会救助标准是国家规定的界定社会救助对象并确定社会救助待遇水平的标准。社会救助标准一般包括最低生活保障标准、专项救助标准、临时救助标准。最低生活保障标准是核心，专项救助标准和临时救助标准是在最低生活保障标准的基础上确立的。最低生活保障标准的确定要考虑救助对象所在地的居民生活必需的费用，同时根据当地经济社会发展水平和物价变动情况适时调整。

（三）社会救助资金筹集

提供社会救助是国家的义务，因此，财政资金是社会救助资金的主要来源。根据《社会救助暂行办法》第5条规定，县级以上人民政府应当将社会救助纳入国民经济和社会发展规划，并将政府安排的社会救助资金和社会救助工作经费纳入财政预算。在财政拨款之外，国家鼓励单位和个人等社会力量通过捐赠等方式，参与社会救助。

（四）社会救助程序

为保障救助对象的权利，规范社会救助行为，《社会救助暂行办法》规定了社会救助的申请、调查、决定、发放等程序。首先，申请社会救助。符合社会救助法规定的救助对象有义务提供家庭收入、财产状况、申请救助的类别等信息。在自然灾害等紧急情况下，社会救助机构应主动提供应急救助。其次，调查和核实。收到社会救助申请后，社会救助机构对申请人及其家庭的情况进行调查和核实。调查和核实过程中应遵守必要原则，尊重和保护申请人的人格尊严。再次，决定是否批准。社会救助机构应在法定期限内及时作出决定，对符合条件的申请予以批准，不符合条件的申请不予批准，并向申请人书面说明理由。最后，发放救助款物或提供救助服务。在作出批准申请决定之后，社会救助机构直接或者委托其他机构发放救助款物或提供救助服务。

（五）社会救助中欺诈的防范和法律后果

社会救助法律制度应当规范社会救助对象资格审查和资格动态管理制度，防范社会救助中欺诈的发生，保证社会救助的公平公正。对于采取虚报、隐瞒、伪造等手段，骗取社会救助资金、物资或者服务的，由有关部门决定停止社会救助，责令退回非法获取的救助资金、物资，根据不同情形予以行政处罚。构成犯罪的，依法追究刑事责任。

第二节 社会救助的基本内容

为了保障每一个公民有尊严的生活，促进和谐社会目标实现，我国根据《宪法》的规定，构建了以《社会救助暂行办法》为基础，以《城市居民最低生活保障条例》《城市生活无着的流浪乞讨人员救助管理办法》《农村五保供养工作条例》《自然灾害救助条例》《关于建立完善国家司法救助制度的意见（试行）》等规范文件为配套的社会救助法律制度体系，具体内容包括最低生活保障、特困人员供养、受灾人员救助、医疗救助、教育救助、住房救助、就业救助、临时救助等。

一、最低生活保障

最低生活保障是对贫困者维持基本生活需要的救助，是保障对象范围较广的社会救助项目。我国最低生活保障体系存在着城乡二元化结构。《城市居民最低生活保障条例》确定了国家对城市居民中收入不足以维持最低生活标准的贫困者给予物质帮助。2007 年《国务院关于在全国建立农村最低生活保障制度的通知》（国发〔2007〕19 号）的颁布实施，标志着农村最低生活保障制度在全国正式确立。《社会救助暂行办法》首次规定了统筹城乡的最低生活保障制度。

（一）最低生活保障的含义和特点

最低生活保障，是指国家对家庭成员人均收入低于最低生活保障标准的家庭，由国家依照法定程序和标准提供一定的现金或者实物，使其满足基本生活需要的社会救助制度。与其他社会救助方式相比，最低生活保障制度有以下特点：（1）救助对象是家庭成员人均收入低于最低生活保障标准的家庭。最低生活保障标准是维持基本生活需要的标准线，由居民生活所在地的基本生活条件决定。当居民收入低于这一标准时，其基本生活难以维持，这时应由国家直接补助，使其收入达到该标准线。（2）最低生活保障标准的确定依据是居民维持基本生活需要的物质基础。“基本生活”不同于“基本生存”，除了维持衣食住行等基本生存开支之外，应当还包括有尊严的基本生活需要和发展需要。（3）最低生活保障救助方式可以是现金和实物。我国的最低生活保障救助的方式一般是现金，《社会救助暂行办法》规定为未达到最低生活保障标准的家庭，提供最低生活保障金，最低生活保障金按照共同生活的家庭成员人均收入低于当地最低生活保障标准的差额确定。（4）最低生活保障是我国社会救助制度的核心，其他救助方式以此为基础展开。我国社会救助以最低生活保障为基础，医疗、教育、住房、就业等专项救助的对象均为最低生活保障对象。

（二）最低生活保障对象

《社会救助暂行办法》规定的最低生活保障救助对象是“共同生活的家庭成员人均收入低于当地最低生活保障标准，且符合当地最低生活保障家庭财产状况规定的家庭”。确定最低生活保障的对象，需要明确户籍状况、家庭收入和家庭财产等条件。共同生活的家庭成员包括：配偶；父母和未成年子女；已成年但不能独立生活的子女，包括在校接受本科及其以下学历教育的成年子女；其他具有法定赡养、扶养、抚养义务关系并长期共同居住的人员。以下人员不得计入共同生活的家庭成员：连续3年以上（含3年）脱离家庭独立生活的宗教教职人员；在监狱、劳动教养场所内服刑、劳动教养的人员；省级人民政府民政部门认定的其他人员。家庭收入是指共同生活的家庭成员在规定期限内的全部可支配收入。家庭财产是指家庭成员拥有的全部动产和不动产。

（三）最低生活保障标准

最低生活保障标准，由省、自治区、直辖市或者设区的市级人民政府按照当地居民生活必需的费用确定、公布，并根据当地经济社会发展水平和物价变动情况适时调整。我国《城市居民最低保障条例》第6条规定，城市居民最低生活保障标准，按照当地维持城市居民基本生活所必需的衣、食、住费用，并适当考虑水电燃煤（燃气）费用以及未成年人的义务教育费用确定。直辖市、设区的市的城市居民最低生活保障标准，由市人民政府民政部门会同财政、统计、物价等部门制定，报本级人民政府批准并公布执行；县（县级市）的城市居民最低生活保障标准，由县（县级市）人民政府民政部门会同财政、统计、物价等部门制定，报本级人民政府批准并报上一级人民政府备案后公布执行。城市居民最低生活保障标准需要提高时，依照前述规定重新核定。农村最低生活保障标准由县级以上地方人民政府按照能够维持当地农村居民全年基本生活所必需的吃饭、穿衣、用水、用电等费用确定，并报上一级地方人民政府备案后公布执行。农村最低生活保障标准要随着当地生活必需品价格变化和人民生活水平提高适时进行调整。

（四）最低生活保障申请程序

申请最低生活保障，按照下列程序办理：（1）申请。由共同生活的家庭成员向户籍所在地的乡镇人民政府、街道办事处提出书面申请。家庭成员申请有困难的，可以委托村民委员会、居民委员会代为提出申请。（2）调查核实。乡镇人民政府、街道办事处应当通过入户调查、邻里访问、信函索证、群众评议、信息核查等方式，对申请人的家庭收入状况、财产状况进行调查核实，提出初审意见，并在申请人所在村、社区公示后报县级人民政府民政部门审批。（3）批准或者驳回。县级人民政府民政部门经审查，对符合条件的申请予以批准，并在申请人所在村、社区公布；对不符合条件的申请不予批准，并书面向申请人说明理由。

拓展阅读

李小平、李未诉长沙市芙蓉区最低生活保障工作局社会保障行政救助案

（五）最低生活保障的调整

最低生活保障家庭的人口状况、收入状况、财产状况发生变化的，应当及时告知乡镇人民政府、街道办事处。县级人民政府民政部门以及乡镇人民政府、街道办事处应当对获得最低生活保障家庭的人口状况、收入状况、财产状况定期核查。最低生活保障家庭的人口状况、收入状况、财产状况发生变化的，县级人民政府民政部门应当及时决定增发、减发或者停发最低生活保障金；决定停发最低生活保障金的，应当书面说明理由。

二、特困人员供养

特困人员供养是指国家对无劳动能力、无生活来源且无法定赡养、抚养、扶养义务人，或者其法定赡养、抚养、扶养义务人无赡养、抚养、扶养能力的老年人、残疾人以及未满16周岁的未成年人，给予供养救助。《社会救助暂行办法》从统筹城乡社会救助制度出发，将之前在农村实行的“五保”供养制度和在城市实现的“三无”人员保障制度进行整合，实施统一的特困人员供养救助。特困人员供养应当与城乡居民基本养老保险、基本医疗保障、最低生活保障、孤儿基本生活保障等制度相衔接。

（一）特困人员供养的内容和方式

特困人员供养的内容包括：提供基本生活条件；对生活不能自理的给予照料；提供疾病治疗；办理丧葬事宜。供养的方式可以是集中供养，如敬老院、福利院；

也可以分散在家供养，由政府承担供养费用和提供供养服务。供养方式由供养人员自行选择。具体供养标准由省、自治区、直辖市或者设区的市级人民政府确定。

（二）特困人员供养的程序

申请特困人员供养，由本人向户籍所在地的乡镇人民政府、街道办事处提出书面申请；本人申请有困难的，可以委托村民委员会、居民委员会代为提出申请。特困人员供养的审批程序适用最低生活保障的审批程序。乡镇人民政府、街道办事处应当及时了解掌握居民的生活情况，发现符合特困供养条件的人员，应当主动为其依法办理供养。

> 拓展阅读
>
> 王秀英诉合江县参宝乡人民政府不予发给《五保供养证书》案

（三）特困人员供养的终止

特困供养人员不再符合供养条件的，村民委员会、居民委员会或者供养服务机构应当告知乡镇人民政府、街道办事处，由乡镇人民政府、街道办事处审核并报县级人民政府民政部门核准后，终止供养并予以公示。

三、受灾人员救助

受灾人员救助是指国家对基本生活受自然灾害严重影响的人员给予的生活救助。对受灾人员救助分为自然灾害救助准备、灾情发生期间的应急救助、灾后救助等，不同阶段救助的内容和方式不同。

（一）自然灾害救助准备

为避免自然灾害救助准备不足、灾害发生后应对不力的情况，《自然灾害救助条例》对自然灾害救助准备措施作了规范：一是县级以上地方人民政府及其有关部门应当根据自然灾害风险调查情况，制定自然灾害救助应急预案；二是县级以上人民政府应当建立健全自然灾害救助应急指挥技术支撑系统，并为自然灾害救助工作提供交通、通信等装备；三是国家建立自然灾害救助物资储备制度，设区的市级以上人民政府和自然灾害多发、易发地区的县级人民政府应当设立自然灾害救助物资储备库；四是县级以上地方人民政府应当统筹规划设立并公告自然灾害应急避难场所；五是县级以上地方人民政府应当加强自然灾害救助队伍建设和业务培训。

（二）应急救助

为了更好地应对自然灾害，保障受灾人员的生活需求，《自然灾害救助条例》确立了自然灾害预警响应机制和应急响应机制：一是县级以上人民政府或者自然灾害救助应急综合协调机构应当根据自然灾害预警预报启动预警响应，及时向社会发布避险警告，开放应急避难场所，组织避险转移，做好基本生活的救助准备；

二是灾害发生并达到应急预案启动条件的，县级以上人民政府或者自然灾害救助应急综合协调机构应当及时启动应急响应，紧急转移安置受灾人员，紧急调拨资金和物资，及时向受灾人员提供食品、饮用水、衣被、取暖、临时住所、医疗防疫等应急救助，抚慰受灾人员，处理遇难人员善后事宜，组织开展自救互救，组织救助捐赠。

（三）灾后救助

为了保障受灾人员的基本生活，《自然灾害救助条例》规范了灾后生活救助制度：一是受灾地区人民政府应当在确保安全的前提下，对受灾人员进行过渡性安置；二是受灾地区人民政府及其有关部门应当组织重建或者修缮损毁的居民住房；三是在受灾的当年冬季和次年春季，受灾地区人民政府应当为受灾人员提供基本生活救助。

（四）救助款物管理

为了减少乃至杜绝自然灾害救助工作中违法侵占和骗取救助款物的现象，确保救助款物用于自然灾害救助，《自然灾害救助条例》强化了对救助款物的监管措施：一是县级以上人民政府财政部门、民政部门负责救助资金的分配、管理、监督使用情况，民政部门负责调拨、分配、管理救助物资；二是救助款物应当专款（物）专用、无偿使用，专项用于灾民紧急转移安置，灾民基本生活救助，医疗救助，教育、医疗等公共服务设施和住房的恢复重建，遇难人员家属抚慰以及救助物资的采购、储存和运输等项支出；三是受灾地区人民政府民政、财政等部门和有关社会组织以及村委会、居委会应当向社会公开所接受的救助款物的来源、数量及其使用情况；四是各级人民政府应当建立健全监督检查制度，及时受理投诉和举报，监察机关、审计机关应当依法加强对救助款物管理使用情况的监督检查。

四、专项救助

相对于一般生活救助，专项救助是针对被救助对象在医疗、教育、住房等方面的特殊需要而设置的救助措施。我国专项救助包括医疗救助、教育救助、住房救助、就业救助和司法救助等。

（一）医疗救助

医疗救助，是指国家为保障救助对象获得基本医疗卫生服务所给予的专项救助。我国的医疗救助分为一般医疗救助和应急医疗救助。一般医疗救助的对象是：最低生活保障家庭成员；特困供养人员；县级以上人民政府规定的其他特殊困难人员。应急医疗救助的对象是需要急救但身份不明或者无力支付急救费用的急重危伤病患者。

医疗救助的方式分为两种：一种是对救助对象参加城镇居民基本医疗保险或

者新型农村合作医疗的个人缴费部分，给予补贴；另一种是对救助对象经基本医疗保险、大病保险和其他补充医疗保险支付后，个人及其家庭难以承担的符合规定的基本医疗自负费用，给予补助。医疗救助标准由县级以上人民政府按照经济社会发展水平和医疗救助资金情况确定、公布。医疗救助的申请人一般应当向乡镇人民政府、街道办事处提出，经审核、公示后，由县级人民政府民政部门审批。最低生活保障家庭成员和特困供养人员的医疗救助，由县级人民政府民政部门直接办理。

（二）教育救助

教育救助是国家为家庭经济困难的学生实现教育权利、获得公平发展机会而提供的物质帮助和服务。根据《社会救助暂行办法》的规定，国家对在义务教育阶段就学的最低生活保障家庭人员、特困供养人员，给予教育救助。对在高中教育（含中等职业教育）、普通高等教育阶段就学的最低生活保障家庭成员、特困供养人员以及不能入学接受义务教育的残疾儿童，根据实际情况给予适当教育救助。不过，在政策层面，经过多年的建设，我国已经建立了覆盖从学前教育至研究生教育各个阶段的学生资助政策体系，这些教育资助政策在对象上以各教育阶段家庭经济困难学生为重点，充实了我国教育救助的内容体系，也从制度上保障了“不让一个学生因家庭经济困难而失学”。

教育救助方式主要体现在各个教育阶段多样化的学生资助政策中。在学前教育阶段，按照“地方先行、中央补助”的原则，重点面向家庭经济困难儿童、孤儿和残疾儿童，建立起政府资助、幼儿园资助和社会资助相结合的资助政策体系。在义务教育阶段，实施全面免除城乡学生学杂费，对农村学生和城市家庭经济困难学生免费提供教科书，对农村学生免费配发汉语字典，对家庭经济困难寄宿生提供生活补助，实施特困地区农村学生营养改善计划等政策措施。在高中教育阶段，对中等职业学生建立起以国家免学费、国家助学金为主，学校和社会资助及顶岗实习等为补充的学生资助政策体系；对普通高中学生建立起以政府为主导，国家助学金为主体，学校减免学费等为补充，社会力量积极参与的普通高中家庭经济困难学生资助政策体系。在高等教育阶段，对本专科学生建立起国家奖助学金、国家助学贷款、学费补偿贷款代偿、校内奖助学金、勤工助学、困难补助、伙食补贴、学费减免、“绿色通道”等多种方式的混合资助体系；对研究生建立了国家奖助学金、“三助”岗位津贴、国家助学贷款、学费补偿贷款代偿等多种方式并举的资助体系。按照国家“十三五”规划，我国将进一步推进高中教育阶段的免费资助改革，进一步完善各个教育阶段的救助内容，保障所有家庭经济困难学生获得公平的教育。

教育救助标准由省、自治区、直辖市人民政府根据经济社会发展水平和教育救助对象的基本学习和生活需求确定、公布。中央财政和学校自身的财政支持标准，由中央政府和学校根据相关规定确定。

申请教育救助，应当按照国家有关规定向就读学校提出，相关机构按规定程序审核、确认后，由学校按照国家有关规定实施。

（三）住房救助

住房救助是国家针对住房困难的社会救助对象给予的一种专项救助。住房救助对象是指符合县级以上地方人民政府规定标准的、住房困难的最低生活保障家庭和分散供养的特困人员。我国的住房救助区分城镇居民和农村居民住房特点，通过配租公共租赁住房、发放低收入住房困难家庭租赁补贴、农村危房改造等方式实施住房救助。对城镇住房救助对象，优先配租公共租赁住房或发放低收入住房困难家庭租赁补贴，其中对配租公共租赁住房的，给予租金减免，确保其租房支出可负担。对农村住房救助对象，优先纳入当地农村危房改造计划，优先实施改造。

县级以上地方人民政府统筹考虑本行政区域经济发展水平和住房价格水平等因素，合理确定、及时公布住房救助对象的住房困难条件，以及城镇家庭实施住房救助后住房应当达到的标准和对住房救助对象实施农村危房改造的补助标准。住房困难标准及住房救助标准按年度实行动态管理，以确保救助对象住房条件能随着经济和社会发展水平的进步而相应地提高。

城镇家庭通过乡镇人民政府、街道办事处或者直接向住房保障部门提出申请，经县级民政部门确认申请家庭的最低生活保障及特困供养人员资格，由住房保障部门负责审核家庭住房状况并公示。经审核符合规定条件的，纳入城镇住房保障轮候对象范围，优先给予保障。不再符合住房救助条件但符合公共租赁住房保障对象条件的，可继续承租公共租赁住房，同时相应调整租金。农村居民（家庭）向户籍所在地的乡镇人民政府提出申请。乡镇人民政府对申请人的最低生活保障或特困供养人员资格、住房状况进行确认、调查核实并公示后，报县级人民政府住房城乡建设部门会同民政部门审批。对经审批决定纳入住房救助范围的，作为农村危房改造对象优先纳入当地农村危房改造计划。

（四）就业救助

就业救助，是指国家对享受最低生活保障家庭中有劳动能力同时处于失业状态的成员，通过一定的方式帮助其就业的专项救助。作为对最低生活保障家庭的专项救助措施，我国就业救助的对象仅限于最低生活保障家庭中有劳动能力并处于失业状态的成员，而不是所有需要就业帮助的社会成员。为确保“零就业”家庭至少一人就业，《社会救助暂行办法》第43条规定：“最低生活保障家庭有劳动能力的成员均处于失业状态的，县级以上地方人民政府应当采取有针对性的措施，确保该家庭至少有一人就业。”

与就业救助的目标一致，救助方式包括促进被救助对象自主创业或者受雇的各种形式，如为自主创业者提供资金、税收优惠和费用减免；或者为被救助对象支付培训费用、增加其就业能力；或者直接为其提供公益性岗位；或者给予为其提供工作岗位的用人单位一定的税收优惠、社会保险费补贴或者岗位补贴。申请就业救助的，应当向住所地街道、社区公共就业服务机构提出，公共就业服务机构核实后予以登记，并免费提供就业岗位信息、职业介绍、职业指导等就业服务。

为了促进享受最低生活保障的有劳动能力的对象通过就业解决困难，避免救助依赖，《社会救助暂行办法》第45条规定：“最低生活保障家庭中有劳动能力但未就业的成员，应当接受人力资源社会保障等有关部门介绍的工作；无正当理由，连续3次拒绝接受介绍的与其健康状况、劳动能力等相适应的工作的，县级人民政府民政部门应当决定减发或者停发其本人的最低生活保障金。”

（五）司法救助

司法救助，是指国家向受到侵害但无法通过司法程序获得有效赔偿，致使生活面临严重困难的当事人采取支付一定标准的救助金等方式，以帮助其摆脱生活困境的一种社会保障制度。

我国司法救助的对象主要涵盖以下八类主体：（1）刑事案件被害人受到犯罪侵害，致使重伤或严重残疾，因案件无法侦破造成生活困难的；或者因加害人死亡或没有赔偿能力，无法经过诉讼获得赔偿，造成生活困难的。（2）刑事案件被害人受到犯罪侵害危及生命，急需救治，无力承担医疗救治费用的。（3）刑事案件被害人受到犯罪侵害而死亡，因案件无法侦破造成依靠其收入为主要生活来源的近亲属生活困难的；或者因加害人死亡或没有赔偿能力，依靠被害人收入为主要生活来源的近亲属无法经过诉讼获得赔偿，造成生活困难的。（4）刑事案件被害人受到犯罪侵害，致使财产遭受重大损失，因案件无法侦破造成生活困难的；或者因加害人死亡或没有赔偿能力，无法经过诉讼获得赔偿，造成生活困难的。（5）举报人、证人、鉴定人因举报、作证、鉴定受到打击报复，致使人身受到伤害或财产受到重大损失，无法经过诉讼获得赔偿，造成生活困难的。（6）追索赡养费、扶养费、抚育费等，因被执行人没有履行能力，造成申请执行人生活困难的。（7）对于道路交通事故等民事侵权行为造成人身伤害，无法经过诉讼获得赔偿，造成生活困难的。（8）党委政法委和政法各单位根据实际情况，认为需要救助的其他人员。

同时，对于涉法涉诉的信访人，如果其诉求具有一定合理性，但通过法律途径难以解决，且生活困难，愿意接受国家司法救助后息诉息访的，也可参照上述主体获得司法救助。

不过，如果申请国家司法救助人员具有以下情形之一的，一般不予司法救助：对案件发生有重大过错的；无正当理由，拒绝配合查明犯罪事实的；故意作虚伪陈述或者伪造证据，妨害刑事诉讼的；在诉讼中主动放弃民事赔偿请求或拒绝加害责任人及其近亲属赔偿的；生活困难非案件原因所导致的；通过社会救助措施，已经得到合理补偿、救助的。同时，对社会组织、法人，不予救助。

关于司法救助的方式，我国采取以支付救助金为主，同时注重与思想疏导、宣传教育相结合，与法律援助、诉讼救济相配套，与其他社会救助相衔接。

关于司法救助标准，根据属地管理原则，各地应根据当地经济社会发展水平制定具体救助标准，以案件管辖地上一年度职工月平均工资为基准，一般在36个月的工资总额之内。损失特别重大、生活特别困难，需适当突破救助限额的，应严格审核控制，救助金额不得超过人民法院依法应当判决的赔偿数额。在具体确定救助金数额时，应当综合考虑救助对象实际遭受的损害后果、有无过错以及过错大小、个人及其家庭经济状况、维持当地基本生活水平所必需的最低支出以及赔偿义务人实际赔偿情况等因素。

关于司法救助的程序，主要包括四个步骤：（1）告知。人民法院、人民检察院、公安机关、司法行政机关在办理案件、处理涉法涉诉信访问题过程中，对符合救助条件的当事人，应当告知其有权提出救助申请。（2）申请。救助申请由当事人向办案机关提出；刑事被害人死亡的，由符合条件的近亲属提出。申请一般采取书面形式。确有困难，不能提供书面申请的，可以采用口头方式。申请人应当如实提供本人真实身份、实际损害后果、生活困难、是否获得其他赔偿等相关证明材料。（3）审批。办案机关应当认真核实申请人提供的申请材料，综合相关情况，在10个工作日内作出是否给予救助和具体救助金额的审批意见。决定不予救助的，及时将审批意见告知当事人，并做好解释说明工作。（4）发放。对批准同意的，财政部门应及时将救助资金拨付办案机关，办案机关在收到拨付款后2个工作日内，通知申请人领取救助资金。对急需医疗救治等特殊情况，办案机关可以依据救助标准，先行垫付救助资金，救助后及时补办审批手续。

五、临时救助

临时救助，是指国家对居民因为突发性、紧急性、临时性事件导致支出突然增加，生活陷入困境时给予的应急救助。与最低生活保障和各项专项救助的救助事项涉及基本生活保障不同，临时救助是国家对遭遇突发事件、意外伤害、重大疾病或其他特殊原因导致基本生活陷入困境，其他社会救助制度暂时无法覆盖或救助之后基本生活暂时仍有严重困难的家庭或个人给予的应急性、过渡性的救助。它是一种补充的救助机制。

临时救助的对象包括因为意外事故、家庭成员突发疾病，或者其他导致家庭支出突然增加，导致基本生活暂时出现严重困难的最低生活保障家庭和遭遇其他特殊困难的家庭；以及因为遭受意外事故、突发疾病或者其他特殊困难，暂时无法得到家庭支持，导致基本生活陷入困境的个人。根据救助对象不同，救助方式包括发放临时救助金、发放实物、提供转介服务。此外，临时救助还包括对生活无着的流浪、乞讨人员提供临时食宿、急病救治、协助返回等救助。

临时救助的受理包括依申请受理和主动受理。申请临时救助的，应当向乡镇人民政府、街道办事处提出，经审核、公示后，由县级人民政府民政部门审批；救助金额较小的，县级人民政府民政部门可以委托乡镇人民政府、街道办事处审批。情况紧急的，可以按照规定简化审批手续。公安机关和其他有关行政机关的工作人员在执行公务时发现流浪、乞讨人员的，应当告知其向救助管理机构求助。对其中的残疾人、未成年人、老年人和行动不便的其他人员，应当引导、护送到救助管理机构；对突发急病人员，应当立即通知急救机构进行救治。

思考题：

1. 社会救助和社会保险的功能有哪些差异性和互补性？
2. 社会救助法律救济的困境和出路何在？
3. 如何建立城乡统一的社会救助法律制度？
4. 我国社会救助体系的内容如何进一步扩充完善？

▶ 自测习题及参考答案

第十四章　社会福利和社会优抚

社会福利是社会保障体系中保障水平最高的组成部分，现代国家的社会福利以公共福利为基础，职业福利为补充。公共福利面向全体国民，具有普惠性；职业福利则因职工所在单位不同而有差异。烈士、军人、警察及其家属等特定群体，为国家和社会作出了特别的贡献和牺牲，理应获得优待、抚恤和安置等方面的优厚、优先对待。在社会福利和社会优抚中，国家不仅保障相应主体的权利不受侵害，而且为其权利的实现积极创造条件。

第一节　社会福利

社会福利的目的，是在国民既有生活水平之上进一步提升其物质和精神生活水平，进而促进人的全面发展和社会的文明进步。计划经济时期，我国形成以城镇职工福利为核心、多元分割、封闭运行的福利制度，存在国家代替企业决定生产经营和企业代替国家提供福利的双重错位。改革开放后，社会福利的服务对象、资金筹集、服务供给的社会化框架初步形成，社会力量开始进入，社区服务等福利不断发展。

一、社会福利基本理论

《礼记·礼运》记载了孔子对“大同世界”的描述：“大道之行也，天下为公，选贤与能，讲信修睦。故人不独亲其亲，不独子其子。使老有所终，壮有所用，幼有所长；矜、寡、孤、独、废、疾者皆有所养。”孔子对理想社会的上述憧憬中，社会福利即为其重要组成部分。

（一）社会福利的概念

在不同国家、不同语境中，社会福利的含义并不相同。广义上的社会福利，其内涵和外延等同甚至超过了社会保障，泛指国家和社会向国民提供旨在满足人类物质和精神需求、改善生活质量、预防社会问题的各种措施、服务和待遇。我国社会保障法中所称的社会福利只是社会保障体系的一部分，即狭义的社会福利，是指国家和社会为提高国民的生活质量、不断丰富其物质和精神生活而采取的社会政策以及通过社会化机制提供的相应服务和待遇。

（二）社会福利的特征

社会福利具有社会保障的一般特征，与社会保险、社会救助相比，还具有以下特征：

1. 保障对象的普遍性。社会福利面向全体国民，具有普惠性。面向国民的专项公共福利自不待言，特殊群体福利虽针对特定群体，但只要属于这一群体即可普遍享有，而无任何前置性、甄选性条件，因而也具有普遍性。这不同于社会保险待遇的享有一般以参保、缴费并遭受劳动风险为前提，社会救助待遇的享有以贫困者符合经济甄选标准为条件。

2. 保障水平的高层次性。社会救助、社会保险和社会福利的保障水平，在整个社会保障体系中呈现由低到高、不断递进提升的层次分布。社会救助以保障最低生活水平为目标，是对生活难以维系的贫困者进行“雪中送炭”。社会保险以保障既有生活水平为目标（我国《社会保险法》规定为“保基本”），使参保人不会因遭受劳动风险而降低既有生活水平，从而“风雨无忧”。而社会福利的目标是普遍提高生活质量，使全体国民在既有生活水平之上“锦上添花”。

3. 待遇标准的一致性。社会福利待遇的给付标准，与国民个体的劳动贡献、经济状况、受教育程度等无太多联系，而是全体国民保持一致，强调公平和“人人有份”。而社会保险待遇与参保人缴费及自身状况有关，社会救助待遇与保障对象的穷困程度有关。

4. 保障方式以提供服务为主。社会福利的保障方式具有多样性，除少数情形中的专项补贴外，更多的是通过提供福利设施和相应服务来提升生活质量。而社会保险和社会救助则以提供保险金、救助金（或实物）为主。

（三）社会福利的体系

20 世纪之前，社会福利建立在自由主义、个人责任和私人善行的基础之上。进入 20 世纪后，社会福利才成为一种社会化的行为并走向制度化，其标志为：社会福利不再是局部的、有限的慈善活动，而是一项面向全体国民的公共或社会政策；它的组织与实施不再是民间的单纯互助互济，而是由政府直接干预并承担责任；它的内容不再是满足国民生存需要的单纯的物质生活保障，而是扩展到保障精神生活和促使个人全面发展等方面；它的理论不再是积德行善的教义，而是日益丰富的福利国家、福利经济、福利社会等学说。① 伴随这一历程，社会福利也从恩惠或施舍走向了权利。

现代国家的社会福利以公共福利为基础，职业福利为补充。公共福利包括专项公共福利和特殊群体福利。专项公共福利是指在某一专项领域向全体国民提供的福利，如义务教育、公共图书馆等。特殊群体福利，又称专门福利，是指向老

① 郑功成主编：《中国社会保障改革与发展战略·救助与福利卷》，人民出版社 2011 年版，第 39 页。

年人、妇女、儿童等特定群体提供的福利。职业福利，又称职工福利、集体福利，是指已就业的职工所能享有的所在单位提供的各种福利，包括职工集体福利和职工个人福利。职工集体福利是指面向本单位全体成员的普遍性或集体性的职业福利，如单位食堂、职工子弟学校。职工个人福利是指针对特定条件下的职工个人的职业福利，多为福利性补贴，如交通费补贴、通信补贴等。我国未制定专门的“社会福利法”，但《劳动法》《中华人民共和国义务教育法》《中华人民共和国老年人权益保障法》等法律中含有社会福利方面的内容，如《劳动法》第76条规定：“国家发展社会福利事业，兴建公共福利设施，为劳动者休息、休养和疗养提供条件。用人单位应当创造条件，改善集体福利，提高劳动者的福利待遇。”

二、专项公共福利

专项公共福利面向全体国民，涉及教育、文体、卫生等生活的各个方面，对于国民分享社会发展成果、促进人的全面发展和社会的文明进步具有重要的作用。专项公共福利主要体现为提供公益设施及相关服务，提供主体为政府和有关社会团体，营利组织和个人在政府采购公共服务时也可成为公共福利提供主体。公共福利一般为免费提供，但有些项目也会收取一定的费用，该收费并非基于收回成本或获取利润的考虑。公共福利的资金以财政支出为主要来源，辅之以一定的社会筹集。在我国，主要的专项公共福利有教育福利、卫生福利和文化福利等。

（一）教育福利

教育福利是对国民受教育权的保障。百年大计，教育为本，教育是民族振兴、社会进步的基石。进入21世纪以来，我国教育福利事业得到了快速的发展：城乡免费义务教育全面实现，党的十七大确立了优先发展教育的方针，2012年实现了国家财政教育经费占GDP的4%的目标；职业教育发展快速，将职业教育纳入经济社会发展和产业发展规划，多渠道加大资金投入，新增劳动力平均受教育年限和职业教育参与率稳步增长，实施中等职业学校免费补助政策；明确要求积极发展学前教育，重视婴幼儿教育；在高等教育中设立奖学金、实行师范生免费制度等；农村教育得到加强，加快农村寄宿制学校建设，优先满足留守儿童住宿需求，采取措施提高贫困地区农村学生营养水平，着力解决进城务工人员随迁子女平等接受义务教育；大力发展公办学校，积极引导并扶持社会力量办学。但与此同时，我国仍然存在着教育结构和布局不尽合理，城乡、区域教育发展不平衡，贫困地区、民族地区教育发展滞后等问题。

（二）卫生福利

卫生福利是对国民健康权的保障，包括医疗、饮食、防病等涉及人的健康的各方面内容。健康是人全面发展的基础。2009年《中共中央、国务院关于深化医药卫生体制改革的意见》首次明确将“基本医疗卫生制度”定性为向全民提供的公共产品，强调其公共福利性质。自20世纪50年代实施大规模公共卫生计划以来，我国不断丰富医疗保健服务的内容，扩大基本公共卫生服务项目的覆盖面，健全疾病预防控制、健康教育、妇幼保健、精神卫生、应急救治等专业公共卫生服务网络，完善以基层医疗卫生服务网络为基础的医疗服务体系的公共卫生服务功能，基本建立起分工明确、信息互通、资源共享、协调互动的公共卫生服务体系，促进城乡居民享有均等化的基本公共卫生服务。实施国民健康行动计划，完善重大疾病防控体系和突发公共卫生事件应急体系建设，建立健全食品安全风险监测评估预警、食品安全标准和事故应急处置与调查处理体系，切实保障边远地区、新区、郊区、卫星城区等区域的医疗需求。加强农村三级卫生服务网络建设，建立社区卫生服务机构与大医院、专业公共卫生服务机构上下联动、分工明确、协作密切的城市医疗卫生服务体系。但与此同时，我国仍然存在医疗卫生服务供给与需求之间的矛盾日趋突出，服务理念、服务模式亟须转变等问题。

（三）文化福利

文化福利是对国民文化权利的保障。文化的地位和作用在当今世界日益凸显，丰富精神文化生活越来越成为国民的热切愿望。改革开放以来特别是党的十六大以来，我国公共文化投入不断增加，文化体育设施和服务网络日趋完善。国家不断完善大中城市公共文化设施，加强了图书馆、博物馆、文化馆（中心）、美术馆、电台、电视台、广播电视发射转播台（站）、互联网公共信息服务点等公共文化基础设施的建设，而且在巩固县县有图书馆、文化馆的基础上，基本实现乡镇有综合文化站，行政村有文化活动室，在中西部及其他老少边穷等地广人稀的地区还配备了流动文化服务车，建设流动服务网络；国有博物馆、美术馆等公共文化设施以及有条件的爱国主义教育基地的公共文化设施、群众体育运动设施等实行向社会免费或者优惠开放制度。加大文化资源向农村的倾斜，实施广播电视“村村通”工程、“送书下乡工程”，支持农民群众开办“农家书屋”，鼓励和组织专业文化工作者到农村辅导群众文化活动。但与此同时，我国仍然存在文化发展的质量和水平还不高，文化产品的数量和质量都还不能很好地满足人民群众多方面、多层次、多样化的精神文化需求，文化建设的布局和结构不尽合理，制约文化科学发展的体制机制障碍尚未完全破除等问题。

三、特殊群体福利

特殊群体福利面向的是妇女、未成年人、老年人、残疾人等社会特定群体，这些群体因自身禀赋而在社会生活中处于不利境地，需要通过特定的福利待遇以实现实质正义。我国特殊群体福利针对不同人群，主管部门也有所不同，因此，统筹规划、协调推进至为重要。

（一）老年人福利

老年人福利的目的是安定老年人生活，维护其健康和安全，充实其精神文化生活，实现“老有所养、老有所医、老有所为、老有所学、老有所乐”。根据《老年人权益保障法》第2条的规定，老年人是指60周岁以上的公民。老年人福利主要包括：（1）福利津贴。地方各级政府应对经济困难的老年人逐步给予养老服务补贴，鼓励地方建立80周岁以上低收入老年人高龄津贴制度。（2）教育福利。国家发展老年教育，鼓励社会办好各类老年学校。（3）卫生福利。各级政府和有关部门应将老年人健康管理和常见病预防等纳入国家基本公共卫生服务项目。医疗卫生机构应开展老年人的健康服务和疾病防治工作，为老年人就医提供方便并予以优先。有条件的地方可为老年人设立家庭病床，开展巡回医疗、护理、康复、免费体检等服务。（4）文化福利。国家和社会采取措施开展适合老年人的群众文化、体育、娱乐活动。博物馆、美术馆、科技馆、体育场馆、公园等场所，应对老年人免费或者优惠开放。（5）交通福利。城市公共交通、公路、铁路、水路和航空客运，应为老年人提供优待和照顾。（6）老年福利设施。国家鼓励、扶持社会力量兴办、运营老年福利设施。地方各级政府应逐步增加对老年福利事业的投入、兴办老年福利设施，应引导企业开发、生产、经营老年生活用品。新建或改造城镇公共设施、居民区和住宅，应建设适合老年人生活和活动的配套设施。（7）社区服务。国家发展城乡社区养老服务，鼓励、扶持专业服务机构及其他组织和个人，为居家的老年人提供生活照料、紧急救援、医疗护理、精神慰藉、心理咨询等多种形式的服务等。

（二）未成年人福利

未成年人因身心尚未成熟，需要家庭、社会的特别关心、帮助和教化。根据《未成年人保护法》第2条的规定，未成年人是指未满18周岁的公民。未成年人福利主要包括：（1）教育福利。国家实行九年义务教育制度。未成年人已完成义务教育不再升学的，政府有关部门和社会团体、企业事业单位应当根据实际情况，对他们进行职业教育，为他们创造劳动就业条件。（2）文化福利。各级政府应建立和改善适合未成年人文化生活需要的活动场所和设施，鼓励社会力量兴办此类场所和设施。爱国主义教育基地、图书馆、青少年宫、儿童活动中心应对其免费开放；博物馆、科技馆、美术馆、文化馆、体育场馆等场所应对其免费或者优惠开放。社区中的公益互联网上网服务设施，应对其免费或者优惠开放，为其提供安全、健康的上网服务。鼓励科研机构和科技团体对未成年人开展科学知识普及活动。（3）卫生福利。卫生部门和学校应当对未成年人进行卫生保健和营养指导，提供必要的卫生保健条件，做好疾病预防工作。卫生部门应当做好对儿童的预防接种工作，国家免疫规划项目的预防接种实行免费，积极防治儿童常见病、多发病，加强对传染病防治工作的监督管理。兴办儿童福利院，为孤儿、弃儿和伤残儿童提供生活护理、康复训练和文化教育等。

（三）妇女福利

妇女在身体、生理上有特殊性，而且担负着生育养育后代的重任，需要特殊保护和照顾。妇女福利主要包括：（1）生育福利。我国对职业妇女实行生育保险制度，建立健全与生育相关的其他保障制度，地方各级政府和有关部门应为贫困妇女提供必要的生育救助。（2）保健福利。我国《中华人民共和国母婴保健法》和《女职工保健工作规定》规定，各单位的医疗卫生部门应负责本单位女职工保健工作。女职工保健包括月经期保健、婚前保健、孕前保健、孕期保健、产前保健、产后保健、哺乳期保健、更年期保健，并对女职工定期进行妇科疾病及乳腺疾病的查治。对边远贫困地区的母婴保健事业给予扶持。（3）专门的福利设施和服务。为妇女提供的福利设施和服务涉及妇女的生活、保健等多个方面，如妇幼保健院、妇产医院、妇女活动中心、咨询服务中心、健美中心等。

（四）残疾人福利

根据《残疾人保障法》第2条的规定，残疾人是指在心理、生理、人体结构上，某种组织、功能丧失或不正常，全部或部分丧失以正常方式从事某种活动能力的人。为残疾人提供更多的福利和照顾，能够使他们成为社会的平等一员，全面参与社会生活并共享物质文化成果。残疾人福利主要包括：（1）就业福利。各级政府应为残疾人就业统筹规划、创造条件，对残疾人就业采取优惠政策和扶持保护措施，通过多渠道、多层次、多形式使残疾人就业逐步普及、稳定、合理。我国的残疾人就业主要通过社会吸收和福利企业两种方式来实现。（2）教育福利。国家保障残疾人受教育的权利，对具有接受普通教育能力的残疾人实施普通教育，对不具备者实施特殊教育。设立残疾人教育机构，鼓励社会力量办学、捐资助学。组织和扶持盲文、手语的研究与应用，特殊教材的编写和出版，特殊教学用具及辅助用品的研制、生产和供应。（3）康复服务。国家和社会采取康复措施，帮助残疾人恢复或者补偿其功能，增强其参与社会生活的能力。以康复机构为骨干，社区康复为基础，残疾人家庭为依托，以实用、易行、收益广的康复内容为重点，为残疾人提供有效的康复服务。（4）文化福利。残疾人文化、体育、娱乐活动应面向基层，融于社会公共文化生活，适应各类残疾人的不同特点和需要，使残疾人广泛参与。通过广播、电影、电视、报刊等形式，反映残疾人生活，为残疾人服务；组织和扶持盲文读物、盲人有声读物、弱智人读物的编写和出版，开办电视手语节目，在部分影视作品中增加字幕、解说；组织和扶持残疾人开展文化、体育、娱乐活动，举办和参加特殊艺术演出和特殊体育运动会；有计划地兴办残疾人活动场所，为残疾人提供方便和照顾。（5）举办精神病人福利院。精神病人福利院由卫生、民政、公安三个部门分别举办，承担不同对象的收治任务。精神病人福利院对精神病人实行开放管理，即不关、不绑、不锁，采取劳动治疗、文娱治疗、药物治疗和心理治疗。（6）扶残助残活动。公共服务机构应为残疾人提供照顾和优待，包括残疾人在搭乘国内公共交通工具时应给予一定的照顾和方便，甚至享受减费或免费服务；盲人读物邮件可免费寄递；残疾人申请在公共场所开设零售店或申请解困住宅、停车位，应保留其名额并优先核准；残疾人或其抚养义务人应缴纳的捐税，政府应依法适当减免。（7）无障碍环境。国家和社会逐步创造良好的环境，改善残疾人参与社会生活的条件，实行方便残疾人的城市道路和建筑物设计规范，完善无障碍措施、无障碍信息交流等。

四、职业福利

职业福利是公共福利的补充，是已就业的职工所享有的特殊福利，福利资金主要源自所在单位。对于职工来说，职业福利有利于方便生活，减轻负担，提高生活水平；对于单位来说，职业福利有利于创造和谐的工作环境，提升凝聚力和竞争力，提高社会形象和美誉度，激励职工、吸引并留住优秀职工。

（一）职业福利的立法

与社会主义市场经济体制相适应，职业福利更多属于市场主体自主决定的事宜。因此，《劳动法》《工会法》《公司法》等法律均仅提及职业福利，为原则性、倡导性规定。对于财政拨款单位，国家可直接决定其职业福利的内容及形式；对于国有企业，国家作为股东可积极影响其职业福利；对于一般市场主体，国家可通过税收等措施扶持、规范其发展。由于受计划经济时期“低工资、高福利”政策的影响，我国不少单位的职业福利仍然存在无序或过当的状态，职业福利的进一步深化改革应当着力于：科学确定工资与职业福利之间的关系及占比，取消国有企业、财政拨款单位中过当的职业福利以及实现部分职业福利的社会化。

（二）职业福利的形式

单位根据自身发展需要，有较大权利自主决定职业福利的具体形式及其内容，因此不同单位的职业福利各有不同。一般而言，职业福利主要包括：

1. 福利补贴。向职工提供的工资以外的金钱收入，例如对探亲路费、防暑降温费、洗理费、供暖费的补贴等。

2. 福利设施。包括职工食堂、职工宿舍、托儿所、幼儿园、浴室等生活福利设施，以及文化室、俱乐部、职工图书馆、健身房等文化、康乐设施和场所。

3. 福利服务。包括提供与上述福利设施相关的服务、提供接送职工上下班的交通车服务、提供健康检查服务等。

（三）福利费的限制

企业计发福利费会受到税法两方面的限制：一是福利费税前扣除总额的比例限制。《企业所得税法实施条例》第 40 条规定："企业发生的职工福利费支出，不超过工资薪金总额 14%的部分，准予扣除。"二是福利费的具体项目有明确的规定，且福利费不得预先计提，以实际发生为准。根据 2009 年《国家税务总局关于企业工资薪金及职工福利费扣除问题的通知》的规定，企业职工福利费包括以下内容：

1. 尚未实行分离办社会职能的企业，其内设福利部门所发生的设备、设施和人员费用，包括职工食堂、职工浴室、理发室、医务所、托儿所、疗养院等集体福利部门的设备、设施及维修保养费用和福利部门工作人员的工资薪金、社会保险费、住房公积金、劳务费等。

2. 为职工卫生保健、生活、住房、交通等所发放的各项补贴和非货币福利，包括企业向职工发放的因公外地就医费用、未实行医疗统筹企业职工医疗费用、职工供养直系亲属医疗补贴、供暖费补贴、职工防暑降温费、职工困难补贴、救济费、职工食堂经费补贴、职工交通补贴等。

3. 按照其他规定发生的其他职工福利费，包括丧葬补助费、抚恤费、安家费、探亲假路费等。

第二节 社会优抚

由于军人和警察高压力、高风险的职业特点和在保卫国家、维护社会秩序中的重要作用，以及烈士、军人、警察及其家属等群体所作出的特别贡献和牺牲，国家和社会通过社会优待、社会抚恤和安置保障等保障其权益，鼓励并褒扬其行为。社会优抚既是一种政府行为，同时又需要社会各方面的全面参与，国家保障社会优抚水平与国民经济、社会发展相适应，社会优抚对象的生活不低于当地的平均生活水平。

一、社会优抚基本理论

建立社会优抚制度，对于保障优抚对象的合法权益，褒扬并激励特定群体的奉献和牺牲，大力弘扬爱国主义和社会主义核心价值体系，倡导集体主义精神和良好社会风尚，保卫国家安全，维护社会和谐稳定等具有重要意义。《宪法》第 45 条第 2 款规定："国家和社会保障残废军人的生活，抚恤烈士家属，优待军人家属。"

（一）社会优抚的概念

社会优抚是指国家和社会向优抚对象提供的各种优待、抚恤或就业安置等优惠待遇和优先服务。优抚对象根据优抚内容的不同而有所区别，一般而言包括以下人员：烈士遗属，军人、警察及其家属。根据《烈士褒扬条例》第 8 条的规定，烈士是指在依法查处违法犯罪行为、执行国家安全工作任务和抢险救灾等情形中牺牲的公民。根据《军人抚恤优待条例》第 2 条的规定，军人及其家属是指中国人民解放军现役军人、服现役或者退出现役的残疾军人以及复员军人、退伍军人、因公牺牲军人遗属、病故军人遗属、现役军人家属等（中国人民武装警察部队比照适用）。根据《人民警察抚恤优待办法》第 2 条的规定，警察是指公安机关（含铁路、交通、民航、森林公安机关和海关缉私部门）、国家安全机关、司法行政机关的人民警察和人民法院、人民检察院的司法警察。

劳动模范、见义勇为人员及其家属，也属于社会优抚对象。但由于他们社会优抚待遇的具体内容，目前尚无国家层面的统一立法，各地政府的规定并不一致，因此，本书暂不详述。

（二）社会优抚的特征

1. 优抚对象的特定性。社会优抚仅针对具有特殊贡献和牺牲的主体，在身份上具有特定性。

2. 优抚待遇的优厚性。社会优抚保障水平相对较高，待遇较优厚。因为优抚对象的特别贡献和牺牲，社会优抚的目的不仅是提供基本生活保障，还在于褒扬和激励，使优抚对象能够优先优惠地享受国家和社会提供的各项服务、抚恤及政策支持。

3. 优抚内容的综合性。社会优抚是一项综合性的制度安排，包括社会优待、社会抚恤和安置保障，优抚待遇种类既包括各类优待服务和抚恤金，还包括就业安置这一特殊保障形式；优抚措施多数具有社会福利性质，也有部分措施具有社会救助、社会保险性质。

（三）社会优抚的体系

社会优抚包括社会优待、社会抚恤和安置保障。社会优待是指国家和社会向烈士遗属、军人、警察及其家属等优待对象，在教育、医疗、就业、生活等方面提供的优惠待遇。社会抚恤是指国家和社会向烈士遗属、残疾军人和警察、死亡军人和警察的遗属等抚恤对象提供褒扬金、抚恤金等待遇。安置保障是指国家和社会向退役军人、离退休军人提供的妥善安排其退役后生活的就业支持、资金资助等待遇。我国通过《烈士褒扬条例》《军人抚恤优待条例》《退役士兵安置条例》《人民警察抚恤优待办法》《伤残抚恤管理办法》等法律规范，将社会优抚纳入法治化轨道。2018 年国务院机构改革，新组建退役军人事务部，负责军队转业干部、复员干部、退休干部、退役士兵的移交安置工作和自主择业退役军人服务管理、待遇保障等工作。

二、社会优待

根据《烈士褒扬条例》《军人抚恤优待条例》《人民警察抚恤优待办法》等法律规范的规定，社会优待主要包括五种。

（一）教育优待

烈士子女接受学前教育和义务教育的，应按规定享受优待。在公办幼儿园接受学前教育的，免交保教费；烈士子女报考普高、中职、高校研究生的，同等条件下优先录取；报考高等学校本专科的，可按规定降低分数要求投档；在公办学校就读的，免交学费杂费，并享受规定的各项助学政策。义务兵和初级士官退出现役后，报考国家公务员、高等学校和中等职业学校，同等条件下优先录取；残疾军人（警察）、因公牺牲军人（警察）子女、一级至四级残疾军人（警察）的子女等按照有关规定享受教育优待。

（二）医疗优待

烈士遗属、残疾军人、复员军人、带病回乡退伍军人以及因公牺牲军人遗属、病故军人遗属享受医疗优惠待遇。国家对残疾军人的医疗费用，根据残疾等级及不同情形分别规定了保障措施。

（三）就业优待

烈士子女符合公务员考录条件的，同等条件下优先录用。烈士遗属享受就业服务优待；已经就业的，用人单位经济性裁员时应优先留用；从事个体经营的，享受工商、税务等优惠政策。军人随军家属有权享受就业安置的优待，随军家属是指经军队师（旅）级以上单位政治机关批准，并办理了随军手续的现役军人配偶，国家机关、人民团体和企事业单位等有接收安置随军家属的责任。

（四）生活优待

现役军人、残疾军人凭有效证件参观游览公园、博物馆、名胜古迹享受优待。符合住房保障条件的烈士遗属、残疾军人、复员军人、因公牺牲军人遗属、病故军人遗属承租廉租住房、购买经济适用住房的，享受优先、优惠照顾。家住农村的优待对象住房有困难的，由当地政府帮助解决。男年满 60 周岁、女年满 55 周岁的孤老烈士遗属本人自愿的，可以在光荣院、敬老院集中供养。国家兴办优抚医院、光荣院，治疗或者集中供养孤老和生活不能自理的抚恤优待对象。各类社会福利机构应当优先接收烈士遗属、抚恤优待对象。烈士、因公牺牲军人、病故军人的

> **拓展阅读**
>
> 李彦启诉邳州市陈楼镇人民政府不依法履行优待金给付义务案

子女、兄弟姐妹，本人自愿应征且符合征兵条件的，优先批准服现役。义务兵从部队发出的平信，免费邮递。现役军人、残疾军人、伤残警察凭有效证件优先购票乘坐境内运行的火车、轮船、长途公共汽车以及民航班机，残疾军人、伤残警察享受减收正常票价50%的优待。现役军人凭有效证件乘坐市内公共交通工具享受优待，残疾军人、伤残警察凭有关证件可免费乘坐。

（五）优待金

义务兵服现役期间，其家庭由当地政府发给优待金或者给予其他优待，优待标准不低于当地平均生活水平。复员军人生活困难的，按照规定的条件，由当地人民政府民政部门给予定期定量补助，逐步改善其生活条件。

三、社会抚恤

根据《烈士褒扬条例》《军人抚恤优待条例》《人民警察抚恤优待办法》《伤残抚恤管理办法》等的规定，社会抚恤主要包括两类。

（一）死亡抚恤

1. 死亡抚恤的对象。公民牺牲后被评定为烈士，现役军人、警察死亡被批准为烈士、被确认为因公牺牲或者病故的，其遗属有权享受抚恤。享受抚恤的第一顺序遗属是：烈士、因公牺牲军人（警察）、病故军人（警察）的父母、配偶、子女；没有第一顺序遗属的，则由第二顺序遗属享受：未满18周岁的兄弟姐妹和已满18周岁但无生活费来源且由该烈士或军人（警察）生前供养的兄弟姐妹。

2. 死亡抚恤待遇。包括以下几种形式：（1）烈士褒扬金。其标准为：烈士牺牲时上一年度全国城镇居民人均可支配收入的30倍。战时，参战牺牲的烈士褒扬金标准可以适当提高。此外，属于《军人抚恤优待条例》以及相关规定适用范围的，还享受因公牺牲一次性抚恤金；属于《工伤保险条例》以及相关规定适用范围的，还享受一次性工亡补助金以及相当于烈士本人40个月工资的烈士遗属特别补助金。（2）一次性抚恤金。其标准为：烈士和因公牺牲的，为上一年度全国城镇居民人均可支配收入的20倍加本人40个月的工资；病故的，为上一年度全国城镇居民人均可支配收入的2倍加本人40个月的工资。如死亡军人或警察生前获得荣誉称号或者立功的，遗属还可获得一次性增发抚恤金；如生前作出特殊贡献的，还可获得一次性特别抚恤金。（3）定期抚恤金。符合规定条件的抚恤对象，可享受定期抚恤金。对依靠定期抚恤金生活仍有困难的烈士遗属、因公牺牲军人遗属、病故军人遗属，可以增发抚恤金或者采取其他方式予以补助，保障其生活不低于当地的平均生活水平。享受定期抚恤金的上述遗属死亡的，增发6个月其原享受的定期抚恤金，作为丧葬补助费。《人民警察抚恤优待办法》也作了类似规定。

3. 死亡抚恤的终止。现役军人或警察失踪，经法定程序宣告死亡的，在其被批准为烈士、确认为因公牺牲或者病故后，又经法定程序撤销对其死亡宣告的，由原批准或确认机关取消其烈士、因公牺牲或者病故军人（警察）资格，并由发证机关收回有关证件，终止其家属原享受的抚恤待遇。

（二）残疾抚恤

根据《人民警察抚恤优待办法》第31条的规定，伤残人民警察按照伤残等级享受伤残抚恤金，其标准按照《军人抚恤优待条例》的规定执行。

1. 残疾抚恤的对象。现役军人或者警察残疾被认定为因战、因公致残，且残疾等级被评定为一级至十级的；或者现役军人被认定为因病致残的，且残疾等级被评定为一级至六级的，有权享受残疾抚恤。

2. 残疾抚恤待遇。残疾军人按照残疾等级发给残疾抚恤金，并解决需要配制假肢、代步三轮车等辅助器械。县级以上地方政府对依靠残疾抚恤金生活仍有困难的残疾军人，可以增发残疾抚恤金或者采取其他方式予以补助，保障其生活不低于当地的平均生活水平。

3. 遗属抚恤待遇。退出现役的因战、因公致残的残疾军人因旧伤复发死亡的，按照因公牺牲军人的抚恤金标准发给其遗属一次性抚恤金，其遗属享受因公牺牲军人遗属抚恤待遇。退出现役的因战、因公、因病致残的残疾军人因病死亡的，对其遗属增发12个月的残疾抚恤金，作为丧葬补助费；其中，因战、因公致残的一级至四级残疾军人因病死亡的，其遗属享受病故军人遗属抚恤待遇。

拓展阅读

赵贵金诉任丘市民政局不依法发放抚恤金案

四、安置保障

根据《兵役法》《退役士兵安置条例》《军人抚恤优待条例》等法律的规定，安置保障主要有四种。

（一）自主就业

义务兵和服现役不满12年的士官退出现役的，由政府扶持自主就业。为保障其基本生活水平和适应新的职业角色，国家和社会主要提供以下安置保障措施：

1. 一次性退役金。对自主就业的退役士兵，由部队根据服役年限发给一次性退役金。获得荣誉称号或者立功的退役士兵，由部队按照规定比例增发一次性退役金。地方政府可根据当地实际情况给予经济补助。一次性退役金和一次性经济补助免征个人所得税。

2. 就业服务与培训。各级政府应当加强对退役士兵自主就业的指导和服务，应采取组织职业介绍、就业推荐、专场招聘会等方式，扶持退役士兵自主就业。安置工作主管部门应组织他们参加职业教育和技能培训，经考试考核合格的，发给相应的学历证书、职业资格证书并推荐就业。退役士兵退役 1 年内参加职业教育和技能培训的，费用由县级以上政府承担；退役士兵退役 1 年以上参加职业教育和技能培训的，按照国家相关政策执行。公共就业人才服务机构应当免费为退役士兵提供档案管理、职业介绍和职业指导服务。

3. 创业就业扶助。用人单位录用自主就业退役士兵符合规定条件的，依法享受税收等优惠。自主就业的退役士兵入伍前是国家机关、社会团体、企业事业单位工作人员或者职工的，退出现役后可以选择复职复工，其工资、福利和其他待遇不得低于本单位同等条件人员的平均水平。自主就业的退役士兵回入伍时户口所在地落户，属于农村集体经济组织成员但没有承包农村土地的，可以申请承包农村土地，村民委员会或者村民小组应当优先解决。有劳动能力的残疾退役士兵，优先享受残疾人就业优惠政策。

4. 继续完成学业。自主就业的退役士兵进入中等职业学校学习、报考成人高校或普通高校的，按照规定享受优待。入伍前已被普通高校录取并保留入学资格或正在普通高校就学的退役士兵，退出现役后 2 年内允许入学或复学，并按照规定享受奖学金、助学金和减免学费等优待，家庭经济困难的，按照规定给予资助；入学后或复学期间可以免修公共体育、军事技能和军事理论等课程，直接获得学分；入学或复学后参加国防生选拔、参加国家组织的农村基层服务项目人选选拔以及毕业后参加军官人选选拔的，优先录取。

（二）安排工作

1. 转业安置对象。转业安置对象包括军官，退役士兵符合下列条件之一的，除自愿选择自主就业外，由政府安排工作：士官服现役满 12 年的；服现役期间平时荣获二等功以上奖励或者战时荣获三等功以上奖励的；因战致残被评定为五级至八级残疾等级的；是烈士子女的。符合规定条件的退役士兵在艰苦地区和特殊岗位服现役的，优先安排工作；因精神障碍基本丧失工作能力的，予以妥善安置。

2. 转业安置计划和任务下达。国家制订年度安置计划，并层层下达安置任务。安置地一般为其入伍时的户口所在地，符合规定条件的也可以易地安置，安置地县级以上地方政府应当按照属地管理的原则进行安置，保障其第一次就业。

3. 转业安置任务的落实。国家机关、事业单位、国有以及国有控股和国有资本占主导地位的企业招聘人员的，应在同等条件下优先招聘退役军人。安置地政府应在接收的 6 个月内，完成本年度安置任务。退役军人待安排工作期间，安置地政府应按不低于当地最低生活水平的标准，按月发给生活补助费。承担安置任务的单位应按时完成安置任务，在安置工作主管部门开出介绍信 1 个月内安排其上岗，并依法签订期限不少于 3 年的劳动合同或者聘用合同。接收退役军人的单位裁减人员的，应当优先留用退役士兵。非基于退役军人本人原因，接收单位未按照规定安排其上岗的，应从安置工作主管部门开出介绍信的当月起，按照不低于本单位同等条件人员平均工资80%的标准逐月发放生活费至其上岗为止。

（三）离退休安置

年高体弱不能坚持正常工作的1937年7月6日以前入伍（含参加革命工作）的干部；1945年9月2日以前入伍的团职或与其职级相当的干部；1949年9月30日以前入伍的师职或与其职级相当的干部，达到规定离休年龄，可以离休。离休干部的安置要从实际出发、因地制宜，根据个人不同情况，一般可以在部队驻地、本人原籍或入伍地、配偶原籍或配偶、子女、父母居住地安置，其住房、生活、配车、医疗等按国家有关规定执行。

中级以上士官符合下列条件之一的，作退休安置：年满55周岁的；服现役满30年的；因战、因公致残被评定为一级至六级残疾等级的；经军队医院证明和军级以上单位卫生部门审核确认因病基本丧失工作能力的。中级以上士官因战致残被评定为五级至六级残疾等级，本人可自愿放弃退休安置选择由政府安排工作。服役满30年以上或者服役和参加工作满30年以上，或者年满50岁以上的军官，担任师级以上职务，经批准退出现役后可以作退休安置；担任团级职务，不宜作转业或者其他安置的，经批准退出现役后作退休安置。退休安置的退役军人，其生活、住房、医疗等保障，按照国家有关规定执行。

（四）终身供养

被评定为一级至四级残疾等级的义务兵和初级士官退出现役的，由国家供养终身。国家供养的残疾退役士兵，其生活、住房、医疗等保障，按照国家有关规定执行。国家供养分为集中供养和分散供养，其中对需要长年医疗或者独身一人不便分散安置的，经批准可以集中供养，对分散安置的，发给护理费。分散供养的残疾退役士兵购（建）房所需经费的标准，按照安置地县（市）经济适用住房平均价格和60平方米的建筑面积确定；没有经济适用住房的地区按照普通商品住房价格确定。购（建）房所需经费由中央财政专项安排，不足部分由地方财政解决。分散供养的残疾退役士兵自行解决住房的，按照上述标准将购（建）房费用发给本人。因战、因公致残被评定为一级至四级残疾等级的中级以上士官，本人自愿放弃退休安置的，可以选择由国家供养。

思考题：

1. 在社会保障体系中，社会福利所处的地位及其作用是什么？
2. 社会福利与社会保险、社会救助有哪些区别？
3. 我国在社会福利方面取得了哪些成就？还存在哪些问题？

4. 社会优抚由哪些部分组成？各部分分别发挥什么作用？

► 自测习题及参考答案

阅读文献

■ 马克思：《资本论（节选本）》，中共中央马克思恩格斯列宁斯大林著作编译局译，人民出版社 2004 年版。

■ 习近平：《决胜全面建成小康社会　夺取新时代中国特色社会主义伟大胜利——在中国共产党第十九次全国代表大会上的报告》（2017 年 10 月 18 日），人民出版社 2017 年版。

■《中共中央关于全面深化改革若干重大问题的决定》（2013 年 11 月 12 日）

■《中共中央、国务院关于构建和谐劳动关系的意见》（2015 年 3 月21 日）。

■ 中共中央宣传部：《习近平总书记系列重要讲话读本（2016 年版）》，学习出版社、人民出版社 2016 年版。

■《习近平谈治国理政》，外文出版社 2014 年版。

■ 史尚宽：《劳动法原论》，正大印书馆 1934 年版。

■ 任扶善：《世界劳动立法》，中国劳动出版社 1991 年版。

■ 史探径：《社会法学》，中国劳动社会保障出版社 2007 年版。

■ 关怀主编：《劳动法教程》，法律出版社 2007 年版。

■ 贾俊玲主编：《劳动法与社会保障法学》（第二版），中国劳动社会保障出版社 2012 年版。

■ 董保华等：《社会法原论》，中国政法大学出版社 2001 年版。

■ 黄越钦：《劳动法新论》，中国政法大学出版社 2003 年版。

■ 常凯：《劳权论——当代中国劳动关系的法律调整研究》，中国劳动社会保障出版社 2004 年版。

■ 田思路、贾秀芬：《日本劳动法研究》，中国社会科学出版社 2013 年版。

■［德］雷蒙德·瓦尔特曼：《德国劳动法》，沈建峰译，法律出版社 2014 年版。

■［美］罗伯特·A. 高尔曼：《劳动法基本教程——劳工联合与集体谈判》，马静等译，中国政法大学出版社 2003 年版。

■ 冯同庆主编：《劳动关系理论研究》，中国工人出版社 2012 年版。

■［英］理查德·海曼：《劳资关系：一种马克思主义的分析框架》，黑启明主译，中国劳动社会保障出版社 2008 年版。

■［美］罗纳德·G. 伊兰伯格、罗伯特·S. 史密斯：《现代劳动经济学·理论与公共政策》（第十版），刘昕译，中国人民大学出版社 2011 年版。

■刘艾玉：《劳动社会学教程》（第二版·重排），北京大学出版社 2006 年版。

■郑功成主编：《中国社会保障改革与发展战略·救助与福利卷》，人民出版社 2011 年版。

■国家法官学院、德国国际合作机构：《法律适用方法：劳动合同法案例分析方法》（第二版），中国法制出版社 2012 年版。

■江必新、何东宁、王莉：《最高人民法院指导性案例裁判规则理解与适用·劳动争议卷》，中国法制出版社 2013 年版。

■1930 年《强迫劳动公约》（第 29 号）。

■1948 年《结社自由和组织权利保护公约》（第 87 号）。

■1949 年《组织权利和集体谈判权利公约》（第 98 号）。

■1951 年《男女同工同酬公约》（第 100 号）。

■1957 年《废除强迫劳动公约》（第 105 号）。

■1958 年《消除就业和职业歧视公约》（第 111 号）。

■1973 年《准予就业最低年龄公约》（第 138 号）。

■1999 年《禁止和立即行动消除最恶劣形式的童工劳动公约》（第 182 号）。

人名译名对照表

[美]	高尔曼，罗伯特·A.	Robert A. Gorman
[英]	哈里斯，内维尔	Neville Harris
[英]	哈耶克，弗里德里希·奥古斯特·冯	Friedrich August von Hayek
[英]	海曼，理查德	Richard Hyman
[美]	科宾，亚瑟	Arthur Corbin
[德]	李希霍芬，沃尔夫根·冯	Wolfgang von Richthofen
[美]	罗尔斯，约翰·博德利	John Bordley Rawls
[美]	史密斯，罗伯特·S.	Robert S. Smith
[德]	瓦尔特曼，雷蒙德	Rimund Waltermann
[美]	伊兰伯格，罗纳德·G.	Ronald G. Ehrenberg

后记

《劳动与社会保障法学》是马克思主义理论研究和建设工程重点教材，是在教育部实施马克思主义理论研究和建设工程领导小组领导下组织编写的。在编写过程中，得到了教育部马克思主义理论研究和建设工程重点教材审议委员会的指导，得到了社会法有关专家学者的支持。同时，广泛听取了高校教师和学生的意见和建议。

本教材由首席专家刘俊主持编写，叶静漪、林嘉任副主编。刘俊撰写绪论和第一章第一节，刘俊、黎建飞撰写第一章第二节，黎建飞撰写第一章第三节，叶静漪撰写第二章，王全兴撰写第三章，白庆兰、徐志强撰写第四章，郭捷撰写第五章，李坤刚撰写第六章，林嘉撰写第七章，张新民撰写第八章，孙洁撰写第九章、第十二章，张荣芳撰写第十章、第十三章，郑尚元撰写第十一章，熊晖撰写第十四章。李龙、徐显明、贾俊玲、常凯、冯彦君、谢德成等参加了学科专家审议并提出了修改意见。顾海良、韦建桦、李龙、韩大元作了出版前的审读。

2017年1月27日

第二版后记

定期修订马克思主义理论研究和建设工程重点教材是保证其编写质量的重要途径。党的十九大胜利召开后，为推动习近平新时代中国特色社会主义思想进教材、进课堂、进头脑，深入贯彻落实党的十九大和十九届二中、三中全会精神，教育部统一组织对已出版教材进行了全面修订。本书经国家教材委员会高校哲学社会科学（马工程）专家委员会审查通过。

刘俊主持了本次教材修订工作，叶静漪、林嘉、胡大武、黎建飞、王全兴、徐志强、郭捷、李坤刚、张新民、孙洁、张荣芳、郑尚元、熊晖参加了具体的修订工作。

2018年6月

意见反馈

为收集对教材的意见建议,进一步完善教材编写和做好服务工作,读者可将对本教材的意见建议通过如下渠道反馈至我社。

咨询电话　400-810-0598

读者服务邮箱　gjdzfwb@pub.hep.cn

通信地址　北京市朝阳区惠新东街4号富盛大厦1座

　　　　　高等教育出版社总编辑办公室

邮政编码　100029

防伪查询

用户购书后刮开封底防伪涂层,利用手机微信等软件扫描二维码,会跳转至防伪查询网页,获得所购图书详细信息。用户也可将防伪二维码下的20位数字按从左到右、从上到下的顺序发送短信至106695881280,免费查询所购图书真伪。

防伪客服电话　(010)58582300